2020年8月，文化和旅游部、国家文物局在北京召开深入学习贯彻落实
习近平总书记关于文物工作重要论述和重要指示批示座谈会

2020年11月，国家文物局考古研究中心成立

2020年9月，文化和旅游部党组书记、部长胡和平调研敦煌研究院

2020年11月，国家文物局党组书记、局长刘玉珠出席中国世界文化遗产年会
暨城市市长论坛并作主旨发言

国家文物局调研乐道院·潍县集中营博物馆

国家文物局调研武安州辽塔保护修缮情况

国家文物局调研山西省国家文物保护专项资金使用绩效工作

2020年文化和自然遗产日主场城市活动在广西桂林举行

各地文物部门加强汛期文物安全工作

"十三五"国家重点研发计划——"石窟寺岩体稳定性预测及加固技术研究"
北石窟加固技术示范现场工作推进会在甘肃庆阳召开

"考古中国"重大项目重要进展工作会在北京召开

2020年"5·18国际博物馆日"中国主会场活动开幕式在南京博物院举办

红楼橱窗推出"红色记忆——红军标语图片展"

68件流失英国文物成功追索回国

中国文物年鉴

CHINA CULTURAL HERITAGE YEARBOOK

2021

国家文物局　编

文物出版社

编辑委员会

编辑说明

　　《中国文物年鉴》由国家文物局主编，综合记述我国文物事业年度发展情况。

　　《中国文物年鉴·2021》反映我国文物事业2020年的发展情况，分为图片、特辑、综述篇、分述篇、纪事篇和附录等部分，主要根据国家文物局机关各司室、各直属单位和省级文物行政部门以及国内相关文博机构2020年工作资料进行摘编，不包含香港、澳门特别行政区和台湾省的资料。由于编辑水平所限，《中国文物年鉴·2021》编校工作难免存在不足，希望广大读者提出宝贵意见和建议。

编者

2022年6月

特辑

综述篇

分述篇

其他

纪事篇

附录

特辑

文化和旅游部部长胡和平在深入学习贯彻落实习近平总书记关于文物工作重要论述和重要指示批示座谈会上的讲话

（2020年8月21日）

今天，我们召开座谈会，主要任务是深入学习贯彻习近平总书记关于文物工作重要论述和指示批示，特别是再次学习重温总书记在敦煌研究院座谈时重要讲话精神，目的是研究加强文物保护，坚定文化自信，促进文明交流互鉴。会议内容很丰富，刚才刘玉珠同志通报了有关情况，六部门、四省市文物局负责同志和四位专家代表作了发言，讲得都很好。通过听大家发言和这些天工作、调研，我深切感受到以习近平同志为核心的党中央高度重视文物工作，习近平总书记亲切关心、亲自指导，为文物工作引航指路；深切感受到文物工作是党和国家工作重要组成部分，各有关部门、全国文物系统广大干部职工在习近平总书记关于文物工作重要论述和指示批示指引下，全面推进文物保护利用，开展了大量工作，取得了显著成效。借此机会，向长期以来支持文化文物工作的各部门表示衷心感谢！向辛勤奋斗的广大文化文物工作者致以诚挚问候！下面，我讲三方面意见。

一、深入学习贯彻习近平总书记重要论述和指示批示精神

党的十八大以来，习近平总书记就文物保护利用和文化遗产保护传承在多个场合发表重要论述、对多个方面作出重要指示批示，系统回答了关于做好文物工作的一系列方向性、根本性、全局性问题，为我们提供了根本遵循、指明了前进方向。特别是去年8月19日，习近平总书记在敦煌研究院调研时发表重要讲话，充分肯定了文化遗产保护研究和传承弘扬的意义和成效，进一步明确了文化遗产保护利用的目标和方向，是做好新时代文化遗产工作的定盘星、指南针，也让文化文物工作者备受鼓舞、倍感振奋，进一步增强了责任感使命感。我们要提高政治站位，从做到"两个维护"高度，深入学习领会、全面贯彻落实，切实将思想和行动统一到习近平总书记重要论述和指示批示精神上来。我理解，最重要的是要把握好以下几个方面。

一是要挖掘文化价值，坚定文化自信。习近平总书记指出，文化自信是更基础、更广泛、更深厚的自信，是更基本、更深沉、更持久的力量。总书记强调，研究和弘扬敦煌文化，既要深入挖掘敦煌文化和历史遗存背后蕴含的哲学思想、人文精神、价值理念、道德规范等，推动中华优秀传统文化创造性转化、创新性发展，更要揭示蕴含其中的中华民族的文化精神、文化胸怀和文化自信，为新时代坚持和发展中国特色社会主义提供精神支撑。

二是要强化文物保护，传承人类文明。习近平总书记指出，历史文化遗产是不可再生、不可替代的宝贵资源，要始终把保护放在第一位。要像爱惜自己的生命一样保护好历史文化遗产。总书记强调，保护文物功在当代、利在千秋。要保护好文物，让人们通过文

物承载的历史信息，记得起历史沧桑、看得见岁月留痕、留得住文化根脉。

三是要推动合理利用，让文物活起来。习近平总书记指出，文物保护利用和文化遗产保护传承要坚持守正创新。要处理好继承和创造性发展的关系，重点做好创造性转化和创新性发展。总书记要求，要系统梳理传统文化资源，让收藏在博物馆里的文物、陈列在广阔大地上的遗产、书写在古籍里的文字都活起来。让文物说话，让历史说话，把历史智慧告诉人们，激发我们的民族自豪感和自信心。

四是要加强交流合作，促进文明互鉴。习近平总书记指出，文明因多样而交流，因交流而互鉴，因互鉴而发展。总书记强调，要坚持"引进来"和"走出去"相结合，开展多种形式的国际性展陈活动和文化交流对话。积极传播中华文化，增进民心相通，共同构建亚洲命运共同体、人类命运共同体，创造更多更优秀的人类文明成果。

通过学习习近平总书记重要论述和指示批示精神，我们要深刻认识文物工作的重要意义，切实增强做好工作的使命感责任感紧迫感；要深刻领会总书记重要论述和指示批示核心要义，转化为正确发展理念、工作原则，确保文物工作方向不偏离、任务不落空；要深刻把握各方面工作要求，逐一落实到位，转化为指导实践、推动工作的政策举措，开创新时代文物保护利用工作新局面。

二、扎实推进文物保护利用工作

党的十八大以来，在习近平新时代中国特色社会主义思想正确指导下，在以习近平同志为核心的党中央坚强领导下，各有关部门、地方党委和政府大力支持文物事业发展，文物系统把握机遇、改革创新、攻坚克难，各方面工作取得显著进展。各级党委和政府主体责任落实更加有力，文物资源家底逐步摸清，安全状况明显改善，保护利用改革力度明显加大，博物馆事业繁荣发展，文物国际合作持续深化，保护好利用好文物资源渐成社会共识，文物工作总体上呈现向上向好态势。但是也要看到，文物安全事故、文物违法活动频发问题仍未得到彻底解决，文物保护法律法规体系仍需完善、技术手段亟待创新、博物馆活力有待增强、展陈水平有待提高，文物人才建设亟须加强，文物工作在培育弘扬社会主义核心价值观、服务经济社会发展、传播中华文化等方面还有较大提升空间。我们要认真学习贯彻习近平总书记关于文物工作重要论述和指示批示精神，担当尽责、奋发有为、乘势而上，走出一条符合我国国情的文物保护利用之路。

一是加大考古力度。习近平总书记指出，要加强古代遗址的有效保护，有重点地进行系统考古发掘，不断加深对中华文明悠久历史和宝贵价值的认识。这就要求我们把考古工作放在文物工作更加重要的位置，把考古抓好、把基础打牢。实施好中华文明探源工程、"考古中国"等重大工程项目，用考古发现实证5000多年中华文明史。落实好大型基本建设工程考古调查勘探制度。实施好中华文化资源普查工程，进一步摸清文物资源家底。发挥好国家文物局考古研究中心作用，建设考古研究高地。要用好考古成果，加大宣传推介力度，更加系统、生动地转化为坚定文化自信的宝贵资源。

二是强化文物保护。习近平总书记指出，文物是历史的见证，保护文物就是保护历史。要始终把保护放在第一位。这就要求我们必须把保护作为根本，加快推进《文物保护法》修订和《水下文物保护管理条例》立法进程，完善文物保护制度体系、标准体系、名录体系，提升文物工作治理能力。要实施好重大文物保护工程，加强石窟寺、彩绘壁画保护，推进革命文物保护利用工程、百年党史文物保护展示工程，建设好长城、大运河、长征、黄河国家文化公园。要把文物安全放在极其重要的位置，严格制度、严格把关、严加防范、严厉打击，守牢安全底线。聚焦法人违法、盗窃盗掘、火灾事故等突出问题，加大整治力度。加大博物馆安全隐患排查和整改力度，完善安全防控体系，确保"万无一失"。

三是加强研究工作。文物保护利用专业性很强，需要强有力的研究成果作支撑。要加强理论研究，摸清文物保护利用规律，构建中国特色文物保护利用理论体系。要加强应用研究，切实解决文物保护利用中的各类技术难题、管理难题。要聚焦文物工作重点难点、新情况新问题，大兴调查研究之风，服务决策、服务实践。要坚持开门搞研究，加强国际学术交流，让世界了解中国文物事业，也为世界文物事业提供中国方案、贡献中国智慧。要加强研究队伍建设，提高专业化能力，多出有深度、有分量的研究成果。

四是让文物活起来。习近平总书记指出，要切实加大文物保护力度，推进文物合理适度利用，使文物保护成果更多惠及人民群众。这就要求我们在保护好文物本体基础上，深入挖掘其思想内涵、文化价值，转化为形式多样的文化产品和服务，既满足群众美好生活需要，又让群众在润物无声中受教育，实现以文化人、以文育人。创新文物展示方式，以群众喜闻乐见、接地气的方式讲好文物故事、讲到群众心坎里。因地制宜依托文物资源开发文创产品。充分发挥文物资源在助推乡村振兴、服务脱贫攻坚等方面作用，让文物保护利用融入群众生活、更好惠及民生。

五是深化交流合作。习近平总书记指出，文明交流互鉴是人类文明进步和世界和平发展的重要动力。文物资源是讲好中国故事、展示中华文化魅力的重要载体，要在对外宣传、人文交流大框架下，推进文物交流合作、形成工作合力。服务外交大局，实施亚洲文化遗产保护行动，健全"一带一路"文化遗产保护和申遗跨国合作，推进援外文物保护和中外联合考古。推动出台让文物活起来、扩大中华文化国际影响力等政策文件。发挥流失文物追索返还部际协调机制作用，把更多流失文物"带回家"。

三、加强组织领导，强化保障措施

繁荣发展新时代文物事业，责任重大、任务艰巨，必须夯实责任、传导压力，强化保障、抓好落实，推动文物事业取得新进展新成效。

一是要高度重视文物工作。积极推动各级党委和政府贯彻落实习近平总书记关于"保护文物也是政绩"重要指示精神，增强对历史文物的敬畏之心，主动承担文物保护主体责任，统筹好文物保护和经济社会发展，将文物保护工作列入重要议事日程。各级文物部门和文博单位要切实履职尽责，推动文物保护利用改革落实落地，解决好"最后一公里"问题。扎实推进中央巡视整改，以此为契机推动解决文物工作存在的突出问题和短板。

二是要加强机构队伍建设。落实习近平总书记关于加强基层文物保护和研究队伍建设重要指示精神，在中央编办支持下，争取地方党委和政府加强文物管理机构建设、落实人员编制，保持队伍稳定。推进博物馆改革发展，完善管理运行机制、释放发展活力。关心爱护文物工作者，完善人才激励机制，改善工作生活条件，搭建学习交流平台，创新人才培育机制，吸引更多优秀人才，打造高素质专业化文物工作队伍。倡导文物工作者践行"莫高精神"，弘扬择一事、终一生的家国情怀和敬业精神，争做中华文化的继承者、创新者、传播者。

三是要发挥科技支撑作用。深入贯彻落实习近平总书记关于运用先进技术加强文物保护和研究重要指示精神，推进文物保护利用与现代科技融合发展，加大文物科技投入力度，组织考古发掘、文物保存修缮、安全防护、展示传播等环节的重大技术、关键技术攻关。加强信息化、网络化、智能化建设，系统采集重点文物保护单位、博物馆馆藏珍贵文物、海外流失文物数字化信息，推动文物在线展示。用好5G、大数据、人工智能等新技术，发展智慧博物馆。

四是要编好"十四五"规划。"十四五"时期是我国开启全面建设社会主义现代化国家新征程的第一个五年，谋划好"十四五"时期改革发展十分重要。中央即将召开十九届五中全会专门研究。要集中精力编制文物事业"十四五"规划，谋划好发展目标、工作思路，设计好重大工程、重点项目和政策举措。要及时与党的十九届五中全会等重大会议精神对标对表。积极推动文物事业在国民经济和社会发展规划中得到充分体现，纳入新型城镇化、乡村振兴战略、国土空间等重大规划。

同志们，做好新时代文物工作意义重大、使命光荣。让我们紧密团结在以习近平同志为核心的党中央周围，坚持以习近平新时代中国特色社会主义思想为指导，坚定文化自信、赓续中华文明，共同把老祖宗留下的文化遗产保护好、传承好、利用好，努力铸就中华文化新辉煌。

文化和旅游部部长胡和平在国家文物局考古研究中心成立揭牌仪式上的讲话

（2020年11月30日）

今天，我们举行揭牌仪式，共同见证国家文物局考古研究中心的成立。这是考古事业、考古学界的一件大事喜事，也是文化文物系统的一件大事喜事。在这里我谨代表文化和旅游部，对国家文物局考古研究中心的成立表示衷心的祝贺！对长期以来关心支持文物考古事业发展的单位和同志们表示衷心的感谢！

党的十八大以来，以习近平同志为核心的党中央高度重视文物工作、考古工作，习近平总书记发表系列重要论述，作出系列重要指示批示，特别是今年9月28日主持召开中央政治局第二十三次集体学习，就推进新时代考古工作发表重要讲话。成立国家文物局考古研究中心，是贯彻落实党中央决策部署的具体行动，也是推进我国文物考古事业高质量发展的有力举措。

刚才唐炜同志作了发言，介绍了下一步工作的一些考虑和打算，在讲话当中也感谢了在考古研究中心成立过程中各方面给予的指导与支持，特别是感谢在入驻的办公楼方面，北京市给予的支持。陈星灿所长也发表了热情洋溢的致辞。我们期待考古研究中心成立以后，和全国的考古单位携起手来，共同完成总书记交给我们的任务，建立起中国特色、中国风格、中国气派的考古学。

刘玉珠同志作了讲话，对考古研究中心下一步工作提出了五点要求，要抓好落实。下面，我也谈几点意见。

一是要切实提高政治站位。习近平总书记指出，考古工作是一项重要的文化事业，也是一项具有重大社会政治意义的工作。这次9月28日中央政治局的集体学习，总书记把考古工作的重要性提高到了前所未有的高度，这对我们来说是一个极大的激励、鼓励，也让我们感到更重的责任感、使命感。总书记强调，要高度重视考古工作，努力建设中国特色、中国风格、中国气派的考古学，更好认识源远流长、博大精深的中华文明，为弘扬中华优秀传统文化、增强文化自信，提供坚强的支撑。总书记将考古工作定位为"具有重大社会政治意义"的工作，提出要为增强文化自信提供坚强支撑的要求，深刻指明了新时代考古工作的重要意义和努力方向，为我们做好工作提供了根本的遵循和科学的指引。我们要切实提高政治站位，强化政治自觉，把做好考古工作作为重要的政治任务，从做到"两个维护"的高度贯彻好习近平总书记的重要论述和重要指示批示精神，增强责任感、使命感、紧迫感，挖掘好、守护好老祖宗留下来的宝贵历史文化遗产，为增强人民精神力量、坚定文化自信作出应有的贡献。

二是要加强考古发掘工作。考古发掘工作是整个文物保护利用链条的起点和关键一环。国家文物局考古研究中心要立足自身职能，配合实施好中华文明探源工程、"考古中国"、中华文化资源普查工程等重大工程项目，加大考古发掘力度，通过考古发现来探索未知、揭示本源、实证历史。要加强考古资源调查、政策需求调研等工作，为做好考古工作规划提供决策咨询。要突出工作重点，围绕史前文明研究、中华文明起源、夏代历史研究等重大问题，组织专门力量开展专项攻关，不断取得新的突破。在实现中华民族伟大复兴中国梦的伟大进程中，我们越来越感受到文化的重要性，越来越感受到要把中华文明、中华文化等很多事情说清楚，特别是来源、起源等。我们要担负起承担的责任，要运用新技术、新手段、新工具，推进考古与现代科技融合发展，开展考古发掘重大技术、关键技术攻关，提高考古工作发现和分析能力。

三是要强化考古研究阐释。考古工作是阐述中华民族历史、展示中华文明瑰宝的重要工作，需要有强有力的研究能力、研究成果做支撑。考古研究中心要把"研究"二字作为核心职能，明确发展思路、突出发展重点，努力建设国内一流、国际知名的新时代考古研究高地。要加强理论研究，坚持以马克思主义立场、观点、方法指导研究工作，巩固马克思主义在考古研究、历史研究领域的指导地位，深入开展理论探索、摸清考古工作规律，努力构建中国特色考古工作理论体系。目前，考古学科体系总体上来说是从西方学习、引进的，学习借鉴人类的优秀的文化传统、文明成果，是必要的也是需要的。但是，我们一定要有自己的东西，自立于世界之林，不同的民族都有不同的发展历史，特别是中华文明作为五千多年从来没有中断过的文明，它的特点、特色在全世界也是非常显著的。所以，我们要努力构建中国特色考古工作的整个理论体系，包括学科体系、学科范式。要加强考古成果的挖掘、整理、阐释，积极谋划相关课题项目，借助国家自然科学基金、国家社会科学基金、国家艺术基金等项目资源，开展跨学科、多领域的协同研究，形成一批跟得紧、做得实、用得上的研究成果。要运用好考古成果、历史研究成果，讲好、讲精、讲透其中隐含的中华文化基因，呈现的中华文明脉络，反映的中华文明成就。要坚持开门搞研究，加强考古界学术交流，用好高等院校、科研院所、研究机构等专家资源和教育资源，形成研究合力。考古主要是实证研究，但不能只局限于实证研究，必须和过去历史上形成的一些古籍、典籍、文化遗产包括非物质文化遗产、口口相传的一些民间传说等结合起来，相互印证，做好研究阐释工作。

四是要抓好文物保护利用。考古遗迹和历史文物是历史的见证，必须保护好、利用好。要始终坚持把保护放在第一位，严格落实文物保护主体责任。在发掘、研究、保护、利用各环节，都要突出安全第一，抓紧制定各项相关规章制度，坚决防止文物盗窃、火灾、破坏等问题发生。前不久，习近平总书记在上海讲到保护弘扬长江文化、长江经济带工作时，特别讲到了文物问题，讲到了文物安全的问题，特别是防止文物盗窃犯罪、打击文物犯罪的问题，这些工作我们下一步都要做好。在此基础上，要推动考古成果活化利用，加强与博物馆、学校等机构的合作，采用多种方式做好宣传推广。在确保文物、考古遗址安全的前提下，让更多的考古成果走进学校、走进博物馆，更好地满足人民精神文化需求，发挥以史育人、以文化人作用。要深化国际交流合作，积极参与考古领域国际组织工作、中外联合考古项目、国际考古学术交流等活动，向国际社会展示中国考古事业巨大成就，为世界考古事业提供中国方案、贡献中国智慧。运用考古和历史研究成果，向全世界讲好中国历史故事，增强中国考古、中国文化文物工作的国际影响力和话语权。

五是要建设好人才队伍。高素质、专业化的人才队伍是做好考古工作坚强的有力支撑，要完善人才选用、培育机制，重点引进和培养高水平考古研究领军人才、科技人才、职业技能人才。要完善激励机制，关心爱护考古研究工作者，努力为他们改善工作、生活条件，搭建学习、交流平台，吸引更多优秀的人才，特别是年轻人热爱、投身考古研究事业，让考古研究事业后继有人、人才辈出。要学习、践行莫高精神，弘扬"择一事，终一生"的敬业精神，打造具有深厚爱国情怀、坚定学术志向、顽强工作作风的考古研究工作队伍。

文化和旅游部部长胡和平
在全国文物局长会议上的讲话

（2020年12月21日）

在全党全国深入学习贯彻党的十九届五中全会精神之际，我们召开全国文物局长会议，总结工作，谋划发展，部署任务。

2020年是"十三五"规划收官之年。"十三五"期间，在党中央、国务院坚强领导下，全国文物系统坚持以习近平新时代中国特色社会主义思想为指导，深入学习贯彻习近平总书记关于文物工作重要论述和重要指示批示精神，深入贯彻落实党的十九大和十九届二中、三中、四中、五中全会精神，增强"四个意识"，坚定"四个自信"，做到"两个维护"，担当尽责、守正创新，推动我国文物事业取得显著成绩，文物保护工作更加扎实，文物合理利用迈上新台阶，政府主导、部门协作、社会参与的历史文化遗产保护大格局逐步形成，文物保护利用为建设社会主义文化强国、服务经济社会发展、促进文明交流互鉴作出了重要贡献。2020年，广大文物工作者积极应对新冠肺炎疫情，推动文物事业持续向上向好态势，呈现出很多亮点。一是习近平总书记关于文物工作重要论述和重要指示批示精神贯彻落实坚决有力。不断完善学习贯彻机制，召开专题会议，深入学习贯彻落实习近平总书记关于文物工作重要论述和重要指示批示精神。在加强考古工作，加大石窟寺、古塔、古厝保护力度，实施中华文明探源工程，推进流失文物返还等方面采取有效举措。这充分体现了文物系统高度的政治自觉和行动自觉。二是文物保护得到全面加强。狠抓文物安全，重大文物法人违法案件得到严肃查处，打击文物犯罪专项行动成效明显，查找整改了火灾隐患。文物保护工程有序推进。在国家文化公园建设、革命文物保护等方面措施有力。三是服务经济社会发展积极有为。统筹疫情防控与文物工作，积极开展"云展览""云考古"，丰富了人民精神文化生活。开辟重大项目审批和文物保护专项资金审核"绿色通道"，在稳投资、保主体方面发挥了积极作用。援藏援疆和扶贫工作有序推进。推动文物"活"起来有了新举措。四是管理水平进一步提升。党的建设进一步加强。中央巡视整改成效显著。政策法规体系建设进一步优化。文物保护利用改革取得新成效。五是文物系统干部职工精神面貌昂扬向上。广大文物工作者甘于奉献、敢于担当，展现出良好的干事创业精神，涌现出一批先进典型。可以说，2020年文物事业取得新进展、实现新突破，为"十三五"画上了圆满的句号。这些成绩的取得，根本在于习近平新时代中国特色社会主义思想的正确指引，在于以习近平同志为核心的党中央的坚强领导，是各部门和社会各界关心支持、广大文物工作者辛勤付出的结果。在此，我代表文化和旅游部，向大家并通过你们向全国广大文物工作者致以衷心感谢和亲切问候！

下面，我讲三点意见。

一、准确把握当前文物工作面临的形势任务

当前，我们正处于"两个一百年"历史交汇点上，即将踏上全面建设社会主义现代化国家新征程，文物事业也面临着新形势新任务新要求。

一是党中央对文物工作的重视程度前所未有，我们要进一步提高政治站位、强化政治自觉。党的十八大以来，以习近平同志为核心的党中央将文物工作摆在重要位置，进行战略谋划、全面部署。习近平总书记发表重要论述，作出近百次重要指示批示，先后考察25个省份的70多处文博单位。2020年，习近平总书记在多个重要会议和场合对加强历史文化遗产保护、研究中华文化起源、推进革命文物保护、促进文物国际交流合作等方面工作发表重要讲话、作出重要指示。特别是9月28日，习近平总书记在主持召开中央政治局第二十三次集体学习时，就加强考古和历史文化遗产保护工作发表重要讲话，深刻阐释了我国考古工作的重大成就和重要意义，明确提出做好考古和历史研究、用好考古和历史研究成果的工作要求。习近平总书记关于文物工作重要论述和重要指示批示，系统回答了一系列方向性、根本性、全局性问题，为我们提供了根本遵循、指明了前进方向。特别是习近平总书记立足党和国家事业全局，站在传承中华文脉、增强文化自信、建设文化强国的高度，深刻论述了文物工作的重大意义，把文物工作的重要性提高到前所未有的高度。这充分体现了党中央对文物工作的高度重视，也饱含着对文物工作者的亲切关怀和殷切期望。我们必须深刻认识到，保护文物功在当代、利在千秋，必须不断增强使命感、责任感，牢固树立保护历史文化遗产责任重大的观念，把推进文物事业发展作为重要政治任务，不负重托、不辱使命，守护好、传承好老祖宗留下来的宝贵历史文化遗产。

二是实现文化强国的战略目标，我们要发挥独特优势，作出应有贡献。党的十九届五中全会提出到2035年建成文化强国、社会文明程度达到新高度、国家文化软实力显著增强的远景目标，提出繁荣发展文化事业和文化产业、提高国家文化软实力的重点任务。《中共中央关于制定国民经济和社会发展第十四个五年规划和二〇三五年远景目标的建议》明确指出，要加强文物古籍保护、研究、利用，强化重要文化和自然遗产、非物质文化遗产系统性保护，建设长城、大运河、长征、黄河等国家文化公园。这些重要部署，不仅对加强文物保护、传承中华文脉提出了新要求，也对文物工作发挥以史育人优势、不断增强人民精神力量提出了新要求。我们必须紧扣2035年建成社会主义文化强国这一宏伟目标，围绕"举旗帜、聚民心、育新人、兴文化、展形象"使命任务，更好发挥文物工作教化育人、凝聚人心的作用。要加强文物资源梳理阐释，把中华文明起源和发展以及对人类文明的重大贡献更加清晰、更加全面地呈现出来，深入挖掘文物蕴含的哲学思想、人文精神、价值理念、道德规范。要让收藏在博物馆里的文物、陈列在大地上的遗产、书写在古籍里的文字都活起来，让文物说话，让历史说话，弘扬中华优秀传统文化、革命文化、发展社会主义先进文化，丰富全社会历史文化滋养。要教育引导广大干部群众特别是青少年认识中华文明起源和发展的历史脉络，认识中华文明取得的灿烂成就和对人类文明的重大贡献，不断增强民族凝聚力、激发民族自豪感、坚定民族自信心。

三是满足人民群众对美好生活的需要，我们要提升文物保护利用水平。近年来，社会公众的文物保护意识日益增强，对文物工作的关注程度越来越高、关注面也越来越广泛，走进文物遗迹和博物馆的观众越来越多，许多考古重大发现、精品展览成为人们热议的话题。据统计，"十三五"期间，博物馆年接待人次从7.8亿增加到12.27亿，增长57%。文创产品也越来越受到大众喜爱，成为文化消费新增长点。全面建成小康社会后，人们对美好生活更是充满了新期待，文物遗迹、博物馆成为人们提升素养、陶冶情操的重要场所。这就要求广大文物工作者牢固树立以人民为中心的导向，加强文物资源价值挖掘阐发、提高展陈水平，讲好历史文化遗产内在的价值、背后的故事，进一步满足人们精神文化需求。要充分发挥文物资源在助推乡村振兴、脱贫攻坚等方面作用，积极拓展思路、创新手段，以文物资源为依托推出形式多样的文化产品和服务，让文物保护利用融入群众生活、更好惠及民生。

四是推动文物事业更好发展，我们要坚持改革创新，提升文物领域治理体系和治理能力现代化水平。在习近平总书记亲自部署下，2018年中共中央办公厅、国务院办公厅出台《关于加强文物保护利用改革的若干意见》，标志着新时代文物保护利用改革整体性制度框架全面确立。目前，16个方面71项重点任务渐次落地，29个省市区和新疆生产建设兵团出台加强文物保护利用改革实施意见，博物馆改革发展政策文件出台在即，文物资源资产管理等跨部门政策举措相继出台。当前，文物保护利用改革的思想基础、政策基础、实践基础、民心基础更加坚实，改革任务落实情况总体势头良好。但我们也要清醒认识到，文物保护利用改革仍处于攻坚期，一些改革任务涉及资源整合和权责重组，触及深层次利益关系和体制机制问题，情况复杂、推进难度大。党的十九届五中全会提出，"十四五"时期必须遵循坚持深化改革开放的原则。我们要落实好中央要求，坚定不移推进改革，解放思想、求真务实，持续推进《关于加强文物保护利用改革的若干意见》各项改革任务落地见效。要出硬招实招、直面重点问题、打通淤点堵点，破除制约文物事业高质量发展的体制机制和重点难点问题。

二、做好2021年工作，为推进"十四五"时期文物事业发展开好局起好步

2021年是中国共产党成立100周年，是乘势而上开启全面建设社会主义现代化国家新征程、向第二个百年奋斗目标进军的新起点。做好2021年文物工作，要坚持以习近平新时代中国特色社会主义思想为指导，深入贯彻党的十九大和十九届二中、三中、四中、五中全会精神，增强"四个意识"，坚定"四个自信"，做到"两个维护"，坚持以人民为中心，坚持新发展理念，坚持深化改革开放，坚持系统观念，紧紧围绕"举旗帜、聚民心、育新人、兴文化、展形象"使命任务，紧扣文物保护利用改革主线，聚焦考古和历史文化遗产保护主责主业，守牢文物安全底线，统筹推进文物保护与合理利用，努力探索符合国情的文物保护利用之路，推动新时代文物事业高质量发展。重点要做好以下几方面工作。

一是认真贯彻落实习近平总书记关于文物工作重要论述和重要指示批示精神。要把学习贯彻习近平新时代中国特色社会主义思想特别是习近平总书记关于文物工作重要论述和重要指示批示精神作为首要政治任务，在学懂、弄通、做实上下功夫。习近平总书记高度重视文物工作，今年以来就作出重要指示批示数十次。这充分体现了总书记对文物工作的关心关注。总书记作出重要指示批示后，我们立即组织力量开展调研、查摆问题、制定方案，召开专题会议进行部署，加大考古力度，加强研究能力建设，开展抢救性保护，强化管理，举一反三对存在问题进行整改，可以说行动迅速、落实有力。我们要继续深入学习贯彻落实习近平总书记关于文物工作重要论述和重要指示批示精神，提高政治站位，完善学习贯彻机制，制定周密方案，采取有效举措，确保落实落细。

二是加大考古工作力度。习近平总书记强调，考古工作是展示和构建中华民族历史、中华文明瑰宝的重要工作；百万年的人类起源史和上万年的人类史前文明史，主要依靠考古成果来建构，即使是有文字记载以后的文明史，也需要通过考古工作来参考、印证、丰富、完善；考古工作是一项重要文化事业，也是一项具有重大社会政治意义的工作。贯彻落实习近平总书记重要论述精神，我们必须把考古放在文物工作更加重要的位置，把基础打牢，把工作做实。做好考古调查、田野发掘工作，探索未知、揭示本源、证实历史。加强古代遗址的有效保护，有重点地进行系统考古发掘。推进中华文明探源工程、"考古中国"等重大项目，用考古发现实证5000多年中华文明史。健全大型基本建设工程考古调查勘探制度。发挥好国家文物局考古研究中心作用，特别是以2021年中国现代考古学100周年这一重要时间节点为契机，切实发挥引领作用，推动考古事业迈上新台阶。

三是深化历史研究。习近平总书记强调，要深入进行理论探索，努力建设中国特色、中国风格、中国气派的考古学；要做好出土文物和遗址的研究阐释工作，把我国文明起源和发展以及对人类的重大贡献更加清晰、更加全面地呈现出来；要吸收最新史学研究成果，及时对我国古代历史部分内容进行完善，以完整准确讲述我国古代历史；要深入研究中华文明、中华文化的起源和特质，形成较为完整的中国文化基因的理念体系。这些重要要求，事关中华民族、事关中华文明、事关中华文化，要从党和国家事业发展全局高度、中华民族未来发展高度抓好落实。贯彻落实习近平总书记重要论述精神，我们必须加强理论研究，努力构建中国特色考古学理论体系。加强应用研究，切实解决文物保护利用中的各类技术难题、管理难题。深入开展文化基因研究，探究中华文明、中华文化的起源和特质。做好考古成果的挖掘、整理、阐释工作，全面揭示蕴含其中的中华民族的文化精神、文化胸怀和文化自信。坚持开门搞研究，开展跨学科、多领域协同研究，加强国际学术交流。努力打造一批考古研究高地，推出一批跟得紧、做得实、用得上的研究成果。努力培养一支政治素养高、专业能力强的研究队伍。

四是加强历史文化遗产保护。习近平总书记强调，历史文化遗产不仅生动述说着过去，也深刻影响着当下和未来，不仅属于我们，也属于子孙后代；保护好、传承好历史文化遗产是对历史负责、对人民负责；历史文化遗产是不可再生、不可替代的宝贵资源，要始终把保护放在第一位；考古遗迹和历史文物是历史的见证，必须保护好、利用好。贯彻落实习近平总书记重要论述精神，我们必须把保护作为根本，以敬畏之心保护好考古遗迹和历史文物，让人们通过它们所承载的信息，记得起历史沧桑、看得见岁月留痕、留得住文化根脉。实施好中华文化资源普查工程，进一步摸清文物资源家底。健全历史文化资源管理制度。健全不可移动文物保护机制，把文物保护管理纳入国土空间规划编制和实施，完善土地储备考古前置等基本建设考古制度。强化系统性保护，注重运用新技术新手段提高保护能力。统筹好文物保护与经济社会发展，妥善处理文物保护与开发的关系，防止过度开发利用、过度商业化。在城市改造、开发过程中，保护好历史文化遗存，保护好城市风貌，坚决防止"建设性破坏"，避免"千城一面、万楼一貌"。加强对古村落的保护。实施好重大文物保护工程，加强石窟寺、彩绘壁画保护，推进革命文物保护利用工程、百年党史文物保护展示工程。着力加强区域性历史文化遗产保护利用，贯彻落实国家文化公园建设领导小组会议精神，全面做好长城、大运河、长征、黄河国家文化公园建设，加强长江文物和文化遗产保护，集中打造中华文化重要标识。贯彻落实习近平总书记关于加强文物安全、严厉打击文物犯罪重要指示批示精神，坚守安全底线，确保文物安全。进一步增强安全生产意识，深刻汲取国内外重大文物灾害事故教训，严格制度、严格把关、严加防范、压实各方面各级责任，统筹各方力量，切实防范各类事故、灾害发生。要警钟长鸣，不能有丝毫松懈。持续推进文物平安工程，提高各级文物博物馆单位消防安防能力。

聚焦法人违法、盗窃盗掘等突出问题，加大整治力度。加强执法督察，严厉打击文物犯罪。做好世界文化遗产申报工作，坚决维护我国文化主权。

五是积极拓展文物合理利用途径。习近平总书记强调，要加强文物合理利用，使其在提供公共文化服务、满足人民精神文化生活需求方面充分发挥作用；要使文物保护成果更多惠及人民群众。贯彻落实习近平总书记重要论述精神，我们必须在保护好文物本体基础上，积极推进文物合理利用。发挥好博物馆、纪念馆和文物保护单位的历史研究、社会教育、文化传播、公共服务功能，提升服务水平，创新文物展示方式，以群众喜闻乐见、接地气的方式讲好文物故事，推动文物资源展示传播从"看热闹"转向"悟精神"。运用好考古成果和历史研究成果，讲清楚其中蕴含的中华文化基因、呈现的中华文明脉络、反映的中华文明成就。深入挖掘文物蕴藏的文化艺术价值，努力转化为形式多样的文化产品和服务。正确处理继承和创新的关系，重点做好创造性转化和创新性发展。推进国家文物保护利用示范区创建工作。依托文物资源建设旅游景区、规划旅游线路、设计旅游产品，吸引更多游客游览文物古迹、感悟中华优秀传统文化。

六是讲好中国共产党故事、讲好中国故事。习近平总书记强调，革命博物馆、纪念馆、党史馆、烈士陵园等是党和国家红色基因库，要讲好党的故事、革命的故事、根据地的故事、英雄和烈士的故事，加强革命传统教育、爱国主义教育、青少年思想道德教育，把红色基因传承好，确保红色江山永不变色；要运用我国考古成果和历史研究成果，向国际社会展示博大精深的中华文明，让世界了解中国历史、了解中华民族精神，从而不断加深对当今中国的认知和理解，营造良好国际舆论氛围。贯彻落实习近平总书记重要论述精神，我们必须充分利用文物资源，推出系列主题展览，大力弘扬中华优秀传统文化、革命文化、社会主义先进文化，培育社会主义核心价值观。明年是建党100周年，我们要把庆祝建党百年相关工作作为重要政治任务抓好抓实，推动召开全国革命文物工作会议，加强革命文物保护，推出革命文物主题展览，制播革命文物宣传片，利用革命文物资源讲好中国共产党百年的故事。要在对外宣传、人文交流大框架下，深化文物领域国际交流合作。发挥好文物在外宣方面的独特优势，通过多种方式生动鲜活地讲述中国故事、展示中华文化独特魅力。实施好亚洲文化遗产保护行动，不断提升我国在文化遗产领域的国际话语权。

三、加强组织领导，狠抓工作落实

关于2021年文物工作，刘玉珠同志将作具体部署，我再提几点要求。

一是加强统筹谋划，把握正确方向。各级文物部门、文博单位领导班子特别是主要负责同志要切实提高政治站位，及时跟进中央部署，加强工作谋划，推动任务落实，要把该担当的责任担当起来，把该做的工作做好做到位。主要负责同志要切实履行第一责任人职责，做到重大方案亲自把关，关键环节亲自协调，落实情况亲自督察。要坚持以政治建设为统领，把加强党的建设和全面从严治党贯彻始终。要严格落实意识形态工作责任制，把握主导权。要把培育和弘扬社会主义核心价值观贯穿到文物工作各领域全过程。要做好中央巡视整改的"后半篇文章"，巩固拓展巡视成果。

二是做好基础工作，提供有力支撑。要全面贯彻落实党的十九届五中全会精神，加强前瞻性思考、全局性谋划，高标准编制实施"十四五"规划，推动文物事业发展新征程行稳致远。要加快《文物保护法》修订和《水下文物保护管理条例》立法进程，完善文物保护制度体系，提升文物领域治理能力。要加强各级文物部门、专业研究机构和基层文物保护机构队伍建设。完善人才培育、选用、激励机制，打造高素质专业化文物工作队伍。要注重发挥科技支撑作用，推进新技术、新工艺、新材料的应用。

三是融聚各方力量，增强发展动能。文物事业发展离不开相关部门大力支持、通力协作，离不开地方基层创新坚守、有效联动，离不开社会各界热心关注、积极参与。要加强跨部门沟通协调，凝聚共识，形成合力。地方各级党委和政府要树牢保护文物也是政绩的科学理念，增强对文物的敬畏之心，主动承担文物保护主体责任，更好统筹文物保护与经济社会发展。完善相关配套政策，吸引更多社会力量参与文物工作。

四是层层夯实责任，推动各项任务落实落细。要进一步完善学习贯彻习近平总书记关于文物工作重要论述和重要指示批示精神的长效机制，层层压实责任，加强督促检查，确保落在实处。要把落实党的十九届五中全会精神作为一项重要任务，结合文物工作实际制定落实方案。要狠抓中央决策部署贯彻落实，确保列入中央政治局工作要点、中央深改委和中央文改领导小组工作要点的任务如期完成。要建立工作总台账，明确各项任务的责任主体和目标要求。要强化督促检查，确保各项工作扎实推进。要建立科学合理的实绩考核制度，将考核结果作为各级领导班子和领导干部奖惩和提拔使用的重要依据。

同志们，文物工作使命光荣、责任重大。让我们更加紧密地团结在以习近平同志为核心的党中央周围，锐意进取、攻坚克难，扎实工作、奋发有为，在新的历史起点推动文物事业实现新发展，为建设社会主义文化强国作出新的更大贡献！

中国
文物年鉴
2021

致力于平等、多元、包容的中国博物馆

——国家文物局局长刘玉珠在2020年"5·18国际博物馆日"中国主会场活动开幕式上的致辞

（2020年5月18日）

今年国际博物馆日的主题是"致力于平等的博物馆：多元和包容"。今天，全球博物馆人通过举办国际博物馆日纪念活动，共同聚焦这个事关人类社会发展的宏大主题，就是要进一步思考博物馆的社会责任，支持多元文化包容发展，推动不同文明、不同国家、不同地区、不同个体间的平等与相互尊重，倡导博物馆资源共享，保障公众获取知识和谋求发展的基本权利。

中华人民共和国成立70年来，中国博物馆事业取得的非凡成就充分表明，我国政府在保障人民群众获取知识、实现平等的文化权利、提高思想道德素质和科学文化素质，实现人的全面发展等方面作出巨大努力，为人类文明进步作出重要贡献。

党的十八大以来，以习近平同志为核心的党中央高度重视博物馆事业，引领我国博物馆进入高质量发展阶段。仅去年，习近平总书记就到赤峰博物馆、黄河博物馆、鄂豫皖苏区首府革命博物馆、香山革命纪念馆、敦煌研究院、中国工农红军西路军纪念馆等多家博物馆调研并作出重要指示。在敦煌研究院考察时，总书记对文博机构和人才队伍建设提出明确要求，对全体文博工作者给予殷切期望，"希望大家把研究保护工作当作终身事业和无悔追求。"上个月，总书记在陕西调研时强调，"要加大文物保护力度，弘扬中华优秀传统文化、革命文化、社会主义先进文化，培育社会主义核心价值观，加强公共文化产品和服务供给，更好满足人民群众精神文化生活需要"。几天前，总书记在山西调研时又再次强调，"历史文化遗产是不可再生、不可替代的宝贵资源，要始终把保护放在第一位。发展旅游要以保护为前提，不能过度商业化，让旅游成为人们感悟中华文化、增强文化自信的过程。"

在各级党委和政府的关怀下，依靠全体博物馆人的不懈奋斗，我国博物馆进入历史上最好的发展时期。2019年底，全国备案的博物馆达到5535家，比前一年度增长181家。"十三五"以来，我国平均每两天新增一家博物馆，达到25万人拥有一家博物馆。非国有博物馆达到1710家，增长趋势不断加快。我国博物馆发展总体上呈现出以下特点：

一是普惠均等成为我国博物馆显著特征。平等是现代社会的基本特征，也是中国博物馆发展的核心要义，坚持以人为本，平等地服务每一位公众，保障人民基本的文化权利，是博物馆的初心和使命。全国博物馆2019年举办展览2.86万个，接待观众12.27亿人次，其中非国有博物馆接待1.19亿人次。免费开放博物馆达到4929家，全年接待观众10.22亿人次，各类弱势群体和低收入者都能平等地享受到博物馆丰富多样的文化产品，每个社会个体都能走入博物馆的文化殿堂，汲取知识与养分。博物馆成为文化扶贫、乡村振兴的重要支持，边远地区、贫困地区公共服务体系日趋完备。坚持以人为本、守正创新，博物馆成长为文化惠民的中坚力量。

二是多元融合助力博物馆功能和作用彰显。全国博物馆体系更加健全。二里头遗址博物馆、香山革命纪念馆、国家海洋博物馆等建成开放，首都博物馆、上海博物馆、西藏博物馆等改扩建加速。博物馆成为全国和区域性文化中心，赋予中华民族精神标识的象征意义。博物馆展览内涵与形式更加丰富，精品展览不断涌现，博物馆成为不同年龄观众的打卡圣地；博物馆进校园向纵深开展，全年举办33.46万场教育活动，社会主义核心价值观得到弘扬，博物馆意识形态主阵地日益巩固；文创开发精彩纷呈，贴近百姓生活，经典传统焕发出当代活力，中央广播电视总台《国家宝藏》和《国宝音乐会》等节目热播，博物馆成为创造人民美好生活的多彩元素。

三是改革创新推动博物馆现代化、智慧化进程。全国博物馆树立以人民为中心的发展方向，创新高质量发展模式，增强高品质文化产品供给。博物馆现代管理体系逐步形成，创新、协调、绿色、开放、共享的新发展理念深入人心，博物馆治理结构改革深化推进，人事、职称、绩效改革全面铺开，标准化、现代化、规范化管理成为常态。大数据、云计算、人工智能等新技术、新方法在博物馆推广应用，智慧博物馆建设方兴未艾，"云展览"风靡互联网，博物馆成为智慧生产和知识创造的基地，博物馆走入高质量发展的快车道。

面对新冠肺炎疫情，全国博物馆系统狠抓防控、主动应对，响应国家文物局号召，同舟共济、万众一心，向湖北捐款捐物，启动抗疫见证物征集工作，"为明天收藏今天"。在现代信息技术支持下，春节期间全国博物馆推出2000余项线上展览，总浏览量超过50亿人次，受到公众热烈欢迎和高度评价，做到闭馆期间温情不打烊、精彩不缺席，展现了新时期博物馆的精神风貌和责任担当。

四是交流互鉴指引博物馆迈向世界舞台。随着合作领域的不断扩展，中国在国际博物馆界朋友圈不断扩大，影响力与日俱增，中国博物馆人以更加自信、开放和包容的姿态走进国际舞台中心。文物援外范围不断拓展，国际文物避难所在中国落户，国际博协培训中心日益壮大，"一带一路"沿线博物馆国际交流合作日益紧密，国际联合策展机制趋于成熟，文物保护、学术研究和人才培养成果频出，"多元与包容"在博物馆得到淋漓尽致的阐释，在国际交往中中国声音得到充分表达，中国方案成为重要选择。中华文化走出去步伐频率加快，文明交流互鉴力度空前。"十三五"期间，我国博物馆举办300余项文物进出境展览，"大美亚细亚——亚洲文明展"、"三国志"特展等盛况空前，中华文化国际影响力有力彰显。

2020年是"十三五"收官之年，是全面建成小康社会目标实现之年，更是脱贫攻坚的决胜之年。对于博物馆人来说，也是承上启下的关键一年。我们要以习近平新时代中国特色社会主义思想为指导，守正创新，全面推进博物馆领域改革发展，更好满足人民美好生活需要。

一是做好顶层设计，加强谋篇布局。推动博物馆改革发展实施意见的出台落实，编制好文物博物馆事业"十四五"发展规划，推动基层博物馆建设和提升改造，加强博物馆治理体系建设和质量管理，推进博物馆治理体系和治理能力现代化，完成博物馆法人治理结构改革任务，启动新一轮国家一二三级博物馆评估定级工作，推动高质量发展。

二是完善服务体系，提升服务水平。不断拓展博物馆公共文化服务体系和社会教育体系，进一步深化博物馆免费开放，支持非国有博物馆规范发展，加强培育弘扬社会主义核心价值观展览的带动示范，发挥博物馆在扶贫攻坚、乡村振兴、文化旅游中的作用，全面提升博物馆社会服务水平。

三是加强跨界融合，创新传播方式。充分利用现代信息技术手段，加大智慧博物馆建设，构建"云展览"平台，加强跨界融合创新，促进文化创意产品开发，建立新型博物馆知识生产和传播体系，要主动积极与媒体联系，特别是与以新华社为代表的主流媒体加强合作，为公众尤其是广大未成年人提供更加优质、丰富和便捷的文化产品。

四是做好安全防范工作，提高应急管理能力。提高现代博物馆治理水平，推动建设突发事件管理制度和标准规范，健全博物馆应急处置机制，提升应对突发事件的处理能力。在当前全球抗击新冠疫情形势依然严峻的情况下，要按照中央的统一部署和要求，在确保文物安全和公共安全的前提下，做好博物馆疫情防控和有序开放，确保万无一失。

博物馆是保护和传承人类文明的重要殿堂，是连接过去、现在、未来的桥梁。在新时代，中国博物馆肩负的责任更加重大。我相信，在全体博物馆同仁共同努力和全社会大力支持下，中国博物馆必将成为促进公共文化服务更加平等、更加多元、更加包容的有力推手，成为改善民众生活的重要阵地，成为推动社会发展的积极力量，更加致力于人类多元文明平等交流，为实现中华民族伟大复兴的中国梦和人类文明的团结进步作出更大贡献。

国家文物局局长刘玉珠在2020年文化和自然遗产日主场城市活动开幕式上的致辞

（2020年6月13日）

　　在文化和自然遗产日这一重要文化节日，在决胜全面建成小康社会关键历史时期，我们连线北京与桂林，通过现场与云端，共同参与丰富多彩的文物展示传播活动，共同体验活力多姿的历史文化遗产脉动。首先，我谨代表国家文物局向关心关爱文物事业的各界朋友表示由衷敬意！向筹备筹办主场城市活动的广西壮族自治区人民政府、中央广播电视总台、桂林市人民政府和相关单位，以及媒体朋友们表示衷心感谢！

　　文化遗产是民族的血脉，是人民的精神家园。党的十八大以来，以习近平同志为核心的党中央高瞻远瞩，为加强文物保护利用和文化遗产保护传承指明方向。文物工作伴随经济社会发展，成为中国特色社会主义"五位一体"总体布局的有机构成，在全面建成小康社会的征程上加速奔跑，在实现中华民族伟大复兴的道路上笃定前行。

　　资源赋彩，文物成为文化自信的动力源泉。从万里长城的亘古绵延到千年运河的欣荣发展，从福建万寿岩的远古回声到敦煌莫高窟的瑰丽奇谲，从浙江良渚遗址的文明新语到广西花山岩画的文化绚烂，我国76.7万处不可移动文物、1.08亿件／套国有馆藏文物，穿越历史时空、遍布广袤大地、滋养亿万民众。我们注重保护，践行文物工作方针，加强大运河、黄河、长城、长征等重点文化线路保护，实施布达拉宫、承德避暑山庄等万余项重点文物保护工程，公布第一批654个革命文物保护利用片区分县。我们筑牢底线，健全文物安全长效机制，完成2.3万处全国博物馆和文物建筑消防安全大检查，持续开展打击文物犯罪和文物法人违法案件整治。我们完善制度，《文物保护法》《关于加强文物保护利用改革的若干意见》等重要法律政策驾护航，老祖宗留给我们的宝贵精神财富在新时代愈加璀璨。

　　活力赋彩，文物成为美好生活的强大引擎。文物为城市建设延续文脉、为乡村振兴驻守文明、为老区发展提质增效，为经济发展增添活力、为百姓生活增姿添彩。在博物馆，每年2万余个展览相继举办，参观人次逾10亿；在网络终端，2000多个云展览吸引50亿人次观览，考古云发现引爆五一小长假；在学校课堂，孩子们恣意徜徉历史文化天空；在电视荧屏，《如果国宝会说话》引发收视热潮；而在创意工坊，文博新文创备受青睐，全年吸引16亿人次，成为拉动消费新亮点。站在历史和现实结合点，文物成为社会发展必需品、现代生活滋养品、社交媒体畅销品，焕发勃勃生机。

　　交融赋彩，文物成为文明交流互鉴的重要平台。从"一带一路"高峰论坛"鎏金铜蚕"闪亮登场到亚洲文明对话大会元代青花备受关注，从丝绸之路"天山廊道"跨国申遗到中柬合作修复吴哥古迹，从虎鎣回家到流失意大利文物回归，在国际舞台，文化遗产超越国度，铺就美美与共的画卷。目前我国拥有55项世界遗产，每年举办近百个文物外展，与24国联合开展44个考古项目，文化气度、民族品格、中国责任，见诸文物的金色名片，在世界舞台尽情绽放。

去年8月，习近平总书记在敦煌研究院的重要讲话犹在耳畔；一个月前，习近平总书记对云冈石窟的重视关怀鞭策在心。站在全面建成小康社会的决胜点，广大文物工作者将坚持以习近平新时代中国特色社会主义思想为指引，持续推动文物保护利用改革，推进考古中国重大研究，公布国家文物保护利用示范区名单和革命文物保护利用片区分县名单，推进博物馆和社会文物领域改革发展，高质量推动数字化保护，高站位编制"十四五"规划，跑好全面建成小康社会的"最后一公里"，书写文化遗产保护传承的时代新篇章。

真诚邀请您和家人朋友走进全国各地文物博物馆单位，感悟中华文明深沉隽永、赓续传承的精彩世界。

国家文物局局长刘玉珠在深入学习贯彻落实习近平总书记关于文物工作重要论述和重要指示批示座谈会上的发言

（2020年8月21日）

党的十八大以来，习近平总书记高度重视文物保护利用和文化遗产保护传承，站在为新时代坚持和发展中国特色社会主义提供精神支撑的战略高度，发表重要论述，作出重要指示批示。从2019年8月19日在敦煌研究院座谈时发表重要讲话到本月中旬，习近平总书记对文物工作作出数十次重要批示、考察8省11处文物博物馆单位，进一步阐明了文物资源的特殊价值和重要意义，揭示了文物保护与利用、传承与发展的辩证关系，回答了为何保、为谁保、怎样保的时代课题，为新时代文物事业发展提供了根本遵循。一年来，在党中央、国务院坚强领导下，在中央相关部门和地方党委政府协同推进下，全国文物系统深入学习贯彻落实习近平总书记重要论述和重要指示批示，守正创新、开拓进取，推动文物工作呈现向上向好态势。

一、全面学习领会习近平总书记关于文物工作重要论述伟大意义

全国文物系统坚持把学习贯彻习近平新时代中国特色社会主义思想作为首要政治任务，认真学习领会习近平总书记关于文物工作重要论述和重要指示批示的精神实质、内在逻辑和原则要求。去年8月19日，习近平总书记调研甘肃嘉峪关、莫高窟，在敦煌研究院座谈会上发表了重要讲话，全国文博人备受鼓舞、倍感振奋。通过对总书记一年来的重要指示批示的学习，我们有这样几点体会：

第一，保护第一，是新时代文物资源保护的新定位。要增强对历史文物的敬畏之心，始终把保护放在第一位，正确处理文物保护与城乡建设、旅游开发、经济发展的关系，牢牢守住文物安全底线，坚持守正创新，切实做到在保护中发展、在发展中保护。加强文物保护研究，揭示文物资源蕴含的中华民族文化精神、文化胸怀和文化自信，铸牢中华民族共同体意识，只有不断加深对中华文明悠久历史的认识，才能更好挖掘阐释、展示传播文物价值，讲好文物故事，切实让文物活起来。

第二，运用先进技术，依靠专业队伍，是新时代文物保护利用改革的新路径。要加强文物领域基础科学研究，打造一批文物保护研究和传承利用高地，用现代科技手段为珍贵脆弱的文物资源延年益寿。要充实基层文物保护管理力量，确保文博专业队伍稳定并得到加强，改善工作生活条件，搭建更好的研究深造交流平台，吸引更多优秀人才从事文物工作。

第三，扩大中华文化影响力，促进人类命运共同体建设，尤其是服务"一带一路"，增进民心相通，是新时代文物工作的新使命。在当前国际形势下，保护好文化遗产，扩大其影响，不仅具有中国意义，而且具有世界意义，要积极同各国开展文化遗产保护行动，

更好发挥文物资源润物无声传播文明底蕴、春风化雨传递和平期盼的优势作用，促进各国在人文交流中相互学习和理解，具有现实意义和长远意义。

第四，践行"莫高精神"，择一事、终一生，是新时代文物工作者的新标杆。新时代文博人肩负的责任有了新的更高要求，只有把研究保护工作当作终身事业和无悔追求，才能真正做到守土有责、守土尽责、不辱使命。我们要提高综合素质能力和依法治理水平，将"坚守大漠、甘于奉献、勇于担当、开拓进取"的时代精神融入文物保护利用改革实践、扎根文化遗产保护传承。

二、全面贯彻落实习近平总书记重要指示批示见行见效

一是央地协同凝聚新合力。一年来，我们同中央各部门通力协作，文物保护利用政策供给不断优化。国务院办公厅印发《公共文化领域中央与地方财政事权和支出责任划分改革方案》。中宣部、财政部、文化和旅游部、文物局公布两批革命文物保护利用片区分县名单，覆盖31个省区市和新疆生产建设兵团的1433个县。国家发展改革委支持完善全国重点文物保护单位保护性基础设施，国家发展改革委、文化和旅游部、文物局印发《大运河文化遗产保护传承专项规划》。教育部、文物局拟印发《关于利用博物馆资源开展中小学教育教学的意见》，逐步建立中小学生利用博物馆研学长效机制。科技部、文物局组织实施国家重点研发计划"文化遗产保护利用关键技术研究与应用示范"项目。公安部加大打击文物犯罪力度，赵克志部长主持召开党委（扩大）会议，部署开展新一轮专项打击行动，推动重大文物犯罪在逃人员A级通缉令制度化。财政部、文物局印发《国家文物保护专项资金管理办法》，扩大中央财政对文物保护的支持范围和倾斜力度。人力资源社会保障部、文物局出台文博事业单位人事管理、文博职称制度改革政策文件，创新用人制度和人才评价、激励机制。住房城乡建设部、文物局印发《国家历史文化名城申报管理办法（试行）》。意大利返还我流失文物，成功追索流失日本曾伯克父青铜组器等标志性文物，举办新中国成立70周年流失文物回归成果展，12个部门参与的流失文物追索返还部际协调机制正式建立。在全国各地，加强党对文物工作的领导成为各级党委政府的共识。27个省份出台关于加强文物保护利用改革实施意见，创新解决土地储备考古前置、社会力量参与文物保护利用、民间收藏文物经营管理等长期存在的困难问题；20个省份将文物安全纳入地方政府绩效考核评价体系。

二是文物保护取得新进步。抓紧内蒙古武安辽塔保护整改，完成抢险加固和前期保护修缮工作，深刻反思、举一反三，全面排查5058处全国重点文物保护单位险情状况和安全隐患，健全文物保护工程管理制度体系，印发《全国重点文物保护工程进度监管暂行规定》《文物保护工程安全检查督察办法（试行）》，督办367个文保项目抓紧完成技术方案编制。全面落实国务院专题会议部署，加强石窟寺保护，起草完成关于加强石窟寺保护研究利用工作的指导性文件。福建闽侯古厝被拆曝光后，我们指导各地在城乡建设中加强古建筑保护利用，引导各级党委政府牢固树立"保护文物也是政绩"科学理念。狠抓重大风险防范化解，指导支持南方11个省份文物防汛减灾工作，拨付文物应急抢险资金350万元。防微杜渐抓好文物安全工作，督导各地对未核定公布为文物保护单位的不可移动文物加强保护管理，部署开展全国文物火灾隐患整治和消防能力提升三年行动、打击文物犯罪专项行动，严肃查处重大文物法人违法案件、督办重大文物火灾事故和文物犯罪案件。

三是文物机构队伍建设实现新突破。中央编办出台关于各省级党委编办加强文物管理机构编制的重要文件，明确要求强化市县文物保护管理人员编制、优化人员构成，强化市县文化综合行政执法队伍文物执法职责，在事业单位改革中充分考虑文物保护的特殊性重要性，不搞一刀切，要保持队伍稳定，文物大省（市、县）和历史文化名城所在市可单设文物局、加挂牌子或机构更名。山西省11个地市和部分县市区增加行政编制129名，明确只能用于文物保护；重庆大足石刻研究院改由市文物局直属，增加35名事业编制；在陕西省委高度重视下，西安市文物局恢复单独组建，宝鸡市单设文物局作为政府组成部门，12个县区文旅局全部加挂文物局牌子，内设文物股；甘肃省为敦煌研究院、甘肃简牍博物馆增加183名事业编制；新疆成立自治区政府直属文博院；河南洛阳市组建二里头夏都遗址博物馆和二里头遗址管理处，理顺龙门石窟研究院管理体制；河北正定县文物保管所增加48名事业编制。革命文物行政机构从无到有，中央编办批复同意国家文物局设立革命文物司，13个省级文物部门增设革命文物处。

四是文物考古和科学研究迈上新台阶。"考古中国"重大研究项目持续实施，批准58项年度重点考古发掘项目，加强项目管理；特别是"考古中国·夏文化研究"重大项目（2020—2024年）启动，由国家文物局、河南省人民政府、中国社会科学院协作，系统开展河南偃师二里头遗址考古调查发掘研究工作。陕西石峁遗址、四川三星堆遗址等接连取得重要考古新发现，实证5000多年中华文明延绵不断、多元一体；西藏阿里、新疆喀什等边疆地区考古发掘取得重要成果。各地建设33家国家级重点科研基地，甘肃省设立敦煌文物保护研究中心，我国牵头启动12国"世界丝绸互动地图"国际文物科技合作项目，文物科技支撑不断强化。

五是文物价值挖掘阐释涌现新成效。"博物馆热"成为常态，2019年全国博物馆数量达到5535家、举办展览2.86万个、接待观众12.27亿人次，较"十三五"初期分别增长18%、43%和75%；新冠肺炎疫情防控期间，2000余项博物馆"云展览"吸引超50亿人次观览，国际博物馆日、文化和自然遗产日文博活动网络直播点击量近30亿人次，数字化、"活起来"的文物资源更好满足人民精神文化需求。革命文物资源激发爱国热情、传承红色基因的独特价值持续彰显，2019年红色旅游人数7亿人次，1660个庆祝新中国成立70周年主题展览广受欢迎，北大红楼与中国共产党早期北京革命旧址、青海第一个核武器研制基地旧址等保护展示重点工程稳步推进。社会文物管理创新探索，文物流通领域登记交易制度试点初见成效，民间收藏文物鉴定服务多措并举。

六是文物国际交流合作探索新格局。持续推进11个援外文物保护合作和44个中外联合考古项目，涉及亚洲、非洲、欧洲、南美洲的24个国家。2019年举办文物进出境展览68项，"亚洲文明展"汇集49个国家的400多件文物精品。稳步推进泉州项目申报世界文化遗产，有序推进"海上丝绸之路"文化遗产保护与联合申遗，积极推进北京中轴线申遗保护三年行动计划。

三、学习贯彻落实好习近平总书记关于文物工作重要论述任重道远

新时代赋予文物工作新使命新任务，文物事业发展迎来前所未有的历史性机遇。但是，文物工作也存在不少困难问题，特别是学习贯彻习近平新时代中国特色社会主义思想和习近平总书记重要指示批示精神有差距，履行职能责任有差距，推进文物保护利用改革不够到位。下一步，全国文物系统将在学习深化上下功夫，继续坚定不移贯彻落实习近平总书记关于文物工作重要论述和重要指示批示，坚决贯彻落实党中央决策部署，在探索符合国情的文物保护利用之路上迈出新步伐。

强化政治建设。以中央巡视国家文物局党组为契机，扎实推进巡视整改，更务实高效、更持之以恒贯彻落实习近平总书记重要指示批示精神、落实意识形态工作责任。全面履行管党治党主体责任和监督责任，积极创建"让党中央放心、让人民群众满意的模范机关"。

强化制度建设。全力做好《文物保护法》修订工作，力争2020年底向国务院报送修订草案；稳妥做好《水下文物保护管理条例》修订发布工作。协同中央相关部门和全国各地，高标准编制国家文物事业发展"十四五"规划；编制"十四五"文物科技保护专项规划，争取纳入国家中长期科技发展战略。

强化保护第一。推进实施"考古中国"重大项目；进一步加强文物保护工程管理；办好在福州召开的第44届联合国教科文组织世界遗产委员会会议；发布国家级长城重要点段名单，积极参与长城、大运河、长征国家文化公园建设，保护传承弘扬黄河文化。推动召开全国革命文物工作会议，对表建党100周年，加快推进革命文物保护利用工程。坚决守住文物安全红线底线，出台《文物和博物馆单位文物安全直接责任人公告公示办法》，加大文物遥感执法监测力度。

强化守正创新。推动出台让文物活起来、提升中华文化国际影响力，博物馆改革发展，鼓励和规范民间收藏文物等政策文件，更好服务党和国家工作大局，更好满足人民美好生活需要。公布国家文物保护利用示范区创建名单，构建以文物资源为载体的中华文明标识体系，深化"互联网+中华文明"行动计划，持续开展中华文物全媒体传播，有序推进亚洲文化遗产保护行动。

强化固本培元。加快完成组建国家文物局考古研究中心，高水平创建国家文化遗产科技创新中心；持续加强基层文物机构队伍建设，持续督促地方党委政府贯彻中央部署深化文物保护利用改革。提升防范化解重大风险能力，树牢底线意识，完善应急预案，突出科技手段，妥善处置险情。

借此机会，对有关部门和地方、专家学者和社会各界长期以来对文物工作的关心支持和积极参与文物保护，表示崇高的敬意和衷心的感谢！

中国
文物年鉴
2021

国家文物局局长刘玉珠在国家文物局考古研究中心成立揭牌仪式上的讲话

(2020年11月30日)

在全国文物考古工作者深入学习贯彻党的十九届五中全会和习近平总书记在中央政治局第二十三次集体学习时重要讲话精神，开创文物工作新局面之际，国家文物局考古研究中心正式挂牌成立，为考古事业发展再添新生力量。在此，我代表国家文物局党组，向一直关心和支持文物考古工作的胡和平部长、各有关部委和研究机构的同志们表示衷心的感谢，向国家文物局考古研究中心的同志们表示热烈的祝贺！

党的十八大以来，以习近平总书记为核心的党中央高度重视考古和文物保护工作。习近平总书记对文物保护利用作出一系列重要论述和指示批示，极大地推动了我国文物考古事业的发展。特别是今年9月28日，习近平总书记在中央政治局以"我国考古最新发现及其意义"为题的第二十三次集体学习上，强调要高度重视考古工作，努力建设中国特色、中国风格、中国气派的考古学，更好认识源远流长、博大精深的中华文明，为弘扬中华优秀传统文化、增强文化自信提供坚强支撑。总书记的重要讲话，为新时代考古事业的发展指明了方向，擘画了蓝图。11月13日，中共中央政治局委员、国务院副总理孙春兰同志在全国石窟寺保护与考古工作座谈会上强调，要深入学习贯彻党的十九届五中全会精神和习近平总书记关于文物工作的重要指示，并要求我们以改革创新的精神，着力解决机构建设薄弱、专业人才缺乏、保护利用不够、多学科支撑不足、激励机制不够完善等突出问题。

国家文物局全面贯彻落实习近平总书记重要讲话精神和全国石窟寺保护与考古工作座谈会相关要求，积极争取各相关部委和地方政府的支持，努力落实国务院办公厅《关于加强石窟寺保护利用工作的指导意见》部署的各项任务，正在组织深入调研，科学规划文物考古事业发展和学科建设，实施一批实证中华文明起源、发展和对人类文明作出重大贡献的考古发掘、研究与展示阐释重点项目，研究创新文物考古工作的体制机制，努力将我国考古研究和保护利用水平推进到新的高度，更好地发挥文物考古工作在弘扬中华优秀传统文化、提升中华文化影响力、服务国家经济社会发展大局中的积极作用。

国家文物局高度重视考古机构和队伍建设，从2019年初即开始筹划组建国家文物局考古研究中心，并得到了各有关部委的大力支持。今年9月，中央编办正式批复在国家文物局水下文化遗产保护中心基础上，更名组建国家文物局考古研究中心，扩充拓展了职能，新增编制60名。这充分体现了党中央、国务院和有关部委对文物考古事业的关心和重视，也为加强地方各级文物考古机构队伍建设树立了典范。

下面，我就国家文物局考古研究中心的发展谈几点意见。

一是增强政治意识，提高考古工作重要性认识。坚持以习近平新时代中国特色社会主义思想为指导，认真贯彻落实习近平总书记关于文物考古工作重要指示批示。习近平总书记指出，考古工作是一项重要文化事业，也是一项具有重大社会政治意义的工作。明确提出要继续探索未知、揭示本源，做好考古成果的挖掘、整理、阐释，搞好历史文化遗产保护，加强考古能力建设和学科建设，用好考古和历史研究成果等具体要求。组建成立国家文物局考古研究中心，就是落实总书记重要讲话的具体举措。我们要深刻领会总书记重要讲话精神，努力把国家文物局考古研究中心办好。

二是明确机构职责、使命和任务。要按照中央编办和国家文物局批复意见，做好考古研究中心"三定"设计。要立足长远，加强基础建设，用创新思维破解行业难题，围绕考古行业关键问题和行业需求，集中力量攻关，努力把考古研究中心建成我国考古领域具有国际影响的专业研究机构。

三是加强考古工作规划研究。认真贯彻落实十九届五中全会精神，加强考古资源调查和政策需求调研，提高考古工作规划水平，与各考古机构、科研院所、高等院校密切合作，坚持问题导向，强化系统思维，瞄准前沿领域，群策群力，形成行业共识，进一步提高考古学科能力，推动学科建设。

四是服务国家发展战略。要加强"一带一路"考古合作和全国水下考古"总平台""国家队"作用。进一步带动全国水下考古队伍做大做强，要以"海上丝绸之路"考古研究和遗产保护为主题，做好沿线水下文化遗产资源调查、重点发掘和保护工作。协同促进国际考古合作研究，特别是以"一带一路"为重点，促进"一带一路"民心相通，文明交流互鉴，发挥好考古工作在文化交流上的独特作用。

五是着力提升科技在考古工作中的应用水平。按照事业发展需求和国家重点实验室建设标准，创新体制机制，促进跨学科、跨领域协同创新，发挥科研平台的支撑作用，联合中科院、社科院、北京大学等专业机构，在考古领域关键技术、关键环节取得重大突破，进一步提高我国考古工作科技水平，增强中国考古的国际话语权和影响力。

我相信，在党中央、国务院和各有关部委的重视和支持下，在习近平总书记的亲自关心和指引下，我国的文物考古事业必将迎来更加蓬勃发展的明天。让我们共同努力，为建设中国特色、中国风格、中国气派的考古学作出积极贡献！

回顾"十三五" 谋划新蓝图
乘势而上开启文物事业新征程

——国家文物局局长刘玉珠在全国文物局长会议上的工作报告

（2020年12月21日）

新的一年即将到来之际，我们在京召开全国文物局长会议。会议主题是全面贯彻党的十九大和十九届二中、三中、四中、五中全会精神，深入学习贯彻落实习近平总书记关于文物工作重要论述和重要指示批示精神，总结2020年文物工作，部署2021年重点任务，回顾"十三五"改革发展，谋划"十四五"事业布局，抓主抓重，攻坚克难，凝心聚力，勇毅笃行，乘势而上开启全面建设社会主义现代化国家、推进新时代文物事业改革发展新征程。值此继往开来重要历史关口，文物工作受到党和国家高度重视、社会各界高度关注，迎来重大发展机遇。

刚才，胡和平部长作了重要讲话，我们要认真学习领会、切实贯彻落实。下面，我代表国家文物局，讲三方面意见。

一、2020年工作总结

2020年是新中国历史上极不平凡的一年，全面建成小康社会胜利在即，中华民族伟大复兴行至关键一程，我们党团结带领全国各族人民取得抗击新冠肺炎疫情斗争重大战略成果。这一重大战略成果，凸显了社会主义制度优势，验证了以习近平同志为核心的党中央高效应对复杂局面的能力，体现出中华民族凝聚力自信心空前高涨。2020年也是新中国文物事业发展历程中具有里程碑意义的一年：中央政治局专门以考古和历史文化遗产保护为主题举行集体学习，习近平总书记发表重要讲话，充分肯定我国考古工作取得的成就，深入剖析考古和历史文化遗产保护的重要价值和重大意义，系统部署新时代文物保护利用任务方向，极大提升了文物工作社会地位，极大鼓舞了全国文物工作者干事创业精气神。

2020年，以习近平同志为核心的党中央立足增强"四个自信"、为新时代中国特色社会主义建设提供精神支撑的战略高度，对文物工作提出殷切期望、作出明确指示。习近平总书记全年作出重要批示数十次，发表系列重要论述，考察云冈石窟、岳麓书院、潮州古城、大运河扬州段、西安交大西迁博物馆、合肥渡江战役纪念馆、中国人民革命军事博物馆等9省18处文物博物馆场所，强调要坚持保护第一，在城市开发建设中保护好历史文化遗产、延续城市文脉，保护好大运河文化遗产、长江文物和文化遗产；强调要加强研究阐释，加快科技创新，深入研究中华文明、中华文化的起源和特质，加强中华民族共同体历史、中华民族多元一体格局研究，构建中国文化基因理念体系；强调要坚持守正创新，挖掘利用历史文化资源、红色文化资源，加强文化建设，发展文化产业，广泛开展爱国主义教育和"四史"教育，传承发扬延安精神、抗战精神、抗美援朝精神等伟大民族精神。其他中央领导同志关心重视文物工作，作出重要批示，开展专题调研，出席专题会议并发表重要讲话。

在习近平新时代中国特色社会主义思想指引下，2020年，全国文物系统紧紧围绕贯彻落实习近平总书记关于文物工作重要论述和重要指示批示精神，坚决贯彻落实党中央国务院决策部署，增强"四个意识"、坚定"四个自信"、做到"两个维护"，坚持稳中求进工作总基调，担当有为、奋力拼搏，在文化和旅游部党组指导下，较好完成了全年各项工作，可以概括为以下十个方面。

一是贯彻落实习近平总书记重要指示批示精神坚定如一、凝聚合力。全国文物系统认真学习贯彻习近平总书记在中央政治局第二十三次集体学习时的重要讲话精神，全面学习贯彻党的十九届五中全会精神，紧密结合学习贯彻习近平新时代中国特色社会主义思想，紧密结合贯彻落实习近平总书记在敦煌研究院座谈时的重要讲话，紧密结合贯彻落实习近平总书记关于文物工作重要论述和重要指示批示精神，组织开展专题座谈会、学习班、主题宣传活动，深刻领会核心要义和精神实质，全面兴起学习高潮，学以致用、狠抓落实，增进部门协作，强化央地联动，切实转化为起而行之、履职尽责的实际成效。在中央层面，文物保护利用顶层设计持续优化，统筹配合不断加强。国务院办公厅印发《关于加强石窟寺保护利用工作的指导意见》，全面部署石窟寺保护重点任务；印发《公共文化领域中央与地方财政事权和支出责任划分改革方案》，明确文物保护单位、国有馆藏文物保护、考古等为中央和地方共同财政事权。全国政协走访国家文物局并举行座谈，体现政协全国委员会和广大政协委员对文物工作的关心。中央编办发出加强地方文物管理机构编制的重要通知，明确要求强化市县文物保护管理人员编制、优化人员构成，在事业单位改革中保持文物工作队伍稳定，并赴贵州、湖南专题调研基层文物机构队伍建设。国家文化公园建设工作领导小组出台长城、大运河、长征、黄河国家文化公园建设重要文件；发展改革委、文化和旅游部、文物局规划大运河文化遗产保护传承，实施黄河文化遗产系统保护，公布国家级长城重要点段。中宣部、财政部、文化和旅游部、文物局公布第二批革命文物保护利用片区分县名单。最高人民检察院发布10起文物和文化遗产保护公益诉讼典型案例。发展改革委、工业和信息化部、文物局等推进老工业城市工业遗产保护利用。教育部、文物局印发《关于利用博物馆资源开展中小学教育教学的意见》，受到社会公众广泛关注和领导同志褒扬。科技部、文物局启动"中华文明探源工程（第五期）"等国家重点研发计划项目。公安部部署开展全国打击文物犯罪专项行动，成立文物犯罪案件侦查处。司法部完成《水下文物保护管理条例》修订立法工作，报送国务院待审。财政部开展文物保护专项资金使用情况重点绩效评价和调研。自然资源部将文物古迹用地作为国土空间特殊用地类型予以单列，文物密集区以"历史文化重点功能区"作为国土空间主体功能区纳入全国国土空间规划纲要，标志着文物用地在国家战略规划中有了新地位，具有突破意义。住房城乡建设部、文物局加强国家历史文化名城申报管理。中央军委后勤保障部、文物局出台加强军队营区不可移动文物保护新规，标志着军队系统对文物保护有了新认识，具有开创意义。全国文物安全工作部际联席会议机制持续发挥作用；12个部门参与的流失文物追索返还部际协调机制正式建立；中央文明委在全国文明城市测评等工作中给予文物工作有力支持。在地方层面，保护历史文化遗产责任重大的观念更加树牢，加强文物保护利用蔚然成风。19个省级党委专题学习习近平总书记在中央政治局第二十三次集体学习时的重要讲话，研究本地区贯彻落实意见；29个省市区和新疆生产建设兵团出台加强文物保护利用改革实施意见，23个省份将文物安全纳入地方政府绩效考核评价体系。

二是文物领域防控新冠肺炎疫情统筹推进、稳妥积极。有序应对变局，按照党中央统一部署，根据疫情防控需要，全国5000多家博物馆及时暂停对外开放；根据疫情防控形势变化，各地文博单位、考古发掘项目、文物保护工程分级分类、精准施策有序复工复产。有力服务大局，湖北、江苏、广西等地博物馆履行"为了明天、收藏今天"使命，开展疫情防控代表性见证物的征集保存和展示利用工作；做好"六稳"工作，落实"六保"任务，1035项基本建设考古发掘项目批准实施，文物临时进出境审核管理服务便利优化；政务新媒体及时传达党中央声音、反映文博人抗疫精神，"文物系荆楚　祝福颂祖国"宣传接力活动、"英雄武汉英雄城　革命精神永传承"革命文物线上展示汇聚抗疫正能量。有效开拓新局，积极拓展"云展览""云考古""云直播""云讲堂"等文博服务新业态，2000余项博物馆线上展览访问量突破50亿人次，《文物"潮"我看》系列直播节目收获好评；创新线上线下融合传播，成功举办2020年"5·18国际博物馆日"南京博物院主会场活动、文化和自然遗产日桂林主场城市活动。大疫当前，彰显文博人甘于奉献、勇于担当。安徽天长文物管理所副所长王晓东牺牲在抗疫一线，湖北省博物馆馆长方勤等76名文博人80个日夜守护国宝，大批文物工作者下沉各地社区乡镇，作出文博人的抗疫贡献。大疫当前，检验文博人大局意识、兄弟情义。各地积极响应国家文物局号召，纷纷伸出援手，以实际行动支援武汉和湖北抗击疫情，发挥了应有作用，涌现出许多感人故事。在此，我谨代表国家文物局，向抗击新冠肺炎疫情战斗中的文物工作者以及各行各业人士致以最崇高的敬意！

三是以中央巡视为契机，提高政治站位完善治理体系。认真学习领会习近平总书记关于巡视工作重要讲话精神，以高度思想自觉和行动自觉，严格对标党中央要求，提高政治站位、强化政治担当、突出政治标准、严肃政治纪律、扛起政治责任，扎实推进中央巡视整改，高标准压实整改责任，高质量落实整改任务，高水平推动成果运用；严格落实意识形态工作责任制；落实全面从严治党主体责任，深入推进党风廉政建设和反腐败工作。举全局全系统之力推进《文物保护法》修订，得到中央和国家机关88个部门以及社会民众支持，征求意见稿已报司法部，积极争取报送国务院；修订完成《水下文物保护管理条例》上报待国务院常务会议审议通过。运用新理念高标准编制国家文物事业发展"十四五"规划，全面谋划未来五年改革发展，积极推动在国家上位规划中加大文物工作权重。

四是考古研究和文物保护系统谋划、稳扎稳打。考古工作突出关键要点，夏文化研究（2020—2024）等7个"考古中国"重大项目启动实施，浙江井头山遗址、河南二里头遗址等考古发掘取得重要成果，不断廓清中华文明与早期国家起源发展进程；甘肃白石崖溶洞遗址等12项重要考古成果定期发布，引发国内外学术界和公共舆论广泛关注；新疆、西藏、青海等边疆地区民族地区考古成果丰硕，实证统一多民族国家交融历史；黄渤海海域近现代海战史迹考古调查、南海水下文化遗产保护持续推进。石窟寺保护加强统筹谋划，全国性专项资源调查全面铺开，58项抢救性保护项目抓紧实施，严厉打击盗窃盗割石窟寺违法犯罪行为，石窟寺保护科技研发重点计划布置开展，石窟寺景区游客承载量核定公布工作推进完成。不可移动文物保护针对问题短板，做好内蒙古武安州辽塔、福建闽侯古厝、山西应县木塔等保护工作，狠抓整改、健全机制，加强全国重点文物保护单位文物保护工程进度监管，加强低级别不可移动文物保护管理，深化文物保护工程、文物保护资金等全过程监管。世界文化遗产申报管理突出重点亮点，"泉州：宋元中国的世界海洋商贸中心"、普洱景迈山古茶林文化景观、北京中轴线、西夏陵、海上丝绸之路、万里茶道等申遗工作有序推进，开展世界文化遗产第三轮定期报告。

五是文物安全长效机制持续健全、成效渐显。发挥全国文物安全工作部际联席会议机制作用，强化制度建设，实施文物安全直接责任人公告公示制度，试行文物保护工程安全检查督察办法，加强文物行政执法规范化管理，健全12359举报热线等社会监督机制。强化雷霆举措，全国打击文物犯罪专项行动收效显著，第五批A级通缉令10名重大文物犯罪在逃人员全部缉捕到案，2020年1月至10月文物犯罪发案率较去年同期下降28.3%、盗墓犯罪发案率下降24.1%；实施全国文物火灾隐患整治和消防能力提升三年行动，发现隐患问题约6万项、督促整改4.4万余项，国务院安委办挂牌督办的33家博物馆和文物建筑重大火灾隐患整改基本完成；督察督办文物违法案件217起，严肃查处一批重大法人违法案件。强化防护能力，推进文物平安工程，指导各地加强文物安全防护设施和文物安全监管平台。强化应急处置，山西、山东、四川等地加强春季文物防火；针对汛期特情，江西、安徽、湖南、四川、广西、湖北、重庆、广东、福建、贵州、浙江、辽宁等地有力组织开展抗洪抢险救灾，全力确保汛期文物安全。

六是博物馆工作提质增效、促进新发展。出台博物馆教育、藏品管理等系列政策文件，与民政部联合实施《关于进一步规范非国有博物馆备案登记管理工作的意见》、与财政部联合发布《国有博物馆藏品征集规程》、与国家民委联合推动《中国少数民族文物图谱》编纂工作。修订公布博物馆定级评估办法标准，组织开展第四批博物馆定级评估，新评出国家一二三级博物馆520家，不断优化博物馆体系。推介100项"弘扬优秀传统文化、培育社会主义核心价值观"主题展览，推出"纪念中国人民志愿军抗美援朝出国作战70周年主题展览"、"紫禁城建成六百年"特展、辽宁省博物馆"唐宋八大家主题文物展"、湖北省博物馆"曾世家文物特展"等一批展览。"国云展"线上活动、"文物的时空漫游"数字体验展等创新出彩，红岩革命历史博物馆等把文物故事带进学校思政课，不断彰显博物馆文化传播、社会教育优势作用。

七是革命文物工作强化基础、蓄势待发。北京、河北、山西、吉林、上海、安徽、福建、江西、山东、河南、重庆、贵州、陕西、甘肃、新疆15个省级文物行政部门和西安、济南市文物局设立革命文物处；各地开展革命文物名录核定公布、革命文物项目储备、革命纪念馆专项调查工作。深入落实《关于实施革命文物保护利用工程（2018—2022年）的意见》，加快推进革命文物集中连片保护利用，陕甘宁、川陕、鄂豫皖、东北等片区加强协作；推进北大红楼与中共早期北京革命活动旧址整体保护展示、青海第一个核武器研制基地旧址保护研究、山东潍坊西方侨民集中营旧址研究保护等重点工程。积极做好庆祝中国共产党成立100周年革命文物陈列展览、宣传传播相关工作，抗美援朝纪念馆新馆、延安文艺纪念馆等建成开放，纪念海南岛解放70周年革命文物展览等引发关注，"革命纪念馆高质量发展峰会·2020"成功举办，"追寻先烈足迹""鉴往知来——跟着总书记学历史""闪光的记忆"等主题宣传栏目陆续推出。

八是文物科技人才双轮驱动、持续发力。加强科技支撑，国家重点研发计划"文化遗产保护利用专题任务"启动实施，部署"天地联合田野考古调查关键技术"等33个国家重点科技创新体系项目、汇集338个科研单位4000多名科研人员联合攻关；推动创建国家文

中国
文物年鉴
2021

遗产科技创新中心；推动文物保护装备市场供给和产业化转化。加强人才队伍建设，国家文物局优化处室设置，国家文物局考古研究中心挂牌成立；全国29个省市区和新疆生产建设兵团单独设立文物局或加挂文物局牌子，山西省11个地市和部分县市区增加行政编制129名专门用于文物保护，甘肃省14个市州、文物大县全部设有文物局并增加文物安全监管内设机构，陕西西安市文物局恢复单独组建，宝鸡市单设文物局作为政府组成部门、12个县区文旅局全部加挂文物局牌子；甘肃补齐各市州、文物大县综合性文物保护事业单位，敦煌研究院、甘肃简牍博物馆增加183名事业编制，重庆大足石刻研究院提级副厅市属直管、增加35名事业编制，新疆成立自治区政府直属正厅级文博院、核定事业编制65名，内蒙古成立正处级长城保护工作中心、核定事业编制8名，河南洛阳组建二里头夏都遗址博物馆和二里头遗址管理处、理顺龙门石窟研究院管理体制，河北正定县文物保管所增加48名事业编制。

九是文物保护利用改革全面深化、持续突破。《关于加强文物保护利用改革的若干意见》重点任务持续落实，起草完成《关于让文物活起来　扩大中华文化国际影响力的实施意见》《关于推进博物馆改革发展的指导意见》；土地储备考古前置、国有文物资源资产管理等关键性政策制度建设持续探索。第一批国家文物保护利用示范区创建工作有序推进，北京海淀、辽宁大连旅顺口、上海杨浦、江苏苏州、四川广汉、陕西延安等地改革创新大胆探路。全国544家国有博物馆、507家非国有博物馆完成理事会建设，超额完成博物馆法人治理改革任务。进一步落实"放管服"要求，研究修改文物拍卖管理、文物拍卖标的审核等文件，推进自由贸易试验区建设涉文物领域相关工作，推进"双随机一公开"检查。上海开展社会文物管理综合改革试点，在民间文物收藏、文物鉴定、文物回流等方面先行先试，上海市文物局内设处室增挂社会文物管理处牌子并核增行政编制；江苏文物流通领域登记交易制度试点总结拓展；北京、天津、上海等地国有文物商店成功改制。争取财政部、海关总署、国家税务总局支持，扩大公益性藏品进口免税优惠覆盖；推动将文物类展品纳入"进博会"进口税收优惠范畴，实现5件古画回流。

十是国际交流合作务实开展、文物追索返还提振士气。针对新冠肺炎疫情全球蔓延的外交新态势，务实推进亚洲文化遗产保护行动，持续推动"一带一路"文物保护交流合作，稳妥开展尼泊尔九层神庙文物援外保护修复工程，完成乌兹别克斯坦希瓦古城竣工验收；文物"云外交"崭露头角，在国际博物馆协会、国际古迹遗址理事会、国际文化财产保护与修复研究中心等文化遗产领域国际治理平台"在线履职"。推动涉外合作考古纳入国家对外援助体系。中国与罗马尼亚签署防止文化财产非法进出境政府间双边协定。推进流失海外中国文物追索返还，召开流失文物追索返还部际协调组第一次会议，建立全流程绿色通道。在外交部、我驻英使馆、北京海关支持下，克服疫情困难，68件流失英国走私文物成功追索回国；接收埃及返还文物艺术品31件。召开德国藏中国文物来源研究网络会议。马首铜像归藏圆明园并向社会公开展示，引发社会强烈反响，网络点击量超20亿。

2020年文物工作取得重要成绩，彰显了以习近平同志为核心的党中央高度重视、坚强领导，体现了中央国家相关部门和地方党委政府大力支持、通力协作，凝结着全国文物工作者的心血汗水。在基层一线，重庆大足石刻研究院陈卉丽、浙江省考古学会会长刘斌荣获"全国先进工作者"称号，重庆市文化遗产研究院女子考古队荣获"全国三八红旗集体"称号，中国文字博物馆、深圳博物馆、徐州博物馆、江西瑞金中央革命根据地纪念馆等16家文博单位和陕西延安枣园革命旧址管理处贺冬梅、中国国家博物馆黄宋荣获"全国文明单位和先进个人"称号；在国际舞台，我国文物工作者抗疫防控坚守援外文保工程一线，我国代表当选国际古迹遗址理事会副主席，2名青年干部入职联合国教科文组织对应部门；以一批"最美文物安全守护人"为代表，广大文物工作者扎根基层、默默奉献，共同推动行业的前行进步，共同浇铸着"莫高精神"的不朽丰碑。在此，我谨代表国家文物局，向相关部门、社会各界的大力支持、积极参与表示衷心感谢！对文物战线全体干部职工的倾情奉献、卓越成果表示崇高敬意！

总结成绩的同时，必须清醒认识到，对标党中央赋予的使命职责、对标人民群众给予的期待厚望，当前文物工作仍有差距，突出表现在学习贯彻落实习近平总书记关于文物工作重要论述和重要指示批示精神的实效有待进一步加强，文物领域意识形态工作责任制有待进一步落实，文物保护利用改革有待进一步深化，文物工作服务党和国家大局的能力有待进一步提升，中央巡视指出的问题有待进一步整改。解决这些问题，需要我们花大力气破除惯性思维、路径依赖，勇于开拓创新，聚焦重点问题，打通淤点堵点，全面加强工作。

二、"十三五"工作回顾和"十四五"发展思路

2020年是"十三五"规划收官之年。"十三五"期间，文物工作全面融入党和国家大局，习近平总书记举旗定向、谋篇布局，党中央国务院统筹部署、高位推进，各行各业关心关注、贡献力量，全国文物系统解放思想锐意改革、求真务实砥砺奋进，文物保护主体责任全面落实，文物保护利用水平全面提升，《国家文物事业发展"十三五"规划》全面实施，各项重点任务全面完成，行业发展新增长点蓬勃跃现，文物事业改革发展取得历史性成就。

五年来，党中央国务院更加重视文物工作，"保护文物也是政绩"科学理念成为共识。"十三五"开局之初，习近平总书记提出"走出一条符合国情的文物保护利用之路"重大理论，国务院出台《关于进一步加强文物工作的指导意见》，为文物事业谋篇布局、指明方向。党的十九大报告要求"加强文物保护利用和文化遗产保护传承"，2018年中办、国办出台《关于加强文物保护利用改革的若干意见》《关于实施革命文物保护利用工程（2018—2022年）的意见》，2019年习近平总书记在敦煌研究院座谈时发表重要讲话，2020年习近平总书记在中央政治局第二十三次集体学习时发表重要讲话；五年来习近平总书记作出近百件重要批示，始终引领文物保护利用前进方向。中央各部门坚决贯彻落实习近平总书记重要论述、重要指示批示精神和党中央决策部署，通力协作优化文物保护利用政策供给；地方党委和政府特别是各级领导干部落实文物保护责任意识显著增强，听取文物工作汇报、帮助解决困难问题成为常态；社会力量参与文物保护利用的深度广度不断拓展，文物保护志愿者队伍稳步壮大。党委领导、政府负责、部门协同、社会参与的文物保护体系更加完善，文物工作在增强文化自信、建设社会主义文化强国、赋能经济社会发展中的作用更加突出。

五年来，文物资源有效保护、安全形势稳中向好，"保护第一"首要原则深入人心。第一次全国可移动文物普查登记1.08亿件/套国有可移动文物。公布第八批全国重点文物保护单位，国、省、市县各级文物保护单位分别增长17%、30%、45%。国家历史文化名城增至135个，公布一批中国历史文化名镇名村、两批中国传统村落。花山岩画、鼓浪屿、良

渚古城申遗成功，中国世界遗产总数达55项，与意大利并列世界第一，世界文化遗产监测管理不断加强。文物保护力度持续加大，抢救性保护与预防性保护并重、本体保护与周边环境保护并举，2000多项重点文物保护工程有效实施。国家文化公园建设部署推进。重点实施革命文物保护利用工程，赣南等原中央苏区革命遗址、延安革命旧址群、闽西红色文化遗存、长征文化线路、东北抗联遗迹保护利用成效凸显；公布37个革命文物保护利用片区，基本摸清革命文物资源家底，香山革命纪念馆、湘江战役纪念馆等建成开馆，山西、湖南等地推进革命文物保护利用机制建设。实施一批石窟寺保护工程，积极推进石窟寺数字化保护。"十三五"期间，各地党委政府文物安全主体责任逐级压实，多部门齐抓共管加强文物安全作用彰显。聚焦法人违法、盗窃盗掘、火灾事故三大风险，坚持专项行动和常态监督相结合、制度建设与技术支撑相结合，打击文物犯罪三年专项行动侦破文物犯罪案件3481起、抓获犯罪嫌疑人5867名、缴获文物6万余件，五批A级通缉令共52名重大文物犯罪在逃人员现已到案50人，文物犯罪重大案件逐渐减少，公安机关打击成效彰显；实施文物保护单位安全防护工程2000余项，中国被盗（丢失）文物信息发布平台建成开放，建立文物违法案件督察约谈机制，开展卫星遥感监测，完善违法举报受理机制，打赢文物安全防范攻坚战。

五年来，考古实证中华文明起源和发展的历史脉络，为增强文化自信提供坚强支撑。4000多项考古发掘项目有序开展，中国境内人类起源、文明起源、中华文明形成发展等关键领域考古项目重点实施，重大考古发现层出不穷，中华文明起源与早期发展综合研究持续推进，实施"考古中国"重大项目并定期发布成果，浙江良渚、河南二里头、四川三星堆、陕西石峁等一批重要遗址实证5000多年中华文明史，国际学术话语权明显提升。广大考古工作者风餐露宿奋战一线，基本建设考古有力保障国家重点建设工程，多地"先考古、后出让"制度探索施行、逐步完善。水下考古成绩颇丰，开展黄渤海海域水下考古工作，甲午海战沉舰调查确认"致远舰""经远舰""定远舰"，南海海域首次深海考古调查填补空白，"南海I号"发掘文物18万件、实施船体整体保护。福建三明万寿岩、江西景德镇御窑厂等大遗址保护卓有成效，国家考古遗址公园36个、立项67个，陈列在广阔大地上的遗产勾勒中华文明版图。

五年来，博物馆事业高速发展，"让文物活起来"赋能添彩人民群众美好生活。全国备案博物馆总数5535家，五年增长18%，其中89%免费开放，全国76%的县市区建有博物馆，普惠均等的博物馆公共文化服务体系更好搭建。博物馆社会教育功能有效发挥，全国博物馆每年举办展览2万多个、教育活动30余万次，2019年接待观众12.27亿人次，五年增长57%，其中未成年人超2亿。博物馆体系进一步优化，国家一二三级博物馆总数增至1224家，非国有博物馆超过1700家，行业博物馆近800家。馆藏文物保护条件全面升级，标准化库房建设工程基本完成，6.2万件/套馆藏珍贵文物和重要出土文物得到保护修复。博物馆数字化建设、智慧博物馆建设快速发展，346万件/套可移动文物数据信息向社会开放，"互联网+中华文明"三年行动计划推介121个示范项目，文创产品引领"国潮"消费新时尚。社会文物管理创新拓展，文物流通领域登记交易试点成效渐显，文物鉴定服务多元供给体系初步形成，涉案文物鉴定机构从无到有、完成5271起案件鉴定评估工作，文物进出境加强监管、机构建设不断完善。

五年来，文物国际合作渐成规模，交流互鉴科学文明观拓展中华文化国际影响力。习近平总书记多次以文物博物馆场所和世界文化遗产地作为"国家客厅"会见外国元首、召开国际会议，在乌兹别克斯坦接见中国援外文物保护工作者。围绕"一带一路"建设主动作为，加强联合考古和跨国申遗，30家文博机构赴24国实施40余项联合考古；推进援外历史古迹保护修复，合作项目增至6国11处。构建稳定多维的政府间文化遗产合作网络，与23国文化遗产主管部门签署28项合作文本。文物出入境展览累计300余项，举办"大美亚细亚——亚洲文明展"，展出49国451组文物，文物外展成为中外人文交流"国家名片"。深度参与文化遗产国际治理，共同创建管理濒危文化遗产保护国际基金，与国际组织合作开展培训，展现负责任大国形象。流失文物追索返还成为国家间外交合作新典范，进入多方合作多措并举多点收获新阶段，设立专班、建立专门机制推动专项工作，与我国签署关于防止盗窃、盗掘和非法进出境文化财产政府间双边协议的国家达23个，美国、英国、意大利、日本、土耳其、埃及等向我返还1300余件中国流失文物，文物回归激发海内外中华儿女爱国热情。

五年来，文物治理能力和依法管理水平显著增强，探索符合国情的文物保护利用之路迈出坚实步伐。文物法治建设日臻完善，《文物保护法》修订积极推进，地方文物立法进程加快，现有文物保护法律法规规章17部、地方性法规200余部、国家及行业标准130余项。"放管服"改革深入推进，加强分类指导、分省施策、服务监管，90%以上文物保护项目设计方案下放审批，国家文物局综合行政管理平台建成运行。中央财政支持文物保护经费五年累计483亿元，修订国家文物保护专项资金管理办法，90%专项资金按照因素法切块下达、由地方统筹管理使用，加强资金使用绩效监管。文物科技跨越发展，先进适用技术应用渐成规模，33家国家文物局重点科研基地引领文博行业创新体系建设，干旱环境下土遗址保护关键技术研发与应用、考古现场脆弱性文物临时固型提取及其保护技术荣获国家科技进步二等奖，首个文物保护模拟研究平台多场耦合实验室运行，文物保护装备产业基地建设取得重要进展。文博行业从业人员由14.6万人增至16.23万人，文博事业单位人事管理制度改革、文博专业人员职称制度改革实现突破，文博人才培养"金鼎工程"有效实施；文物机构队伍建设得到重视，国家文物局行政编制由95名增至118名，中央编办批复增设革命文物司、一次性增编15名，组建国家文物局考古研究中心、核定编制90名。相较于事业高速发展带来的新任务新要求，文物机构编制力量仍有不足，仍需得到中央编办和各级编制部门大力关心支持。实施中华文物全媒体传播计划，文物行业融媒体宣传影响力扩大，《中国文物志》第一批志稿约1000万字、7000余幅图片编纂完成。

"十四五"是我国全面建成小康社会、实现第一个百年奋斗目标之后，乘势而上开启全面建设社会主义现代化国家新征程、向第二个百年奋斗目标进军的第一个五年，全国文物系统要在更高起点深化文物保护利用改革，在更广领域推动文物事业高质量发展，以更大力度加快推进社会主义文化强国建设。

坚持政治引领，全面贯彻落实习近平总书记关于文物工作重要论述和重要指示批示精神。要旗帜鲜明讲政治，全面贯彻落实以习近平同志为核心的党中央决策部署，站在铸就中华文化新辉煌、为新时代坚持和发展中国特色社会主义提供精神支撑的政治高度，切实增强使命感责任感，切实加大文物保护利用力度，弘扬中华优秀传统文化、革命文化、社会主义先进文化，培育弘扬社会主义核心价值观，更好发挥文物在坚定文化自信、增进中华民族共同体意识中的重要作用，走出一条符合国情的文物保护利用之路。

坚持守正创新，全面加强新时代文物保护利用传承发展。要坚持保护第一，树牢保护历史文化遗产责任重大的观念，树立正确文物资源观，建立健全历史文化遗产资源资产管理制度，建设国家文物资源大数据库。要坚持考古为先，加强考古能力建设和学科建设，更好发挥考古在文物保护中的基础性作用。要坚持系统性保护，健全不可移动文物保护机制，强化制度设计和政策配套。要严守安全底线，保持严厉打击文物犯罪高压态势。要加强研究利用，深化文物时代价值阐释，更好发挥文物知古鉴今、资政育人的优势作用。特别要发挥国家文物保护利用示范区创建工作的引领带动作用，在文物有效保护前提下，为公共文化服务、经济社会发展作出新尝试。

坚持深化改革，持续增强文物事业发展动力活力。要坚持问题导向和目标导向，全面深化文物保护利用改革，敢破敢立、敢于碰硬，真正解决制约文物事业发展的瓶颈问题。要坚持系统集成，增强改革的系统性整体性协同性，理顺体制机制，调动发挥各方积极性，试点先行、全面推进。要强化制度建设，建立健全国家文物督察、社会力量参与文物保护利用等重要制度。

坚持融入大局，更好满足人民日益增长的美好生活需要。要坚持以人民为中心，更大范围、更深层次、更高水平让文物活起来。要大力推动博物馆高质量发展，全面提升文博单位公共文化服务水平，强化文物知识和研究成果公众普及，推进全媒体传播，加快数字化建设，加强民间收藏文物保护利用，扩大优质文化产品供给。数字化建设要防止脱离实际、一哄而上，重点应放在确有需求的珍贵文物资源保护利用上，主要目的是提高文化传播便利度、扩大中华文化影响力，要规范相关立项审批标准、提高经费使用绩效。要对接乡村振兴、区域协调发展等国家重大战略，深化文物旅游融合发展，建设国家文化公园、国家考古遗址公园、国家文物保护利用示范区，构建中华文明标识体系，统筹好文物保护与经济社会发展。

坚持开放合作，推进文物工作在构建人类命运共同体中发挥重要作用。要紧扣国家外交战略大局，积极推进"一带一路"文化遗产交流合作、亚洲文化遗产保护行动，拓展中外联合考古和文物保护修复合作。要加强中外文明比较研究与国际推广传播，全面实施让文物活起来、扩大中华文化国际影响力政策文件，组织实施一批具有中国表达、国际影响的外展精品，加强中外展览交流。要深入参与国际治理体系建设，加强文物追索返还、濒危文化遗产保护等重大国际问题和重点领域的沟通协作，构建中国文物全球伙伴网络。

坚持固本培元，全面提升文物治理体系和治理能力现代化水平。要补短板强弱项，花大力气夯实文物工作基础，提高文物治理特别是基层文物治理水平。要强化法治保障，完善文物法律法规体系，完成《文物保护法》修订，加大法律实施力度。要强化机构队伍，构建与文物资源、工作任务相匹配的管理机构和专业队伍，确保基层文物安全有人管、保护利用有人干，专业队伍稳定并得到加强。要强化科技支撑，加大文物科技投入力度，推广成熟适用技术在文保一线应用，加强基础研究，运用现代科技手段抢救保护文物资源，支持中国文化遗产研究院、敦煌研究院等打造文物保护典范和研究高地。要持续发扬"莫高精神"，学习樊锦诗等行业榜样，抓住事业发展难得机遇，不畏困难、勇于前行，有所作为、勇于奉献。

三、2021年工作部署

做好2021年文物工作，要深入贯彻党的十九大和十九届二中、三中、四中、五中全会精神，以习近平总书记关于文物工作重要论述和重要指示批示精神为引领，全面落实中央决策部署，聚焦建党百年，聚焦文明探源，强化顶层设计，突出重点亮点，为"十四五"文物事业发展开好局、起好步，以优异成绩献礼党的百年华诞。

（一）深入学习贯彻习近平新时代中国特色社会主义思想，坚决贯彻落实党中央国务院决策部署。把学习贯彻落实习近平总书记关于文物工作重要论述和重要指示批示精神作为首要政治任务，在全年重点工作中常抓不懈，特别是把习近平总书记在敦煌研究院座谈时和在中央政治局第二十三次集体学习时的重要讲话学习领会好、贯彻落实好。推进国家文化公园建设，持续做好长城、大运河、长征、黄河和长江文物保护利用工作。全面落实全国石窟寺保护与考古工作座谈会精神，完成全国石窟寺专项调查，实施石窟寺保护重大工程。深化文物保护利用改革，推进国家文物保护利用示范区创建工作，推介一批国家文化地标；积极推进文物领域"放管服"改革。

（二）加强顶层设计，持续推进事关全局重点工作。加强法治建设，推动将《文物保护法》修订列入国务院2021年立法工作计划，配合司法部做好立法审查；做好《水下文物保护管理条例》普法宣传。加强改革谋划，推动出台实施《关于让文物活起来　扩大中华文化国际影响力的实施意见》，集成推进价值阐释、知识产权开发、展览交流、联合考古和申遗、保护修复合作等方面工作。加强规划引领，发布《国家文物事业发展"十四五"规划》，对接上位规划、编制专项规划、衔接地方规划，健全规划实施体系。

（三）围绕建党百年，掀起革命文化传承发展新高潮。实施百年党史文物保护展示工程，支持举办中国共产党百年党史文物大展，推进北大红楼与中国共产党早期北京革命活动旧址对外开放、第一个核武器研制基地旧址保护展示。实施一批革命遗址遗迹、纪念设施、藏品保护展示项目，推出一批建党百年线上线下主题展览，推介一批革命文物精品陈列展览。实施革命文物宣传传播工程，开展"三个百集"首期展播，发布一批主题宣传作品。推动召开全国革命文物工作会议，加强革命文物保护利用片区建设，公布第一批全国革命文物名录，举办全国革命文物保护利用论坛。推介一批革命文物主题研学游精品路线，策划一批主题教育课程。各地文物部门要积极配合当地党委政府推出一批建党百年主题活动。

（四）突出考古和历史研究，生发文物保护新气象。推进中华文明起源与早期发展综合研究、"考古中国"等重大项目，加强夏文化研究。这是习近平总书记多次强调的国家任务，我们要高度重视，全力以赴抓好落实。推进中国文化基因理念研究。完善土地储备考古前置制度。强化学科建设，办好中国现代考古学诞生一百年纪念活动。推进考古与现代科技融合发展，切实发挥国家文物局考古研究中心作用。推进文物登录制度，启动国家文物资源大数据库建设。积极配合编制《全国国土空间规划纲要》，有序对接国土空间保护开发"一张图"。完成第八批全国重点文物保护单位"四有"工作，提升低级别不可移动文物保护管理水平，推动文物建筑预防性保护。加强文物保护工程全流程监管，推动相关资质改革。开展近现代文物建筑活化利用试点、乡村遗产酒店示范推介，推动工业遗产和传统村落文物保护利用。做好"泉州：宋元中国的世界海洋商贸中心"、普洱景迈山古茶林文化景观申遗工作。

（五）强化执法督察，筑牢文物安全底线。开展长城安全管理状况调研和重大文物违法案件执法监测，推动国家文物督察试点，探索建立"遥感+督察员"文物督察新模式。会同公安部、最高人民检察院出台文物行政执法与刑事司法衔接相关制度，继续会同最高人民检察院发布文物保护公益诉讼典型案例。试行文物行政执法公示、全过程记录和重大文物行政执法决定法制审核制度。深入实施文物平安工程，完成全国重点文物保护单位安全基础数据库建设，开展重点文物安防工程实施情况评估。督促各地加强安全防护设施建设和文物安全监管平台建设，推动跨区域执法协作实践探索。

（六）深化博物馆和社会文物改革发展，更好满足人民新期待。全面实施、全力落实博物馆改革发展指导文件，启动世界一流博物馆创建计划、国家博物馆领域高水平创新团队支持计划，探索开展博物馆科研成果转化收益分配试点。做好2021年度核心价值观主题展览征集推介，加强博物馆出境展览审批监管，组织实施第二批博物馆进校园示范项目。建立博物馆年报制度，常态化开展"双随机一公开"检查。办好第九届中国博物馆及相关产品与技术博览会，促进让文物活起来收获更多优质产品。推进上海社会文物管理综合改革试点，筹办首届中国（上海）国际文物艺术品交易博览会。规范促进网络文物拍卖，加强文物市场信用体系建设。扩大文物鉴定公益咨询服务覆盖范围，遴选第三批涉案文物鉴定评估机构。发布《文物出境审核标准》8类名家名单，推动出台公益性藏品进口免税优惠政策实施办法。修订《依法没收、追缴文物的移交办法》。

（七）加强文物国际交流合作，推动流失文物追索返还创新绩。深入推进亚洲文化遗产保护行动，召开对话会，发起成立"亚洲文化遗产保护联盟"。拓展政府间合作领域，扩大中外联合考古、援外历史古迹保护修复等规模。办好联合国教科文组织第44届世界遗产大会，办好国际博物馆协会藏品保护委员会第19届大会。加大流失文物追索返还工作力度，加强国际文物市场监测，推进海外中国文物调查和数据资源整理，重点开展敦煌流失文物数字化回归，科学布设流失文物追索返还研究基地，组织2021年度"打击非法贩运文化财产国际日"系列活动，争取追索更多流失文物回归祖国。

（八）加强能力支撑，凸显文物保护利用新精彩。加强机构队伍，推进文物行政部门、专业研究机构和基层文物保护队伍建设，推进国家文物局直属单位改革发展，研究建立文物修复领域职业技能等级制度。加强科技创新，深化"互联网+中华文明"行动计划，遴选公布第八批重点科研基地，建设文物科技基础资源平台，创建国家文化遗产科技创新中心。加强宣传传播，创新实施中华文物全媒体传播计划；重视舆情应对工作，提早研判、早做准备、及时应对；办好国际博物馆日、文化和自然遗产日相关活动，开展建党百年、文物保护看基层等主题宣传，唱响主旋律，弘扬正能量。

2021年工作任务已经明确，要承前启后、统筹推进，按照胡和平部长讲话要求，加强组织领导、狠抓工作落实，注意把握好四点：一要坚定不移讲政治。始终坚持党对文物工作的全面领导，增强"四个意识"、坚定"四个自信"、做到"两个维护"，自觉在思想上政治上行动上同以习近平同志为核心的党中央保持高度一致，不折不扣贯彻落实中央决策部署，纵深推进中央巡视整改出成效促工作。二要持之以恒抓党建。以党的政治建设为统领，严格落实全面从严治党主体责任和监督责任，扎实推进文物系统各级党组织建设，更好发挥战斗堡垒作用。三要求真务实抓作风。践行弘扬"莫高精神"，全面提升工作本领和业务能力，切实做到守土有责、守土尽责，跟着问题走、奔着问题去，不断化解难题、开创新局。四要关键少数作表率。文物工作适逢最佳发展机遇期，文物系统各级领导干部要明思路、抓大事、强担当，带领广大文物工作者主动谋划、乘势而上，积极争取支持，广泛融聚资源，为文物事业发展作出应有贡献，不辜负时代使命和历史责任。

同志们，历史关头，回顾展望，把握当下，开创未来。让我们紧密团结在以习近平同志为核心的党中央周围，以锐意进取的干劲、饱满昂扬的精神、稳健务实的作风，全面推进2021年各项工作落实见效，奋力推动"十四五"文物事业高质量发展，积极推进社会主义文化强国建设，为夺取全面建设社会主义现代化国家新胜利作出应有贡献！

国务院办公厅关于加强石窟寺
保护利用工作的指导意见

国办发〔2020〕41号

各省、自治区、直辖市人民政府，国务院各部委、各直属机构：

为深入贯彻习近平总书记关于石窟寺保护利用工作的重要批示精神，落实党中央、国务院决策部署，切实加强新时代石窟寺保护利用工作，经国务院同意，现提出以下意见。

一、重大意义

我国石窟寺分布广泛、规模宏大、体系完整，集建筑、雕塑、壁画、书法等艺术于一体，充分体现了中华民族的审美追求、价值理念、文化精神。加强石窟寺保护利用工作，事关中华优秀传统文化传承发展，事关社会主义文化强国建设，事关高质量共建"一带一路"和促进文明交流互鉴，具有重大意义。

党中央、国务院高度重视石窟寺保护利用工作。党的十八大以来，各级党委和政府支持开展石窟寺抢救保护、考古研究、展示利用等工作，取得明显成效，但也面临一些突出问题：石窟寺文物安全风险高，容易受地质灾害、生物病害影响和人为破坏；保护基础薄弱，中小石窟寺保护管理机构和相关专业人员不足；应对岩体风化、渗水、结构失稳等病害的关键保护技术尚未突破；系统考古研究不足，价值发掘阐释和展示利用水平不高等。各地区、各部门要深刻认识做好石窟寺保护利用工作的重要性和紧迫性，牢固树立保护文物也是政绩的科学理念，切实做好各项相关工作。

二、总体要求

（一）指导思想。以习近平新时代中国特色社会主义思想为指导，深入贯彻落实习近平总书记关于文物工作系列重要论述精神，坚持统筹规划，不断完善体制机制；坚持保护第一，运用先进科学技术提高保护水平；坚持广聚人才，建设高素质、专业化的科研和文物修复队伍；坚持传承创新，挖掘弘扬石窟寺文化艺术魅力；坚持交流互鉴，服务"一带一路"建设，走出一条具有示范意义的石窟寺保护利用之路。

（二）总体目标。到2022年，石窟寺管理体制机制创新取得重要进展，石窟寺重大险情全面消除，石窟寺"四有"（有保护范围、有标志说明、有记录档案、有专门机构或专人负责管理）工作基本健全，重点石窟寺安防设施全覆盖。到"十四五"末，中央和地方协同推进、部门间密切合作、社会力量积极参与的石窟寺保护长效机制基本形成；人才培养体系基本完善，保护管理机构和队伍更加健全；保护传承、研究阐发、科技攻关、传播交流协同推进，石窟寺保护利用水平显著提升，石窟寺文化影响力日益增强。

三、主要任务

（一）加大石窟寺抢救性保护力度。开展全国石窟寺保护情况调查，2021年上半年完成石窟寺保护利用专项规划编制工作，并推动有关内容与国民经济和社会发展规划衔接。实施石窟寺保护重大工程，分级压实政府责任，分类开展中小石窟寺抢救性保护、重要石窟寺保护示范、石窟寺安全防护设施建设，2022年底前全面消除石窟寺重大险情。坚持抢救性保护与预防性保护并重，加强日常养护和监测工作，定期开展文物健康评估，全面提升石窟寺保护能力。（国家文物局牵头，国家发展改革委、财政部、文化和旅游部、各省级人民政府按职责分工负责）

（二）建立石窟寺安全长效机制。落实文物安全主体责任、监管责任，实施石窟寺安全直接责任人公示公告制度。加强文物安全工作力量，推动实现石窟寺安全守护员和重点石窟寺安防设施全覆盖，并在石窟寺分布密集地区设置安全防护综合控制平台。将包括石窟寺在内的各类文物安全防范工作纳入立体化社会治安防控体系建设框架中推进落实，坚持群防群治，建立完善联合执法巡查制度，加强巡逻防控，及时严厉打击损坏、损毁石窟寺本体及其历史环境风貌等违法犯罪行为。（各省级人民政府牵头，公安部、国家文物局按职责分工负责）进一步完善打击文物犯罪联合长效机制，2022年底前开展一次以石窟寺文物盗窃盗割犯罪为重点的全国打击文物犯罪专项行动，有效遏制文物犯罪。坚决追缴被盗石窟寺文物，追索流失文物。开展石窟寺违规妆彩、涂画、燃香专项整治工作。（公安部、国家文物局、各省级人民政府按职责分工负责）

（三）深化学术研究和价值挖掘。建立完善中国石窟寺考古学研究体系，形成多学科合作研究模式，整合人文社会科学和自然科学研究力量，建设稳定的石窟寺学术科研队伍。有序开展考古调查、价值阐释、艺术研究和成果普及，2021年底前制定出台石窟寺考古中长期计划，2022年底前确定全国重要石窟寺考古报告编写体例并完成样稿，2035年底前完成全国重要石窟寺考古报告出版。（国家文物局牵头，中央宣传部、教育部、中国社科院等按职责分工负责）

（四）加强石窟寺数字化保护利用。加快制定石窟寺数据采集、加工、存储、管理等方面的标准规范。持续开展石窟寺壁画、彩塑、雕像、洞窟、摩崖石刻和海外中国石窟寺文物、敦煌文书等数字化工作。加强全国和区域性石窟寺数字资源管理和共享共用。（国家文物局牵头，科技部等按职责分工负责）

（五）提升石窟寺综合展示水平。实施石窟寺展示陈列提质工程，打造精品陈列展览，完善开放石窟寺的展示标识解说系统、游客服务设施，鼓励有条件的石窟寺建设遗址博物馆。推动形成联合办展、巡回展览、云展览等线上线下相融合的石窟寺展示模式。整合河西走廊、川渝的石窟寺资源建设国家文化遗产线路、国家遗址公园。（国家文物局牵头，中央宣传部、国家发展改革委、文化和旅游部等按职责分工负责）

（六）规范石窟寺旅游开发活动。坚持发展旅游以保护为前提，避免过度商业化、娱乐化。2020年底前核定、公布石窟寺景区游客承载量和重点洞窟的最大瞬时容量。鼓励采用限时限流、定制服务等方式规范引导参观活动。2022年底前制定公布石窟寺开放管理导则。在石窟寺类世界文化遗产、全国重点文物保护单位全面推广预约参观制。提升石窟寺讲解服务质量，编制专门培训教材及工作手册，加强对讲解员、导游的职业技能考核和上岗培训，规范讲解服务。（文化和旅游部、国家文物局按职责分工负责）

（七）深化石窟寺文化交流合作。加强与丝绸之路沿线国家的文化遗产保护合作，开展亚洲文化遗产保护行动，推动建立中外石窟寺结好关系。搭建高端学术平台，举办国际学术论坛，主动设置议题，促进石窟寺保护利用国际学术交流。在文物援助与合作项目中重点安排石窟寺考古研究、文物保护等项目。策划一批石窟寺文物外展精品项目，塑造中国石窟寺文化传播品牌，共同保护和传承人类优秀文明成果。（国家文物局牵头，外交部、文化和旅游部、国家国际发展合作署、中国社科院等按职责分工负责）

（八）发挥科技支撑和引领作用。强化石窟寺保护技术集成和系统解决方案供给能力，完善石窟寺保护科学技术体系。组织文博机构、高校、科研院所加快石窟寺病害检测、岩体稳定性评估、壁画和石刻保护修复新材料、无人智能监控等关键技术攻关，加强岩性地质特征、壁画制作工艺及各类病害发育机制等基础研究，传承创新传统技术和营造工艺，2022年底前安排一批国家重点研发计划、国家自然科学基金项目。统筹考虑建设相关领域跨学科国家重点实验室，发挥科技资源共享服务平台作用。（科技部牵头，教育部、国家自然科学基金委、国家文物局等按职责分工负责）

（九）完善人才教育培养体系。弘扬"莫高精神"，加强人才培养和队伍建设。依托高校、科研院所培养石窟寺考古、文物保护、数字化技术人才，2022年底前在北京大学、浙江大学、兰州大学、敦煌研究院初步建立以研究生教育为主的专门人才联合培养基地。健全职业教育体系，设立文物保护职业教育与培训基地，实现高技能人才素质提升和结构优化。（教育部牵头，中央宣传部、科技部、人力资源社会保障部、国家文物局等按职责分工负责）在事业单位改革中稳定基层文博队伍，加强石窟寺管理人员定期轮训，推动建立完善文物修复领域职业技能等级制度。优化绩效工资内部分配制度，落实文物考古职工野外工作津贴。扩大志愿者队伍。（国家文物局牵头，教育部、人力资源社会保障部、财政部、文化和旅游部等按职责分工负责）

（十）推进体制机制改革创新。健全国家和区域两级石窟寺协调保护研究机制，建设国家考古研究平台、国家文化遗产科技创新平台和区域级重点保护研究基地，符合条件的及时纳入国家级科技创新基地范围；支持将敦煌研究院建设成为世界文化遗产保护典范和敦煌学研究高地。创新中小石窟寺管理模式，提升中小石窟寺管理与专业水平。（国家文物局牵头，科技部、人力资源社会保障部、财政部、文化和旅游部、各省级人民政府等按职责分工负责）根据文物保护工作规律和特点，完善石窟寺保护利用项目政府采购管理方式。加强项目需求管理和履约验收，保证项目质量。针对石窟寺考古、本体修复等服务类项目特点和资质单位数量等，合理选择适当采购方式，综合评价并择优确定专业保护机构。涉及采购方式变更审批的，财政部门要简化审批程序，保障项目有序实施。（财政部牵头，国家发展改革委、国家文物局等按职责分工负责）优化工程管理，科学合理审慎确定工程内容和规模，鼓励采取设计施工一体化方式；中小石窟寺保护项目可选择专业保护机构作为项目管理单位。（国家发展改革委牵头，财政部、国家文物局等按职责分工负责）

四、实施保障

（一）加强组织领导。各地区、各部门要增强"四个意识"、坚定"四个自信"、做到"两个维护"，将石窟寺保护作为重要内容提上议事日程。要落实政府主体责任，将文物工作纳入地方领导干部政绩考核综合评价体系。要建立多部门协调机制，研究解决石窟寺保护利用工作中的重大问题。

（二）强化投入保障。充分发挥地方政府区域管理优势和积极性，落实地方财政支出责任。规范石窟寺保护利用项目经费和中央预算内投资管理，完善支出标准，加快预算执行。严格按照核定后的项目预算控制数推进项目实施，不得重复评审，不得截留、挤占、挪用资金或擅自调整项目实施方案、采购需求、采购合同。不足两年的结转资金可由同级财政部门按规定统筹用于其他石窟寺保护项目。加强资金使用事中事后监管，提高资金使用效益。

（三）加强督促落实。强化石窟寺保护利用项目实施情况的事中事后评估，推行"双随机、一公开"监管，实行石窟寺保护情况通报制度。各地区要按照本意见要求，结合实际研究制定具体落实举措。文化和旅游部、国家文物局要加强对各地区贯彻落实情况的跟踪评估，重大问题向党中央、国务院报告。

国务院办公厅

2020年10月23日

国务院办公厅关于印发《公共文化领域中央与地方财政事权和支出责任划分改革方案》的通知

国办发〔2020〕14号

各省、自治区、直辖市人民政府，国务院各部委、各直属机构：

《公共文化领域中央与地方财政事权和支出责任划分改革方案》已经党中央、国务院同意，现印发给你们，请结合实际认真贯彻落实。

国务院办公厅

2020年6月4日

公共文化领域中央与地方财政事权和支出责任划分改革方案

按照党中央、国务院有关决策部署，现就公共文化领域中央与地方财政事权和支出责任划分改革制定如下方案。

一、总体要求

以习近平新时代中国特色社会主义思想为指导，全面贯彻党的十九大和十九届二中、三中、四中全会以及中央经济工作会议精神，健全充分发挥中央和地方两个积极性体制机制，优化政府间事权和财权划分，建立权责清晰、财力协调、区域均衡的中央和地方财政关系，形成稳定的各级政府事权、支出责任和财力相适应的制度，健全公共文化服务财政保障机制，促进基本公共文化服务标准化、均等化，确保财政公共文化投入水平与国家经济社会发展阶段相适应，坚持和完善繁荣发展社会主义先进文化的制度，巩固全体人民团结奋斗的共同思想基础。

二、主要内容

（一）基本公共文化服务方面。

1. 基层公共文化设施免费或低收费开放。将基层公共文化设施按照国家规定实行免费或低收费开放，确认为中央与地方共同财政事权，由中央与地方共同承担支出责任。主要包括地方文化文物系统所属博物馆、纪念馆、公共图书馆、美术馆、文化馆（站），以及全国爱国主义教育示范基地，按照国家规定实行免费开放；体育部门所属公共体育场馆按照国家规定实行免费或低收费开放等。

上述博物馆、纪念馆、公共图书馆、美术馆、文化馆（站）、全国爱国主义教育示范基地免费开放，所需经费由中央与地方财政分档按比例分担，其中：第一档中央财政分担80%；第二档中央财政分担60%；第三档中央财政分担50%；第四档中央财政分担30%；第五档中央财政分担10%。上述公共体育场馆免费或低收费开放，中央财政根据大型体育场馆开放数量、补助标准、绩效情况等确定对地方转移支付资金。

第一档包括内蒙古、广西、重庆、四川、贵州、云南、西藏、陕西、甘肃、青海、宁夏、新疆等12个省（自治区、直辖市）；第二档包括河北、山西、吉林、黑龙江、安徽、江西、河南、湖北、湖南、海南等10个省；第三档包括辽宁、福建、山东等3个省（不含计划单列市）；第四档包括天津、江苏、浙江、广东等4个省（直辖市）及大连、宁波、厦门、青岛、深圳等5个计划单列市；第五档包括北京、上海等2个直辖市。党中央、国务院明确规定比照享受相关区域政策的地区按相关规定执行。

2. 其他基本公共文化服务事项。将国家基本公共文化服务指导标准涉及的读书看报、收听广播、观看电视、观赏电影、送地方戏、文体活动等其他事项，确认为中央与地方共同财政事权，由中央与地方共同承担支出责任。中央财政根据基本公共文化服务工作任务量、补助标准、绩效情况、财力状况等统筹确定对地方转移支付资金。

（二）文化艺术创作扶持方面。

将文化艺术创作扶持方面的有关事项按政策确定层级和组织实施主体分别划分财政事权和支出责任。主要包括为落实中央关于繁荣发展社会主义文艺的部署要求，由政府组织实施或支持开展的公益性文化活动、展览、文艺创作演出等，涉及文学、舞台艺术、美术、广播电视和网络视听节目、电影、出版等方面。

中央确定并由中央职能部门组织实施或支持开展的事项，确认为中央财政事权，由中央承担支出责任；中央确定并由中央职能部门、地方共同组织实施或支持开展的事项，确认为中央与地方共同财政事权，由中央与地方按照相关职责分工分别承担支出责任；地方确定并由地方组织实施或支持开展的事项，确认为地方财政事权，由地方承担支出责任。

（三）文化遗产保护传承方面。

1. 物质文化遗产保护。主要包括文物保护单位保护、可移动文物保护、古籍保护、考古等。中央职能部门组织实施的物质文化遗产保护，确认为中央财政事权，由中央承担支出责任；纳入国家物质文化遗产保护有关规划，并由地方组织实施的文物保护单位保护、国有文物收藏单位馆藏珍贵可移动文物保护、考古等，确认为中央与地方共同财政事权，由中央与地方共同承担支出责任，中央财政根据保护需求、工作任务量、绩效情况、财力状况等确定对地方转移支付资金；其他物质文化遗产保护事项，确认为地方财政事权，由地方承担支出责任。

2. 非物质文化遗产保护。主要包括非物质文化遗产代表性项目保护、非物质文化遗产代表性传承人传习活动、文化生态保护区保护等。中央职能部门组织实施的国家级非物质文化遗产代表性项目和传承人传习活动等，确认为中央财政事权，由中央承担支出责任；地方组织实施的国家级非物质文化遗产代表性项目和传承人传习活动、文化生态保护区保护等，确认为中央与地方共同财政事权，由中央与地方共同承担支出责任，中央财政根据保护需求、工作任务量、绩效情况、财力状况等确定对地方转移支付资金；地方组织实施的省级及以下非物质文化遗产代表性项目和传承人传习活动、文化生态保护区保护等，确认为地方财政事权，由地方承担支出责任。

（四）文化交流方面。

1. 对外及对港澳台文化交流合作。主要包括落实文化交流与合作协定及其执行计划，开展演出、展览、会展等对外及对港澳台文化交流和推广活动，涉及文学、舞台艺术、美术、广播电视和网络视听节目、电影、出版等方面。中央职能部门组织实施的事项，确认为中央财政事权，由中央承担支出责任；中央职能部门、地方共同组织实施的事项，确认为中央与地方共同财政事权，由中央与地方按照相关职责分工分别承担支出责任；地方组织实施的事项，确认为地方财政事权，由地方承担支出责任。

2. 海外中国文化中心建设。主要包括按照规划开展的海外中国文化中心建设、运行和相关交流活动。中央职能部门组织实施的事项，确认为中央财政事权，由中央承担支出责任；由中央职能部门指导地方组织实施的事项，确认为中央与地方共同财政事权，由中央与地方按照相关职责分工分别承担支出责任。

（五）能力建设方面。

1. 公共文化机构改革和发展建设。主要包括按照国家规定对文化文物系统所属博物馆、公共图书馆、美术馆、广播电视节目制作播出传输机构、文艺院团等公共文化机构改革和发展建设的补助（地方基本公共文化服务除外）。按照隶属关系，对中央级公共文化机构改革和发展建设的补助，确认为中央财政事权，由中央承担支出责任；对地方级公共文化机构改革和发展建设的补助，确认为地方财政事权，由地方承担支出责任。

2. 公共文化管理。主要包括各级有关职能部门及所属机构承担的文化事业和文化市场、电影出版、广播电视和网络视听、文物保护管理，以及人才培养、文化志愿活动等。按照隶属关系，中央职能部门及所属机构承担的事项，确认为中央财政事权，由中央承担支出责任；地方职能部门及所属机构承担的事项，确认为地方财政事权，由地方承担支出责任。

中央预算内投资支出按国家有关规定执行，主要用于中央财政事权或中央与地方共同财政事权事项。中央与新疆生产建设兵团财政事权和支出责任划分，参照中央与地方划分原则执行；财政支持政策原则上参照新疆维吾尔自治区有关政策执行，并适当考虑新疆生产建设兵团的特殊因素。中央和地方通过政府购买服务等形式，支持社会力量参与公共文化服务。公共文化领域其他未列事项，按照改革的总体要求和事项特点具体确定财政事权和支出责任。

三、配套措施

（一）加强组织领导。各地区各有关部门要增强"四个意识"、坚定"四个自信"、做到"两个维护"，切实把思想和行动统一到党中央、国务院决策部署上来，加强组织领导，切实履行职责，密切协调配合，确保改革工作落实到位。

（二）强化投入保障。全面实施预算绩效管理，着力提高公共文化领域财政资源配置效率、使用效益和公共服务质量。中央财政加大对困难地区的均衡性转移支付力度，地方财政要统筹安排上级转移支付和自有财力，促进基本公共文化服务标准化、均等化。符合区域规划的公共文化机构基本建设等资本性支出可通过依法发行地方政府债券方式安排。

（三）协同推进改革。公共文化领域财政事权和支出责任划分改革，要与深化文化体制改革、文物保护利用改革等紧密结合，并根据改革发展形势以及相关条件成熟情况，适时优化调整财政事权事项，健全基础标准，进一步规范支出责任。省级政府要参照本方案的要求，合理划分省以下公共文化领域财政事权和支出责任。要将适宜由地方更高一级政府承担的基本公共文化服务支出责任上移，避免过多增加基层政府支出压力。

本方案自2020年1月1日起实施。

重要 公文 >>>

国家发展改革委　工业和信息化部
国务院国资委　国家文物局　国家开发银行
关于联合印发《推动老工业城市工业遗产
保护利用实施方案》的通知

发改振兴〔2020〕839号

有关省、自治区、直辖市发展改革委、工业和信息化主管部门、国资委、文物主管部门、
国家开发银行有关分行：

　　为贯彻落实《中共中央办公厅 国务院办公厅关于实施中华优秀传统文化传承发展工程
的意见》（中办发〔2017〕5号）、《中共中央办公厅 国务院办公厅关于加强文物保护利
用改革的若干意见》（中办发〔2018〕54号）、《国务院办公厅关于推进城区老工业区搬
迁改造的指导意见》（国办发〔2014〕9号），探索老工业城市转型发展新路径，以文化振
兴带动老工业城市全面振兴、全方位振兴，我们制定了《推动老工业城市工业遗产保护利
用实施方案》。现印发你们，请认真组织实施。

国家发展改革委　工业和信息化部　国务院国资委
国家文物局　国家开发银行
2020年6月2日

推动老工业城市工业遗产保护利用实施方案

　　为贯彻落实习近平总书记2019年11月在上海杨浦滨江考察时关于"生活秀带"的重要
讲话精神，按照党中央、国务院有关文件要求，加快推进老工业城市工业遗产保护利用，
促进城市更新改造，探索老工业城市转型发展新路径，现提出以下实施方案：

　　一、重要意义

　　工业遗产是工业文明的见证，是工业文化的载体，是人类文化遗产的重要组成部分。
自十九世纪后半叶洋务运动以来，特别是新中国成立之后的不同历史时期，都留下了宝贵
的工业遗产。这些工业遗产集中分布在老工业城市，不仅见证了我国近现代工业化不同寻
常的发展历程，也蕴藏着丰富的历史文化价值，是社会主义先进文化的典型代表。当前，
我国工业遗产保护利用工作相对薄弱，特别是一些工业遗产遭到破坏、损毁甚至消亡，亟

需采取措施进行有效保护与合理利用。

在全国老工业城市加快推进高质量发展的新形势下，应不断深化对推动老工业城市工业遗产保护利用重要意义的认识。从当前和长远看，做好老工业城市工业遗产保护利用，有利于更好地积淀前人的文化和智慧，展现中华民族百折不挠的奋斗足迹，弘扬优秀中国工业精神，增强民族凝聚力，坚定文化自信；有利于更好地统筹产业发展与消费升级，培育发展新动能，不断满足人民群众对美好生活的新期待；有利于更好地提升城市功能，丰富城市内涵，彰显城市特色，实现从"工业锈带"到"生活秀带"的转变。

为此，必须切实将思想和行动统一到党中央、国务院的决策部署上来，结合老工业城市发展实际，加快推进老工业城市工业遗产保护利用，更好推动新时代中国特色工业文化建设，培育高质量发展的新动力源，以文化振兴带动老工业城市全面振兴、全方位振兴。

二、总体要求

（一）指导思想。以习近平新时代中国特色社会主义思想为指导，全面贯彻党的十九大和十九届二中、三中、四中全会精神，坚持新发展理念，坚持以供给侧结构性改革为主线，坚持把工业遗产保护利用作为推动老工业城市高质量发展的重要内容，加快发展新时代中国特色工业文化，推动工业遗产保护利用与文化保护传承、产业创新发展、城市功能提升协同互进，打造一批集城市记忆、知识传播、创意文化、休闲体验于一体的"生活秀带"，延续城市历史文脉，为老工业城市高质量发展增添新的动力。

（二）基本原则。

保护优先，以用促保。充分认识工业遗产除了物质形态还有制度形态和精神形态，具有区别于其他自然文化遗存的特殊性，应突出强调其保护方式的灵活性，寓保护于利用之中，让工业文化融入群众生活，真正实现在发展中保护、在保护中发展。

完善体系，形成合力。强化顶层设计和分级分类管理，形成能够彰显发展历程和文化特色的工业遗产保护利用体系。加强政策协同，强化部门合作，形成工作合力。

明确路径，多方参与。充分发挥地方积极性，鼓励因地制宜探索工业遗产科学保护与合理利用的有效路径。发挥政府投资引导作用，有效汇聚各类社会资源，营造各类主体共同参与的良好氛围。

全面推进，突出重点。全面加强、有序推进各级各类工业遗产的保护利用工作。重点做好国家级和省级工业遗产保护利用。注重利用现代科技手段提高工业遗产保护利用水平。

三、主要任务

推动老工业城市工业遗产保护利用是一项系统工程。老工业城市应从尊重历史、尊重文化的角度出发，立足城市发展实际，学习借鉴国内外有益经验，探索加强工业遗产保护利用、打造"生活秀带"的有效路径。

（一）开展资源认定管理。建立工业遗产分级保护机制，全面开展工业遗产的调查、评估和认定工作，摸清工业遗产底数，明确工业遗产构成，评估工业遗产价值，建设工业遗产数据库，为科学规划、分类保护、有效利用提供有力支持。经认定的工业遗产清单及时向社会公布，具有重要价值的工业遗产及时核定公布为文物保护单位和珍贵可移动文物。加快甄别和抢救濒危工业遗产，完善工业遗产档案记录，加强修缮保养。建立监测评估制度，开展工业遗产动态监测和保护利用效益评估。

（二）推进重点保护展示。切实加强重点工业遗产本体保护和周边环境治理，实施一批具有示范性、带动性的工程项目，消除工业遗产安全隐患。依托价值突出、内涵丰厚的重点工业遗产，特别是已核定公布为全国重点文物保护单位和省级文物保护单位的工业遗产，开展工业遗产价值阐释展示，弘扬工业遗产当代价值。支持老工业城市依托工业遗产保护利用创建国家文物保护利用示范区。

（三）完善工业博物馆体系。支持设立重要工业遗产博物馆、专业性工业技术博物馆、传统行业博物馆等，利用数字技术开发博物馆资源，建设智慧博物馆。鼓励设立省市工业博物馆，推动建设分行业、分区域工业博物馆体系。调动工业博物馆利用馆藏资源开发教育科普、文创、娱乐产品的积极性，推出各类工业文化主题展览、社教研学活动与文创体验活动等，培育新型文化业态及产业模式。鼓励各类学校结合课程设置组织学生到博物馆开展综合实践活动。

（四）繁荣新业态新模式。将工业文化元素和标识融入内容创作生产、创意设计，利用新技术推动跨媒体内容制作与呈现，孕育新型文化业态。完善配套商业服务功能，发展以工业遗产为载体的体验式旅游、研学旅行、休闲旅游精品线路，形成生产、旅游、教育、休闲一体化的工业文化旅游新模式。促进工业遗产与现代商务融合，改造利用老厂区、老厂房、老设施发展文化创意园区和影视拍摄基地，发展以工业遗产为特色的会展经济和文化活动，促进工艺美术产品、艺术衍生产品的设计、生产和交易。

（五）拓展文化生活新空间。加快城市滨水地区港口和传统工业区的转型升级和用地更新，修复城市沿岸厂房、仓库和其他历史遗存，推动以工厂仓库为主的生产岸线转型为以公园绿地为主的生活岸线、生态岸线。强化博物馆、美术馆、纪念馆等公共文化服务功能，推动工业遗产保护利用工程对公众开放，提升城市公共文化服务能力。依托工业遗产建设一批主题突出的工业遗址公园、城市文化公园等，形成融入现代设计观念、适应当代生活方式的城市人文景观和公共开放空间。

（六）塑造城市文明新形象。推动工业遗产保护与城市形象提升相融合，将能够凸显工业文化特色的景观标志纳入城市建设规划。支持工业遗产保护利用与文化节、艺术节、博览会、体育比赛等交流活动相结合，举办工业遗产主题研讨会和工业文物交流展，拓展工业遗产的价值普及和传播推广渠道，弘扬新时代中国特色工业文化。实施城市工业遗产品牌培育提升行动，形成一批具有示范性、带动性和影响力的工业遗产文化产品和服务品牌，提升城市品质，彰显城市特色。

四、组织实施

为做好推动工业遗产保护利用、打造"生活秀带"的工作，国家发展改革委、工业和信息化部、国务院国资委、国家文物局、国家开发银行将加强沟通协调，从理论研究、方案设计、清单制定、重点项目、环境营造和宣传教育等方面完善举措，强化落实。

（一）加强系统理论研究。加强近现代以来我国工业史研究和工业文化研究，系统开展工业遗产价值研究，凝练中国工业遗产价值体系。开展工业遗产保护理论研究，借鉴国内外工业遗产保护的经验，围绕价值体系、认定原则、保护策略、利用模式等开展系统研究，探索适合我国国情的工业遗产保护方法和利用途径，形成相对完整独立的当代工业遗产保护理论体系。

（二）做好方案设计指导。各老工业城市要结合本地实际，研究提出《推动老工业城市工业遗产保护利用、打造"生活秀带"工作方案》，明确工作思路、目标任务、重点项目、保障措施等，于7月底前通过省（区、市）发展改革委报送国家发展改革委地区振兴司。国家发展改革委将会同有关部门组织第三方机构对地方上报的工作方案进行统一评估，并向地方反馈评估意见。工作方案请老工业城市人民政府印发实施。

（三）制定工业遗产清单。各老工业城市开展工业遗产的调查、评估和认定工作。有关部门加强对老工业城市工业遗产保护的业务指导，完善工业遗产档案记录，建设工业遗产数据库，及时向社会公布工业遗产清单。

（四）强化重点项目实施。根据老工业城市印发实施的工作方案，选择部分具有重大价值或影响力、规模较大且工业历史风貌完整的优秀工业遗产，编制年度项目导向计划。对纳入导向计划的项目，帮助协调解决建设中遇到的困难和问题。适时启动工业遗产保护利用综合工程建设，形成一批可复制可推广的成功经验。国家开发银行将研究利用开发性金融加大对重点项目的支持。

（五）努力优化政策环境。优化工业遗产保护利用相关行政审批流程和规范标准。探索工业遗产国有资产确权和合法流通交易体制机制。发挥企业主体作用，支持以厂房租赁、企业资产重组等多种方式，实现市场化运作。鼓励各类市场主体以多种形式参与工业遗产保护利用，营造共建、共用、共享的良好氛围。

（六）加大宣传教育力度。各老工业城市要切实加大工业遗产保护利用的宣传力度，定期组织研讨、宣传、推介等相关活动，推动工业遗产保护利用成果进校园、进社区，以多种形式讲好"中国工业故事"，传承和弘扬中国工业文化。国家发展改革委、工业和信息化部、国务院国资委、国家文物局等部门适时组织工业遗产保护利用相关活动，推动形成全社会共识。

中央宣传部　财政部
文化和旅游部　国家文物局
关于公布《革命文物保护利用片区分县名单（第二批）》的通知

文物革发〔2020〕18号

各省、自治区、直辖市党委宣传部、财政厅（局）、文化和旅游厅（局）、文物局，各计划单列市和新疆生产建设兵团党委宣传部、财政局、文化和旅游局、文物局：

为贯彻落实中共中央办公厅、国务院办公厅《关于实施革命文物保护利用工程（2018—2022年）的意见》，按照集中连片、突出重点、国家统筹、区划完整的原则，坚持以革命史实为基础、以党史文献为参考、以革命文物为依据，确定第二批革命文物保护利用片区分县名单，计22个片区、988个县。现将第二批革命文物保护利用片区分县名单予以公布。

各有关地方和部门要以推进革命文物集中连片保护利用工程为重点，强化组织领导，

续表

加大支持力度，建立协作机制，形成整体合力，持续提升革命文物保护利用水平，更好发挥革命文物资源在弘扬革命精神、传承红色基因、推动经济社会发展、实现中华民族伟大复兴中国梦中的重要作用。

中央宣传部　财政部

文化和旅游部　国家文物局

2020年6月30日

革命文物保护利用片区分县名单（第二批）

序号	分区	省名	市名	县名
1-1	长征片区（红一方面军）（123）	江西（10）	赣州市	赣县区、信丰县、大余县、崇义县、安远县、于都县、兴国县、会昌县、寻乌县、瑞金市
		福建（2）	三明市	宁化县
			龙岩市	长汀县
		广东（3）	韶关市	仁化县、乐昌市、南雄市
		湖南（11）	邵阳市	城步苗族自治县
			郴州市	桂阳县、宜章县、嘉禾县、临武县、汝城县
			永州市	道县、江永县、宁远县、蓝山县
			怀化市	通道侗族自治县
		广西（6）	桂林市	灵川县、全州县、兴安县、灌阳县、龙胜各族自治县、资源县
		贵州（34）	贵阳市	花溪区、开阳县、息烽县、修文县
			六盘水市	水城县、盘州市
			遵义市	红花岗区、汇川区、播州区、桐梓县、绥阳县、余庆县、习水县、赤水市、仁怀市
			安顺市	西秀区、镇宁布依族苗族自治县
			毕节市	大方县、金沙县、纳雍县
			黔西南布依族苗族自治州	兴义市、兴仁市、普安县、册亨县、安龙县
			黔东南苗族侗族自治州	施秉县、锦屏县、剑河县、台江县、黎平县
			黔南布依族苗族自治州	瓮安县、长顺县、龙里县、惠水县

序号	分区	省名	市名	县名
1-1	长征片区 （红一方面军） （123）	云南 （13）	昆明市	东川区、富民县、嵩明县 禄劝彝族苗族自治县、寻甸回族彝族自治县
			曲靖市	麒麟区、沾益区、富源县、会泽县
			昭通市	镇雄县、威信县
			楚雄彝族 自治州	元谋县、武定县
		四川 （25）	泸州市	合江县、叙永县、古蔺县
			宜宾市	长宁县、筠连县
			雅安市	荥经县、汉源县、石棉县、芦山县、宝兴县
			阿坝藏族 羌族自治州	马尔康市、松潘县、金川县、小金县、黑水县、若尔盖县、红原县
			甘孜藏族自治州	泸定县
			凉山彝族自治州	西昌市、会理县、会东县、普格县、冕宁县、越西县、甘洛县
		重庆 （1）	—	綦江区
		甘肃 （11）	白银市	白银区、会宁县
			天水市	武山县
			平凉市	静宁县
			庆阳市	环县、华池县、镇原县
			定西市	通渭县、岷县
			陇南市	宕昌县
			甘南藏族自治州	迭部县
		宁夏 （4）	固原市	原州区、西吉县、隆德县、彭阳县
		陕西 （3）	延安市	吴起县、甘泉县
			榆林市	定边县
1-2	长征片区 （红二方面军） （92）	湖南 （22）	邵阳市	隆回县、洞口县、绥宁县
			常德市	澧县、津市市
			张家界市	永定区、慈利县、桑植县

序号	分区	省名	市名	县名
1-2	长征片区 （红二方面军） （92）	湖南 （22）	益阳市	安化县
			怀化市	沅陵县、辰溪县、溆浦县、会同县、新晃侗族自治县、芷江侗族自治县、洪江市
			娄底市	新化县、冷水江市、涟源市
			湘西土家族苗族自治州	泸溪县、永顺县、龙山县
		贵州 （21）	贵阳市	开阳县、修文县、清镇市
			六盘水市	盘州市
			遵义市	余庆县
			毕节市	七星关区、大方县、黔西县、威宁彝族回族苗族自治县、赫章县
			铜仁市	万山区、玉屏侗族自治县、石阡县、思南县、印江土家族苗族自治县、德江县、沿河土家族自治县
			黔东南苗族侗族自治州	岑巩县、天柱县
			黔南布依族苗族自治州	瓮安县、龙里县
		云南 （22）	昆明市	五华区、盘龙区、西山区、富民县、嵩明县、寻甸回族彝族自治县
			曲靖市	麒麟区、沾益区、马龙区、富源县、宣威市
			昭通市	镇雄县、彝良县
			丽江市	古城区、玉龙纳西族自治县
			楚雄彝族自治州	楚雄市、牟定县、姚安县
			大理白族自治州	祥云县、鹤庆县
			迪庆藏族自治州	香格里拉市、德钦县
		四川 （7）	阿坝藏族羌族自治州	阿坝县、若尔盖县
			甘孜藏族自治州	甘孜县、新龙县、白玉县、理塘县、得荣县
		重庆 （4）	—	黔江区、石柱土家族自治县、秀山土家族苗族自治县、酉阳土家族苗族自治县
		甘肃 （12）	白银市	会宁县
			天水市	秦州区、甘谷县

序号	分区	省名	市名	县名
1-2	长征片区（红二方面军）（92）	甘肃（12）	平凉市	静宁县
			定西市	通渭县、岷县
			陇南市	成县、宕昌县、康县、礼县、徽县、两当县
		陕西（2）	宝鸡市	凤县
			汉中市	略阳县
		青海（1）	果洛藏族自治州	班玛县
		宁夏（1）	固原市	西吉县
1-3	长征片区（红四方面军）（58）	四川（40）	成都市	大邑县、蒲江县、邛崃市
			绵阳市	梓潼县、北川羌族自治县、平武县、江油市
			广元市	利州区、昭化区、朝天区、旺苍县、青川县、剑阁县、苍溪县
			南充市	南部县、阆中市
			雅安市	雨城区、名山区、荥经县、天全县、芦山县、宝兴县
			阿坝藏族羌族自治州	马尔康市、汶川县、理县、茂县、松潘县、九寨沟县、金川县、小金县、黑水县、阿坝县、若尔盖县、红原县
			甘孜藏族自治州	泸定县、丹巴县、雅江县、炉霍县、甘孜县、新龙县
		甘肃（15）	白银市	靖远县、会宁县、景泰县
			天水市	武山县
			平凉市	庄浪县、静宁县
			定西市	通渭县、陇西县、渭源县、临洮县、岷县
			陇南市	宕昌县
			甘南藏族自治州	临潭县、迭部县、玛曲县
		青海（1）	果洛藏族自治州	班玛县
		宁夏（2）	吴忠市	盐池县、同心县

序号	分区	省名	市名	县名
1-4	长征片区（红二十五军）（36）	河南（12）	洛阳市	栾川县、嵩县
			平顶山市	叶县、鲁山县
			三门峡市	卢氏县
			南阳市	方城县、淅川县、社旗县、桐柏县
			信阳市	罗山县、光山县
			驻马店市	泌阳县
		湖北（2）	十堰市	郧西县
			黄冈市	英山县
		陕西（16）	西安市	蓝田县、周至县
			宝鸡市	凤县、太白县
			延安市	安塞区、延川县、甘泉县
			汉中市	洋县、留坝县
			安康市	旬阳县
			商洛市	洛南县、丹凤县、商南县、山阳县、镇安县、柞水县
		甘肃（4）	平凉市	泾川县、静宁县
			庆阳市	合水县
			陇南市	两当县
		宁夏（2）	固原市	西吉县、隆德县
2	西路军片区（15）	甘肃（11）	金昌市	永昌县
			白银市	靖远县、景泰县
			武威市	凉州区、古浪县
			张掖市	甘州区、肃南裕固族自治县、民乐县、临泽县、高台县
			酒泉市	瓜州县
		青海（2）	西宁市	城中区
			海东市	循化撒拉族自治县

序号	分区	省名	市名	县名
2	西路军片区（15）	新疆（2）	乌鲁木齐市	天山区
			哈密市	伊州区
3	东北抗日联军片区（84）	辽宁（9）	鞍山市	岫岩满族自治县
			抚顺市	清原满族自治县
			本溪市	平山区、南芬区、本溪满族自治县、桓仁满族自治县
			丹东市	宽甸满族自治县、凤城市
			铁岭市	西丰县
		吉林（23）	长春市	榆树市
			吉林市	桦甸市、舒兰市、磐石市
			四平市	梨树县、伊通满族自治县
			通化市	通化县、柳河县、梅河口市、集安市
			白山市	浑江区、江源区、抚松县、靖宇县、长白朝鲜族自治县、临江市
			延边朝鲜族自治州	延吉市、敦化市、珲春市、龙井市、和龙市、汪清县、安图县
		黑龙江（47）	哈尔滨市	道外区、香坊区、双城区、依兰县、方正县、宾县、巴彦县、木兰县、通河县、延寿县、尚志市、五常市
			齐齐哈尔市	克山县、克东县、讷河市
			鸡西市	密山市
			鹤岗市	萝北县
			双鸭山市	集贤县、宝清县、饶河县
			大庆市	肇州县、肇源县
			伊春市	伊美区、嘉荫县、大箐山县、南岔区、金林区、铁力市
			佳木斯市	桦南县、桦川县、汤原县、富锦市
			七台河市	新兴区、桃山区、茄子河区、勃利县
			牡丹江市	林口县、海林市、宁安市、穆棱市、东宁市
			黑河市	爱辉区、北安市、五大连池市

序号	分区	省名	市名	县名
3	东北抗日联军片区（84）	黑龙江（47）	绥化市	绥棱县、肇东市、海伦市
		内蒙古（5）	呼伦贝尔市	阿荣旗、莫力达瓦达斡尔族自治旗、鄂伦春自治旗、鄂温克族自治旗、扎兰屯市
4	陕甘宁片区（34）	陕西（26）	铜川市	耀州区
			咸阳市	三原县、泾阳县、旬邑县、淳化县
			延安市	宝塔区、安塞区、延长县、延川县、志丹县、吴起县、甘泉县、富县、洛川县、宜川县、黄龙县、黄陵县、子长市
			榆林市	榆阳区、靖边县、定边县、绥德县、米脂县、佳县、清涧县、神木市
		甘肃（5）	庆阳市	庆城县、环县、华池县、正宁县、镇原县
		宁夏（1）	吴忠市	同心县
		内蒙古（2）	鄂尔多斯市	鄂托克前旗、乌审旗
5	晋绥片区（57）	山西（45）	太原市	晋源区、清徐县、娄烦县、古交市
			大同市	新荣区、平城区、云冈区
			朔州市	朔城区、平鲁区、右玉县
			晋中市	平遥县、灵石县、介休市
			运城市	临猗县、万荣县、芮城县、永济市、河津市
			忻州市	宁武县、静乐县、神池县、五寨县、岢岚县、河曲县、保德县、偏关县、原平市
			临汾市	襄汾县、吉县、乡宁县、大宁县、隰县、汾西县
			吕梁市	离石区、交城县、兴县、临县、柳林县、石楼县、岚县、方山县、中阳县、交口县、孝义市、汾阳市
		内蒙古（12）	呼和浩特市	玉泉区、土默特左旗、托克托县、和林格尔县、清水河县、武川县
			包头市	土默特右旗、达尔罕茂明安联合旗
			乌兰察布市	卓资县、凉城县、察哈尔右翼中旗、四子王旗
6	晋察冀片区（72）	山西（14）	太原市	阳曲县
			大同市	云州区、天镇县、广灵县、灵丘县、浑源县
			阳泉市	盂县

序号	分区	省名	市名	县名
6	晋察冀片区（72）	山西（14）	朔州市	应县
			晋中市	寿阳县
			忻州市	定襄县、五台县、代县、繁峙县、原平市
		河北（53）	石家庄市	井陉矿区、藁城区、鹿泉区、井陉县、正定县、行唐县、灵寿县、高邑县、深泽县、无极县、平山县、赵县、辛集市、新乐市
			保定市	满城区、清苑区、阜平县、唐县、容城县、涞源县、安新县、易县、曲阳县、蠡县、顺平县、博野县、雄县、定州市、安国市
			张家口市	桥东区、宣化区、崇礼区、沽源县、蔚县、怀安县、怀来县、赤城县
			沧州市	沧县、肃宁县、献县、泊头市、任丘市、黄骅市、河间市
			廊坊市	固安县、永清县、大城县、霸州市
			衡水市	桃城区、武强县、饶阳县、安平县、深州市
		北京（4）	—	门头沟区、房山区、昌平区、延庆区
		天津（1）	—	西青区
7	冀热辽片区（25）	河北（16）	唐山市	丰润区、滦南县、乐亭县、迁西县、玉田县、遵化市、迁安市
			秦皇岛市	抚宁区、昌黎县
			承德市	兴隆县、滦平县、隆化县、丰宁满族自治县、宽城满族自治县
			廊坊市	大厂回族自治县、三河市
		辽宁（3）	朝阳市	建平县
			葫芦岛市	连山区、建昌县
		北京（4）	—	顺义区、怀柔区、平谷区、密云区
		天津（2）	—	宝坻区、蓟州区
8	冀鲁豫片区（76）	河北（22）	邯郸市	邯山区、峰峰矿区、肥乡区、永年区、大名县、涉县、磁县、邱县、鸡泽县、广平县、馆陶县、魏县、曲周县、武安市
			邢台市	邢台县、宁晋县、平乡县、威县、临西县、南宫市
			衡水市	枣强县、故城县

序号	分区	省名	市名	县名
8	冀鲁豫片区（76）	山东（31）	济南市	历城区、长清区、平阴县
			济宁市	微山县、金乡县、梁山县、曲阜市、邹城市
			泰安市	岱岳区、宁阳县、东平县、肥城市
			德州市	齐河县、平原县、夏津县、禹城市
			聊城市	东昌府区、茌平区、莘县、东阿县、冠县、高唐县、临清市
			菏泽市	牡丹区、定陶区、曹县、单县、成武县、郓城县、鄄城县、东明县
		河南（21）	开封市	祥符区、杞县
			新乡市	封丘县、长垣市
			濮阳市	清丰县、南乐县、范县、台前县、濮阳县
			许昌市	鄢陵县
			漯河市	郾城区、舞阳县、临颍县
			商丘市	睢阳区、民权县、睢县、宁陵县、夏邑县
			周口市	淮阳区、西华县、商水县
		江苏（2）	徐州市	丰县、沛县
9	山东片区（65）	山东（62）	济南市	莱芜区、钢城区、商河县
			青岛市	平度市、莱西市
			淄博市	淄川区、博山区、临淄区、高青县、沂源县
			枣庄市	市中区、薛城区、台儿庄区、山亭区、滕州市
			东营市	东营区、垦利区、利津县、广饶县
			烟台市	牟平区、龙口市、莱阳市、莱州市、蓬莱市、招远市、栖霞市、海阳市
			潍坊市	寒亭区、临朐县、青州市、诸城市、寿光市、昌邑市
			济宁市	泗水县
			泰安市	新泰市
			威海市	文登区、荣成市、乳山市

续表

序号	分区	省名	市名	县名
9	山东片区（65）	山东（62）	日照市	岚山区、五莲县、莒县
			临沂市	沂南县、郯城县、沂水县、兰陵县、费县、平邑县、莒南县、蒙阴县、临沭县
			德州市	陵城区、宁津县、庆云县、临邑县、武城县、乐陵市
			滨州市	沾化区、惠民县、阳信县、无棣县、博兴县、邹平市
		河北（1）	沧州市	孟村回族自治县
		江苏（2）	连云港市	赣榆区、东海县
10	苏中片区（19）	江苏（19）	苏州市	常熟市
			南通市	通州区、如东县、启东市、如皋市、海门市、海安市
			淮安市	淮安区
			盐城市	大丰区、东台市
			扬州市	广陵区、江都区、宝应县、高邮市
			泰州市	海陵区、姜堰区、兴化市、靖江市、泰兴市
11	苏南片区（28）	江苏（23）	南京市	江宁区、溧水区、高淳区
			无锡市	锡山区、惠山区、梁溪区、江阴市、宜兴市
			常州市	天宁区、新北区、武进区、金坛区、溧阳市
			苏州市	相城区、吴江区、常熟市、张家港市、昆山市
			镇江市	润州区、丹徒区、丹阳市、扬中市、句容市
		上海（3）	—	浦东新区、松江区、青浦区
		安徽（2）	马鞍山市	花山区、当涂县
12	淮北片区（26）	安徽（12）	蚌埠市	怀远县、五河县、固镇县
			淮北市	烈山区、濉溪县
			滁州市	明光市
			宿州市	埇桥区、砀山县、灵璧县
			亳州市	谯城区、涡阳县、蒙城县

序号	分区	省名	市名	县名
12	淮北片区（26）	江苏（11）	徐州市	铜山区、睢宁县、邳州市
			淮安市	淮安区、淮阴区、洪泽区、盱眙县、金湖县
			宿迁市	宿城区、泗阳县、泗洪县
		河南（3）	商丘市	虞城县、夏邑县、永城市
13	淮南片区（23）	安徽（17）	合肥市	长丰县、肥东县
			蚌埠市	龙子湖区、蚌山区、禹会区、怀远县
			淮南市	大通区、田家庵区、八公山区、凤台县、寿县
			马鞍山市	含山县、和县
			滁州市	南谯区、定远县、天长市、明光市
		江苏（6）	南京市	六合区
			淮安市	盱眙县、金湖县
			扬州市	邗江区、仪征市、高邮市
14	皖中片区（22）	安徽（20）	合肥市	庐江县、巢湖市
			芜湖市	镜湖区、鸠江区、芜湖县、繁昌县、南陵县、无为市
			马鞍山市	花山区、当涂县、含山县、和县
			铜陵市	义安区、枞阳县
			安庆市	宜秀区、怀宁县、宿松县
			池州市	东至县
			宣城市	宣州区、泾县
		江苏（1）	南京市	江宁区
		江西（1）	九江市	彭泽县
15	浙东片区（25）	浙江（21）	宁波市	海曙区、江北区、北仑区、镇海区、余姚市、慈溪市
			绍兴市	越城区、柯桥区、上虞区、新昌县、诸暨市、嵊州市
			金华市	婺城区、金东区、武义县、浦江县、兰溪市、义乌市、东阳市、永康市
			舟山市	定海区
		上海（4）	—	浦东新区、松江区、青浦区、奉贤区

序号	分区	省名	市名	县名
16	广东片区（70）	广东（66）	广州市	天河区、番禺区、从化区、增城区
			韶关市	浈江区、曲江区、始兴县、仁化县、翁源县、新丰县、南雄市
			深圳市	罗湖区、南山区、宝安区、龙岗区、龙华区、坪山区、光明区
			珠海市	香洲区、斗门区
			汕头市	金平区、潮阳区、潮南区、澄海区、南澳县
			佛山市	禅城区、南海区、顺德区、高明区
			江门市	新会区、台山市、开平市、鹤山市、恩平市
			湛江市	霞山区、坡头区、麻章区、遂溪县、徐闻县、廉江市、雷州市、吴川市
			茂名市	化州市
			肇庆市	端州区、高要区、德庆县
			惠州市	惠城区、惠阳区、博罗县、惠东县、龙门县
			汕尾市	城区、海丰县、陆河县
			河源市	龙川县、东源县
			阳江市	阳东区、阳春市
			清远市	清新区、英德市
			东莞市	—
			中山市	—
			揭阳市	揭西县
			云浮市	云城区、云安区、新兴县、郁南县、罗定市
		广西（4）	北海市	合浦县
			钦州市	浦北县
			玉林市	陆川县、博白县
17	琼崖片区（14）	海南（14）	海口市	秀英区、龙华区、琼山区、美兰区
			儋州市	—
			省辖县	五指山市、琼海市、文昌市、万宁市、东方市、定安县、澄迈县、白沙黎族自治县、昌江黎族自治县、保亭黎族苗族自治县

序号	分区	省名	市名	县名
18	湘鄂赣片区（17）	湖南（2）	岳阳市	平江县、汨罗市
		湖北（9）	黄石市	阳新县、大冶市
			鄂州市	梁子湖区、华容区、鄂城区
			咸宁市	咸安区、通城县、崇阳县、赤壁市
		江西（6）	九江市	柴桑区、修水县、德安县、都昌县、彭泽县、庐山市
19	鄂豫皖片区（57）	湖北（35）	武汉市	黄陂区、新洲区
			黄石市	大冶市
			宜昌市	当阳市
			襄阳市	枣阳市
			鄂州市	梁子湖区、华容区、鄂城区
			荆门市	东宝区、钟祥市、京山市
			孝感市	孝昌县、大悟县、云梦县、应城市、安陆市
			荆州市	沙市区、洪湖市
			黄冈市	黄州区、团风县、红安县、浠水县、蕲春县、黄梅县、麻城市
			咸宁市	咸安区、通城县、崇阳县、赤壁市
			随州市	曾都区、随县、广水市
			省辖县	仙桃市、潜江市、天门市
		河南（16）	平顶山市	舞钢市
			漯河市	郾城区、舞阳县
			南阳市	桐柏县
			信阳市	浉河区、罗山县、光山县、新县、商城县、潢川县、淮滨县
			驻马店市	平舆县、确山县、泌阳县、遂平县、新蔡县

序号	分区	省名	市名	县名
19	鄂豫皖片区（57）	安徽（3）	安庆市	太湖县、宿松县、岳西县
		湖南（2）	岳阳市	平江县、汨罗市
		江西（1）	九江市	柴桑区
20	河南片区（21）	河南（21）	郑州市	巩义市、荥阳市、新密市、新郑市、登封市
			洛阳市	洛龙区、新安县、伊川县、偃师市
			平顶山市	鲁山县、郏县、舞钢市、汝州市
			许昌市	禹州市
			漯河市	郾城区、临颍县
			三门峡市	陕州区、渑池县、卢氏县、灵宝市
			驻马店市	遂平县
21	西藏片区（14）	西藏（14）	拉萨市	城关区
			日喀则市	桑珠孜区、仲巴县
			昌都市	卡若区、江达县、芒康县
			林芝市	巴宜区、工布江达县、波密县
			山南市	乃东区
			那曲市	安多县、索县
			阿里地区	噶尔县、改则县
22	新疆片区（22）	新疆（12）	乌鲁木齐市	天山区
			克拉玛依市	独山子区、克拉玛依区、白碱滩区
			哈密市	伊州区、伊吾县
			巴音郭楞蒙古自治州	若羌县、和硕县
			阿克苏地区	库车市、乌什县

中国
文物年鉴
2021

序号	分区	省名	市名	县名
22	新疆片区（22）	新疆（12）	和田地区	皮山县
			伊犁哈萨克自治州	伊宁市
		新疆生产建设兵团（10）	第一师	阿拉尔市 三团（阿克苏地区阿瓦提县） 五团、六团（阿克苏地区温宿县） 七团、九团（阿拉尔市）
			第六师	五家渠市 一〇二团、一〇三团（五家渠市） 一〇八团（昌吉回族自治州奇台县） 芳草湖农场（昌吉回族自治州呼图壁县）
			第八师	石河子市 一四七团（昌吉回族自治州玛纳斯县）
			第九师	一六一团（塔城地区裕民县）
			第十三师	柳树泉农场（哈密市伊州区）

注：省，指省、自治区、直辖市；市，指地市级、地区、自治州、盟；县，指县、县级市、市辖区、自治县、旗、自治旗、矿区、林区、特区。

附件

关于革命文物保护利用片区分县名单（第二批）说明

为深入贯彻落实中共中央办公厅、国务院办公厅《关于实施革命文物保护利用工程（2018—2022年）的意见》，扎实推进革命文物集中连片保护利用工程，现将第二批革命文物保护利用片区分县名单确定公布情况说明如下。

一、关于片区确定

第二批革命文物保护利用片区的确定，按照集中连片、突出重点、国家统筹、区划完整的原则，坚持以新民主主义革命时期的革命史实为基础、以党史文献和中共党史研究最新成果为参考、以革命文物为依据。

以1981年6月27日中共十一届六中全会《关于建国以来党的若干历史问题的决议》明确提及的长征、东北抗日联军的革命史实为基础，确定革命文物保护利用片区为2个，即长征、东北抗日联军片区。

以 1945年6月19日中共七届一中全会《关于召开中国解放区人民代表会议及其筹备事项的决议》和1945年7月13日《周恩来关于中国解放区人民代表会议 选举事项的决议草案的说明》明确提及的陕甘宁、晋绥、晋察冀、冀热辽、冀鲁豫、山东、苏中、苏南、淮北、淮南、皖中、浙东、广东、琼崖、湘鄂赣、鄂豫皖、 河南抗日根据地（解放区）为基础，确定革命文物保护利用片区为17个，即陕甘宁、晋绥、晋察冀、冀热辽、冀鲁豫、山东、苏中、苏南、淮北、淮南、皖中、浙东、广东、琼崖、湘鄂赣、鄂豫皖、河南片区。

根据统筹兼顾的原则，基于西路军的革命史实和中国共产党领导西藏、新疆人民的革命活动，确定革命文物保护利用片区为3个，即西路军、西藏、新疆片区。

第二批革命文物保护利用片区名称采用以抗日根据地、长征、东北抗日联军、西路军和西藏、新疆名称加革命文物保护利用片区的方式。例如，以陕甘宁抗日根据地为基础，确定陕甘宁革命文物保护利用片区，简称"陕甘宁片区"。

二、关于分县名单

被列入第二批革命文物保护利用片区分县名单的县级行政单位，应有相应的革命史实和县级文物保护单位以上级别的革命文物。为保持片区完整性，部分县级行政单位只要符合条件，都可列入不同革命文物保护利用片区分县名单。第二批革命文物保护利用片区分县名单名称，按照2020年2月全国县级行政区划名称确定。

三、关于分批公布

革命文物保护利用片区分县名单，采用分批公布方式。分批公布的革命文物保护利用片区分县名单统计数据，是经去重处理的累计实数。

第一批15个革命文物保护利用片区分县名单统计实数共计20个省110个市645个县。

第二批22个革命文物保护利用片区分县名单统计实数共计31个省228个市988个县。

两批37个革命文物保护利用片区分县名单统计实数共计31个省268个市1433个县。

中央宣传部、财政部、文化和旅游部、国家文物局后续根据革命史实和革命文物类文物保护单位变动情况，适时充实革命文物保护利用片区分县名单。

国家文物局　文化和旅游部 国家发展和改革委员会关于印发 《大运河文化遗产保护传承规划》的通知

文物保发〔2020〕16号

北京市、天津市、河北省、江苏省、浙江省、安徽省、山东省、河南省文物局（文化和旅游厅）、发展和改革委员会：

根据中共中央办公厅、国务院办公厅印发的《大运河文化保护传承利用规划纲要》的要求，国家文物局会同文化和旅游部、国家发展和改革委员会编制了《大运河文化遗产保护传承规划》，现将该规划印发你们，请认真贯彻执行。

特此通知。

国家文物局　文化和旅游部　国家发展和改革委员会
2020年7月1日

大运河文化遗产保护传承规划

序 言

大运河贯通中华文明腹心地带，串起北京、洛阳、杭州等古都，沟通黄河、长江、海河、淮河、钱塘江，维系了古代中国的统一与持续发展，支撑起中华文明和谐进步与长期繁荣。近代以来，大运河作为内河航运重要河道，在推动近现代中国发展，特别是中国共产党领导的革命、建设和改革中发挥着独特作用。随着中国特色社会主义进入新时代，大运河被赋予推进中华优秀传统文化创造性转化创新性发展的新价值、新功能，是推进实施国家文化公园重大文化工程的重要资源。

为贯彻落实习近平总书记关于"大运河是祖先留给我们的宝贵遗产，是流动的文化，要统筹保护好、传承好、利用好"等一系列重要指示批示精神，贯彻落实中共中央办公厅、国务院办公厅《长城、大运河、长征国家文化公园建设方案》和《大运河文化保护传承利用规划纲要》的任务、目标，加强大运河文化遗产保护传承顶层设计，深入挖掘以大运河为核心的历史文化资源，提升大运河整体性、系统性保护和传承利用水平，推动大运河国家文化公园和大运河文化带建设，特制定本规划。

本规划所指大运河由京杭大运河、隋唐大运河、浙东运河的现有及历史上的主河道构成。规划范围包括大运河流经的北京、天津、河北、江苏、浙江、安徽、山东、河南八个省、直辖市行政区划内的大运河文化遗产。

本规划实施期限为2020—2035年，展望到2050年。

一、编制背景

（一）遗产概况

大运河文化遗产由大运河物质文化遗产（简称"大运河文物"）和大运河非物质文化遗产两部分组成。

其中，与大运河突出普遍价值在文化内涵、历史功能等方面存在直接关联性的水工设施、配套设施、管理设施等水工遗存，以及与大运河价值存在重要关联的相关遗存，是支撑和贡献大运河突出普遍价值的核心物质载体，包括世界文化遗产"大运河"构成要素，全国重点文物保护单位"大运河（京杭大运河）"组成部分，《大运河文化遗产保护与管理总体规划（2012—2030）》等大运河相关国家级、省级、地市级遗产保护管理规划的规划对象，以及经过持续的考古调查、发掘、研究确认的大运河遗存等，总数超过1200项（处），其中代表性遗产368项（处）。〔见附件（一）〕

大运河沿线省、直辖市行政区划范围内，大运河流淌伴生的京津、燕赵、齐鲁、中原、淮扬、吴越文化高地保留有大量革命文物、重要工业遗产、重要农业文化遗产、历史文化名城名镇名村、历史文化街区、传统村落、历史建筑等重要遗产，重要相关实物、文献、手稿、档案等珍贵可移动文物，以及全国爱国主义教育示范基地、国家级烈士纪念设施保护单位、国家级抗战纪念设施/遗址、全国红色旅游精品线路景点景区、各级各类博物馆/陈列馆等重要文物、文化资源，是展现大运河孕育和传承中华文明成果、具有旺盛生命力的重要载体。

大运河沿线省、直辖市行政区划范围内保存着大量作为中华优秀传统文化、革命文化、社会主义先进文化重要组成部分的非物质文化遗产，其中国家级非物质文化遗产代表性项目450余项，国家级非物质文化遗产代表性传承人470余名，省级非物质文化遗产代表性项目2100余项，省级非物质文化遗产代表性传承人1750余名。〔见附件（二）〕

（二）遗产价值

大运河是工业革命之前人类历史上规模最大、范围最广、最具代表性的水利工程的杰出范例，其航运、水利功能延续至今。大运河反映了古代中国的工程技术能力和水文水利发展水平，体现了古人的智慧、决心和勇气，是人类伟大创造力的杰出实例。大运河见证了我国古代漕运管理系统文化的变革、运河沿线城市的兴盛和农业文明的发展，创生和维持了沿线居民特有的生产生活方式和文化传统，推动和促进了沿线地区经济繁荣发展。近代以来，大运河作为内河航运重要河道，在推动近现代中国发展，特别是中国共产党领导的革命、建设和改革中发挥着独特作用。

在数千年历史中，大运河沿线人民在推动南北融合、东西交汇、中外交流过程中，不断去芜存菁、激浊扬清，逐步凝练、升华形成了体现中华民族精神特质的思想理念、传统美德和人文精神，包括追求国家统一、民族团结的理想信念，勤劳勇敢、自强不息的民族精神，开放包容、兼容并蓄的文化态度，天人合一、和谐共生的思想智慧。在黄河文明、儒家文化、泰山文化、淮扬文化、吴越文化等一系列具有中华文明标志性意义的重要文明、文化塑造和发展过程中，大运河发挥了重要作用、产生了深远影响。

（三）战略意义

大运河是我国重要的文化长廊、经济通廊和生态走廊，是至今仍在使用的重要水利工程。大运河遗产价值突出，历史与现实相互交融，蕴含着深厚精神内涵，承载着丰富的时代价值，是当之无愧的中国名片。中国特色社会主义进入新时代以后，提升大运河文化遗产保护传承利用水平，推动大运河国家文化公园和大运河文化带建设，是讲好中国故事和中国共产党故事，展现真实、立体、全面的古代中国和现代中国的重要抓手；是进一步增强民族凝聚力、坚定文化自信，推动中华优秀传统文化创造性转化和创新性发展，增强国家文化软实力的重要内容；是大运河沿线区域提高居民生活质量、丰富公共服务供给，推动经济高质量发展的重要路径。

（四）工作基础

基础工作全面开展。大运河被国务院公布为全国重点文物保护单位，相关部门初步建立大运河文物、非物质文化遗产名录，加强大运河文化遗产保护顶层设计和指导督促，推动大运河保护从单点、被动保护到全线、主动整体保护转变。各级地方人民政府陆续公布一批大运河相关文物保护单位，持续开展大运河考古工作，成立了一批专门研究机构，高水平研究成果相继涌现。

协调机制初步建立。经国务院同意，原文化部、国家文物局牵头建立大运河保护和申遗省部际会商机制，发布《大运河文化遗产保护与管理总体规划（2012—2030）》，颁布《大运河遗产保护管理办法》，初步搭建起大运河世界文化遗产监测平台。地方开展跨区域交流合作，成立大运河文化遗产保护管理城市联盟，开展跨区域年度巡查，加快推进地方专项保护立法，公布省级、地市级遗产保护规划，初步提出跨区域协同管理要求。

保护传承成果丰硕。各级财政用于大运河保护的经费持续增长，陆续实施了一大批文物保护管理、展示阐释、监测预警项目，使大运河保护展示整体状况显著改善。沿线地方开展了大运河生态环境、景观环境修复和城市修补工作，加快基础设施和配套服务设施建设，初步建立了一批主题公园、博物馆、展示馆、纪念馆等公共文化空间，推动保护成果惠及民众。

国际影响持续扩大。2014年，联合国教科文组织世界遗产委员会第38届会议通过决议，将大运河列入《世界遗产名录》。2018年，世界遗产委员会第42届会议推选大运河作为世界遗产保护管理年度优秀案例之一，认为我国实践对各国遗产保护管理具有借鉴意义，彰显了我国世界文化遗产保护管理水平，进一步扩大了我国在国际文化遗产事务中的影响力。

（五）当前挑战

遗产保护压力巨大。适应新形势、新挑战的保护理念尚未树立，多元投入的长效机制尚未建立，跨地区跨部门工作合力尚未形成，研究阐释工作整体水平较低，制约了大运河文化遗产的系统性、整体性保护，影响了国家记忆载体作用的发挥。

法制建设亟待加强。现行法律法规效力层级较低，缺乏针对大运河活态特性保护、违法犯罪案件和安全事故查处问责的管理规定，难以满足当前加大大运河文化遗产保护、生态空间管控的新标准、新要求。

属地管理尚需加强。地方人民政府对大运河文化遗产特殊性、重要性的认识尚需进一步加强，科学保护意识和保护理念尚需进一步树立。基层管理力量相对薄弱，机构、人才、经费保障不到位，日常巡查、监测管控工作滞后，人为破坏的情况仍时有发生。

传承利用质量不高。大运河文化遗产传承载体和传播渠道有限，活化利用形式和途径较为单一，部分优质资源长期闲置，作为世界遗产的影响力和吸引力未能充分彰显，大运河文化创造性转化和创新性发展未取得突破性进展。

二、编制总则

（一）指导思想

以习近平新时代中国特色社会主义思想和习近平总书记关于大运河的系列重要指示批示精神为指导，贯彻落实党中央、国务院系列重要文件和《中华人民共和国文物保护法》《中华人民共和国非物质文化遗产法》，坚持以文化和生态保护为引领，着力强化文化遗产保护传承能力建设，创新文化遗产传承利用机制，构建大运河国家记忆体系，助力大运河国家文化公园和大运河文化带建设，推动中华优秀传统文化创造性转化和创新性发展，使大运河成为新时代宣传中国形象、展示中华文明、彰显文化自信的亮丽名片。

（二）基本原则

坚持价值主导、核心引领。践行社会主义核心价值观，牢牢把握科学发展方向，传承弘扬大运河蕴含的爱国精神、民族精神、文化态度和思想智慧，发挥大运河文物和大运河非物质文化遗产在传播社会主义核心价值观方面的重要作用。

坚持科学规划、保护第一。尊重大运河文物和非物质文化遗产的活态特点，以文化遗产、历史环境、景观环境和生态环境保护为出发点，强化顶层设计，坚持保护治理优先，统筹推进、全面保护大运河文化遗产。

坚持古为今用、传承优先。深入挖掘大运河文化遗产价值，全面阐释当代价值和时代精神，创新传承手段、拓展传播范围，提升公共文化服务能力，促进增强文化自觉和文化自信，提升国家文化软实力，建设社会主义文化强国。

坚持合理利用、惠及民生。以文化遗产保护传承利用为引领，统筹考虑大运河文物承载力和非物质文化遗产保护传承，形成跨部门跨地方齐抓共管、政府主导与公众参与相结合的新格局，推动城乡人居环境优化提升，形成区域发展新模式，提升大运河保护自觉。

（三）目标任务

1．总体目标

遵循《大运河文化保护传承利用规划纲要》提出的"构建一条主轴带动整体发展、五大片区重塑大运河实体、六大高地凸显文化引领、多点联动形成发展合力"的空间格局框架，围绕大运河国家文化公园建设总体要求，创新大运河文化遗产保护管理、价值传播和开发利用模式，有机整合京津、燕赵、齐鲁、中原、淮扬、吴越文化高地资源，构建以承载理想信念、民族精神、文化态度和思想智慧等国家记忆为核心，以承载沿线地区城乡记忆和人民群众乡愁记忆为支撑的大运河国家记忆体系，实现遗产保护、文化教育、旅游观光、休闲娱乐、科学研究、融合使用等功能有机结合，形成整体保护与活化利用协同推进、协调发展推进的良好势态。

2．分期目标

2020—2025年，实现大运河文化遗产全面保护。

全面夯实大运河文化遗产保护基础工作。完成大运河文化带核心区大运河文物调查、认定和公布，建立完善权责明确的大运河沿线地方政府保护传承协调机制。全面落实各类大运河文物依法保护，进一步提升大运河文物保护级别，细化保护范围、建设控制地带范围及管理规定，改善大运河文物及景观环境保护状况，基本形成完善的大运河价值分级、分类展示体系。推动出台大运河保护条例。

大运河非物质文化遗产记录体系基本形成。国家级非物质文化遗产代表性项目得到有效保护传承，传统工艺传承和再创造能力得到明显提升，统筹管理、协同推进的非物质文化遗产保护工作体系更加完善，保护工作制度体系更加科学规范、运行有效。传承人群的传承能力显著提高，国家级文化生态保护区建设目标初步实现，非物质文化遗产传承体系更加健全，传承活力进一步增强。非物质文化遗产传播品牌初步形成。

2026—2035年，实现大运河文化遗产系统保护。

全面提升大运河考古研究、保护修缮、传承弘扬、活化利用水平。主动做好考古工作，深入挖掘文物价值、当代价值和时代精神，推进保护技术和管理理念专题研究，逐步实现文物预防性保护，建成全线统一、规范的展示阐释体系，建成一批具有示范性、引领效应的大运河相关考古遗址公园和大运河国家遗产线路，进一步彰显六大文化高地特色，初步建成总体保护、活化利用与协调发展相结合的大运河国家记忆体系。

完成大运河非物质文化遗产记录体系建设。大运河国家级、省级非物质文化遗产保护传承水平全面提升，建立完善的非物质文化遗产保护统筹管理、协同推进工作体系，提升国家级文化生态保护区建设水平，形成一批具有国际国内影响力的大运河非物质文化遗产传播品牌，人民群众对大运河非物质文化遗产的认同感、参与感、获得感全面提升。

展望2050年，全面建成璀璨大运河文化带。

大运河以包容开放、俯仰古今、贯通南北的全新姿态呈现在世人面前，形成体系完整、权责明确、运营高效、监督规范、特色鲜明的大运河保护传承利用体制，推动各类大运河文化遗产焕发新的生机与活力。大运河宣传中国形象、展示中华文明、彰显文化自信亮丽名片的作用更加突出，成为中华民族伟大复兴中的一幅辉煌画卷。

三、强化文化遗产依法保护

（一）深化资源调查认定

持续开展重要遗址遗迹考古工作。全面摸清江苏清口枢纽遗址等综合性水利枢纽工程以及大型建筑群遗址等重要遗址遗迹分布范围、层位、结构、年代情况，做好考古调查、发掘资料的整理和成果发布工作。大运河重要遗址遗迹考古项目纳入"考古中国"重大项目。大运河所在地人民政府着力推进土地储备考古前置改革，强化开发建设中的文物保护。

持续开展重要文物评估认定工作。对于考古、调查新发现大运河遗存以及相关革命文物、工业遗产、水利遗产、重要农业文化遗产等，大运河所在地人民政府及时组织开展价值评估，并依法将其认定、公布为不可移动文物，符合条件的依法核定公布为相应级别的文物保护单位。加大大运河相关重要实物、文献、档案等珍贵可移动文物调查认定、定级、建档和备案工作。

持续开展非物质文化遗产调查和认定工作。鼓励大运河所在地人民政府针对重点地区、重点项目，组织文化和旅游主管部门以及其他有关部门开展专项调查，对调查过程中记录形成的资料予以妥善保存，并建立健全调查信息共享机制。对体现中华优秀传统文化特别是大运河文化或具有重大历史、文学、艺术、科学价值的非物质文化遗产纳入各级非物质文化遗产代表性项目予以保护。

（二）建立完善档案数据库

建立完善文化遗产档案和数据库。大运河所在地人民政府参照全国重点文物保护单位记录档案或馆藏文物藏品档案相关标准规范，建立大运河不可移动文物和可移动文物档案。积极推进大运河文化遗产数字资源数据库建设，推动相关数据纳入同级国土空间基础信息平台，加强相关行业、领域信息共建共享，促进文化遗产数字资源规范管理与合理利用。

大运河所在地人民政府文化和旅游行政部门建立完善非物质文化遗产档案及数据库，优先记录传承环境或条件发生重大改变、传承面临困难的项目，统计汇总各保护单位、专业单位记录成果及社会记录成果，建立成果目录，加强档案保存、研究与转化利用，构建准确权威、开放共享的公共数据及数字资源平台。

（三）提升保护管理层级

提升大运河文物保护级别。大运河所在地人民政府文物行政部门按照《中华人民共和国文物保护法》等法律法规、标准规范的规定，参照世界遗产申报相关标准和办法，甄别认定与大运河突出普遍价值存在直接关联或作为重大历史事件等见证的大运河文物，依法报请国务院合并入全国重点文物保护单位大运河。在时机成熟时，推动符合条件的大运河点段扩展申报世界文化遗产。

提升非物质文化遗产保护级别。大运河所在地省级人民政府按照《中华人民共和国非物质文化遗产法》的规定，进一步增加地方非物质文化遗产代表性项目名录中的大运河相关非物质文化遗产数量。推动体现中华优秀传统文化的非物质文化遗产项目，报请国务院将其列入国家级非物质文化遗产代表性项目名录。

（四）推动专项保护立法

推动出台大运河保护条例。评估《大运河遗产保护管理办法》实施情况。以统筹大运河文化遗产保护传承利用为目标，针对大运河活态文化遗产特点和实际工作中存在的突出问题，加快推进大运河文化遗产专项保护立法，统筹、规范文化遗产保护管理行为，巩固其在大运河整体工作中的引领地位。

鼓励地方性专项保护立法。大运河所在地省级、地市级人民政府深入分析本辖区大运河保存现状、保护传承利用和文化带建设需求，开展省级、地市级大运河文化遗产保护传承利用或相关行业专项立法、立规，或综合性法律法规立法工作，为大运河保护国家立法提供有力支撑和重要补充。

（五）落实属地管理责任

落实大运河所在地各级人民政府的属地管理责任、相关部门的监管责任和保护机构的直接责任，强化省级人民政府主要责任并充分发挥其主导作用。尚未明确遗产保护机构的，地方人民政府应指定或设立专门机构，负责或协调大运河文化遗产保护管理工作。严格执行文物保护法、非物质文化遗产法、水法、防洪法、航道法、水土保持法、环境保护法、水污染防治法、土地管理法、森林法等法律。推动大运河文化遗产保护"五纳入"。

（六）强化协调管理机制

充分发挥大运河文化保护传承利用工作省部际联席会议和流域机构作用，建立健全各级地方人民政府跨部门协调会商机制。结合大运河国家文化公园建设，探索创新保护管理机制体制，增强文化遗产保护传承、河道水系治理管护、生态环境保护修复、文化旅游融合发展、城乡基础设施建设的协调协同性。持续开展跨地区、跨部门大运河文化遗产保护状况联合巡查，建立年度报告制度，督促大运河保护传承利用相关举措落地执行。

专栏1：大运河重要遗址考古研究项目

1.1　　　重点项目
1.1.1　北京汉代路县故城遗址
1.1.2　江苏清口枢纽遗址
1.1.3　山东南旺枢纽遗址，河道总督府遗址
1.1.4　河南北宋东京城汴河遗址
1.2　　　一般项目
1.2.1　天津河西务十四仓遗址，九宣闸运河遗址，北运河沉船点
1.2.2　河北大名府故城遗址，贝州城遗址
1.2.3　江苏顺河集行宫遗址，板闸及里运河遗址，洪泽湖大堤，镇江城区运河故道，泗州城遗址
1.2.4　浙江长安闸遗址，钱塘江运口遗址，曹娥江两岸堰坝遗址，虞余运河水利航运设施，姚江水利航运设施，三江闸
1.2.5　安徽柳孜运河遗址
1.2.6　山东堽城坝遗址，会通河聊城南段节制闸遗址，南运河中段及运河险工遗址，四女寺枢纽遗址（四女寺船闸）
1.2.7　河南洛口仓遗址，回洛仓遗址，通济渠荥阳—开封段遗址，洛阳汉唐漕运水系遗址

四、加大文物监督管理力度

（一）完善保护规划体系

大运河所在地人民政府按照《大运河文化保护传承利用规划纲要》及本规划的要求，参照全国重点文物保护单位保护规划编制要求，修订省级大运河遗产保护规划，编制或修订世界文化遗产等大运河重要点段文物保护规划。省级规划重点完善遗产价值评估，厘清遗产构成要素，细化落实保护区划，明确保护管理规定。重要点段规划重点细化保护传承利用的具体举措、要求及进度安排。推动大运河各级保护规划与国民经济和社会发展规划、国土空间规划有机衔接。

（二）科学划定保护区划

大运河所在地人民政府结合规划编制/修编，按照保护管理实际需求，合理划定大运河文物保护区划，科学区分保护区划等级，细化保护范围和建设控制地带具体边界。应做好文物保护区划与世界文化遗产保护区划合理衔接，文物保护区划与历史文化名城名镇名村、传统村落及历史文化街区保护规划、自然保护地规划以及河道管理范围合理衔接。大运河文物的历史环境、景观环境是大运河价值的重要载体，应将其适当范围纳入文物保护范围或建设控制地带。

（三）完善区划管理规定

以妥善保护大运河突出普遍价值、真实性、完整性为出发点，按照文物保护法、水法、防洪法、航道法等相关法律法规，完善大运河文物保护区划管理规定。重点细化文物本体、历史环境、景观环境保护要求，明确用地性质及建设项目量化控制指标。涉及大运河世界文化遗产点段的，其保护区划管理规定应满足《保护世界文化和自然遗产公约》《实施〈世界遗产公约〉操作指南》以及联合国教科文组织世界遗产委员会相关决议的要求。

（四）加强环境风貌管控

落实《大运河文化保护传承利用规划纲要》绿色生态廊道建设相关要求，针对历史城市、现代城市、乡村田园、自然风景等大运河环境景观类型，明确文物保护区划范围内环境风貌管控要求，细化开发建设活动分类管理规定，加强沿线城镇、乡村建设规划设计引导。制定开发建设项目管控清单，禁止不符合大运河文化遗产保护传承利用要求的开发建设项目；已建成的，相关地方人民政府须限期制定整改措施并落实到位。

（五）建立监测预警体系

制定大运河文物监测预警标准规范，建立覆盖全线的大运河文物监测预警国家级数据库及总平台，并将其纳入国土空间基础信息平台，推动监测数据和预警信息跨部门、跨地区互联互通、共建共享。大运河所在地人民政府设立或指定大运河监测预警专门机构/部门，做好数据采集和预警处置。应充分利用国家级数据库及总平台，经过评估确有需要的，可提升或新建省级、市级、文物点监测预警平台，做好四级平台衔接，确保互联互通。各地组织开展日常巡查、技术监测及反应性监测，加强数据分析与转化，定期编制上报大运河文物监测预警工作报告，鼓励相关报告公开发布。

（六）强化文物安全监管

推动将大运河文物安全工作纳入地方政府及有关部门职责清单，落实大运河文物安全主体责任、监管责任和直接责任，提升安全防护能力。强化文物违法犯罪案件和安全事故查处、追责、问责。逐步推动将大运河文物安全工作作为大运河所在地省级人民政府年度安全生产和消防工作考核的重要指标。

强化安全管理。加快探索现代技术在大运河文物安全领域的推广应用，推动文物执法督察由事后处罚到事前预警转变。加快文物建筑和博物馆火灾防控预警与火灾扑救先进技术适用，全面提升大运河文物安全防护水平。

专栏2：大运河文化遗产数字化保护项目

2.1　　重点项目
2.1.1　大运河文物国家级数据库及监测预警总平台
2.1.2　大运河文化遗产数字资源国家级数据库
2.2　　一般项目
大运河沿线北京、天津、河北、江苏、浙江、安徽、山东、河南八个省（直辖市）省级、地市级监测预警平台和文物点监测预警平台。

五、改善文物保存保护状况

（一）创新保护理念技术

组织文物、水利等相关领域专业机构以及高等院校、科研院所，借鉴国外运河遗产、线性遗产、系列遗产保护理念、方法和优秀案例，针对并准确把握大运河不同于一般文物的活态特性，开展多学科参与的大运河文物保护理念和保护利用技术、监测管理技术研究。重点推动水利遗产尤其是具备航运、水利功能的古代水利工程保护理念、管理策略以及修缮养护、展示利用关键技术研究，推动出台相关标准规范，提供专业技术支撑。

（二）保护重要水工遗存

实施大运河古代水利、航运及配套设施、管理设施、沉船遗址等大运河水工遗存保养维护、抢险加固、保护修缮、保护性设施建设和载体保护项目。加强大运河沿线代表我国科技发展水平的重要防洪工程、农田水利工程、水力发电工程、航道和港口工程、城镇供水和排水工程、水土保持工程、环境水利工程、渔业水利工程、海涂围垦工程等水利遗产调查、认定和保护，建立水利遗产档案。对于已公布为文物保护单位的水利遗产，文物行政、水行政主管部门共同组织开展专题研究，充分考虑文物保护、水利文化传承、水利功能发挥需求和人民群众生命财产安全等切身利益，复核工程定性及文物构成，提出可持续保护、利用相关指导意见。

（三）保护重要革命文物

开展大运河沿线各地革命文物和革命文献、档案、史料、口述资料调查工作，做好革命文物的认定、定级、建账和建档。各地将大运河沿线革命文物保护工作纳入革命旧址维修保护行动计划和馆藏革命文物保护修复计划重点实施范围，加强革命文物保养维护，实行革命文物险情定期排查制度，坚持抢救性和预防性保护并重。按照集中连片、突出重点、国家统筹、区划完整的原则，重点推动大运河沿线革命文物保护利用片区建设，加强革命文物保护修复和展示传播，着力深化革命文物价值挖掘和利用创新，着力提升革命文物公共服务水平和社会教育效果。

（四）保护重要工业遗产

挖掘大运河沿线代表性工业遗产，特别是近代民族工业遗产、新中国建设时期以及改革开放时期工业遗产，建立工业遗产名录，实施分级分类管理。满足文物相关价值标准的工业遗产，依法公布为不可移动文物和文物保护单位。加强工业遗产预防性保护，实施一批重要工业遗产修缮项目。加强工业遗产展示与合理利用，推动工业文化主题博物馆、纪念馆建设，研究制定工业遗产适应性改造、利用相关标准规范，鼓励管理、使用单位创新利用模式。加快发展工业遗产旅游，建设一批具有社会公益属性的重要工业遗产旅游示范点。

（五）保护重要农业文化遗产

开展大运河沿线重要农业文化遗产专项调查和识别评估，充分认识其农耕文化特色、生物多样性特点，及其对当地社会经济与文化发展和区域可持续发展的贡献，建立大运河沿线重要农业文化遗产名录。新认定一批重要农业文化遗产，满足文物相关价值标准的，应根据其价值依法公布为不可移动文物和文物保护单位。开展重要农业文化遗产专题研究，挖掘展示其历史、文化、生态、经济、社会价值和功能，并在充分考虑相关外部性基础上，制定适应性管理策略和有效措施，保护重要农业文化遗产地生态环境、农业文化、传统知识体系和技艺，使大运河沿线农业、农村社区在工业化、现代化和全球化进程中得以保护传承。

（六）保护历史文化名镇名村、历史文化街区和传统村落

妥善保护、合理利用大运河沿线保存文物特别丰富、具有重大历史价值或纪念意义的、能较完整地反映一些历史时期传统风貌和地方民族特色的历史文化名镇名村、历史文化街区和传统村落。加强文物建筑、历史建筑、历史文化街区普查，建立保护档案和数据库，合理划定保护范围。鼓励符合要求的古镇古村申报历史文化名镇名村和传统村落。研究文物建筑、历史建筑分级分类保护修缮、活化利用相关标准规范，科学合理确定修缮内容和规模，制定适应其建筑空间特征的市政、消防、环卫等设施的技术规范，实施环境整治和基础设施提升，鼓励多元主体参与。

（七）保护整治环境风貌

保护大运河历史环境，整治周边景观环境，防治生态环境污染。重点保护大运河各河段水系、地形、地貌等特色景观要素及重要视线通廊。严格控制大运河沿线城镇开发建设强度，促进城市有机更新，整治对环境风貌造成负面影响的建/构筑物，维持城镇地域特色。加强环境卫生治理，实施生态保护和修复，优先使用成本低、适应性强的本地植被，修复具有地方特色和郊野气息的景观风貌，避免改变自然形态和过度人工化倾向。开展大运河相关灾害调查与危险性评估，重点加强灾害多发地区监控，加强防灾减灾基础设施建设，制定防灾减灾专项应急预案，形成长效机制。涉及自然保护区相关环境整治工作应符合《中华人民共和国自然保护区条例》规定。

专栏3：大运河重要文物系统性保护项目

3.1　　大运河重要水工遗存保护项目

3.1.1　　重点项目

江苏清口枢纽遗址及洪泽湖大堤，板闸遗址，淮扬运河淮安段；安徽柳孜运河遗址；山东南旺枢纽遗址、戴村坝、小汶河及会通河南旺枢纽段，济宁河道总督府遗址，四女寺水利枢纽（四女寺船闸）；河南隋唐大运河仓窖遗址（含回洛仓遗址、含嘉仓遗址、黎阳仓遗址），北宋东京城汴河遗址。

3.1.2　　一般项目

北京永通桥（含御制通州石道碑）、九龙池及都龙王庙；天津南运河杨柳青段；河北捷地分洪设施、郑口挑水坝、朱唐口险工、红庙村金门闸、连镇谢家坝、华家口夯土险工、油坊码头及险工；江苏省平津堰遗址、皂河老船闸、宝带桥、总督漕运公署遗址、镇江城区运河故道、龟山遗址；浙江长安闸坝遗址、八字桥、浙东运河古纤道绍兴段、西兴过塘行遗址、清水闸、姚江水利航运设施、曹娥江两岸堰坝遗址、虞余运河水利航运设施、三江闸等；安徽通济渠故道泗县段；山东埝城坝、安山闸、戴庙闸遗址、南四湖湖区水工遗存遗址、会通河聊城南段节制闸；河南道口镇码头及城墙、洛新潭及南关码头遗址、漕渠遗址、洛河故道古沉船、合河石桥、天津桥遗址、州桥遗址、百泉书院、通济渠郑州段、永济渠浚县滑县段、巩义窑址、会通河台前段沙湾工程遗址。

3.2　　大运河沿线重要革命文物保护项目

3.2.1　　重点项目

推进苏北抗日根据地、晋冀豫抗日根据地文物保护利用片区建设，实施大运河沿线重要文物保护及展示阐释提升工作。重点保护河北西柏坡中共中央旧址；江苏黄花塘新四军军部旧址、新四军盐阜区抗日阵亡将士纪念塔；浙江嘉兴南湖中共"一大"会址；山东台儿庄大战旧址；河南商丘淮海战役总前委旧址。

3.3　　大运河沿线代表性传统村落保护项目

3.3.1　　重点项目

围绕江南水乡古镇保护与申遗，指导各地深入挖掘江南水乡古镇历史价值，保护和修缮古镇内文物建筑、历史建筑及大量有价值的传统建筑、历史街巷、桥梁，提升整体居住环境，沟通疏浚古镇水系，提升、建设苏州博物馆集群等展览馆、陈列馆，再现古镇人文情怀，推动申报世界文化遗产。重点保护包括江苏同里、震泽、黎里、甪直、周庄、锦溪、沙溪、惠山、焦溪，浙江西塘、乌镇等。

3.3.2　一般项目

实施大运河沿线传统村落保护。推进传统村落保护，改善文物保护单位、历史建筑保护利用状况，打造古镇保护与活化利用品牌。重点保护北京漷县古镇；天津独流镇、杨柳青镇；河北金滩镇；江苏马头镇（原码头镇）、邵伯镇、临泽镇、界首镇、河下镇、老子山镇、皂河镇；浙江南浔镇、安昌镇、慈城镇；安徽临涣古镇；山东南阳古镇、夏镇；河南道口镇、古荥镇、朱仙镇、河洛镇。

3.4　大运河沿线其他相关文化遗产保护项目

3.4.1　一般项目

重要工业遗产保护。推进一批大运河沿线重要工业遗产保护利用工作。重点保护天津华北机器铸铁工业摇篮三条石；江苏无锡茂新面粉厂、扬州槐泗船厂、江都油米厂、常州大成纺织厂；浙江杭氧老厂区遗址、南涛菱湖丝厂、绍兴东风酒厂及中央酒库遗址、嘉兴冶金机械厂；河南道口工业遗存群落、卫辉华新纱厂、洛阳涧西苏式建筑群。

3.4.2　一般项目

重要农业文化遗产保护。加大重要农业文化遗产资源的监督管理、展览展示和宣传推介力度，指导各地对农业文化遗产普查成果项目进行文化、生态、科研、景观和社会等价值挖掘，促进中华农耕文明的传承，推动优秀农耕文化遗产合理适度利用。重点保护江苏高邮—宝应—邵伯湖湖泊湿地农业系统、无锡阳山水蜜桃栽培系统；浙江杭州西湖龙井茶文化系统、湖州桑基鱼塘系统、德清淡水珍珠传统养殖和利用系统、太湖溇港及塘浦圩田系统、嘉兴俞家湾桑基鱼塘系统、嘉兴圩田灌溉系统；安徽泗县石龙湖湿地农业系统；山东夏津黄河故道古桑树群等。

六、完善非物质文化遗产保护传承体系

（一）加强代表性项目保护

加强列入联合国教科文组织人类非物质文化遗产代表作名录的大运河沿线重要非物质文化遗产项目保护，切实履行我国作为《保护非物质文化遗产公约》缔约国的职责，提高履约能力和水平。

推进大运河非物质文化遗产代表性项目名录体系建设，实施动态管理。实施大运河非物质文化遗产记录工程，支持大运河沿线非物质文化遗产代表性项目及传承人的记录工作，推动记录成果保存、出版和转化利用，鼓励建立大运河非物质文化遗产资源数据库。

（二）强化区域性整体保护

支持大运河沿线地区建设文化生态保护区，落实建设主体责任，推动文化生态保护区建设与乡村振兴战略相结合。整体保护非物质文化遗产及其得以孕育发展的人文环境和自然生态环境，尊重当地居民保护传承非物质文化遗产的主体地位。

加强特色小镇、传统村落中的非物质文化遗产保护。加大对大运河沿线革命老区、贫困地区的非物质文化遗产保护政策和资金扶持力度。结合国家脱贫攻坚战略，充分发挥非物质文化遗产优势，加大面向贫困地区的传统工艺培训力度，助力精准脱贫。

（三）传承人保护与管理

完善大运河沿线非物质文化遗产代表性传承人制度。加大大运河非物质文化遗产传承人扶持力度，实施大运河非物质文化遗产传承人群研修研习培训计划。鼓励对大运河沿线集体传承、大众实践且技艺性强的非物质文化遗产项目，探索认定代表性传承团体，并对国家级非物质文化遗产代表性传承人开展传承活动给予补助。支持依托传承群体设立非物质文化遗产传承中心、传承所和工作室。

建立大运河沿线非物质文化遗产代表性传承人履行传承义务情况考评机制，实施动态管理。组织大运河沿线非物质文化遗产项目持有者、从业者等传承人群到职业院校、普通高等学校学习专业知识、研究技艺，增强可持续发展能力。逐步扩大大运河沿线非物质文化遗产传承人群研修研习培训计划覆盖范围，建立规范化的管理监督机制。

鼓励职业院校、普通高等学校与大运河沿线持有非物质文化遗产的社区、群体及传承人合作，建立教学基地、实训基地，拓展传承途径。鼓励、推动非物质文化遗产传统传承方式和现代教育体系相结合，提高非物质文化遗产传承人群能力。鼓励非物质文化遗产代表性传承人参与职业院校、普通高等学校教学科研，推动非物质文化遗产项目纳入职业院校、普通高等学校教学内容。

（四）推动传统工艺振兴

支持将大运河沿线符合条件的非物质文化遗产项目列入国家传统工艺振兴目录。加强传统工艺人才培养，鼓励开展传统工艺科学理论研究和技术攻关，培育发展有民族、地域特色的知名品牌。鼓励具有较强设计研发能力的企业、机构与高校到传统工艺项目集中地区设立传统工艺工作站。落实国家环保、安全生产、珍稀濒危动植物保护等要求，实现可持续性发展。重点加大对大运河沿线中华老字号传承发展支持力度。

不断完善政策促进体系，建立动态管理机制，积极协调加强非物质文化遗产老字号名录振兴，加强宣传推广，打造提升扶持一批文化特色浓、品牌信誉高、市场竞争力强的中华老字号，传承和弘扬精益求精的工匠精神和诚信经营的人文精神，将中华优秀传统文化融入现代生产生活。

七、增强遗产传承弘扬能力

（一）挖掘价值和时代精神

鼓励科研机构、高等院校、社会组织和专家学者开展多学科、多领域大运河文物保护传承协同研究，开展非物质文化遗产相关田野调查、历史研究和比较研究，充实完善相关各门类知识体系。开展大运河价值和时代精神专题研究，深入挖掘大运河文化遗产所承载的深厚历史价值，所孕育的优秀传统文化，所体现的伟大创造精神、伟大奋斗精神、伟大团结精神、伟大梦想精神，重点加大红船精神、西柏坡精神等革命精神研究发掘力度。

（二）提升现场展示水平

借鉴国内外文化遗产展示与阐释相关标准、规范和成功案例，制定大运河文物和非物质文化遗产标识展示体系建设规范。大运河文化遗产标识展示系统应充分考虑保护管理需求和观众参观特点，做到形制统一、规范，选址得当，规模适中，功能合理，有助于提升观众参观游览体验，确保与文化遗产及周边景观风貌相协调。展示内容应围绕大运河文化遗产价值，做到科学、准确、深入，兼顾知识性与趣味性。鼓励借助现代技术手段，提高现场展示阐释水平。

（三）建设考古遗址公园

坚持文物保护和价值优先原则，编制实施大运河相关考古遗址公园建设规划，实现文物保护展示、生态环境治理、文化服务供给与社区品质提升综合效应。合理确定公园建设规模、范围，做好与自然保护地范围合理衔接；制定考古及研究工作计划，明确保护展示措施、项目；完善保护机构，提升机构层级，壮大人才队伍，加强日常管理、巡视巡查、监测预警与保养维护；建设考古工作站、保护实验室、文物库房，全面提升考古研究保护能力。

（四）构建专题博物馆体系

以提升、改扩建现有博物馆、陈列馆为主，适当新建博物馆、陈列馆为辅，构建特色鲜明、类型丰富的大运河专题博物馆体系。加强大运河珍贵可移动文物征集和抢救性保护、预防性保护。依托博物馆馆藏文物、数字资源及研究成果，推出一批大运河精品陈列展览，打造数字展示和虚拟体验平台，加强文化创意产品开发。支持建设地方非物质文化遗产馆、传承所、传承点，推动国家级代表性项目配套传承体验中心建设，形成集传承、体验、教育功能于一体的传承体验设施体系。

（五）建设国家遗产线路

围绕大运河文化遗产资源丰富、交通便利的北京、天津、扬州、淮安、苏州、无锡、常州、杭州、绍兴、济宁、郑州、洛阳的城市市区、近郊区以及传统村落及其周边区域，探索推进大运河重要点段国家遗产线路建设，根据大运河历史城市、现代城市、乡村田园、自然风景等不同区段环境风貌特征，立足长远，科学规划，合理布局，优化设计，充分发挥文化价值展示阐释、生态环境保护体验、景观风貌参观游览相结合、非物质文化遗产与旅游融合发展等多重公共文化服务功能。

专栏4：大运河展示阐释体系建设提升项目

4.1　考古遗址公园建设项目

4.1.1　重点项目

规划新建北京汉代路县故城考古遗址公园、江苏清口枢纽考古遗址公园、板闸遗址考古遗址公园、隋炀帝墓考古遗址公园。

4.1.2　一般项目

提升山东南旺枢纽国家考古遗址公园、河南隋唐大运河仓窖考古遗址公园（含回洛仓遗址、含嘉仓遗址、黎阳仓遗址）。

4.2　专题博物馆体系建设项目

4.2.1　重点项目

规划新建江苏扬州中国大运河博物馆（暂定名）、河南洛阳隋唐大运河博物馆、山东济宁河道总督府遗址博物馆。

4.2.2　一般项目

规划新建江苏淮安大运河水工科技馆、浙江宁波河海博物馆、绍兴浙东运河博物馆、河南开封汴河博物馆。

提升改造江苏淮安漕运博物馆、江苏无锡运河城区段博物馆群、江苏常州大运河记忆馆、浙江杭州京杭大运河博物馆、浙江杭州中国水利博物馆、安徽淮北隋唐大运河博物馆、山东济宁南旺枢纽遗址博物馆、山东泰安戴村坝博物馆、山东聊城运河文化博物馆以及河南洛阳仓窖博物馆。

4.3　国家遗产线路建设项目

4.3.1　重点项目

大运河国家遗产线路通惠河—北运河北京段、淮扬运河淮安—扬州段、江南运河镇江—常州—无锡—苏州段、江南运河杭州段、通济渠洛阳—郑州—开封段、永济渠卫辉—滑县—浚县段。

八、加强国际国内宣传推广

（一）加强世界文化遗产宣传

充分发挥扬州世界运河历史文化城市合作组织、大运河保护与申遗城市联盟、扬州世界运河城市论坛、杭州大运河国际论坛等平台作用，统筹多种渠道，整合历史遗存、革命文物、爱国主义教育基地等各类资源，开展世界文化遗产专题研究及宣传推广。推动大运河世界文化遗产公开课等进校园、进社区、进企业。依托文化和自然遗产日、国际古迹遗址日、国际博物馆日、世界水日、中国水周和重要传统节日，开展大运河世界文化遗产主题展示和传播活动。

（二）加强非物质文化遗产宣传

开展大运河非物质文化遗产主题传播和展览展示展演活动。支持主流新闻媒体、新媒体和相关机构开展非物质文化遗产传播，鼓励设立专题网站和栏目，策划推出专题宣传片、纪录片、公益广告。鼓励大运河沿线非物质文化遗产馆、传承中心、博物馆以及社会组织开展非物质文化遗产展览展示活动。打造《非物质文化遗产公开课——大运河专辑》等品牌节目，支持大运河沿线开展非物质文化遗产进校园和教学实践活动，开设非物质文化遗产校本课。

（三）拓展宣传推广渠道

积极推动图书出版机构、研究机构、文化企业推出大运河文化遗产科普读物、研究专著、音像制品等文化产品。鼓励有条件的地方编写适合大中小学生特点、具有地方特色的读本读物。鼓励大运河保护与申遗城市联盟各成员城市联合开展跨地区、跨行业的大运河文化遗产价值、保护理念、管理要求等系列专题宣传推广活动。充分利用传统媒体渠道，积极探索新媒体渠道，提升大运河宣传展示效果。

（四）加强多边交流合作

加强与联合国教科文组织、国际古迹遗址理事会合作，推动中国文化遗产研究院、中国艺术研究院、中国古迹遗址保护协会与相关国际组织联合开展活态文化遗产保护与可持续发展专题研究，研究阐释运河遗产保护"中国经验"，提高"千年运河"整体辨识度。推动国内外高等学校、研究机构深度交流，推进一批高水平大运河文化合作项目。充分发挥联合国教科文组织等国际组织在我国设立相关机构作用，开展大运河保护传承利用专题培训等活动。

九、组织实施

（一）加强党的全面领导

大运河沿线省、直辖市各级党委、政府应切实增强"四个意识"，坚定"四个自信"，充分认识大运河国家文化公园和大运河文化带建设的重大意义和长远价值，充分领会、灵活运用习近平新时代中国特色社会主义思想和习近平总书记系列重要指示批示精神，调动整合各方力量，建立健全体制机制，形成党委领导、政府负责、各部门协同推进、社会公众广泛参与的大运河保护新常态，扎实做好大运河文化遗产保护传承利用工作。

（二）加强专业队伍建设

大运河沿线各级人民政府要深入贯彻落实习近平总书记视察敦煌研究院时的重要讲话精神，加强基层文物保护和研究队伍建设，保持队伍稳定，重点加强大运河保护机构队伍建设，提升研究、保护、管理能力。创新大运河沿线区域人才培育合作机制，不断深化产教融合、校企合作，利用职业院校和实训基地等为大运河沿线地区培养高水平专业化人才，健全人才柔性流动机制，完善人才服务体系，加大紧缺人才、高端人才和行业领军人才引进力度，完善相关配套措施，为大运河文化遗产保护传承利用提供人才支撑。

（三）加强专业技术咨询

大运河文化遗产保护传承利用工作实行专家咨询制度。建立大运河文化遗产专家库，从文化、旅游、文物、水利、交通运输、自然资源、住建、安监、法规等相关领域内遴选具有较高学术造诣或丰富实践经验的专家组成，为大运河文化遗产的保护、传承、利用工作提供专业咨询。在大运河文化遗产相关规划方案审核、重大课题研究等工作中充分发挥专家库作用。专家在执行咨询任务时坚持公平公正的原则，严守职业道德，保守工作秘密，严格执行回避制度。

（四）鼓励社会力量参与

完善社会力量参与机制，鼓励人民群众、社会团体等社会力量参与大运河文化遗产保护传承。积极引导新闻媒体开展宣传，形成全民关心、支持、参与大运河文化遗产保护的良好氛围。大运河所在地人民政府探索设立文物违法举报热线和大运河文物违法举报专线，自觉接受社会舆论和人民群众的监督。支持中国古迹遗址保护协会、中国文物保护基金会、中国博物馆协会、中国文物学会以及地方性文物社会组织探索设立大运河文化遗产保护志愿者机构。推动构建政府主导、社会广泛参与的新格局。

附件：（一）大运河物质文化遗产代表性资源表（略）
　　　（二）大运河沿线非物质文化遗产代表性项目资源表（略）

文化和旅游部办公厅　国家文物局办公室关于印发《黄河文化遗产系统保护工程实施方案》《黄河文化系统研究工作方案》的通知

办政法发〔2020〕75号

青海省、四川省、甘肃省、宁夏回族自治区、内蒙古自治区、陕西省、山西省、河南省、山东省文化和旅游厅、文物局，文化和旅游部各司局、各直属单位，国家文物局各司室、各直属单位：

现将《黄河文化遗产系统保护工程实施方案》《黄河文化系统研究工作方案》印发给你们，请认真贯彻落实。

特此通知。

文化和旅游部办公厅　国家文物局办公室
2020年7月30日

黄河文化遗产系统保护工程实施方案

为贯彻落实中央财经委员会第六次会议精神和部领导要求，制定黄河文化遗产系统保护工程实施方案如下。

一、总体要求

以习近平新时代中国特色社会主义思想为指导，认真学习贯彻习近平总书记关于保护传承弘扬黄河文化的重要讲话精神，全面推进黄河文化遗产系统保护，坚定文化自信，延续历史文脉，讲好黄河故事，统筹推进黄河文化遗产保护和黄河国家文化公园建设、黄河流域经济社会发展，充分发挥黄河文化遗产在传承中华文明、增强中华民族凝聚力中的重要作用，为黄河流域生态保护和高质量发展提供强大精神动力和文化支撑。

二、工作原则

坚持保护为要。始终把保护放在第一位，贯彻"保护为主、抢救第一、合理利用、加强管理"的文物保护工作方针和"保护为主、抢救第一、合理利用、传承发展"的非物质文化遗产保护工作方针，加大对黄河流域各级各类文化遗产的保护力度。

坚持系统保护。充分考虑黄河流域特点，点、线、面相结合，突出黄河文化遗产的真实性完整性，实现抢救性保护和预防性保护并举、遗址遗迹本体保护与周边环境和文化生态的整体性保护并重，守好老祖宗留给我们的宝贵遗产。

坚持分类施策。根据黄河文化遗产保护等级和重要性采取分类保护措施，提高黄河文化遗产保护的针对性、实效性，既发挥政府主导作用，又积极引导多方参与，注重加强黄河文化遗产传承利用。

三、主要任务

（一）加强黄河文化遗产资源调查和成果利用

实施内容：有针对性地开展黄河文化遗产调查和梳理，系统开展各类遗产资源的统计、分类、评估、定级等工作，全面掌握黄河文化遗产资源底数。

1．开展黄河流域文物全面调查和认定，夯实文物保护工作基础。

2．开展黄河流域非物质文化遗产全面调查和认定，健全黄河流域非遗名录体系。

3．开展黄河流域古籍普查登记。

4．推进黄河流域地方戏曲剧种普查成果的转化利用。

5．加强资源汇集，推动共享利用。

实施单位：文化和旅游部艺术司、公共服务司、非物质文化遗产司，国家文物局文物保护与考古司

实施要求：将黄河文化遗产资源调查纳入中华文化资源普查工程，统筹推进实施。各单位要制定专门的资源调查工作方案，细化目标任务，提出阶段性工作安排和预期工作成果。要研究资源调查的基本标准、基本类型，建立健全工作台账。要加强资源调查成果的转化利用。

（二）加大黄河文物保护力度

实施内容：在摸清底数、找准问题的基础上，统筹黄河流域点、线、面，加强跨区域、跨部门协作，推动考古、研究、保护、展示、利用等各项工作有机联动，切实建设好黄河文化遗产廊道。

1．建设黄河文化遗产廊道，加强黄河流域各级文物保护单位管理，开展大遗址保护利用和濒危文物抢救保护，分类实施一批文物保护工程，建设一批国家考古遗址公园。

2．结合实施"考古中国"重大研究项目、中华文明探源工程等，加强黄河流域重点文物考古发掘。

3．加强黄河革命文物征集和保护，完善革命遗址、遗迹、烈士纪念保护设施，传承红

色基因。

4．支持黄河流域具有重要历史文化价值、代表性强、影响力大的文化遗产申报世界文化遗产。

实施单位：国家文物局文物保护与考古司

实施要求：突出黄河流域文物的重要地位，将其作为文物保护工作的重中之重，加大保护经费投入和倾斜支持力度。加强分级分类保护，完善文物保护机制。落实文物本体保护措施，针对重点保护项目制定实施专门的保护工程方案。

（三）加强黄河非物质文化遗产保护

实施内容：加强对黄河非物质文化遗产重要载体和空间的保护，将非物质文化遗产融入沿黄地区生产生活，提高保护传承水平。

1．开展黄河流域非物质文化遗产记录。

2．加强黄河流域非物质文化遗产代表性项目保护，扶持黄河流域非物质文化遗产代表性传承人。

3．在黄河流域建设一批文化生态保护区，建设一批非遗特色村镇和街区，推进非物质文化遗产整体性保护。

实施单位：文化和旅游部非物质文化遗产司

实施要求：突出黄河流域非物质文化遗产的重要地位，加大保护支持力度。创新黄河流域非物质文化遗产保护方式，围绕黄河流域国家级非物质文化遗产代表性项目，有针对性地实施一批重点项目，促进活态传承。

（四）推进黄河文化艺术保护

实施内容：深入挖掘黄河流域文化艺术资源，保护优秀传统文化艺术，促进黄河文化主题创作，加强创作和展演展示。

1．加强黄河流域艺术资源保护。继续实施戏曲振兴工程和剧本扶持工程，扶持黄河流域地区戏曲名家收徒传艺和相关题材剧本创作。传承发展黄河流域民族音乐、舞蹈、杂技、曲艺、木偶、皮影等优秀传统艺术。

2．在国家舞台艺术精品创作扶持等工程项目中，加大对黄河文化主题作品创作的扶持力度。

3．推动黄河流域少数民族文艺、群众文艺传承发展，在沿黄地区评审命名一批"中国民间文化艺术之乡"。

4．加强黄河流域传统民俗、传统技艺、传统节庆等保护。

实施单位：文化和旅游部艺术司、公共服务司、非物质文化遗产司

实施要求：将黄河文化艺术保护纳入"十四五"有关专项规划，从传承经典、培养人才、扶持创作、加强展示、扩大受众等方面系统推进。

（五）开展黄河古籍保护

实施内容：以黄河流域的古籍和与黄河文化有关的古籍为重点，以古籍普查登记为基础，以分级保护和揭示利用为重点，不断提升黄河古籍保护水平，发挥古籍传承黄河文化的重要作用。

1．完善古籍分级保护。

2．加强珍贵古籍保护修复。

3．推进黄河古籍整理出版和数字化建设。

4．加强古籍研究，挖掘古籍的深厚文化内涵。

实施单位：文化和旅游部公共服务司

实施要求：将黄河古籍保护与重大古籍保护工程有机结合起来，研究制定具体的工作计划和落实方案。充分发挥全国古籍保护工作部际联席会议作用，会同古籍保护工作相关部门开展工作，积极发挥各级古籍收藏和研究机构的资源优势。

（六）加强黄河流域古建筑、古村落、古民居保护

实施内容：加强沿黄地区城乡建设中的物质和非物质文化遗产保护，维护黄河流域古建筑、古村落、古民居的整体格局，延续历史风貌，传承历史文脉。

1．实施古建筑保护利用工程，开展保护范围划定、保护档案建立、保护建筑修缮等工作。

2．加强黄河流域全国重点文物保护单位和省级文物保护单位集中连片传统村落保护，努力保护文物和非物质文化遗产的真实性完整性。

实施单位：文化和旅游部非物质文化遗产司，国家文物局文物保护与考古司

实施要求：鼓励多元主体共同参与。因地制宜加强保护，与特色小城镇、美丽乡村建设相结合。

（七）推进黄河文化遗产展示利用

实施内容：把保护放在第一位，以保护为前提，深入挖掘黄河文化遗产资源价值，拓展活化利用途径。

1．改造提升黄河流域博物馆展陈及服务设施，加强资源整合，提升馆藏黄河文物利用水平。

2．建设一批黄河非物质文化遗产展示综合馆、专题馆，建设集传承、体验、教育、旅游等功能于一体的非遗传承体验设施。

3．开展黄河古籍宣传推广。

4．加强黄河文化遗产数字化展示和利用，加强数字资源建设，丰富展陈内容和手段。

5．建设黄河文化旅游带，培育一批特色鲜明的黄河文化旅游目的地，实施一批文旅融合示范项目。

实施单位：文化和旅游部公共服务司、非物质文化遗产司、资源开发司，国家文物局文物保护与考古司、博物馆与社会文物司

实施要求：推动黄河文化遗产保护利用设施、黄河文化旅游带重点市县基础设施纳入国家和省级"十四五"重点设施建设项目，加大政府资金对馆、址、园等的支持力度。既发挥政府主导作用，又积极引导多方参与，拓展黄河文化遗产转化利用途径。

四、时间进度

（一）制定完成实施方案

2020年8月底前，制定完成实施方案和黄河文化遗产廊道建设、黄河文化旅游带建设、黄河文物和非物质文化遗产全面调查和认定有关专项工作方案。

（二）建立健全实施机制

2020年10月底前，建立文化和旅游部、国家文物局牵头，有关部委和沿黄9省区参与的黄河文化遗产系统保护工程实施机制。

（三）推进实施重点项目

2021年12月底前，黄河文化遗产廊道、黄河文化旅游带、黄河文化遗产全面调查和认

定等重点项目取得阶段性工作进展。

（四）稳步提升综合效益

2023年12月底前，黄河文化遗产廊道和黄河文化旅游带建设取得重大进展，黄河文化遗产全面调查和认定全面完成，黄河文化遗产系统保护的工作格局更加完善。

（五）滚动推进工程实施

将黄河文化遗产系统保护作为一项长期工作抓实抓好，按年度分解黄河文化遗产保护任务，有计划、分步骤滚动推进实施。

五、保障措施

（一）加强组织领导

黄河文化遗产系统保护工程在文化和旅游部党组统一领导下实施，文化和旅游部各司局、国家文物局以及沿黄9省区文化和旅游、文物部门各负其责。各单位要将黄河文化遗产系统保护纳入重要日程，按照责任分工有序推进黄河文化遗产廊道、黄河文化旅游带、黄河文物和非物质文化遗产全面调查和认定等专项工作方案贯彻实施，夯实工作任务。

（二）完善财政保障

加大财政支持力度，完善投入机制，推进落实主要任务和重点项目，加强配套政策衔接和资源要素保障。

（三）鼓励多方参与

既发挥政府主导作用，又积极引导社会力量参与黄河文化遗产保护利用。引入市场化机制，鼓励民间资本、社会组织参与，探索创新黄河文化遗产保护模式，形成全社会共建共享的保护格局。

（四）开展实施评估

加强对沿黄地区黄河文化遗产保护工作的专项指导和检查，对重点事项进行专项督导。及时总结实施进展情况，开展跟踪评估，加强经验交流和宣传推广。

附件：1. 黄河流域文物调查工作方案
      2. 黄河流域非物质文化遗产调查工作方案

附件1

黄河流域文物调查工作方案

一、总体目标

全面摸清区域内与黄河文化有关的文物资源的分布、保存、利用情况，分类分级认定黄河文物资源，阐明不同文物资源对黄河文化的支撑和承载作用。

二、调查对象

以黄河干流及其支流流经的9个省区，即青海、四川、甘肃、宁夏、内蒙古、陕西、山西、河南、山东的流经地市行政区为主要工作区域，适当涵盖黄河故道所在区域。

三、调查内容

（一）以第三次全国文物普查结果为基础，以黄河沿线各省、自治区已核定公布的文物保护单位为重点，采取区域田野调查与文献资料梳理相结合的技术路线，全面采集整理文物资源基础信息。

（二）充分运用地理信息、测绘、三维影像等现代化科学技术手段，采集整理文物资源属性信息、空间信息和必要的影像信息，形成文物资源信息数据库，落实到以地理信息系统为基础的数据平台。

（三）以"人类发源""文明历程""生产生活""水利遗产""水陆交通""艺术荟萃""民族融合""人文景观""革命传统"9大主题为主线，对黄河干流及其支流所流经地市级行政区的文物资源进行认定、统计、分析，阐明黄河文物资源所承载的历史文化价值。

（四）根据各省实际情况，明确与黄河故道有关的专题调查方向、内容和范围，重点开展与黄河文化有直接关联的文物资源调查认定。

四、时间步骤

第一阶段：2020年7月至8月，经报文化和旅游部批准后，印发黄河文物资源专项调查工作方案。各省、自治区、直辖市文物部门组织形成工作专班和专家工作组，确定具体实施调查工作的专业研究机构，形成本辖区调查工作具体方案。

第二阶段：2020年9月至2021年9月，集中开展已有文献资料核查、梳理，研究确定需开展专项田野调查的区域、领域；针对重点地区、重点领域组织开展专项田野调查，查漏补缺，补充开展必要的信息登录，完善相关数据资料。

第三阶段：2021年10月至11月，召开专家咨询会，整理、汇总调查数据，完成文物资源信息数据入库，启动工作报告编制工作。

第四阶段：2021年12月，各省、自治区、直辖市文物部门编制完成并上报黄河文物资源调查工作报告。国家文物局汇总、整理各省工作报告，形成黄河文物资源总报告。

五、调查成果

（一）黄河流域文物资源总报告和各省分报告。

（二）黄河流域文物资源数据库（分省）。

六、保障措施

（一）加强组织领导。国家文物局文物保护与考古司负责总体统筹协调，各省、自治区、直辖市文物部门组织形成工作专班和专家工作组，负责黄河流域文物资源调查工作的组织协调和工作成果认定等工作，承担具体调查任务的专业研究机构和地方文物保护管理机构负责文献资料整理、田野调查踏勘、数据整理入库等具体工作。

（二）完善财政保障。将黄河流域文物资源专项调查工作纳入国家文物保护专项资金支持范围，给予重点保障。

（三）开展实施评估。加强对黄河流域文物资源专项调查工作的技术指导和检查，对重点事项进行专项督导。

附件2

黄河流域非物质文化遗产调查工作方案

一、总体目标

对黄河流域的非物质文化遗产（以下简称"非遗"）进行科学、准确、全面调查，掌握非遗项目的种类、数量和分布状况，完善黄河非物质文化遗产档案，挖掘黄河文化蕴含的时代价值，推进黄河文化遗产的系统保护。

二、调查对象

黄河流经9省区涉及的69个地级市内的非遗项目。

三、调查方法

坚持案头工作与田野调查相结合，在充分利用现有成果基础上，深入一线走访调查，运用现代信息技术手段开展线索收集、文字记录、采访采录等田野作业，针对不同项目采取不同调查工作方法，并及时把调查信息入库，做到"家底清、数据准、情况明"。调查应包括以下内容：

（一）已列入四级名录的非遗项目。主要是查漏补缺，完善记录档案，重点掌握传承发展情况，评估项目存续状况，梳理急需保护项目清单。

（二）以往普查采集的非遗资源。针对第一次全国非遗普查发现、尚未列入四级名录的资源，重点通过查阅资料、回访重访等方式，对基本情况进行调查了解。

同时，文化和旅游部非物质文化遗产司遴选黄河流域涉及中华民族文明起源、文化发祥的非遗项目，支持对其进行重点保护。

四、组织形式

文化和旅游部非物质文化遗产司牵头组织实施调查工作。黄河流域9省区的省、市、县三级文化和旅游行政部门为调查工作主体，其中县级单位为调查工作基础单元，负责认定、记录、上报等具体工作，市级单位组织协调，省级单位总体负责本省调查工作。中国非物质文化遗产保护中心（以下简称"中心"）参与对调查工作进行专业指导。

五、时间步骤

（一）启动准备阶段。2020年7至8月。文化和旅游部非物质文化遗产司印发通知，全面启动调查工作。各省级文化和旅游行政部门制定调查计划，细化实施方案，指导基层做好准备工作。

（二）全面调查阶段。2020年8月至2021年9月。县级文化和旅游行政部门制定调查提纲，明确任务分工，组建调查团队，全面开展调查工作；市级文化和旅游行政部门通过重点走访、抽样调查、专家研讨等形式，审核数据，查漏补缺；省级文化和旅游行政部门组织、指导、监督调查工作，2021年9月底前提交调查工作报告。

（三）总结成果阶段。2021年10月。中心对各地上报的调查成果进行收集汇总、整理研究，向文化和旅游部非物质文化遗产司提交调查报告。

六、调查成果

按照调查工作安排和进度，分两批形成调查成果，并积极推进调查成果的转化利用。

（一）第一批成果，2020年年底前完成。

1. 非遗项目情况。已列入各级名录的非遗项目清单，包括每个项目的简介、流布区域、传承脉络、文化价值及社会功能、保护措施、存续状况等。

2. 重点项目清单。遴选黄河流域涉及中华民族文明起源、文化发祥的非遗项目，支持对其进行重点保护。

3. 急需保护项目清单。

（二）第二批成果，2021年年底前完成。

1. 非遗资源情况。未列入各级名录的非遗资源清单，包括每个项目的简介、流布区域、传承脉络、文化价值及社会功能、保护措施、存续状况等。

2．文字实物资料。调查记录的各类文本（作品）、图表、图片、音频、视频等。

3．调查工作报告。包括调查工作总体概况、基本做法、资源现状、成果分析、存在问题和保护工作计划等。

七、经费支持

通过国家非遗保护专项资金给予黄河流域9省（区）及相关单位一定经费支持。

黄河文化系统研究工作方案

为贯彻落实中央财经委员会第六次会议精神和部领导要求，制定黄河文化系统研究工作方案如下。

一、工作思路

以习近平总书记关于加强黄河文化系统研究的重要论述为指导，从"中华民族根和魂"的高度，坚持正确政治方向和价值取向，全面、深入、系统地开展黄河文化研究，发掘黄河文化所蕴含的中华优秀传统文化、革命文化、社会主义先进文化的精髓，全面阐发黄河文化的核心价值和深刻内涵，提炼中华民族最深层的精神追求和独特的精神标识，彰显黄河文化时代价值，使黄河文化成为推进黄河流域生态保护和高质量发展的精神引领，成为坚定文化自信、增强文化自觉的深厚滋养，成为实现中华民族伟大复兴中国梦的动力源泉。

二、工作目标

到2025年，黄河文化研究的系统性不断增强，黄河文化研究体系基本形成，黄河文化研究队伍不断壮大，涌现出一批黄河文化研究领军人才，建设一批高层次黄河文化研究基地，推出一批学术价值厚重、社会影响广泛的高质量研究成果，黄河文化得到全面系统的研究阐释，黄河文化研究与宣传、普及、教育活动同步提升，黄河文化的凝聚力和影响力不断增强。

到2035年，黄河文化研究取得重大进展，形成一批具有引领性、代表性的黄河文化研究成果，形成比较成熟定型的黄河文化研究体系，黄河文化研究在国际学术舞台上的话语权显著提升，黄河文化的时代价值和国际影响力得到充分彰显。黄河文化研究成果转化利用取得重要突破，黄河文化研究与艺术创作生产、公共文化服务、遗产保护利用、文化产业和旅游业发展结合更加紧密，在推进黄河流域生态保护和高质量发展中发挥更加重要的作用。

三、研究重点

按照习近平总书记关于"深入挖掘黄河文化蕴含的时代价值，加强黄河文化系统研究"的重要论述精神，系统化、全方位、多层次开展黄河文化研究，研究好、解读好、阐释好黄河文化，讲好黄河故事。

（一）黄河文化与中华文明

研究分析黄河文化在中华文明中的重要地位，通过研究梳理黄河文化的源起、孕育、演进和发展历程，论述黄河文化的总体定位，阐述黄河文化对于中华民族融合发展的重要影响，阐述黄河文化对于中华文明乃至世界文明的重要贡献。

（二）黄河文化的内涵和价值

从"根和魂"的高度，系统研究黄河文化所蕴含的思想价值、哲学伦理、人文精神、道德规范等，探索构建黄河文化的价值体系，系统阐释黄河文化的丰富内容和深刻内涵，提炼黄河文化的精神内核和核心价值。

（三）黄河文化与中华优秀传统文化、革命文化、社会主义先进文化

在辩证取舍的基础上研究阐述黄河文化所体现的中华优秀传统文化精髓，结合民族独立、人民解放和国家富强、人民幸福的生动实践，发掘黄河文化蕴含的革命文化和社会主义先进文化，进而阐述黄河文化如何更好传承历史文脉，永续红色基因，保持民族性、体现时代性。

（四）黄河文化的时代价值

以社会主义核心价值观为引领，结合新的时代条件，强化黄河文化精神内涵挖掘，系统阐述黄河文化蕴含哪些当代价值、如何更好体现黄河文化当代价值，使黄河文化成为涵养社会主义核心价值观的重要源泉，发挥黄河文化在新时代中国特色社会主义新征程中的精神引领作用。

（五）黄河优秀文化遗产

依托与黄河相关的文化遗产，研究分析黄河文化的形态和价值，系统梳理黄河文化具有哪些典型的传承载体与表现形式，开展黄河文化标识系统研究，探索构建黄河文化资源谱系，提出如何更好传承弘扬黄河文化遗产所承载的文化价值。

（六）黄河优秀文学艺术

系统研究与黄河有关的文学作品、舞台艺术、影视艺术、历史典故、传统戏曲、民间文艺、礼仪规制等，建立健全比较系统的黄河文学艺术体系，进而研究形成黄河文艺理论。

（七）黄河文化与地域文化

研究梳理河湟文化、河套文化、关中文化、三晋文化、河洛文化、齐鲁文化的历史形成和内涵特质，在此基础上系统研究黄河文化与上述地域文化的渊源和关系，分析黄河文化的发展脉络，提出黄河文化的深层次精神基因和独特的精神标识。

（八）黄河文化与黄河流域生态保护和高质量发展

以黄河流域生态保护和高质量发展为目标，以黄河文化传承利用为出发点，结合黄河治理历史实践中形成的治黄文化，阐述黄河文化与高质量发展的内在联系，研究如何更好推动黄河文化创造性转化创新性发展，助力沿黄地区经济社会高质量发展。

（九）黄河文化全球传播

立足于提升黄河文化国际影响力，系统研究分析黄河文化在全球的传播方式、传播路线、受众群体、形象载体、传播效果等，研究促进黄河文化全球传播的有效路径。

四、组织形式

（一）由文化和旅游部政策法规司负责，依托有关高校和院所，调动沿黄9省区黄河文化研究力量，建立黄河文化研究基地，发布黄河文化研究课题，引导开展有针对性的黄河文化研究，推动资源整合和科研协作。

（二）由文化和旅游部政策法规司负责，组织中国艺术研究院、中央文化和旅游管理干部学院、中国旅游研究院等科研单位结合职能、发挥优势，持续开展黄河文化有关研究。

（三）由文化和旅游部科技教育司负责，推动全国哲学社会科学工作办公室等单位将

黄河文化系统研究纳入重点支持范围，组织开展国家层面的重大课题攻关，以国家社会科学基金艺术学项目为抓手组织开展黄河文化研究。

（四）由文化和旅游部科技教育司负责，组织地方艺科所等单位发挥智库优势，搭建研究平台，整合研究力量，有序推进系统研究工作。

（五）由国家文物局有关司局负责，组织中国文化遗产研究院等单位，结合中华文明探源、"考古中国"等重大项目，从文化遗产角度开展黄河文化研究。

五、时间进度

（一）制定工作方案

2020年8月底前，起草完成工作方案，并征求有关部门意见后印发。

（二）健全工作机制

2020年10月底前，建立文化和旅游部牵头，有关部委和沿黄9省区参与的黄河文化系统研究工作机制，明确各单位研究任务。

（三）细化研究课题

2021年1月底前，各单位根据方案确定的研究重点，分解形成若干个课题项目，明确阶段性研究计划，启动各项课题研究工作。

（四）年度研究结项

2021年12月底前，完成年度研究任务，形成阶段性研究成果，开展研究成果汇集整理工作。有计划、分步骤按年度持续推进研究项目，将黄河文化研究与有关论坛、活动有机结合。

（五）成果转化利用

2023年12月底前，完成一批重大标志性研究成果汇集，整理出版有关成果，面向社会开展多种形式的宣传解读。统筹成果转化和制度设计，将部分具有可行性的成果转化为政策举措。

六、保障措施

（一）加强组织领导

各有关单位、沿黄9省区各负其责，组织开展有针对性的黄河文化研究。各部门加强沟通协作，形成研究合力。建立健全专家咨询机制和成果评审机制，提高研究质量。

（二）完善经费保障

在文化和旅游部和国家文物局年度预算中安排黄河文化系统研究专项经费予以支持和保障。各单位要将黄河文化研究纳入重点工作安排和预算计划，统筹考虑研究经费需求，预留项目经费。

（三）鼓励多方参与

积极借力引智，用好专家智库，广泛调动各方力量参与黄河文化研究，统筹国家层面和地方层面、科研院所和社会智库的研究力量，提高黄河文化研究的整体性和协同性。

住房和城乡建设部　国家文物局关于印发《国家历史文化名城申报管理办法（试行）》的通知

建科规〔2020〕6号

各省、自治区住房和城乡建设厅、文物局（文化和旅游厅／局），海南省自然资源和规划厅，直辖市规划和自然资源委（局）、住房和城乡建设（管）委、文物局，新疆生产建设兵团住房和城乡建设局、文物局：

为贯彻落实党中央、国务院关于历史文化保护传承工作的决策部署和要求，加强国家历史文化名城保护工作的整体性和系统性，进一步规范国家历史文化名城申报管理工作，住房和城乡建设部会同国家文物局依据相关法律法规，制定了《国家历史文化名城申报管理办法（试行）》，现印发你们，请认真贯彻执行。

中华人民共和国住房和城乡建设部　国家文物局
2020年8月10日

国家历史文化名城申报管理办法
（试行）

为进一步加强和规范国家历史文化名城申报管理工作，依据《中华人民共和国文物保护法》《历史文化名城名镇名村保护条例》等相关法律法规规定，制定本办法。

一、适用范围

本办法适用于国家历史文化名城申报和指定工作。

二、条件标准

（一）国家历史文化名城应具有下列重要历史文化价值之一

1. 与中国悠久连续的文明历史有直接和重要关联。在国家政权、制度文明、国家礼仪、农业手工业发展、商贸交流、社会组织、思想文化、宗教信仰、文学艺术、科学技术、城市与建筑、自然地理、人文地理、军事防御等方面具有重要地位。

2. 与中国近现代政治制度、经济生活、社会形态、科技文化发展有直接和重要关联。突出反映近现代战争冲突与灾害应对、革命运动与政治体制变革、工商业发展、生活方式变迁、新思想新文化传播、科学技术发展、城市与建筑等方面的历史进程或杰出成就。

3. 见证中国共产党团结带领中国人民不懈奋斗的光辉历程。突出反映中国共产党诞生、创建革命根据地、长征、建立抗日民族统一战线、夺取人民解放战争胜利、完成新民主义革命等方面的伟大历史贡献。

4. 见证中华人民共和国成立与发展历程。突出反映社会主义制度建立与发展、工业体系建立、科技进步、城市建设、重大工程建设等方面取得的巨大成就。

5. 见证改革开放和社会主义现代化的伟大征程。突出反映中国特色社会主义制度建立、社会主义市场经济体制确立、经济特区建设发展、沿海开放城市发展、科技创新和重大工程建设等方面取得的伟大成就。

6. 突出体现中华民族文化多样性，集中反映本地区文化特色、民族特色或见证多民族交流融合。

（二）国家历史文化名城应具有能够体现上述历史文化价值的物质载体和空间环境

1. 体现特定历史时期的城市格局风貌、历史文化街区和历史建筑保存完好。历史文化街区不少于2片，每片历史文化街区的核心保护范围面积不小于1公顷、50米以上历史街巷不少于4条、历史建筑不少于10处。

2. 各级文物保护单位不少于10处，保存状态良好，且能够体现城市历史文化核心价值。

三、工作要求

申报国家历史文化名城的城市（县）应满足以下工作要求：

（一）完成保护对象测绘建档、建库、挂牌工作

1. 对历史文化街区和历史建筑进行测绘，建立数字化档案，档案内容包括基础信息、测绘成果、保存保护状况、修缮利用情况、产权变更情况、建设资料等。

2. 建立历史文化名城保护管理平台，平台包括各类保护对象的数字测绘成果和基础信息、保护修缮、产权变更、建设资料等数字档案。

3. 设立历史文化街区和历史建筑标志牌。

4. 依法完成文物保护单位"四有"工作，将各级文物保护单位的保护措施纳入相关规划。

5. 依法制定文物保护单位和未核定为文物保护单位的不可移动文物的具体保护措施，并公告施行。

（二）完善保护管理规定

1. 开展历史文化名城保护规划编制工作，评估历史文化价值、保护利用现状及存在问题，确定保护内容和重点，划定保护范围，提出保护展示利用策略建议，提出近期保护工作计划等。

2. 在历史文化名城保护规划基础上，以地方性法规、地方政府规章或规范性文件的形式，制定相关保护管理办法并实施，明确保护目标、保护对象、保护范围、保护利用和建设控制具体要求、各保护主体的权利责任、奖惩措施等。

（三）健全保护管理机制

1. 建立和完善历史文化保护相关机制，统筹协调历史文化名城保护有关工作，审议保护工作重大事项。

2. 明确保护管理部门、职责分工，配备保护管理专门人员。

3. 保障经费投入，将保护资金列入本级财政预算。

4. 建立保护工作实施监督、意见反馈的公众参与机制。

（四）其他要求

近3年未发生大拆大建、拆真建假、破坏保护对象等致使城市（县）历史文化价值受到

严重影响的事件，未发生重大文物安全事故和重大文物违法事件。

四、工作程序

（一）申报程序

1．准备阶段。申报国家历史文化名城的城市（县）应对照国家历史文化名城条件标准，开展本市（县）历史文化价值研究，对历史文化资源进行普查，积极开展不可移动文物认定公布和文物保护单位核定公布，推动完成历史文化街区和历史建筑的认定公布工作。

2．评估阶段。完成准备工作后，由城市（县）人民政府向省级住房和城乡建设（规划）主管部门提出评估申请。省级住房和城乡建设（规划）主管部门会同省级文物主管部门研究提出意见，经省、自治区、直辖市人民政府同意后，报请住房和城乡建设部、国家文物局开展评估。收到评估申请后，住房和城乡建设部会同国家文物局组织专家对申报城市（县）进行评估，出具是否符合国家历史文化名城条件标准的评估意见。

3．审查阶段。经评估符合国家历史文化名城条件标准的城市（县），在2年内达到本办法提出的工作要求后，由省、自治区、直辖市人民政府提出申请，经住房和城乡建设部会同国家文物局组织有关部门、专家进行论证，提出审查意见，报国务院批准公布。

（二）指定程序

对符合国家历史文化名城条件标准而没有申报的城市（县），住房和城乡建设部会同国家文物局向该城市（县）所在地的省、自治区、直辖市人民政府提出申报建议。省级住房和城乡建设（规划）主管部门和省级文物主管部门应督促该城市（县）按照本办法要求开展相关工作。

接到申报建议1年后仍未申报的，住房和城乡建设部会同国家文物局向国务院提出直接确定该城市（县）为国家历史文化名城的建议，对提醒、约谈、督促后仍不履行职责的相关责任人，按照干部管理权限向相关党组织或部门提出开展问责的建议。

五、申报材料

申报材料包括申报文本和附件。

（一）申报文本

1．申报城市（县）简介，包括基本情况、历史沿革、地方特色等。

2．条件标准符合情况。对照国家历史文化名城条件标准，阐述城市（县）的历史文化价值、相应的物质载体和空间环境等情况。

3．保护管理工作情况。对照工作要求，阐述保护对象数字档案和管理平台建设、保护规划编制实施、地方保护法规制定、保护管理机制完善等情况。

4．重要图表，包括历史文化街区、历史建筑、不可移动文物等各类保护对象清单，与保护清单相对应的保护对象空间分布图、保护规划相关重要图纸等。

（二）附件

1．佐证材料，包括省级历史文化名城（若有）、历史文化街区、历史建筑公布文件，以及与不可移动文物、世界文化遗产保护有关的文件等。

2．其他影像资料，包括申报国家历史文化名城的视频宣传片、各类保护对象的照片，以及其他能够展现城市（县）历史文化价值特色的图片或电子幻灯片等。

教育部　国家文物局
关于利用博物馆资源开展中小学
教育教学的意见

文物博发〔2020〕30号

各省（自治区、直辖市）教育厅（教委）、文物局（文化和旅游厅／局），新疆生产建设兵团教育局、文物局：

　　近年来，党和国家高度重视发挥博物馆青少年教育功能，出台了一系列政策措施，推动中小学生利用博物馆资源开展学习，促进博物馆与学校教学、综合实践有机结合，取得显著成效，为提高青少年思想道德素质和科学文化素质发挥了重要作用。为进一步健全馆校合作机制，促进博物馆资源融入教育体系，提升中小学生利用博物馆纪念馆学习效果，提出以下意见：

　　一、推动博物馆教育资源开发应用

　　（一）丰富博物馆教育内容。各地博物馆要坚持"展教并重"，策划适合中小学生的专题展览和教育活动，动员馆内策展、文保人员以及专家学者、社会力量参与博物馆教育资源开发，定期组织馆长讲解、专家导赏。各地文物部门要指导博物馆设计适合进校园、下基层的流动展览和教育项目，利用青少年之家、乡村少年宫等，经常性组织开展参与面广、实践性强的博物馆展示教育活动，便利博物馆资源相对薄弱的中小城市、农村地区中小学生有效利用博物馆学习。

　　（二）开发博物馆系列活动课程。各地文物部门和博物馆要会同教育部门和学校，结合中小学生认知规律和学校教育教学需要，充分挖掘博物馆资源，研究开发自然类、历史类、科技类等系列活动课程，丰富学生知识，拓展学生视野。中小学语文、历史、地理、思想政治、美术、科学、物理、化学、生物等学科教学和综合实践活动，要有机融入博物馆教育内容。博物馆系列活动课程应涵盖小学、初中、高中不同学段，明确不同类型课程的教学目标、体验内容、学习方式及评价办法。

　　（三）加强博物馆网络教育资源建设。教育部、国家文物局将推动博物馆青少年优质教育资源建设，加大推广应用力度，联合发布全国中小学博物馆教育资源地图，有效衔接中小学利用博物馆资源开展教育教学需求。各地教育和文物部门要加强协作，利用现代信息技术建立本区域网上博物馆资源平台和博物馆青少年教育资源库，促进与中小学网络教育资源对接，扩大博物馆教育资源的覆盖面。

　　二、拓展博物馆教育方式途径

　　（四）创新博物馆学习方式。博物馆教育活动要以促进学生学习为中心，根据博物馆环境、藏品、展览等，综合运用解说导览、专题讲座、互动游戏、角色扮演、动手实践等方式，增强博物馆学习的趣味性、互动性和体验性。要制作博物馆手册、导览图、辅助读物、口袋书、动漫等，引导学生利用博物馆资源创造性开展活动、辅助学习，不断探索完备博物馆学习模式，增强博物馆学习效果。

（五）提升博物馆研学活动质量。各地教育部门和学校要充分利用各类博物馆资源，组织开展爱国主义、革命传统、中华优秀传统文化、生态文明、国家安全等主题的研学实践教育活动。各地教育部门要会同文物部门加强对博物馆研学活动的统筹管理和监督指导，开发一批立德启智、特色鲜明的博物馆研学精品线路和课程，构建博物馆研学资源网络，发挥实践人作用。博物馆研学活动要注重分龄设计，小学阶段要体现趣味性和故事性，让学生了解基本内容和有关背景；初中阶段要体现实践性和体验性，让学生理解基本观点；高中阶段要体现探索性和研究性，引导学生提出观点和深入思考。

（六）纳入课后服务内容。各地教育部门和中小学要将博物馆青少年教育纳入课后服务内容，鼓励小学在下午3点半课后时间开设校内博物馆系列课程，利用博物馆资源开展专题教育活动。要注重利用节假日、寒暑假、休息日等时段，组织、引导学生走进博物馆开展学习。各地文物部门和博物馆要加强馆内教育项目和"博物馆进校园"项目的设计研发和组织实施，有效衔接学校课堂教学和课后服务需求。

三、建立馆校合作长效机制

（七）推进馆校合作共建。学校要加强与当地博物馆的联系，通过签订馆校共建协议、举办馆校互动活动、建立第二课堂等方式，定期组织学生到博物馆参观学习。博物馆要做好与学校的沟通，及时了解学校和学生的教育需求，建立学生活动体验、学习效果评估、服务满意度评价等跟踪反馈机制，共同构建常态化的利用博物馆资源开展教育教学活动工作机制。

（八）加强师资联合培养。各地教育、文物部门要联合开展师资培养培训，通过教师研习、双师课堂、短期培训、联合教研等方式，加强博物馆教育人员与学校教师的交流合作，使博物馆教育人员了解学校教学内容，中小学教师了解博物馆教育资源构成。要将博物馆教育相关培训内容纳入各级各类教师培训，加大培训力度。支持高等学校发展文物与博物馆专业学位教育相关方向的人才培养，及时满足博物馆教育人才需求。

（九）强化优秀项目示范引领。教育部、国家文物局将加强对文博单位中全国中小学生研学实践教育基地的统筹管理和监督指导，宣传推广典型经验和做法。鼓励省级教育部门和文物部门加强联动，共同认定一批省级博物馆青少年教育资源单位，推介一批博物馆青少年教育精品课程。开展"博物馆青少年教育优秀案例"推介活动，鼓励各地中小学校和博物馆联合开展"六个一"活动，围绕一个中小学教育主题、策划一系列原创展览、开展一系列教育活动、设计一系列教育课程、开发一系列文创产品、建立一个优秀博物馆青少年教育品牌。

四、加强博物馆教育组织保障

（十）加强组织领导。各地教育、文物部门要在当地党委、政府的统一领导下，完善博物馆青少年教育政策制度，建立健全工作协调机制，把利用博物馆开展中小学教育教学活动摆在工作重要位置。要对各类博物馆教育活动的内容和形式进行严格把关，坚持正确价值导向，确保活动教育性和公益性。

（十一）加强条件保障。各地教育、文物部门要加强经费、人员、物资等方面保障，支持博物馆青少年教育资源单位建设、教育课程研发设计、教学活动组织实施、师资培训、教育空间及设施设备提升改造。要鼓励博物馆围绕中小学教育特点，设置适合学生学习的场馆教室、活动空间和实践基地，配备必要的教育设备、学习资源和专业人员，在设计实施陈列、展览项目时要充分考虑青少年教育需求，在进行藏品数字化、智慧博物馆建设中，要兼顾青少年教育功能。

（十二）加强安全管理。各地中小学、博物馆等要强化博物馆教育安全管理制度，加强对各类活动的组织管理和安全保障，研究制定安全预案，明确管理职责和岗位要求。要开展师生行前安全教育，定期组织应急疏散演练，提高师生安全意识和应急避险能力。博物馆要针对中小学生实际，开展教育人员安全培训，加强场馆内设施设备的安全检查，确保活动安全有序开展。

（十三）加强考核评价。各地教育部门要加强对利用博物馆资源开展中小学教育教学工作的目标考核和效果评价。各地文物部门要将其纳入博物馆定级评估、运行评估、免费开放绩效考评等博物馆质量评价体系。各地教育、文物部门要加强协作，共同探索利用博物馆资源开展中小学教育教学工作的有效途径和创新模式，加强经验总结，宣传推介优秀案例，营造良好环境和氛围。

教育部　国家文物局

2020年9月30日

国家文物局　文化和旅游部
关于加强石窟寺等文物开放管理和实行
游客承载量公告制度有关工作的通知

文物保发〔2020〕32号

各省、自治区、直辖市文物局、文化和旅游厅/局，新疆生产建设兵团文物局、文化体育广电和旅游局：

石窟寺是我国文化遗产的重要组成部分，是我国辉煌灿烂古代文明的集中体现，是文明交流互鉴的历史见证，是感悟中华文化、增强文化自信的重要载体。近年来，石窟寺保护利用水平不断提升，但节假日、旅游旺季，部分石窟寺和世界文化遗产地游客超负荷，给文物和游客安全造成一定隐患。

为贯彻落实习近平总书记关于石窟寺保护利用的重要指示批示精神，进一步加强石窟寺保护管理，切实解决部分石窟寺以及世界文化遗产地游客量超负荷问题，确保文物和游客安全，提供良好的参观游览环境，现将有关事项通知如下：

一、深刻认识石窟寺保护重要意义，加强开放管理。各级文物、文化和旅游行政部门要站在传承中华文化、坚定文化自信、构建人类命运共同体的高度，充分认识石窟寺保护工作的重要意义。要坚持保护第一的原则，妥善处理保护利用与旅游开发的关系，避免石窟寺景区过度商业化、娱乐化。各省级文物行政部门应会同文化和旅游行政部门，指导督促辖区内石窟寺所在地人民政府和景区管理机构，坚持发展旅游以文物保护为前提，制定石窟寺景区开放管理要求，明确文物保护、开放条件、容量管理、安全管理等方面的要求和措施，提高石窟寺开放管理水平。

二、合理测算、核定公布游客承载量。各省级文物行政部门应会同文化和旅游行政部门指导石窟寺景区管理机构，按照WW/T 0083—2017《文物保护单位游客承载量评估规范》、LB/T 034—2014《景区最大承载量核定导则》及石窟寺保护规划等有关要求，合理测算、从严设定石窟寺景区游客承载量。游客承载量应包括核心景区承载量、重要区域（如窟前平台）承载量、各开放洞窟承载量、栈道/游步道承载量，重点洞窟和栈道必须确定瞬时承载量。目前尚未公布游客承载量，或此前已公布游客承载量但不符合上述要求的石窟寺景区，应按照《中华人民共和国旅游法》第四十五条要求，报请景区主管部门批准后公布执行。

三、严格控制游客数量，提升游客参观质量。各省级文物行政部门应会同文化和旅游行政部门指导石窟寺景区管理机构，采取网络预约、电子票务、错峰参观、限时限流、定制服务、实时监测、预警上报等方式，调节控制游客量，严格落实游客承载量各项指标。石窟寺景区管理机构应开展游客承载量管控措施执行情况和效果分析，科学评估旅游开发对石窟寺的安全影响。鼓励石窟寺景区挖掘历史文化内涵、提升讲解服务质量，并通过建设数字博物馆、智慧景区以及虚拟体验等措施，提高展示服务水平，提升游客参观游览体验。

四、改善石窟寺相关设施，提高应急处置能力。各省级文物行政部门应会同文化和旅游行政部门指导石窟寺景区管理机构，在不影响石窟寺历史环境风貌的前提下，加强安全设施、服务设施建设。开展景区日常安全巡查，及时排除安全隐患，重点做好节假日等旅游高峰期的安全防控工作。加强应急能力建设，制定景区管理应急预案，充分考虑可能发生的自然和人为损害，做好人员保障和物资准备，开展应急演练，增强预警响应能力，全面提升石窟寺景区应急处置能力。

故宫、承德避暑山庄、布达拉宫等游客量大的世界文化遗产地，应遵照上述要求加强开放管理，核定公布游客承载量，严格控制游客数量，提高应急处置能力，切实保障文物和游客安全。

请各省级文物、文化和旅游行政部门加强沟通、密切合作，督促指导石窟寺景区管理机构在2020年12月31日前完成石窟寺景区游客承载量核定公布工作，并于2021年1月31日前将石窟寺景区游客承载量公布及执行情况上报国家文物局。国家文物局将会同文化和旅游部于2021年上半年组织开展石窟寺景区游客承载量核定公布及执行情况专项检查。

特此通知。

国家文物局　文化和旅游部
2020年10月27日

国家文物局办公室　民政部办公厅
关于进一步规范非国有博物馆备案登记
管理工作的意见

办博发〔2020〕6号

各省、自治区、直辖市文物局文化和旅游（厅/局）、民政厅（局），新疆生产建设兵团文物局、民政局：

近年来，全国非国有博物馆快速发展，质量显著提升，在优化博物馆体系布局、满足人民精神文化需求等方面发挥了积极作用。2019年12月，国家文物局、民政部联合开展了非国有博物馆登记备案检查工作，发现部分非国有博物馆在登记备案、可持续运营、高质量发展等方面尚需进一步完善。为进一步促进非国有博物馆健康有序发展，依据《博物馆条例》《民办非企业单位登记管理暂行条例》等有关法律法规及政策文件，现提出如下意见：

一、进一步明确非国有博物馆管理权责

（一）民政部门是非国有博物馆的登记管理机关，负责非国有博物馆的成立、变更、注销登记；对非国有博物馆实施年度检查；对非国有博物馆违反社会组织登记管理相关法律法规的行为进行监督检查，并依法予以行政处罚。

（二）文物部门是非国有博物馆的业务主管部门，负责非国有博物馆成立、变更、注销登记前的审查；监督、指导非国有博物馆遵守宪法、法律、法规和国家政策，按照章程开展活动；负责非国有博物馆年度检查的初审。省级文物部门负责非国有博物馆的设立、变更、终止的备案工作。

二、进一步理顺非国有博物馆备案登记程序

（一）申请。非国有博物馆举办者应向馆址所在地县级以上文物部门申请其作为业务主管单位。县级以上文物部门对非国有博物馆名称、宗旨、业务范围、发起人和拟任责任人审查把关，并出具同意作为业务主管单位的证明文件。

（二）备案。非国有博物馆举办者应凭县级以上文物部门的证明文件、设立备案所需材料，向省级文物部门提出备案申请。省级文物部门审核确定是否予以备案，出具博物馆备案文件或不予备案通知，并抄送出具证明文件的县级以上文物部门。

（三）登记。县级以上文物部门接到省级文物部门的备案文件后，在《民办非企业单位法人登记申请表》等非国有博物馆登记申请材料上加盖印章。非国有博物馆举办者凭县级以上文物部门同意成立登记的相关文件及其他相关材料，向同级民政部门申请民办非企业单位法人登记。登记完成后，依法办理印章刻制、税务登记、开立银行账户，办理完毕后报申请登记的民政部门备案。

（四）变更。非国有博物馆登记事项需要变更的，应当经业务主管的文物部门审查同意之日起30日内，向申请登记的民政部门申请变更登记，并向馆址所在地省级文物部门备案。非国有博物馆修改章程，应当经业务主管的文物部门审查同意之日起30日内，报办理登记的民政部门核准。

（五）终止。非国有博物馆终止的，应当向办理登记的民政部门申请注销。办理注销前，应在业务主管的文物部门和其他有关机关指导下，成立清算组织，完成清算工作。清算期间不得开展清算以外的活动。在清算完成之日起15日内，向办理登记的民政部门办理注销登记，并向馆址所在地省级文物部门备案。

三、进一步健全非国有博物馆管理制度

（一）规范名称管理。民政部门应按照《民办非企业单位名称管理暂行规定》（民发〔1999〕129号）要求进行名称审查。非国有博物馆名称应包含县级以上行政区划（或地名）、字号、行（事）业或业务领域和"博物馆"（或博物院）字样，不得冠以"中国""中华""全国"或"世界""国际"等字样，不得含有全国性社会组织或国际性组织等可能引起公众误解字样。

（二）严格备案审查。省级文物部门应按照《关于民办博物馆设立的指导意见》（文物博发〔2014〕21号）要求进行设立备案。设立非国有博物馆的，应具有必要的办馆资金和稳定的经费来源，办馆注册资金不低于50万元人民币；具有固定适宜的办馆场所，符合《博物馆建筑设计规范》等国家和行业颁布的有关标准和规范的要求，设置专用的展厅、库房、符合国家规定的安防和消防设施；展厅面积与展览规模相适应，不低于400平方米，不低于建筑面积的40%，适宜对公众开放；具有与办馆宗旨相符合、构成体系的藏品及必要的研究资料，原则上不少于300件（套），藏品应确保真实可靠且来源合法；具有基本陈列计划，展览内容科学准确。

（三）健全理事会制度。各级文物部门要指导非国有博物馆依照《非国有博物馆章程示范文本》（文物博发〔2016〕29号）建立健全以理事会为核心的法人治理结构，对理事会的人员构成、决策事项、议事规则、表决程序等予以规范，切实发挥理事会在博物馆运营中的作用。结合实际情况探索完善非国有博物馆监事会和监督机制建设。

（四）强化藏品管理。省级文物部门要指导非国有博物馆在设立阶段完成与办馆宗旨、业务范围和馆舍规模相适应的藏品登记，按照资产管理要求将藏品逐件登入财务固定资产账，依法依规推进非国有博物馆法人财产权确权；建立藏品账目及档案，藏品属于文物的，应单独设置文物档案；建立完善法人财产内部审计制度，鼓励有条件的地方探索建立非国有博物馆社会审计制度；藏品征集和注销处置方案，应依法履行相关程序，并向社会公示。

（五）健全退出机制。鼓励非国有博物馆设立以永久性为目标。确需终止时，不得向出资人、设立人分配剩余财产。剩余财产应当按照法人章程的规定或者业务主管单位的决议用于公益目的；无法按照法人章程的规定或者权力机构的决议处理的，由省级文物部门主持转给宗旨相同或者相近的法人，并向社会公告。藏品属于国家禁止买卖的文物的，应当依照有关文物保护法律、行政法规的规定处理。

（六）建立信息共享机制。各级文物、民政部门应核定公布统一的非国有博物馆名录。各级文物部门应定期将非国有博物馆运行情况通报同级民政部门和省级文物行政部门。同级民政部门应将文物部门运行情况通报作为社会组织年检和评估的重要参考。非国有博物馆应按年度建立和公布年度报告，报告内容包括藏品情况、展览活动情况、资产管理使用情况和接受、使用捐赠、资助的有关情况等，主动接受社会监督。

（七）加强监督检查。对于未经省级文物部门备案和相应民政部门登记、擅自以非国有博物馆名义进行活动的，由所在地民政部门会同文物部门责令当事人限期整改并依法办理登记；期满达不到登记条件的，由所在地民政部门会同文物部门责令当事人自行解散或依法予以取缔。

国家文物局办公室　民政部办公厅
2020年11月2日

财政部　国家文物局
关于加强国家文物保护资金管理的意见

财教〔2020〕244号

各省、自治区、直辖市、计划单列市财政厅（局）、文物局，新疆生产建设兵团财政局、文化体育广电和旅游局：

党中央、国务院高度重视文物保护和利用工作，国家文物保护资金设立以来，文物保护力度不断加强，经费管理体制机制逐步完善。但是由于文物保护项目的特殊性，需要建立健全符合文物保护规律的经费制度。为进一步加强国家文物保护资金管理，现就有关问题提出如下意见：

一、切实落实国家文物保护资金管理责任

（一）提高对国家文物保护资金管理工作的认识。

各级财政、文物部门要进一步提高政治站位，树立保护文物也是政绩的科学理念，更加重视文物保护工作。国家文物保护资金是中央财政设立的，对全国重点文物保护单位、省级及省级以下文物保护单位、考古、可移动文物等保护工作的补助，资金安排上要优先保障党中央、国务院确定的文物保护重点支持方向。近期，要重点支持符合条件的石窟寺保护、考古、革命文物集中连片保护项目，以及长征、长城、大运河国家文化公园建设实施方案中符合条件的文物保护项目等。对地方所属文物保护单位日常养护、应急抢险等属于地方财政事权的事项，由地方承担支出责任，要按照抢救性保护与预防性保护并重的原则，做好基本运行维护、监测评估、抢险加固等工作，全面提升保护能力。

（二）落实中央和地方的资金管理责任。

各级财政、文物部门要按照《公共文化领域中央与地方财政事权和支出责任划分改革方案》等文件要求，确保国家文物保护资金管理责任落实到位。

财政部、国家文物局负责制定国家文物保护资金管理办法、绩效管理办法以及其他需要中央出台的制度。科学合理地分配中央应承担的项目经费，将中央财政资金按时拨付地方。规范经费开支的范围和标准，做好资金监督指导和财务抽查等工作。

省级财政、文物部门负责按照国家有关规定，结合实际制定本行政区域的资金管理办法和绩效管理办法。要统筹中央财政下达的国家文物保护资金和地方自有财力，合理安排文物保护项目预算，全力保障文物抢救性保护，积极开展预防性保护，消除文物安全隐患，优先保障党中央、国务院确定的文物保护重点支持方向。指导做好预算编制、项目评审、绩效评价等工作，加强对本行政区域国家文物保护资金的管理和使用。

国家文物保护资金项目实施单位（以下简称项目实施单位）负有主要管理责任。按照资金管理制度，组织实施好文物保护单位保护、可移动文物保护、考古等项目。按照"谁使用谁负责"的原则，做好项目预决算编制、国有资产管理、项目结项财务验收，严禁挤占、挪用、虚列、套取资金等。

二、加强和规范国家文物保护资金管理

（一）提高项目保护方案和预算编制质量。

项目保护方案是项目预算编制的基础前提。文物保护项目具有特殊性，必须顺应文物保护规律，科学合理审慎确定项目保护方案。各级文物部门要全面摸清本行政区域内文物家底和保护需求，因地制宜，实事求是，提前谋划好文物保护重点任务和重大项目，坚持"谋划一个、入库一个，成熟一个、申报一个"，优化夯实项目储备。

项目实施单位要统筹兼顾考古、文物本体保护、安全防护等方面的要求，在现场勘察、日常监测等基础上，对项目保护方案和项目预算进行总体设计和综合考虑，提高方案的整体性、合理性和预算编制的科学性、规范性。鼓励采取设计施工一体化方式，特别是对同一文物保护单位的本体维修、安全防护等项目，应在方案设计、项目预算编制和年度预算申请上加强协同。考古项目保护方案和预算编制，应充分考虑前期现场保护的内容。

各级财政、文物部门要建立健全适应文物保护规律、职责清晰、注重效率的资金管理制度机制，逐步完善项目支出标准和预算编制规范，为项目预算编制提供指引。要认真履行项目管理责任，定期组织项目质量抽查，将项目预算编制质量作为预算安排的重要参考，完善有序动态管理的文物保护项目库。要按时完成项目预算编制，截止2月底前未将预算申请报送财政部、国家文物局，或未纳入文物保护项目库的项目，当年不得安排国家文物保护资金预算。

（二）强化项目预算评审约束。

预算评审是科学规范核定项目预算的必要程序。各级文物、财政部门要高度重视文物保护项目预算评审，完善分级评审机制，国家文物局负责评审重点项目，省级文物部门负责评审一般项目，未经评审的项目不得纳入文物保护项目库。要充分考虑文物保护项目工艺复杂、实施难度大等特点，健全评审机构、评审专家管理制度，完善评审工作程序，提升文物项目预算评审的真实性、专业性、权威性。对规模较大的重点项目，要在预算评审中加强事前绩效评估，重点论证项目必要性、投入经济性、绩效目标合理性、实施方案可行性等。

要坚持"一评终评"原则，预算评审结果原则上应作为项目总预算控制数，并随预算逐级下达至项目实施单位。其中，国家文物局根据预算评审情况等，确定重点项目总预算控制数，报财政部审核后下达。省级文物部门根据预算评审情况等，确定一般项目总预算控制数，报省级财政部门审核后纳入文物保护项目库，联合上报财政部、国家文物局。中央财政下达资金后，各级财政、文物部门要严格按照文物保护项目库中核定后的项目总预算控制数推进项目实施，不得重复评审或重复立项。

（三）加强项目预算执行。

预算执行是推进项目实施的重要抓手。要健全项目总预算控制机制，对项目周期超过一年的项目，各级文物部门要根据项目总预算控制数、项目计划进度、预算执行等情况，合理确定分年度预算数，分年度预算数之和不得超过项目总预算控制数。项目实施单位可在项目总预算控制数额度内，结合项目方案、预算评审意见和工作实际，合理安排项目支出内容。项目总预算控制数需增加的，应按新增项目履行程序。

各级财政、文物部门要把预算执行作为项目监督的重点，并根据上年度预算执行情况适当调整年度预算安排。各级文物部门要加强资金使用事中事后监管，对执行进度较慢的项目要及时督促。

省级财政部门应及时下达项目预算，将预算下达文件抄送省级文物部门，并报送财政部、国家文物局备案。省级文物部门应在2月底前更新文物保护项目库中项目上年度预算执行数，汇总后抄送省级财政部门，并报送财政部、国家文物局备案；在6月底前更新文物保护项目库中项目当年预算下达数。项目实施完毕后，省级文物主管部门应组织对项目进行财务验收，出具验收意见，并上传到文物保护项目库。项目通过财务验收后，项目实施单位应当在一个月内及时办理结账手续。

三、完善政府采购管理

各级财政、文物部门要根据文物保护工作规律和特点，完善文物保护项目政府采购管理，加强项目需求管理和履约验收，保证项目质量。针对考古、文物本体维修等服务类项目特点和资质单位数量等，合理选择适当采购方式，综合评价并择优确定专业保护机构。项目实施中，项目实施单位不得擅自调整项目实施方案、采购需求、采购合同。涉及采购方式变更审批的，各级财政部门要简化审批程序，保障项目有序实施。

项目实施单位原则上应将项目总预算控制数作为项目政府采购预算的依据，合理划分采购标段，同一标段应尽量采取整体采购的方式，由同一单位承接，未经本级文物部门批准不得分包。对政府采购节约的资金，应按《国家文物保护专项资金管理办法》（财文〔2018〕178号）规定办理。

四、做好国家文物保护资金绩效管理

国家文物保护资金实施全过程预算绩效管理。国家文物局、财政部要设置整体绩效目标，并随同财政资金同步下达分区域绩效目标。各级文物、财政部门应根据需要选择资金量大、覆盖面广、实施期长的项目组织开展绩效评价。评价结果应及时反馈项目实施单位，作为绩效整改、预算安排、政策完善和改进管理的依据。对评价等级为优的，要根据情况予以优先保障；对评价等级为差或整改不到位的，要强化督促并适当核减项目预算。

省级文物、财政部门要结合属地实际，指导基层文物部门和项目实施单位编制区域绩效目标和项目绩效目标，绩效目标设置要具有科学性、合规性、前瞻性和可操作性，各项指标要符合实际，量化清晰，与任务数相对应，与资金量相匹配。要加强绩效目标审核，并将其作为预算编制审核、资金管理使用、项目执行监督、绩效评价的重要依据。要按照预算绩效管理规定，每年对资金使用情况开展绩效自评，自评报告于4月底前报国家文物局。自评报告内容主要包括项目总体绩效目标、各项绩效指标完成情况、预算执行情况、绩效自评表。对未完成绩效目标或偏离绩效目标较大的项目要分析原因，研究提出改进措施。绩效自评表应内容完整、权重合理、数据真实、结果客观。

财政部　国家文物局
2020年12月31日

国家文物局关于公布施行《博物馆定级评估办法》（2019年12月）等文件的决定

文物博发〔2020〕2号

各省、自治区、直辖市文物局（文化和旅游厅/局），中国博物馆协会：

　　为贯彻落实以人民为中心的工作导向和高质量发展要求，推进博物馆治理体系和治理能力现代化，完善以展示教育、开放服务为核心的博物馆质量评价体系，更好满足人民日益增长的美好生活需要，根据《博物馆条例》相关规定，我局修订了《博物馆定级评估办法》《博物馆定级评估标准》《评分细则计分表》（2019年12月）。

　　现予公布，自2020年1月1日起施行。

　　附件：1. 博物馆定级评估办法（2019年12月）
　　　　　2. 博物馆定级评估标准（2019年12月）
　　　　　3. 评分细则计分表（2019年12月）（略）

国家文物局
2020年1月8日

附件1

博物馆定级评估办法
（2019年12月）

　　第一条　为加强博物馆行业管理，提高博物馆质量，充分发挥博物馆的社会服务功能，促进博物馆事业发展，依据《中华人民共和国文物保护法》《中华人民共和国公共文化服务保障法》《博物馆条例》《博物馆管理办法》，制定本办法。

　　第二条　凡在中华人民共和国境内，正式登记、经所在地省级文物行政部门备案，具有文物、标本和其他藏品的收藏保管、科学研究、陈列展览、教育传播功能，向社会开放、正常运行36个月以上的各类博物馆，均可申请参加定级评估。

　　第三条　国家文物局负责制定博物馆定级评估办法、博物馆定级评估标准等，并对办法、标准等的实施进行监督检查。中国博物馆协会具体负责博物馆定级评估工作，可以委托地方省级博物馆行业组织协助开展相关工作。

　　第四条　博物馆定级评估工作遵循自愿申报、行业评估、动态管理、分级指导和公平、公正、公开的原则。

　　第五条　博物馆经定级评估确定相应等级，从高到低依次为国家一级博物馆、国家二级博物馆、国家三级博物馆。

　　第六条　申请参加评估的博物馆应依照博物馆评估标准开展自评，填写《博物馆定级评估申请书》，向中国博物馆协会提出申请。参评博物馆应确保数据信息真实可靠；填报的相关数据信息，应与全国第一次可移动文物普查数据库、全国博物馆信息年报系统、非国有博物馆藏品备案数据库等相关数据保持一致。

　　第七条　中国博物馆协会对博物馆的申请材料进行书面审查，还可根据需要组织专家小组进行现场评估。专家小组在审查材料、实地考察、咨询评议的基础上，提出现场评估报告。

　　第八条　中国博物馆协会根据申请单位的《博物馆定级评估申请书》和专家小组现场评估报告，进行综合评定并打分产生评定意见。

　　第九条　如评定意见与申请书存在重大差异，且申请单位或相关专家等对评定意见提出重大异议的，中国博物馆协会应对相关评定意见给予复核。复核工作由中国博物馆协会具体组织，并形成进一步评定意见。

　　第十条　中国博物馆协会可委托地方省级博物馆行业组织对所属行政区域申请参评的博物馆进行审核、提出评定建议。

　　第十一条　中国博物馆协会将评定意见报国家文物局备案后，以发布公告形式向社会公布。

　　第十二条　一个博物馆机构只能获得一个质量等级。

　　博物馆如因机构变化出现合并重组等情形，与现有国家一二三级博物馆存在隶属、包含关系的，合并重组前的博物馆等级一致的，合并重组后等级维持不变；合并重组前的博物馆等级不一致的，合并重组后，在下一次运行评估前，等级可暂维持在原先较高的等级。

　　已获得等级的博物馆如因机构变化出现拆分的，只能由一个机构保留原有质量等级。

　　博物馆质量等级变化信息，应于1个月内报中国博物馆协会备案。

　　已获质量等级博物馆发生终止的，其质量等级在依法完成注销登记后不再保留。

　　第十三条　博物馆等级标牌、证书由中国博物馆协会统一制作、颁发。

　　第十四条　被评定为相应等级的博物馆，须将等级标牌置于其主入口处的显著位置，接受社会监督。

　　第十五条　博物馆定级工作原则上每三年集中开展一次，也可根据实际需要临时组织，具体时间由中国博物馆协会决定。

　　第十六条　中国博物馆协会应对所评博物馆进行监督检查和运行评估。运行评估至少每三年进行一次。运行评估规则由国家文物局另行制定。

　　第十七条　经运行评估达不到已获等级标准的博物馆，中国博物馆协会根据具体情况，作出发出警告通知书、通报批评、降低或取消等级的处理，报国家文物局备案后对外公告。

　　博物馆接到警告通知书、通报批评、降低或取消等级的通知后，须认真整改，并在规定期限内将整改情况报中国博物馆协会。

　　凡被降低、取消等级的博物馆，自降低或取消等级之日起三年内，不得重新申请参加定级评估。相应等级标牌、证书由中国博物馆协会收回。

　　第十八条　中国博物馆协会应当将博物馆定级评估情况及相关资料，在其网站上公布，接受社会监督。

第十九条　中国博物馆协会及其委托、组织的地方省级博物馆行业组织、专家小组须严格遵守相关评估工作程序、规则和纪律，接受有关管理部门、博物馆行业、社会各界和公证机构的监督。参与博物馆评估工作的专家和工作人员如有违纪、违规行为，一经查实，由国家文物局依法根据相关规定给予相应处理。

第二十条　申请参加评估的博物馆，一经查实有弄虚作假、行贿舞弊等违法违规行为的，由中国博物馆协会报国家文物局备案后，取消其评估资格、撤销所获质量等级、收回等级标牌及证书。

第二十一条　本办法自公布之日起实施。

附件2

博物馆定级评估标准
（2019年12月）

1．前言

本标准的制定旨在加强博物馆质量管理，促进博物馆履行保护、诠释和推广人类的文化和自然遗产的职责，培育和弘扬社会主义核心价值观，繁荣中国特色社会主义文化，提高博物馆社会教育和公共文化服务水平，更好地满足人民美好生活需要。

本标准在制定过程中，总结了国内博物馆的管理经验，借鉴了国内外有关资料和技术规程，并直接引用了部分国家标准或标准条文。同时，根据自《博物馆评估暂行标准》2008年起用、2016年7月修订沿用至今的实施情况，在原标准基础上对一些内容进行了修订，使其更加符合博物馆的发展实际和发展方向。

本标准从实施之日起，代替《博物馆定级评估标准（2016年7月修订）》。

本标准由国家文物局提出。

本标准由国家文物局归口并负责解释。

本标准起草单位：国家文物局博物馆与社会文物司（科技司）。

2．范围

2.1　本标准规定了博物馆等级划分的依据、条件及评定的原则性要求。

2.2　本标准适用于全国范围内所有经登记管理机关依法正式登记，并经所在地省级文物行政部门备案，具有作为人类活动和自然环境见证物的文物、标本、资料、模型等藏品收藏保管、科学研究、陈列展览、教育传播功能的，向公众开放的各类博物馆。

3．依据的法律法规和文件

《中华人民共和国文物保护法》

《中华人民共和国教育法》

《中华人民共和国科学技术普及法》

《中华人民共和国公共文化服务保障法》

《中共中央　国务院关于印发〈新时代爱国主义教育实施纲要〉的通知》

《中共中央　国务院关于印发〈新时代公民道德建设实施纲要〉的通知》

《中共中央办公厅　国务院办公厅关于实施中华优秀传统文化传承发展工程的意见》

《中共中央办公厅　国务院办公厅关于加强文物保护利用改革的若干意见》

中国
文物年鉴
2021

《中共中央办公厅　国务院办公厅〈关于实施革命文物保护利用工程（2018—2022年）的意见〉》

《博物馆条例》

《国务院关于进一步加强文物工作的指导意见》

《博物馆管理办法》

《博物馆藏品管理办法》

《中共中央宣传部　文化部　国家文物局关于进一步加强博物馆宣传展示和社会服务工作的通知》

《文化部　国家文物局关于公共文化设施向未成年人等社会群体免费开放的通知》

《中共中央宣传部　财政部　文化部　国家文物局关于全国博物馆、纪念馆免费开放的通知》

《中共中央宣传部　财政部　文化部　国家文物局关于进一步做好公共博物馆纪念馆免费开放工作的意见》

《中共中央宣传部　文化部　中央编办　财政部　人力资源和社会保障部　国家文物局　中国科协关于深入推进公共文化机构法人治理结构改革的实施方案》

《文化部　国家发展改革委　财政部　国家文物局关于推动文化文物单位文化创意产品开发的若干意见》

《人力资源社会保障部　国家文物局关于进一步加强文博事业单位人事管理工作的指导意见》

《人力资源社会保障部　国家文物局关于深化文物博物馆专业人员职称制度改革的指导意见》

《国家文物局　应急管理部关于进一步加强文物消防安全工作的指导意见》

《中国文物、博物馆工作者职业道德准则》

《博物馆馆长专业资格条件（试行）》

《国际博物馆协会章程》

《国际博物馆协会博物馆职业道德准则》

4. 引用的标准和规范

下列文件中的条款，通过本标准的引用而自然成为本标准的条款。凡是注日期的引用文件，其随后所有的修改版（不包括勘误的内容）或修订版均不适用于本标准。凡是不注日期的引用文件，其最新版本适用于本标准。

GA 27—2002《文物系统博物馆风险等级和安全防护级别的规定》

GB/T 23863—2009《博物馆照明设计规范》

GB/T 36721—2018《博物馆开放服务规范》

JGJ 66—2015《博物馆建筑设计规范》

WW/T 0017—2013《馆藏文物登录规范》

WW/T 0020—2008《文物藏品档案规范》

WW/T 0088—2018《博物馆展览内容设计规范》

WW/T 0089—2018《博物馆陈列展览形式设计与施工规范》

GB 50016—2014《建筑设计防火规范》

GB 50222—2017《建筑内部装修设计防火规范》

GB 50263—2007《气体灭火系统施工及验收规范》

GB 50261—2017《自动喷水灭火系统施工及验收规范》

GB 3095—2012《环境空气质量标准》

GB 3096—2008《城市区域环境噪声标准》

GB 3838—2002《地表水环境质量标准》

GB 50325—2010《民用建筑工程室内环境污染控制规范》

GB/T 10001.1—2000《标志用公共信息图形符号 第1部分：通用符号》

GB/T 24001—2016《环境管理体系 要求及使用指南》

GB/T 28001—2011《职业健康安全管理体系 要求及使用指南》

GB/T 18883—2002《室内空气质量标准》

GB/T 17775—2003《旅游景区质量等级的划分与评定》

GB 9664—1996《文化娱乐场所卫生标准》

GB 16153—1996《饭馆（餐厅）卫生标准》

5．术语

本标准采用下列定义：

博物馆：是指以教育、研究和欣赏为目的，收藏、保护并向公众展示人类活动和自然环境的见证物，经登记管理机关依法登记的非营利组织。

藏品：是指由博物馆永久收藏，具有历史、艺术、科学等价值的，用以收藏、研究、展示、教育、传播目的的文物、标本、资料、模型等的总称。

藏品库房：是指藏品集中保存的特定建筑物。

藏品保护修复场所：是指博物馆运用传统修复工艺和现代科学技术手段对藏品进行科学分析、检测和保护、修复的特定建筑物。

展厅：是指博物馆用作向公众展示藏品、举办陈列展览的特定建筑物。

6．博物馆等级及标志

6.1 博物馆等级划分为三级，从高到低依次为国家一级博物馆、国家二级博物馆、国家三级博物馆。

6.2 博物馆的等级证书、标牌由中国博物馆协会统一制作和颁发。

7．博物馆等级划分条件

7.1 一级

7.1.1 综合管理与基础设施

7.1.1.1 法人治理结构

法人治理结构完善，理事会（董事会）和监事会或其他形式的决策、监督机构健全，运行机制有效。

7.1.1.2 章程与发展规划

有正式批准和发布的博物馆章程和博物馆发展规划，发展规划符合自身定位、宗旨，体现高品质、特色化、差异化方向，服务国家和地区重大发展战略。年度工作计划符合发展规划要求。

7.1.1.3 建筑与环境

a）建筑功能区块布局合理，自成系统。

b）环境整洁、美观、舒适，绿化率高；室内空气质量好。

7.1.1.4　人力资源

a）岗位结构优化、梯次合理。高、中层管理人员一般应具备大学以上文化程度。

b）员工考核、培训制度健全，人员、经费落实，业务培训全面，效果良好，强化上岗人员岗前培训管理，博物馆机构主要管理人员应具有文物行政管理部门委托或认可的干部培训经历并取得结业证书。

7.1.1.5　财务管理

a）财务管理制度完善并有效实施，有充足的事业经费来源和保证。

b）有多渠道、来源稳定的社会资助。

7.1.1.6　安全保障

a）一、二、三级风险单位按要求落实完善的安全防范系统，一、二、三级风险部位按要求落实完善的安全防范措施。

b）有与博物馆规模相适应的管理规范、人员配置齐全的保卫工作机构；保卫工作规章制度健全，措施得当，有处置各类突发事件的应急预案；保卫人员受过专业培训，素质高、业务精，工作程序规范、准确；档案齐全，交接班制度完善、记录齐全；定期组织安全演练。

c）消防组织健全，责任明确，管理制度完善，有处置各类火灾的应急预案；有与单位规模相适应的完善的消防设施、设备及安全、有效的防雷装置，并由专人管理，定期进行检查、维修、更新；定期组织消防演练，消防人员设备操作熟练、规范。

d）公共安全制度完善，应急预案科学、规范；安全出口、疏散通道通畅，标志醒目；应急照明、救生等设施、设备完好；节日期间有应急医护人员。

7.1.1.7　信息化建设

a）信息化基础设施（包括网络接入、网络安全、终端和配套设备等）建设完备，适应智慧博物馆建设的基本要求。

b）有一整套适用于智慧保护、智慧管理、智慧服务的业务系统，能够通过信息化手段支撑博物馆业务流程。

7.1.2　藏品管理与科学研究

7.1.2.1　藏品管理

a）藏品资源与本馆的宗旨、使命相符，形成完整的体系。

b）藏品总量300件/套以上、藏品总体价值特别珍贵，具有极高的历史、艺术、科学价值，其中一类价值具世界意义。

c）有适应本馆藏品状况、功能完善的藏品数据库。

d）有与本馆宗旨、使命相符的藏品征集政策和收藏范围；有规范的藏品征集组织与制度，对征集的藏品进行鉴定；有接受捐赠等多种征集渠道，征集经费充足，使用合理、效果好。

e）藏品管理制度完善；藏品入藏手续齐全、资料完整；藏品总登记账清晰，账物相符；分类账准确合理，编目科学详实；藏品档案记录规范，新入藏的藏品及时建档备案，并及时登记入藏品总账。

f）库房面积满足收藏需要；库房管理制度完善；库房设施、设备齐全，藏品存放环境达标；藏品提用手续齐全，进、出库记录完整；藏品存放科学、合理、规范；三级以上藏品均配备有符合要求的装具，一级文物和其他易损易坏的珍贵文物有专柜或专库存放，并由专人负责保管；根据藏品质地控制温湿度，照明符合设计规范要求；库房整洁，空气质量好。

g）藏品保护修复场所规模较大、设备齐全，并能有效运转；文物藏品修复资质和具备文物藏品修复资格的人员多；藏品修复、保养程序科学、规范，效果好。

7.1.2.2　学术研究与科技

a）学术机构健全，学术带头人为有全国性学术影响的专家；定期举办国际、国内学术活动；定期出版高质量的学术刊物；馆内人员经常在核心期刊发表专业论文、出版学术专著；系统收藏相关中外文学术期刊。

b）有素质高、结构合理的科技队伍，有较大规模的实验室及相应科研仪器设备，能独立承担国际合作项目和国家级、省部级科研课题；取得重大科技成果或引进新技术，并运用到工作中，取得显著效果。

c）有与高等学校、科研院所开展学术交流、联合研究、人才培养、双向兼职、科研成果共享和成果转化推广的协作机制。

7.1.3　陈列展览与社会服务

7.1.3.1　影响力

a）有博物馆品牌标志，并全面、恰当地运用；有完善的博物馆宣传计划，全国性媒体经常报道博物馆动态。

b）在国内外有很高的知名度和很好的声誉；公众影响力很强，年观众20万人次以上；经常举办出境展览或引进外展。

c）主动融入博物馆所在地城乡人民文化生活，年均开展社区活动不少于20次。

d）积极参与各类博物馆行业组织、区域博物馆联盟、馆际交流平台，并发挥一定的引领作用。

e）与地域相邻、主题相近、藏品相关的博物馆之间建立密切关系，与相关博物馆加强在藏品、展览、教育、人才资源方面的交流与合作。

f）为中小博物馆、非国有博物馆提供长效化、机制化对口帮扶，有健全完善的联展、巡展、互换展览和人员互派等长效协同发展机制。

7.1.3.2　展示、教育和传播

a）展厅环境优美、空气质量好，照明符合设计规范要求，展柜内微环境适宜展品保存。

b）基本陈列主题明确，鲜明体现本馆特色；策划方案科学，经过专家论证；内容研究深入，展品组织得当，文字说明准确、生动、有文采；展览设计准确表达陈列主题，艺术感染力强；具有基本陈列动态调整机制，及时进行内容和展品更新；社会美誉度高。

c）采取多种合作模式，经常举办原创性、有全国性影响力的临时展览；临时展览主题注重观众调查，筛选过程引入观众需求因素，有完善的前期策划和营销计划，展览的社会、经济效益好。

d）能根据自身特点、条件，运用现代信息技术，开展形式多样、生动活泼的社会教育和服务活动，参与社区文化建设和对外文化交流与合作。

有社会教育机构和专门从事社会教育工作的人员，馆内设有专门的教育服务区；有完善的社会教育工作方案和针对不同观众群体的社会教育计划；经常与教育部门以及其他单位联系或建立共建单位，开展有针对性的教育活动，积极推动博物馆进校园进课堂进教材，举办不同形式的讲座等活动，服务学校、工厂、社区和农村等不同观众群体；为省级（含）以上爱国主义教育、科普教育基地。

e）有高素质、稳定的讲解员队伍；有两种（含）以上语言的、适合不同观众群体的科学、准确、生动的讲解词；定期进行义务讲解；有针对特殊观众群体的讲解服务；有两种（含）以上语言的现代化自助语音讲解设备。

7.1.3.3　公众服务

a）有"博物馆之友"等群众组织，人员结构合理，依照章程定期开展活动；博物馆志愿者队伍稳定、具有相当规模，全部实施上岗培训，每名志愿者每年为博物馆或观众服务48小时以上。

b）博物馆每年开放时长240天以上；基本陈列在特定时间段定期免费开放，或向教师、军人、老年人、未成年人等免费开放；日常免费、优惠开放制度和措施向社会公示；年免费接待青少年观众人数占观众总人数的30%以上；科学测定、管理观众承载量。在具备条件和安全保障前提下，探索通过举办夜场延长开放时间；探索错时开放。

c）交通便捷，可进入性好；博物馆出入口处道路通畅，有无障碍通道；外部引导标识设置科学、合理，清楚、美观。

d）设室内售票点，或实施互联网售票、二维码验票；参观游览线路合理、顺畅；观众服务中心位置合理，规模适度，设施齐全，功能体现充分，咨询服务人员配备齐全、业务熟练，服务热情；博物馆导览等基本信息资料特色突出，品种齐全，内容丰富，文字优美，制作精美，适时更新，并免费为观众提供；基本陈列的标牌、展品等有文字说明；设有免费物品寄存处、特殊人群服务设施和设备、餐饮服务设施和纪念品、文创产品销售服务设施等；展厅内有观众休息设施；厕所等卫生设施、设备布局合理，数量满足需要、维护清洁及时，并与环境相协调；各种设施、设备中、外文标识清楚。

e）有专门网站，设计简洁大方，界面友好，互动性强，内容丰富，信息更新及时，支持两种（含）以上语言；馆内建立有多种形式的互动式或参与式的多媒体文化、科普、教育服务设施，服务有特色、质量高。

f）文化产品本馆特色突出，种类丰富，制作精美，销售情况好，有较完善的博物馆馆藏资源知识产权授权制度规范，为文化、科技企业开发利用博物馆数字资源提供便利。

g）提供藏品代为保管、鉴定、养护、修复及咨询等公众服务项目，公众满意度高。

h）观众调查制度健全，调查方法多样，调查成果充分运用。

博物馆能依托自身资源，发挥特色和优势，在法人治理结构、藏品管理、学术研究、展示教育、观众服务等领域，大胆创新、勇于实践，引领行业发展方向，作出卓越贡献。

7.2　二级

7.2.1　综合管理与基础设施

7.2.1.1　法人治理结构

法人治理结构完善，理事会（董事会）和监事会或其他形式的决策、监督机构健全，运行机制有效。

7.2.1.2　章程与发展规划

有正式批准和发布的博物馆章程和博物馆发展规划，体现高品质、特色化、差异化方向，服务国家和地区重大发展战略。年度工作计划符合发展规划要求。

7.2.1.3　建筑与环境

a）建筑功能区块布局合理。

b）环境整洁，绿化率高；室内空气质量较好。

7.2.1.4 人力资源

a）岗位结构优化、梯次比较合理。高、中级管理人员一般应具备大学以上文化程度。

b）员工考核、培训制度健全，人员、经费落实，业务培训全面，效果良好，强化上岗人员岗前培训管理，博物馆机构领导人员应具有文物行政管理部门委托或认可的干部培训经历并取得结业证书。

7.2.1.5 财务管理

a）财务管理制度完善并有效实施，有基本满足需要的事业经费来源和保证。

b）有稳定的社会资助。

7.2.1.6 安全保障

a）一、二、三级风险单位按要求落实完备的安全防范系统，一、二、三级风险部位按要求落实完备的安全防范措施。

b）有与博物馆规模相适应的管理规范、人员配置齐全的保卫工作机构；保卫工作规章制度健全，措施得当，有处置一般突发事件的应急预案；保卫人员受过专业培训，工作程序规范；档案齐全，交接班制度完善、记录齐全；定期组织安全演练。

c）消防组织健全，责任明确，管理制度完善，有处置特定火灾的应急预案；消防设施、设备配备合理，有安全、有效的防雷装置，并定期进行检查、维修、更新；定期组织消防演练，保卫人员熟练、规范操作消防设备。

d）公共安全制度健全，应急预案科学、规范；安全出口、疏散通道通畅，标志醒目；应急照明设备完好。

7.2.1.7 信息化建设

a）信息化基础设施（包括网络接入、网络安全、终端和配套设备等）基本完备，适应博物馆数据管理和业务处理的基本要求；

b）有适用于智慧保护、智慧管理、智慧服务的部分业务系统，能够在一定层面上支撑博物馆业务流程。

7.2.2 藏品管理与科学研究

7.2.2.1 藏品管理

a）藏品资源与本馆的宗旨、使命相符，形成相对完整的体系。

b）藏品总量300件/套以上、藏品总体价值珍贵，具有很高的历史、艺术、科学价值，其中一类价值具全国意义。

c）有基本适应本馆藏品状况、功能相对完善的藏品数据库。

d）有与本馆宗旨、使命相符的藏品征集政策和收藏范围；有规范的藏品征集组织与制度，对征集的藏品进行鉴定；有接受捐赠等多种征集渠道，征集经费基本满足需要，使用合理、效果好。

e）藏品管理制度完善；藏品入藏手续齐全、资料完整；藏品总登记账清晰，账物相符；分类账准确合理，编目科学详实；藏品档案记录规范，新入藏的藏品及时建档备案，并及时登记入藏品总账。

f）库房面积满足收藏需要；库房管理制度健全；库房设施、设备基本符合藏品存放环境标准；藏品提用手续齐全，进、出库记录完整；藏品存放合理、规范；二级以上藏品均配备有符合要求的装具，一级文物和其他易损易坏的珍贵文物有专柜或专库存放并由专人负责保管；库房重点部位能控制温湿度，采光照明基本符合规范要求；库房整洁、空气无异味。

g）有藏品保护修复场所和基本的设备；有文物藏品修复资质和具备文物藏品修复资格的人员；藏品修复、保养程序科学、规范，效果好。

7.2.2.2　学术研究与科技

a）学术机构健全，学术带头人为有省级学术影响的专家；定期举办省级学术活动；定期出版较高质量的学术刊物；馆内人员经常在省级刊物发表专业论文、出版学术专著。

b）有专门科技人员和必要的设施设备，能独立承担省部级科研课题，能借助或引进专业科技力量开展相关科学技术研究工作，并将有关成果运用到实际工作中。

c）有与高等学校、科研院所开展学术交流、联合研究、科研成果共享和成果转化推广的协作机制。

7.2.3　陈列展览与社会服务

7.2.3.1　影响力

a）有博物馆品牌标志并有效运用;有系统的博物馆宣传计划，省级媒体经常报道博物馆动态。

b）在省内外有较高的知名度和较好的声誉；公众影响力较强，年观众5万人次以上，经常举办国内巡展和引进展览。

c）主动融入博物馆所在地城乡人民社会文化生活，年均开展社区活动不少于10次。

d）积极参与各类博物馆行业组织、区域博物馆联盟、馆际交流平台，并发挥作用。

e）与地域相邻、主题相近、藏品相关的博物馆之间建立密切关系，与相关博物馆加强在藏品、展览、教育、人才资源方面的交流与合作。

f）经常为中小博物馆、非国有博物馆提供对口帮扶，有较为健全的联展、巡展、互换展览和人员互派等长效协同发展机制。

7.2.3.2　展示、教育和传播

a）展厅环境整洁，照明符合设计规范要求，珍贵文物展品的保存环境达标。

b）基本陈列主题明确，较好体现本馆特色；策划方案合理，经过省级专家论证；内容研究较深入，展品组织较得当，文字说明准确、生动；展览设计较准确地表达陈列主题，艺术感染力较强；具有基本陈列动态调整机制，定期进行内容和展品更新；社会美誉度较高。

c）采取多种合作模式，经常举办原创性、有省级影响力的临时展览；临时展览主题注重观众调查，筛选过程引入观众需求因素，有周密的前期策划和营销计划，展览的社会、经济效益较好。

d）能根据自身特点、条件，运用现代信息技术，开展形式多样、生动活泼的社会教育和服务活动，参与社区文化建设和对外文化交流与合作。

有社会教育机构和专门从事社会教育工作的人员，馆内设有专门的未成年人教育服务区；有周密的社会教育工作方案和针对不同观众群体的社会教育计划；经常与教育部门以及其他单位联系或建立共建单位，开展有针对性的教育活动，积极推动博物馆进校园进课堂进教材，举办不同形式的讲座等活动，服务学校、工厂、社区和农村等不同观众群体；为省级爱国主义教育、科普教育基地。

e）有较高素质、稳定的讲解员队伍；有适合不同观众群体的科学、准确、生动的讲解词；定期进行义务讲解；有针对特殊观众群体的讲解服务；有现代化自助语音讲解设备。

7.2.3.3　公众服务

a）有"博物馆之友"等群众组织，依照章程定期开展活动。博物馆志愿者队伍稳定、有一定规模，全部实施上岗培训，每名志愿者每年为博物馆或观众服务48小时以上。

b）博物馆每年开放时长240天以上；基本陈列在特定时间段定期免费开放，或向教师、军人、老年人、未成年人等免费开放；日常免费、优惠开放制度和措施向社会公示；年免费接待青少年观众人数占观众总人数的25%以上；科学测定、管理观众承载量。

c）交通方便，可进入性良好；博物馆出入口处道路通畅，一般有无障碍通道；外部中、外文引导标识设置合理，清楚、美观。

d）设室内售票点，或实施互联网售票、二维码验票；参观游览线路合理、顺畅；设有观众服务中心或相应场所，咨询服务人员业务熟悉，服务热情；中、外文的博物馆导览等基本信息资料品种多，内容丰富，制作较好，并免费为观众提供；基本陈列的标牌有中、外文说明；设有免费物品寄存处、特殊人群服务设施和设备和纪念品、文创产品销售服务设施等；展厅内有观众休息设施；厕所等卫生设施、设备布局合理，数量满足需要、维护清洁及时，并与环境相协调；各种设施、设备中、外文标识清楚。

e）有专门网站，网站内容有特色，定期更新；馆内有互动式或参与式的多媒体文化、科普、教育服务设施，服务有特色、质量较高。

f）文化产品本馆特色突出，种类较丰富，制作较精美，销售情况较好，有博物馆馆藏资源知识产权授权制度规范，为文化、科技企业开发利用博物馆数字资源提供便利。

g）提供藏品代为保管、鉴定、养护及咨询等公众服务项目，公众满意度较高。

h）观众调查制度比较健全，调查方式较多，调查成果有效运用。

博物馆能依托自身资源，发挥特色和优势，在法人治理结构、藏品管理、学术研究、展示教育、观众服务等领域，大胆创新、勇于实践，引领行业发展方向，作出重要贡献。

7.3　三级

7.3.1　综合管理与基础设施

7.3.1.1　法人治理结构

法人治理结构完善，理事会（董事会）和监事会或其他形式的决策、监督机构健全，运行机制有效。

7.3.1.2　章程与发展规划

有正式批准和发布的博物馆章程和博物馆发展规划，体现高品质、特色化、差异化方向，服务国家和地区重大发展战略。年度工作计划符合发展规划要求。

7.3.1.3　建筑与环境

a）建筑功能区块布局基本合理。

b）环境整洁，室内空气质量较好。

7.3.1.4　人力资源

a）岗位结构、梯次基本合理。高、中级管理人员一般应具备大学以上文化程度。

b）员工考核、培训制度健全，人员、经费落实，业务培训全面，效果良好，强化上岗人员岗前培训管理，博物馆机构主要负责人员应具有文物行政管理部门委托或认可的干部培训经历并取得结业证书。

7.3.1.5　财务管理

a）财务管理制度完善并有效实施，有基本的事业经费来源和保证。

b）有社会资助。

7.3.1.6　安全保障

a）一、二、三级风险单位按要求落实相应的安全防范系统，一、二、三级风险部位按要求落实相应的安全防范措施。

b）有与博物馆规模相适应的专职保卫人员；保卫工作规章制度健全，措施得当，有处置一般突发事件的应急预案；保卫人员受过专业培训，工作程序规范；档案齐全，交接班制度完善、记录齐全；定期组织安全演练。

c）消防责任明确，管理制度完善；有针对一般火灾的消防应急预案；消防设施、设备按要求配备，有安全、有效的防雷装置，并定期进行检查、维修、更新；定期组织消防演练，保卫人员能够熟练、规范操作消防设备。

d）公共安全制度健全，应急预案规范；安全出口、疏散通道通畅，标志醒目，应急照明设备完好。

7.3.1.7　信息化建设

a）能够接入国际互联网，在编人员人均电脑配备率100%。

b）有功能完善、运行可靠的局域网办公信息系统。

7.3.2　藏品管理与科学研究

7.3.2.1　藏品管理

a）藏品资源与本馆的性质、任务相符，形成基本的体系。

b）藏品总量300件/套以上、藏品总体价值比较珍贵，具有较高的历史、艺术、科学价值，其中一类价值具省级意义。

c）有藏品数据库。

d）有与本馆宗旨、使命相符的藏品征集政策和收藏范围；有规范的藏品征集组织与制度，对征集的藏品进行鉴定；有接受捐赠等多种征集渠道，征集经费使用合理、效果好。

e）藏品管理制度健全；藏品入藏手续齐全、资料完整；藏品总登记账清晰，账物相符；藏品档案记录规范；新入藏的藏品及时建档备案，并及时登记入藏品总账。

f）库房面积基本满足收藏需要；库房管理制度健全；库房设施、设备基本适应藏品存放环境要求；藏品提用手续齐全，进、出库记录完整；藏品存放规范；一级藏品均配备有符合要求的装具，一级文物和其他易损易坏的珍贵文物有专柜或专库存放并由专人负责保管；库房重点部位能控制温湿度，采光照明基本符合规范要求；库房整洁，空气无异味。

g）藏品保养制度和措施健全，效果较好。

7.3.2.2　学术研究与科技

a）有学术机构，学术带头人为有地区性学术影响的专家；定期举办区域内学术活动；定期出版学术刊物；馆内人员每年在省级（含）以上刊物发表专业论文。

b）有一定科研能力，能借助或引进高等学校、科研院所的专业科技力量开展相关科学技术研究和学术交流工作，并将有关成果运用到实际工作中。

7.3.3　陈列展览与社会服务

7.3.3.1　影响力

a）有博物馆品牌标志；有较为系统的博物馆宣传计划，地区级媒体经常报道博物馆动态。

b）在省内有较高的知名度和较好的声誉；公众影响力较强，年观众3万人次以上；定期举办省内巡展和引进展览。

c）主动融入博物馆所在地城乡人民社会文化生活，年均开展社区活动不少于5次。

d）积极参与各类博物馆行业组织、区域博物馆联盟、馆际交流平台。

e）与地域相邻、主题相近、藏品相关的博物馆之间建立密切关系，与相关博物馆加强在藏品、展览、教育、人才资源方面的交流与合作。

f）为其他中小博物馆、非国有博物馆提供对口帮扶，积极融入相关形式的联展、巡展、互换展览和人员互派等长效协同发展机制。

7.3.3.2　展示、教育和传播

a）展厅环境整洁，照明符合设计规范要求，珍贵文物展品的保存环境基本达标。

b）基本陈列主题明确，体现本馆特色；策划方案比较合理，省级专家参加论证；内容研究具有一定深度，展品组织较合理，文字说明准确；展览设计较好表达陈列主题；具有基本陈列动态调整机制，及时进行内容和展品更新；有一定社会美誉度。

c）采取多种合作模式，定期举办原创性、有地区性影响力的临时展览；临时展览主题注重观众调查，筛选过程引入观众需求因素，有前期策划和营销计划，展览的社会效益较好。

d）能根据自身特点、条件，运用现代信息技术，开展形式多样、生动活泼的社会教育和服务活动，参与社区文化建设和对外文化交流与合作。

有社会教育机构和专门从事社会教育工作的人员；有具体可行的社会教育工作方案和针对不同观众群体的社会教育计划；经常与教育部门以及其他单位联系或建立共建单位，开展有针对性的教育活动，积极推动博物馆进校园进课堂进教材，举办不同形式的讲座等活动，服务学校、工厂、社区和农村等不同观众群体；为地市级爱国主义教育、科普教育基地。

e）有较高素质、稳定的讲解员队伍；有适合不同观众群体的科学、准确、生动的讲解词；定期进行义务讲解；有针对未成年观众群体的讲解服务。

7.3.3.3　公众服务

a）博物馆志愿者队伍稳定、有一定规模，全部实施上岗培训，每名志愿者每年为博物馆或观众服务48小时以上。

b）博物馆每年开放时长240天以上；基本陈列在特定时间段定期免费开放，或向教师、军人、老年人、未成年人等免费开放；日常免费、优惠开放制度和措施向社会公示；年免费接待青少年观众人数占观众总人数的20%以上；科学测定、管理观众承载量。

c）交通方便，可进入性较好；博物馆出入口处道路通畅；外部引导标识设置比较合理，清楚、美观。

d）设室内售票点，或实施互联网售票、二维码验票；参观游览线路基本合理、顺畅；设有观众咨询服务场所，服务人员业务熟悉，服务热情；博物馆导览等基本信息资料内容丰富，制作较好，并免费为观众提供；设有免费物品寄存处和纪念品、文创产品销售服务设施等；厕所等卫生设施、设备布局合理，数量满足需要、维护清洁及时，并与环境相协调；各种设施、设备中、外文标识清楚。

e）文化产品开发体现本馆特色。

f）提供藏品代为保管、养护及咨询等公众服务项目。

g）定期进行观众调查，并尽可能运用调查成果。

博物馆能依托自身资源特色，发挥各自的特点和擅长优势，在法人治理结构、藏品管理、学术研究、影响力、展示教育、观众服务等领域，勇于创新、积极实践。

8. 评分细则

8.1 本细则共计1000分，共分为三个大项，各大项分值为：综合管理与基础设施200分；藏品管理与科学研究300分；陈列展览与社会服务500分。评估时，综合管理与基础设施项最低分值应在80分（含）以上；藏品管理与科学研究项最低分值应在120分（含）以上；陈列展览与社会服务项最低分值应在200分（含）以上。

8.2 一级博物馆需达到800分，二级博物馆需达到600分，三级博物馆需达到400分。

8.3 评分细则计分表（附后）。

国家文物局2020年工作要点

2020年，国家文物局坚持以习近平新时代中国特色社会主义思想为指导，深入贯彻党的十九大和十九届二中、三中、四中全会精神，紧紧围绕习近平总书记关于文物工作重要论述和敦煌研究院座谈会重要讲话精神，认真贯彻落实党中央、国务院决策部署，持续推进《关于加强文物保护利用改革的若干意见》《关于实施革命文物保护利用工程（2018—2022年）的意见》《关于进一步加强文物安全工作的实施意见》落地见效，推动文物事业改革发展再上新台阶。

一、以习近平新时代中国特色社会主义思想为指导，切实抓好党的建设工作

1. 深入学习贯彻习近平新时代中国特色社会主义思想。把学习贯彻习近平新时代中国特色社会主义思想作为不忘初心、牢记使命制度的重要内容，组织局系统各级党组织认真学习贯彻习近平总书记关于文物工作重要讲话和指示批示精神，发挥局党组示范引领作用，坚持学用结合，丰富学习形式，提升学习效果。

2. 全面贯彻落实党的十九届四中全会精神。把党的全面领导贯穿文物工作全过程，持续推动《关于加强文物保护利用改革的若干意见》等三个文件确定的各项工作任务落实落地，不断提高文物领域治理效能。

3. 不断巩固"不忘初心、牢记使命"主题教育成果。把不忘初心、牢记使命作为加强局系统党的建设的永恒课题和党员干部的终身课题常抓不懈，持续抓好各项整改任务的落实。深入开展"让党中央放心、让人民群众满意的模范机关"创建工作，把树立"四个意识"、坚定"四个自信"、做到"两个维护"、做好"三个表率"作为主要任务，进一步提高局系统党建工作水平。持续加大定点扶贫工作力度。

4. 全面坚持从严治党。贯彻落实十九届中央纪委四次会议精神，把从严作为主题，进一步加强局系统党风廉政建设，不断推进全面从严治党向基层延伸。落实中央巡视工作部署，完成局党组2020年巡视任务，对2018年、2019年局党组巡视单位整改情况进行督促检查。根据审计要求，切实改进和纠正审计查出的问题，确保整改工作按时保质完成。

二、加强制度建设，持续推进"三个文件"落地见效

5. 推进文物法治建设。力争2020年底完成《文物保护法》修订草案报国务院。推动

《水下文物保护管理条例》修订公布。继续推进文物领域"放管服"改革，完善配套管理制度。

6．加强扩大中华文化国际影响力顶层设计。起草完成关于让文物活起来扩大中华文化国际影响力实施意见，积极推动文件的印发和落实。

7．加强革命文物工作。加强革命文物工作顶层设计和宏观指导，推动召开全国革命文物工作会。公布第二批革命文物保护利用片区分县名单。指导各地公布一批革命文物名录。推进革命文物集中连片保护利用工程，实施一批革命文物保护利用项目。

8．完善文物保护投入与文物资产管理机制。推动文物保护领域中央与地方财政事权和支出责任划分改革方案落实，编制《文化遗产保护利用"十四五"支出规划》。争取联合出台《国有文物资产管理暂行办法》和文物领域购买服务指导性目录。

9．推进国家文物督察和文物安全机制建设。研究推进文物行政执法与刑事司法衔接、文物保护纳入公益诉讼范围。完善全国文物安全工作部际联席会议长效机制。做好社会力量参与文物安全和文物违法举报工作，开展"寻找最美文化遗产守护人"活动。

10．加强考古与文物保护工程管理制度建设。编发"考古中国"重大项目申报管理指南。制定出台土地储备考古前置、出土文物移交等规范性文件。修订《文物保护工程管理办法》。

11．加强博物馆改革发展顶层设计。推动出台博物馆改革发展实施意见，进一步优化博物馆体系和规划布局，更好满足人民群众公共文化服务需求。

12．促进文物市场活跃有序发展。总结文物流通领域"登记—交易"制度试点工作成果，出台关于鼓励和规范民间文物收藏活动的指导意见。研究制定文物鉴定职业资格管理制度文件。启动《依法没收、追缴文物的移交办法》修订工作。

13．完善流失文物追索工作体制机制。构建"方向明确、分工明晰、力量到位、重点突破"的流失文物追索返还工作体系，建立部际协调组及办公室，加强海外中国文物调查研究，设立流失文物追索返还研究基地。

三、提升管理效能，全面服务经济社会发展

14．落实重大规划配套措施。编制长城分省保护规划纲要和重要点段保护规划，出台《大运河文化遗产保护专项规划》。指导长城、大运河、长征国家文化公园建设试点。落实中央要求，编制《黄河文物资源保护利用专项规划》，实施黄河文化遗产系统保护工程，大力弘扬黄河文化。编制完成全国文物保护专项空间规划纲要，对接国土空间规划与国土空间保护开发"一张图"。

15．筑牢文物安全防线。开展文物遥感执法监测，督察督办重大文物违法犯罪案件和安全事故。联合部署打击文物犯罪专项行动，持续开展文物火灾防控能力提升行动，推进文物平安工程，推动实施文物安全直接责任人公示公告制度。

16．推进世界文化遗产申报管理。全力办好第44届联合国教科文组织世界遗产委员会会议，力争泉州项目列入世界遗产名录，重点推进普洱景迈山古茶林文化景观申遗工作。

17．加强博物馆规范化建设。指导开展博物馆定级评估。联合规范非国有博物馆登记备案工作，印发非国有博物馆章程示范文本。深化博物馆理事会制度建设。印发博物馆藏品征集规程。指导中国博物馆协会完成换届。举办国际博物馆协会藏品委员会2020年藏品专委会大会和第九届"博博会"。

18．推动让文物活起来方式创新。推进国家文物保护利用示范区创建工作。推介一批国家文化地标、中华民族精神标识和社会主义核心价值观展览、革命文物主题展览。举办文化和自然遗产日主场城市和国际博物馆日中国主会场宣传活动，策划组织革命文物保护利用宣传活动周，组织拍摄一批革命文物故事微视频、革命旧址短片、革命人物纪录片。

19．推进资源共享和跨界融合。继续做好《博物馆馆藏资源著作权、商标权和品牌授权操作指引（试行）》贯彻工作，推进社会参与、资源共享。推动制定《关于深入实施"互联网+中华文明"行动计划的意见》。

四、加强交流合作，着力提升中华文化影响力

20．加强文物国际交流合作。实施"亚洲文化遗产保护行动"，召开"亚洲文化遗产保护对话会"，发起"亚洲文化遗产保护联盟"。落实元首外交成果，推进中法联合在巴黎圣母院与秦兵马俑开展保护修复与研究合作。推进援助尼泊尔、柬埔寨、缅甸、乌兹别克斯坦文物保护修复项目，支持开展沙特塞林港中外联合考古合作。实施"一带一路"文化遗产保护与交流合作专项规划，重点推进丝绸之路南亚廊道、海上丝绸之路保护和申报世界文化遗产相关工作。

21．深度参与文化遗产国际治理。落实与国际文化财产保护与修复研究中心《关于文化遗产保护合作的框架协议》。加强与濒危文化遗产保护国际基金合作。

22．深化港澳台文化遗产交流合作。举办港澳中学生文化遗产暑期课堂。举办第十届两岸文化遗产保护论坛，举办台湾教师中华历史文化研习营活动，赴台举办文物展览。

五、着眼固本强基，不断增强保障能力

23．强化政策研究支撑。研究编制国家文物事业发展"十四五"规划，谋划实施系列重大政策、重要改革和重点项目。推进国家文物智库建设。

24．加强文物科技创新和行业标准化建设。积极争取将文物科技纳入国家"十四五"科技规划和中长期规划。出台《关于进一步加强科研基地建设的意见》。推动文物科技资源共享服务平台试点建设。启动文物行业标准制修订计划（2021—2023年）研究。完善智慧博物馆建设系列标准规范。加快推进在ISO成立文化遗产保护技术委员会。

25．加强文博机构队伍建设。组建国家文物局考古研究中心。配合中央编办做好加强基层文博机构建设工作。实施新时代文物人才建设工程。推动成立文物保护修复职业教育联盟，推进文物保护工程从业资格制度建设。

26．推进政务保障工作。继续推进综合行政管理平台建设和政务信息系统整合共享工作。完善互联网+监管系统，加强"一网通办""一网通管"。加强政务督查和政务信息报送工作。按时完成"两会"人大建议、政协提案办理工作。认真妥善做好年度行政复议和行政应诉工作。

27．做好文物宣传工作。切实推进中华文物全媒体传播。持续打造《如果国宝会说话》、文化遗产公开课等宣传品牌。加强政府网站、政务新媒体建设管理，加强舆情监测管理。

国家文物局关于修改《可移动文物修复管理办法》等三部规范性文件的决定

文物政发〔2020〕6号

　　根据党中央、国务院关于深化"放管服"改革、优化营商环境决策部署有关要求，现对《可移动文物修复管理办法》等三部规范性文件作出修改如下。

　　一、对《可移动文物修复管理办法》作出修改

　　将第八条第二项"主要技术人员的职称证书、身份证复印件、工作资历或业绩证明及聘用（任职）证明"修改为："主要技术人员的职称证书、工作资历或业绩证明及聘用（任职）证明"。

　　二、对《文物拍卖管理办法》作出修改

　　（一）将第六条第二项"企业注册资本的验资证明，历次股权结构变动情况记录"修改为："企业注册资本的验资证明"。

　　（二）删去第六条第三项"《企业法人营业执照》正本及副本复印件；《拍卖经营批准证书》正本及副本（含变更记录页）复印件"。

　　三、对《文物拍卖标的审核办法》作出修改

　　将第八条第一项"有效期内且与准许经营范围相符的《拍卖经营批准证书》、《企业法人营业执照》及《文物拍卖许可证》的复印件"修改为："有效期内且与准许经营范围相符的《文物拍卖许可证》的复印件"。

　　本决定自2020年4月30日起施行。

　　《可移动文物修复管理办法》《文物拍卖管理办法》《文物拍卖标的审核办法》根据本决定作出相应修改，重新公布。

国家文物局

2020年4月30日

国家文物局关于开展革命文物名录
公布工作的通知

文物革函〔2020〕395号

各省、自治区、直辖市文物局（文化和旅游厅/局），新疆生产建设兵团文物局：

为深入贯彻落实中共中央办公厅、国务院办公厅《关于实施革命文物保护利用工程（2018—2022年）的意见》，现就革命文物名录公布有关事项通知如下。

一、公布范围和内容

（一）公布范围。此次公布的对象是不可移动革命文物和国有可移动革命文物。各地根据第三次全国文物普查和第一次全国可移动文物普查的统计数据，在2018年革命文物名录报送工作基础上，核定并公布所在行政区域的革命文物名录。

革命文物的公布范围涵盖旧民主主义革命、新民主主义革命、社会主义革命和社会主义建设、改革时期，主要包括与新民主主义革命时期中国共产党领导的革命活动相关的史迹、实物和纪念设施；与社会主义革命、建设和改革时期重大标志性事件相关、承载革命精神的史迹、实物和纪念设施；与抗日战争密切相关的史迹、实物和纪念设施，以及实证侵华日军罪行的史迹、实物；与著名民主党派和无党派爱国人士相关的史迹、实物和纪念设施；与旧民主主义革命时期太平天国、义和团运动、辛亥革命相关的史迹、实物和纪念设施，以及与其他反帝反封建的重要事件和重要人物密切相关的史迹、实物和纪念设施。

（二）公布内容。此次公布的革命文物名录基本信息包括不可移动革命文物所属行政区域、名称和级别，国有可移动革命文物所属行政区域、文物收藏单位、名称、数量和级别。具体要求参见附件1、2。

二、公布程序和时间

（一）公布程序。省级文物行政部门按照属地管理原则，组织核定并汇总公布全省革命文物名录。国家文物局核定、公布全国重点文物保护单位革命文物名录。

（二）公布时间。省级文物行政部门应于2020年12月31前完成全省（自治区、直辖市）革命文物名录公布工作并报国家文物局备案。

三、工作要求

（一）确保工作质量。各地应根据中央相关决议、文件精神和党史文献研究成果，基于革命史实和文物价值，审慎研究并核定革命文物名录；必要时应开展田野调查核实，咨询有关专业机构和专家意见，避免引起社会争议。

（二）做好统筹协调。省级文物行政部门应加强部门协作，充分征求同级宣传、党史文献等部门对拟核定公布革命文物名录的意见。国家文物局指导中国文物信息咨询中心为相关数据汇总和信息完善提供技术支持。

（三）加强保护利用。各地应建立完善革命文物排查制度，进一步摸清革命文物保存状况，定期更新革命文物名录，积极推进革命文物数据信息开放共享，推动革命文物类文物保护单位对社会开放，不断提升革命文物保护管理利用水平，更好发挥革命文物在弘扬革命精神、传承红色基因中的重要作用。

特此通知。

附件：1. ＿＿＿省（自治区、直辖市）不可移动革命文物名录（略）
　　　2. ＿＿＿省（自治区、直辖市）可移动革命文物名录（略）

国家文物局
2020年5月7日

国家文物局关于印发《全国文物火灾隐患整治和消防能力提升三年行动实施方案》的通知

文物督发〔2020〕10号

各省、自治区、直辖市文物局（文化和旅游厅/局），新疆生产建设兵团文物局：

为深入贯彻落实习近平总书记关于安全生产和文物安全工作的重要指示精神，按照国务院安全生产委员会《全国安全生产专项整治三年行动计划》要求，我局制定了《全国文物火灾隐患整治和消防能力提升三年行动实施方案》，现印发给你们，请结合实际认真贯彻落实。

火灾是危害文物安全的重要因素。今年以来，广西灵川县长岗岭村古建筑群莫府组群、江苏苏州市余德堂、四川西昌市五祖庵、天津瑞蚨祥绸布店旧址、浙江永嘉县芙蓉村古建筑群司马第大屋相继发生火灾，文物消防安全形势依然严峻。请各地高度重视，按照本方案要求，认真组织实施文物火灾隐患整治和消防能力提升三年行动，确保文物安全。

国家文物局
2020年5月12日

全国文物火灾隐患整治和消防能力提升三年行动实施方案

为深入贯彻习近平总书记关于安全生产和文物安全工作的重要指示精神，认真落实国务院安全生产委员会《全国安全生产专项整治三年行动计划》和《消防安全专项整治三年行动实施方案》，集中整治文物火灾隐患，切实提升文物消防能力，制定本实施方案。

一、工作目标

认真学习贯彻习近平总书记关于安全生产和文物安全工作的重要论述，树牢安全意识，筑守安全底线；强化责任落实，加强安全监管，推动实施文物安全直接责任人公告公示制度，文物消防安全责任制不断健全；深化源头治理，持续整治火灾隐患，有效化解重大文物火灾风险；推进文物平安工程，加强消防基础设施建设，加大科技应用，切实增强火灾预警防控能力；实施精准管理，完善消防安全制度和应急预案，加强消防演练，扎实推进文物消防安全治理能力现代化。通过三年行动，文物火灾隐患得到有效整治，文物、博物馆单位消防能力得到全面提升，重大文物火灾事故得到明显遏制，文物安全形势持续向好。

二、主要任务

（一）强化文物安全责任

1. 推动落实政府主体责任。各级文物行政部门要积极推动本行政区域内各级人民政府，认真落实《国务院办公厅关于进一步加强文物安全工作的实施意见》，切实履行文物安全属地管理主体责任，将文物安全工作纳入地方政府年度考核评价体系，加大文物安全投入，健全、保障文物安全管理队伍和力量。

2. 切实履行部门监管职责。各级文物行政部门要积极协调会同消防救援机构，认真研判、分析评估本行政区域内文物火灾风险，安排部署文物消防安全工作，组织开展文物消防安全检查，督察督办文物火灾事故，督导整改文物火灾隐患。加强消防安全能力建设，强化文物安全队伍管理，推动实施文物安全直接责任人公告公示制度，组织做好文物消防设施建设，切实提升文物消防安全总体水平。

3. 全面夯实单位直接责任。各文物、博物馆单位要认真履行文物安全直接责任，明确消防安全责任人和消防安全管理人，并向社会公示接受监督。按有关要求和文物安全实际需要，建立健全消防队伍，落实岗位责任制，完善消防安全设施和设备，加强消防安全管理，及时整改火灾隐患，落实文物安全责任和措施。

（二）开展火灾隐患排查整治

1. 全面排查。排查各级各类具有火灾风险的不可移动文物和博物馆、纪念馆等文物收藏单位，特别是重点排查大型古建筑群、传统村落、作为宗教活动场所文物建筑、博物馆和其他文博开放单位，以及文物保护工程工地等火灾诱因较多的单位和场所。

2. 重点整治。整治文物、博物馆单位生活用火、生产活动用火、宗教场所用火、电气安全故障，以及可燃物和易燃易爆危险物品管理、消防设施设备使用维护、占堵消防通道、消防安全管理等方面存在的火灾隐患和问题。

3. 精心组织。县级文物行政部门组织对本行政区域内文物、博物馆单位开展全面排查整治；市级文物行政部门组织对本行政区域内省级以上文物保护单位、重点市级文物保护单位和三级以上博物馆开展重点检查整治；省级文物行政部门组织对全国重点文物保护单位、重点省级文物保护单位和二级以上博物馆开展重点检查整治。按照全覆盖、零容忍、严执法、重实效的要求，确定检查的具体文物、博物馆单位，定期组织检查督导，列出突出火灾隐患和问题清单，逐单位逐项督促整改。会同当地消防救援机构，对发现的文物、博物馆单位重大火灾隐患开列清单，进行挂牌督办，照单整改。

4. 自查自改。各文物、博物馆单位要依照本方案和属地各级文物行政部门要求，认真开展火灾隐患排查整治工作。制订工作计划，组织人员力量，按照横向到边、纵向到底的要求全面排查检查，开列火灾隐患和问题清单，建立整治工作台账，逐项整改。对不能立即整改的隐患和问题，要列出整改措施，限期整改。本单位无力整改的重大火灾隐患和问题，要切实采取临时防护措施，及时向属地政府或者主管部门报告，积极主动争取支持，尽快整改。

（三）加强消防基础设施建设

1. 推进文物平安工程。各级文物行政部门要对本行政区域内文物、博物馆单位消防设施建设现状进行全面调查，掌握底数，制订计划，积极争取各级财政支持，按照风险程度和轻重缓急，有序组织好消防设施建设工作。省级文物行政部门要按照有关要求，认真组织好本行政区域内文物、博物馆单位消防工程项目审核和实施监管等工作，加快项目实施进度，确保工程质量。

2. 增强火灾防控能力。各文物、博物馆单位要依照有关标准和防护要求，健全完善消防系统，配备适用的消防装备，配齐消防器材、器具，增强有效防火灭火能力。加强消防设施设备日常维护保养，制作消防设施设备管理台账，定期进行设备检测和运行测试，确保良好使用效能。

3. 加大新技术装备应用。各级文物行政部门和各文物、博物馆单位要积极推进高效预警、安全用电、智能监管等方面的先进设施设备适用，推动无人机、巡查机器人、卫星遥感监测等智能装备在安全监管和检查巡查中加大应用，提高火灾防控效率与能力。

（四）切实增强管理和应急能力

1. 实施精准化管理。各文物、博物馆单位要从消防安全责任落实、火灾风险评估、安全用火用电、易燃易爆危险品管理、消防设施设备维护检测、消防检查巡查、火灾隐患整改、灭火和应急疏散预案演练、教育培训、监督考核等方面，建立健全安全管理制度。实施精细化、标准化管理，规范、细化消防安全管理程序和环节，明确岗位职责和工作目标，制定考核标准和奖惩措施等，确保制度有效实施。

2. 加强日常检查巡查。各文物、博物馆单位要按照《文物消防安全检查规程（试行）》和本单位实际，建立并严格实施定期检查和日常巡查制度，明确检查巡查人员及其职责，科学设定检查巡查内容、频次和路线，做好检查巡查记录和档案。对检查巡查发现的安全隐患和问题，建立整改台账，及时对账整改，不整改不销账。

3. 健全消防专业队伍。距离消防救援队较远属于全国重点文物保护单位的古建筑群，要建立健全专职消防队；其他文物、博物馆单位按要求建立专（兼）职消防队伍和微型消防站。按照有关标准和实际需要，配齐专（兼）职消防人员，配备好消防器材装备。加强训练和严格管理，打造具有防火灭火实战技能的专业消防力量。

4. 增强应急处置能力。各文物、博物馆单位要根据本单位实际和周边防火环境状况，按照有效实用、便于操作的要求，科学制订灭火和应急疏散预案。针对特殊天气、重大活动、重要节日等火灾高发期，以及可能发生山火、林火等突发性火情，制订专门预案，采取专项措施。按照实战实操要求，定期组织本单位所有消防力量开展应急演练，切实增强应急处置和初起火灾扑救能力。各级文物行政部门要加强与消防救援机构联防联动，对本行政区域内文物、博物馆单位预案制订和消防应急演练进行指导，提升专业水准。

（五）大力开展教育培训

1. 开展宣传警示教育。各级文物行政部门和各文物、博物馆单位，要认真组织习近平总书记关于安全生产重要论述的宣传贯彻活动，以先进思想理念武装头脑、指导文物安全工作。定期组织安全法规宣贯、消防常识普及和火灾警示教育活动，通过专题讲座、以案说法、现场观摩等方式，树牢风险意识，强化安全观念。通过张挂消防安全宣传图标、发放安全警示资料、进行音像广播等方式，增强周边社区和群众安全意识，引导社会力量参与文物消防工作。

2. 定期进行培训考核。各文物、博物馆单位要定期开展人员安全培训，及时开展新入岗人员岗前培训，消防系统操控人员持证上岗，着力培养会消防管理，会操作消防设施器材，会检查整改火灾隐患，会扑救初起火灾和组织人员疏散逃生的消防安全"明白人"。

三、时间安排

按照统一部署，三年行动自2020年5月开始至2022年12月结束，2020年6月至12月集中开展文物火灾隐患排查整治，有关文物消防能力提升各项工作贯穿三年行动始终。

（一）动员部署（2020年5月底前）。省级文物行政部门尽快制发具体实施方案，明确目标任务、工作措施和要求，合理安排本省三年行动工作时段与时限。开展部署动员，将工作方案具体要求及时传达各级文物行政部门和各文物、博物馆单位，做到全行业行动。

（二）排查整治（2020年6月至12月）。各文物、博物馆单位按照要求集中开展火灾隐患自查自改。各级文物行政部门组织开展文物火灾隐患检查整治，建立问题隐患和责任单位清单，督促整改和措施落实。

（三）集中攻坚（2021年）。开展火灾隐患深入整治，攻坚整改重大火灾隐患和突出问题。文物行政部门会同当地消防救援机构，挂牌督办重大火灾隐患单位。同时，积极推进文物、博物馆单位消防能力提升各项工作。

（四）巩固提升（2022年）。重点督导文物、博物馆单位安全责任落实、安全隐患整治、消防设施建设、安全管理与应急处置、教育培训等消防能力提升情况，全面增强文物、博物馆单位消防安全治理能力。

四、保障措施

（一）加强组织领导。各级文物行政部门和各文物、博物馆单位要充分认清当前文物消防安全形势，切实增强安全意识，加强组织领导，认真安排部署，强化督促指导，定期听取行动进展和工作汇报，研究推动重点工作，确保三年行动有序进行、按期完成。

（二）明确机构人员。各级文物行政部门和各文物、博物馆单位要明确牵头领导、承办机构和人员，负责组织开展三年行动有关工作。省级文物行政部门于2020年5月31日前将承办处室负责人和联系人报送至国家文物局督察司安全监管处。

（三）加强督导问效。各级文物行政部门应当加大督导检查力度，确保三年行动取得实效。对三年行动开展不力、重大火灾隐患整改不到位、主要安全措施不落实的，要进行专项督察、约谈或者通报，情节严重的依法依纪追究问责。三年行动期间，国家文物局将适时组织赴各地督导抽查。

各级文物行政部门应当及时总结三年行动开展情况，推广先进做法和经验。省级文物行政部门要分别在2020年和2021年11月底前报送本省当年工作开展情况，2022年9月底前报送本省三年行动总结报告（有关报送要求和报表另行印发），国家文物局汇总后报告国务院安委会办公室。

国家文物局关于公布《文物保护工程安全检查督察办法（试行）》的决定

文物督发〔2020〕11号

各省、自治区、直辖市文物局（文化和旅游厅/局），新疆生产建设兵团文物局：

《文物保护工程安全检查督察办法（试行）》已经2020年5月12日国家文物局第8次党组会审议通过，现予公布，自公布之日起施行。

国家文物局
2020年5月13日

文物保护工程安全检查督察办法（试行）

第一条 为加强文物保护工程安全管理，规范文物保护工程安全检查、督察工作，根据《中华人民共和国文物保护法》《中华人民共和国安全生产法》和《国务院办公厅关于进一步加强文物安全工作的实施意见》等，制定本办法。

第二条 各级文物行政部门对实施中的文物修缮、迁移和保护性设施建设等文物保护工程，实施安全检查、督察，适用本办法。

第三条 文物行政部门应当与应急管理部门、消防救援机构协调配合，将文物保护工程安全检查纳入安全生产和消防检查内容。

第四条 市、县级文物行政部门对本行政区域内文物保护工程进行安全检查，及时掌握工程安全管理情况。县级文物行政部门应当明确专人作为全国重点文物保护单位文物保护工程安全监管责任人。

省级文物行政部门对本行政区域内全国重点文物保护单位和省级文物保护单位文物保护工程进行安全检查，对市、县级文物行政部门文物保护工程安全检查工作实施督察。

国家文物局对各省文物保护工程安全检查工作实施督察，对重大安全隐患、安全事故进行专项督察。

第五条 文物行政部门对文物保护工程下列情况进行安全检查、督察：

（一）安全直接责任人及安全管理人员情况；

（二）安全管理制度建设及实施情况；

（三）安全风险评估清单及对应的防控措施；

（四）防火、防盗、防破坏等安全防护设施设备器材配置及消防通道设置情况；

（五）施工现场文物本体及雕塑、雕刻、壁画、彩画等安全防护措施；

（六）施工方法与施工技术安全及保障情况；

（七）施工设施、设备和机具安全性能，脚手架搭建、洞口设置、临边与高空作业等安全防护情况；

（八）施工现场用电、动火审批及安全管理情况；

（九）施工作业场所、材料堆放区、生活区和办公区等区域设置和分隔是否符合安全要求；

（十）施工现场可燃和易燃易爆物品安全使用管理情况；

（十一）日常安全巡查、检查和安全隐患整改情况；

（十二）施工人员安全教育和安全防护措施情况，施工现场安全警示宣传情况；

（十三）安全应急预案及演练情况；

（十四）其他安全管理情况。

第六条 文物行政部门进行文物保护工程安全现场检查、督察可以采取下列措施：

（一）查询文物保护工程安全管理情况和有关档案资料；

（二）进入施工现场实地检查核实，检验施工和安全防护设施、设备安全性能与运行情况；

（三）观摩现场应急演练，检验应急处置能力；

（四）组织专业机构实施专业安全评估和检测。

第七条 文物行政部门进行文物保护工程安全检查应当填写检查记录，并由检查人员和被查单位负责人签字。

第八条 检查中发现安全隐患的，应当现场反馈，并及时向业主单位和施工单位送达隐患整改通知书，责令限期整改。

发现严重危害人员和文物安全的重大安全隐患，应当责令停工整改。

发生安全生产事故的，应当按规定及时报告当地政府及有关部门，并妥善处置，有效避免和减少文物损失；涉及全国重点文物保护单位和省级文物保护单位的，应当报国家文物局。

第九条 国家文物局、省级文物行政部门根据文物保护工程实施情况，采取重点督察、专项督察或者联合督察等方式，开展文物保护工程安全督察。

第十条 省、市、县文物行政部门根据检查情况，建立文物保护工程安全隐患整改责任清单，照单跟踪督办，督办整改情况记入安全检查台账。

第十一条 对发现的违反安全生产规定的行为，或者未按要求整改安全隐患的，文物行政部门应当责令改正，给予通报批评；情节严重的，对有关责任单位负责人进行约谈；酿成安全事故造成损失的，依法依纪追究责任。

第十二条 文物行政部门应当建立安全检查、督察档案，将检查记录、台账和其他检查、督察情况和资料存入档案。

第十三条 文物保护工程安全检查、督察人员应当依照有关法规和标准，客观公正开展检查、督察工作，遵守廉洁自律有关规定，保守被检查单位商业秘密。

第十四条 本办法自公布之日起施行。

国家文物局关于进一步加强重点科研基地建设的意见

文物博发〔2020〕8号

各省、自治区、直辖市、计划单列市文物局（文化和旅游厅/局），新疆生产建设兵团文物局，故宫博物院，中国国家博物馆，各有关单位：

国家文物局重点科研基地（以下简称"科研基地"）是文物、博物馆领域的科技研发中心、人才孵化中心、成果辐射中心和交流合作中心。为落实中共中央办公厅、国务院办公厅《关于加强文物保护利用改革的若干意见》，进一步推动科研基地建设和发展，根据党中央、国务院关于完善科研管理、提升科研绩效、推进成果转化、优化分配机制等有关部署和要求，提出以下意见。

一、总体要求

（一）指导思想。以习近平新时代中国特色社会主义思想为指导，全面贯彻党的十九大精神，落实创新驱动发展战略，面向文物、博物馆事业对科技创新的迫切需求，面向文博行业创新体系建设，坚持问题导向和目标导向相结合，加强顶层设计，改革创新管理，吸引社会优质科技资源进入文博行业，加大科研基地建设力度，推升建设质量，以科技创新带动文物、博物馆领域全面创新。

（二）基本原则

——顶层设计，优化布局。围绕文物科技发展需要，统筹存量与增量，突出重大需求，适当超前部署，有序扩大科研基地总量。

——重点建设，持续发展。注重科研基地能力建设，坚持人才为本，强化科技基础条件保障，促进重大科技成果产出和转移转化，提升国际影响力。

——创新机制，规范运行。加强国家文物局、组织单位、依托单位对科研基地建设管理的有机衔接，推动科研基地运行管理机制体制创新，强化动态调整与有序进出。

（三）发展目标。到2030年，围绕文物保护、研究、利用和管理的重要紧迫需求，拓展科研基地规模，总量达到50家。优化完善科研基地的研究方向布局，在增补空白的同时，实现领域细分和动态调整。引领行业高水平研究，补强应用基础研究和科技基础条件短板，突破一批文物保护利用的共性、关键技术难题。强化科研能力建设，优化运行管理，深化体制机制创新。将若干具备条件的科研基地培育建成国家重点实验室、国家技术创新中心、国家科技资源共享服务平台等国家创新基地。

二、明确科研基地任务

（四）全面开展科技攻关。形成科研基地建设与科技攻关活动紧密衔接、互融互通的新格局。促进多领域技术融合，提升文物安全防护技术保障能力。加强文物预防性保护和抢救性保护研究，加快核心关键技术突破，大力发展成套技术和装备。发展先进技术，提升文物与考古研究能力。加强文物、考古、博物馆管理科学与工程技术研发，服务行业管理现代化。重点加强新一代信息技术的应用研究，提高文物展示利用的技术实现能力。

（五）大力发展文物保护和考古应用基础研究。提供解决文物保护和考古问题的理论依据和技术基础。着力突破文物无损或微损检测分析技术，考古现场残留物与信息提取技术，发展新的实验测试技术。对危害文物的常见多发病害，加强病理研究；揭示传统和现代文物保护方法的科学原理。优化对文物本体和环境的监测技术，创新监测数据研究方法，为预防性保护提供科学依据。鼓励建设联合实验室，加强文博单位与高校、科研院所的应用基础研究合作。

（六）着力加强人才队伍建设。牢固树立"人才是第一资源"的观念，把科研人才培养和团队建设置于各项工作的核心。在重要科研任务分配、国际国内学术交流中创造机会，有意识地培养科研领军人才和青年骨干人才。建构学术带头人、科研骨干和青年后备力量的人才金字塔，将依靠学术带头人个人力量凝聚团队的发展模式转变为以机制保障团队凝聚力的可持续的发展模式。加快对新生力量的培养和引进，遏制新老交替造成的科研队伍断层问题。注重加强基础性研究人才队伍建设。

（七）注重加强科研成果转化应用。将科研基地建成知识创新和科技成果转移扩散的发源地。完善文物保护技术评价方法，建立覆盖"实验室研究—实验观测—优化改进—应用示范—应用后监测"全周期的文物保护技术科学评价体系。探索建立科研基地与优质企业的协同创新机制，促进专利成果产品化和产业化。积极承担文博行业相关标准的制修订任务。加强对文物保护相关技术导则和各类实验室标准的研制工作，并逐步向行业标准转化。

（八）深化国内外科技合作与学术交流。加强科研基地的跨机构、跨行业合作，特别是科研基地之间的横向交流，打造文博行业协同创新平台。掌握国际文化遗产领域科技发展动态，把握国内国际两个需求，发展联合科研、人才培养、国际化团队建设相结合的国际科技合作模式。积极参与国际学术交流活动，支持和推荐更多人员到有影响力的国际文化遗产组织、国际科技组织和国际重要期刊应聘任职，推进任职高端化。

三、强化科研基地能力建设

（九）发挥科研基地主任和学术带头人作用。健全科研基地主任聘任、换届制度，赋予主任充分的人力、物力资源调动权利，切实发挥主任的领导作用。鼓励文博单位领导班子成员兼任科研基地主任，并聘任主要学术带头人为常务副主任，建立稳定高效的工作机制。充分发挥科研基地学术带头人在确立科研方向、制订研究计划、承接重要科研任务和指导青年科研人员等方面的学术带头作用，注重扩大国际和前沿视野。

（十）切实发挥学术委员会作用。重点选择具有国际视野、战略思维和活跃于科研一线的专家学者组建学术委员会，发挥学术委员会的高级智囊团作用。学术委员会委员贵精不贵多。鼓励根据需要组建跨学科的学术委员会。加强科研基地与学术委员会委员的信息交流，每年至少召开一次学术委员会会议，鼓励邀请省级文物行政部门参会。

（十一）加快文物科技基础条件建设。科学合理地提升基础设施和装备水平，积极推动科学仪器设备开放共享。加强科技基础性工作，抢救性整理既往形成的文物科学调查档案、考古发掘资料、科学数据、文物与考古科研标本、科技资料，并逐步开放共享。着力推进标本库和科学数据库建设，建立健全跨地区、跨机构协同建设和共享机制，争取尽快纳入国家科技资源共享服务平台序列。

（十二）继续推进科研基地工作站建设。做好新建工作站的规划布局，把工作站作为科研基地向行业输出先进技术、为行业培养技术人才的重要节点。逐步加强工作站的科研反馈能力，依托工作站推动科技成果应用后评价。

四、加强运行保障与管理

（十三）切实落实依托单位条件保障。保障科研基地固定人员数量稳中有增，新老有序更替。每年给予科研基地稳定的基本运行经费。改善实验室条件，按需适时购置和更新科学仪器设备，并相应加强实验室人员力量。为科研基地建设标本库和科学数据库提供配套的库房、机房空间保障和安全保障。

（十四）改革创新科研基地用人机制。充分体现科研基地"特区"性质。给予科研基地一定的人才引进特殊政策，资助科研启动经费。文博单位岗位不足的，可为科研基地申请设置科研创新特设岗位，不受岗位总量和结构比例限制。对于科研基地急需紧缺的高层次人才，文博单位可采取直接考察方式聘用，灵活采用工资分配形式，所需绩效工资总量在本单位绩效工资总量中单列，相应增加单位绩效工资总量。

（十五）创新优化科研绩效评价机制。对科研基地人员进行职称评定、收入分配、经费资助时，采取符合文博行业特点、体现科研质量和贡献的绩效评价体系，不唯学历、资历、论文和奖项，不简单计算科研项目数量和经费规模。标本库、科学数据库建设和数据发表应作为科研业绩。文博单位应区别科研基地人员与其他人员的业绩要求，侧重科研及其成果应用。高校和科研院所应优先支持科研基地服务行业科技应用需求、创造社会效益。

（十六）建立健全科研奖励激励机制。依托单位从文物领域国家科技计划任务间接费用中提取的绩效支出，应向承担任务的中青年科研骨干倾斜。制定本单位转化科技成果的专门管理办法，本着激励创新、鼓励合作的原则，对科研基地的成果完成人和其他对成果转化作出贡献的人员，给予奖励和报酬，现金奖励计入当年本单位绩效工资总量，但不受总量限制，不纳入总量基数。

（十七）营造良好学术环境。鼓励科研人员打破定式思维和守成束缚，勇于开拓创新。优化学术诚信环境，树立良好学风。依托单位不以行政化管理约束科研人员，对现行的科研项目、科研资金、科研人员以及因公临时出国等管理办法依国家政策精神进行修订。允许科研人员采用弹性工作方式从事科学研究，确保用于科研和学术的时间不少于工作时间的六分之五。

（十八）充分发挥组织单位的区域协调作用。省级文物行政部门加强与地方机构编制、科技、财政等部门的沟通，将设立科研基地的文博单位认定为科研机构或参照科研机构管理，享受科研机构创新奖励和激励政策。加强与地方人力资源社会保障、财政部门沟通，为科研基地落实人事管理改革创新政策提供保障。积极向地方科技部门提出文物保护利用的区域性科研需求，为属地内科研基地争取地方各类科技发展专项资金（包括地方科技计划、自然科学基金等）支持。通过政策和项目引导属地内的机构间科研合作。

（十九）强化政学研产用联动机制。探索建立由国家文物局立项、科研基地自筹经费的项目模式，将科研方向的聚焦由经费驱动型向任务驱动型转变。组建若干以科研基地为核心的政学研产用合作创新联盟，打通政府与科研基地、科研基地之间、科研基地与技术创新链上下游单位的合作通道。建立流动主题的学术年会制度，由各联盟轮流承办。强化科研基地科技成果转化情况年度报告的汇交和使用。培育文博行业权威学术期刊群，提高学术交流效率。

（二十）完善科研基地运行评估机制。紧密围绕科研基地"四个中心"建设要求开展评估，坚持以评促建、以评促改。完善科研基地运行评估规则，创新评估方法，建立有利于促进科研基地创新的评价制度。建立健全科研基地的动态调整机制，坚持优胜劣汰、有进有出。

各地、各单位要根据实际认真贯彻落实，并及时将贯彻落实情况报告我局。

国家文物局
2020年5月13日

国家文物局关于公布《全国重点文物保护单位文物保护工程进度监管暂行规定》的决定

文物保发〔2020〕12号

各省、自治区、直辖市文物局（文化和旅游厅／局），新疆生产建设兵团文物局：

《全国重点文物保护单位文物保护工程进度监管暂行规定》，已经2020年5月12日第8次国家文物局党组会议审议通过。现予公布，自公布之日起施行。

国家文物局
2020年5月13日

全国重点文物保护单位文物保护工程进度监管暂行规定

第一条　为进一步落实文物保护领域"放管服"改革要求，加强全国重点文物保护单位文物保护工程（以下简称文物保护工程）进度监管，根据《中华人民共和国文物保护法》《文物保护工程管理办法》等有关法律法规，制定本规定。

第二条　本规定所称进度监管，是指对文物保护工程立项、技术方案编制审批、工程实施、竣工验收等阶段的进度监督和管理。

第三条　对于需申请国家文物保护专项资金的文物保护工程，国家文物局根据项目计划书组织开展审核并列入年度项目计划。不申请国家文物保护专项资金的文物保护工程，不需编制项目计划书，可直接编制技术方案，按程序报国家文物局审批。

第四条　业主单位负责编制项目计划书，所申请项目应具备近期内启动实施的条件。项目计划书包括项目名称、项目性质、立项必要性、实施范围、项目周期、技术路线、经费估算等，内容应真实、准确、详实。

第五条 市县级文物行政部门应根据辖区内文物保存状况、病害险情和保护规划，督促、指导业主单位编制项目计划书，并按时上报至省级文物行政部门。

第六条 省级文物行政部门应对市县级文物行政部门上报的项目计划书提出审核意见，并根据辖区内文物保存状况、以往项目实施情况，汇总形成辖区内下一年度项目计划。

第七条 省级文物行政部门应于每年6月1日至7月15日将下一年度项目计划报送至国家文物局，并同时报送辖区内文物保护工程的年度进展情况。

第八条 国家文物局负责组织审批年度项目计划，根据文物保存现状和行业发展现状，确定列入支持范畴的项目，并明确年度项目计划批复意见。

第九条 省级文物行政部门应及时将批复意见告知市县级文物行政部门及业主单位。市县级文物行政部门应督促业主单位开展技术方案编制工作。业主单位应在项目计划批复后组织勘察设计单位按照项目计划批复意见编制技术方案报批。

第十条 勘察设计单位编制技术方案，应注重前期勘察研究，坚持正确的文物保护理念，保护好其历史文化价值，遵循"不改变文物原状"等文物保护原则，保护并延续文物的真实性和完整性。

第十一条 勘察设计单位应明确技术方案项目负责人。项目负责人应具备相应从业范围的文物保护工程责任设计师资格，并对技术方案负直接责任。

第十二条 业主单位应对技术方案进行必要的论证，并按程序将技术方案报省级文物行政部门或国家文物局审批。

第十三条 对于存在严重险情的文物，省级文物行政部门应督促、指导业主单位立即进行临时支护及防护，控制险情，并及时报告国家文物局。抢险加固工程不需编制项目计划书，可直接编制技术方案，按程序报国家文物局审批。

第十四条 省级文物行政部门应加强技术方案编制进度监管和技术指导，对于项目计划批复后，一年以上未报送技术方案的，应督促业主单位尽快组织编制上报；对于技术方案报批两次未通过的，省级文物行政部门或国家文物局需进行专门研究提出明确推进意见或通过现场调研、专家会审等方式给予技术指导。

第十五条 省级文物行政部门应及时将技术方案审批意见告知市县级文物行政部门及业主单位。业主单位应及时组织勘察设计单位按审批意见进行修改完善。

第十六条 省级文物行政部门对技术方案进行核准后，应在10个工作日内将技术方案报送国家文物局备案。

第十七条 文物保护工程实行开工报告制度。业主单位应在开工后20个工作日内，将中标通知书、合同、项目负责人信息、开工报告经市县级文物行政部门报送省级文物行政部门。

第十八条 省级文物行政部门应加强对工程前期准备阶段的进度监督管理，对技术方案批复、资金到位后超过半年未报告开工的，应及时了解情况，督促督察市县级文物行政部门及时推进工程实施。

第十九条 各级文物行政部门应按照《全国重点文物保护单位文物保护工程检查管理办法（试行）》要求，开展辖区内文物保护工程的检查。

省级文物行政部门对辖区内文物保护工程每年开展两次检查，掌握工程进展情况，每项工程在竣工验收前应至少检查一次。

市县级文物行政部门对辖区内文物保护工程及时开展检查，每季度核实、汇总工程进展情况并报送省级文物行政部门。

第二十条　业主单位负责工程的组织、协调和管理，勘察设计单位负责工程的设计跟进和技术指导，施工单位负责工程施工的具体组织和实施，监理单位负责工程施工的现场监督和合规性审查。

第二十一条　施工单位应明确工程的项目负责人。项目负责人负责现场组织管理、质量控制和施工安全，并对工程质量负直接责任。项目负责人应具备相应从业范围的文物保护工程责任工程师资格。

第二十二条　各级文物行政部门应按照《全国重点文物保护单位文物保护工程竣工验收管理暂行办法》要求，及时组织开展辖区内文物保护工程的竣工验收。

第二十三条　竣工验收后，业主单位应组织开展文物日常巡查、保养维护、隐患排查等工作，持续跟踪工程效果。省级文物行政部门督促、指导市县级文物行政部门做好上述工作的日常监管。

第二十四条　国家文物局组织协调相关各方建立文物保护工程信息共享机制，掌握工程进展情况，加强工程进度监管。

第二十五条　国家文物局根据文物保护工程进展情况，对价值重要、实施难度大、社会关注度高或长期未实施的项目，予以督促指导。

第二十六条　本规定自发布之日起施行。

国家文物局关于印发《大遗址利用导则（试行）》的通知

文物保发〔2020〕13号

各省、自治区、直辖市文物局（文化和旅游厅/局），新疆生产建设兵团文物局：

为贯彻落实中共中央办公厅、国务院办公厅《关于加强文物保护利用改革的若干意见》，促进大遗址合理利用，提升大遗址保护管理和利用水平，我局组织编制了《大遗址利用导则（试行）》，现予印发，试行期两年。

请结合本地实际贯彻执行，并及时将在执行过程中出现的新情况新问题反馈我局。

国家文物局
2020年5月14日

大遗址利用导则
（试行）

  第一条 为科学指导大遗址利用工作，实现文物有效保护与合理利用，根据《中华人民共和国文物保护法》《关于加强文物保护利用改革的若干意见》等法律法规和政策性文件制定本导则。

  第二条 本导则适用于列入国家大遗址保护项目库的大遗址利用工作，其他古文化遗址、古墓葬利用工作可参照本导则实施。

  第三条 大遗址利用应遵循"坚持保护第一、注重文化导向、服务社会民生、实现可持续发展"的基本原则，确保文物本体及其环境安全，采取多种方式科学阐释文物价值，提升文物保护管理和利用水平，协调文物保护、文化传承与地方经济社会发展、民生改善、环境提升的关系。

  第四条 地方人民政府应明确大遗址利用的直接责任主体。

  大遗址利用涉及多方权益时，地方人民政府应协调明确各利益相关方的权责。鼓励地方人民政府研究、建立大遗址利用的多部门协调机制、文物补偿机制、激励办法和保障措施。

  第五条 鼓励机关、团体、企事业单位、集体和个人参与宣传推介、设施建设、游客服务、文化策划、产业发展等大遗址利用活动。

  第六条 大遗址利用应具备以下基础条件：

  （一）文物保存现状良好，无重大安全隐患，能够保障人员安全和文物安全。

  （二）有明确的大遗址专门管理机构，权责清晰，能够履行大遗址利用或监管职责。

  （三）文物保护规划已经公布实施，或文物保护区划和管理规定已公布执行，保护、展示要求和策略明确。

  （四）考古研究工作具有一定基础，已编制中长期考古研究工作计划；有固定的考古发掘资质单位承担考古工作，并与大遗址专门管理机构建立稳定的合作关系。

  第七条 开展大遗址利用工作前，县级以上地方人民政府应完成以下工作：

  （一）将大遗址及其周边区域纳入国土空间规划，梳理文物价值内涵和地区资源要素，明确大遗址所在区域的国土空间开发保护目标、主体功能分区、公共文化体系等，协调文物保护与国土空间管理的政策要求及指标体系，保障大遗址利用的可操作性和可持续性。

  （二）确定大遗址利用的直接责任主体，及其与大遗址专门管理机构的关系，明确权责。

  （三）组织专业机构科学评估大遗址利用的必要性和可行性，分析可能存在的文物影响和风险，提出对策建议。

  （四）明确大遗址利用的空间范围、土地及其附着物的物权，合理确定土地使用方式、强度。需要获得土地所有权或使用权的，应依法履行相关审批程序。

  （五）评估大遗址利用的资金需求，明确资金来源、使用要求和保障措施。

  第八条 考古发掘资质单位应主动参与大遗址利用工作，研究和阐释文物价值，积极转化考古成果，向公众普及文化知识。

地方人民政府和大遗址利用的直接责任主体，应支持考古发掘资质单位开展大遗址考古工作，提供必要保障。鼓励地方人民政府与考古发掘资质单位合作建设大遗址考古工作站（或基地），提升考古研究、文物保护和保管条件。

第九条 承担大遗址利用的直接责任主体应制定利用策略，明确利用的对象、内容与方式，各方权责、管理运营要求、保障措施等，并向社会公布。

第十条 确定大遗址利用的对象、内容与方式时，应重点评估以下方面：

（一）大遗址的类型、文物价值、脆弱性。

（二）保存、保护、管理、考古研究和展示利用等现状。

（三）相关自然与人文资源，及其利用情况。

（四）地方社会经济发展水平、社会与公众需求、机构建设与政策执行能力、周边区域建设发展现状等。

第十一条 大遗址利用的对象包括但不限于以下类型：

（一）文物本体，包括能够反映文物格局、历史沿革、价值内涵的各类遗存。

（二）文物环境，包括文物周边景观，与文物价值内涵直接相关的自然和人工环境要素（如地形地势、水系、植被、村落等），文化、社会、经济等背景环境要素（如习俗、非物质文化遗产等），文物所承载的场所精神等。

（三）考古与科研成果，包括考古工作获得的各类信息，考古发掘简报、考古报告、学术论文等考古工作成果、研究成果，能够反映考古技术和方法、考古工作历程的文字记录、工具设备、绘图、影像、录音等资料。

（四）历史文化信息，包括能够反映文物所处特定历史时期、演变发展脉络和文化背景的碑刻、史籍、文学作品、艺术品、人物典故等。

（五）保护管理成果，包括能够反映文物保护理念、保护技术、保护工作进展的项目档案与各类文字、影像资料等。

第十二条 应梳理大遗址利用的对象，明确文物核心价值，构建价值阐释体系，在此基础上优先选择符合大遗址价值内涵、文物安全要求的利用内容与方式，突出不同类型大遗址的价值、禀赋和独特性，避免同质化。

第十三条 根据利用目的和文物影响程度，大遗址利用可分为大遗址价值利用、大遗址相容使用两类。大遗址利用应以价值利用方式为主：

（一）大遗址价值利用，是基于文物本体、文物环境、出土文物，以及价值内涵和相关信息资源等开展的利用活动。

（二）大遗址相容使用，是不以文物价值内涵传播为直接目的，但依托文物所在区域的土地、生态资源等开展的利用活动。

第十四条 大遗址价值利用方式包括但不限于以下类型：

（一）文物展示

包括现场展示、博物馆展示、在线展示等方式，鼓励具备条件的大遗址建设遗址博物馆、遗址公园、城市公园等。

（二）科学研究

包括深化文物价值认知的各类学术科研活动，以及为文物保护、展示阐释、传播教育、产业转化等提供学术指导。

（三）传播教育

包括互联网、出版物、电视、广播、电影、游戏和巡回展览等文化宣传活动；公众讲座、社区课堂、日常教学、学校第二课堂、演出与文化活动、知识培训等科普教育活动。

（四）产业转化

包括依托大遗址的价值内涵和相关信息资源开展文学艺术创作、文化创意、演出、出版、文化节、旅游、体育等相关产业转化的活动。

第十五条　大遗址相容使用方式包括但不限于以下类型：

（一）游憩休闲

将大遗址所处的空间环境开放为街心公园、公共绿地、小型广场、街道活动场地等，设置必要的展示服务设施，为公众提供具有历史氛围的公共活动场所。

（二）社会服务

在大遗址所在区域引入餐饮、园区游径、文化娱乐、体育运动等社会服务项目，采用特许经营等市场手段，为公众提供围绕大遗址价值内涵的公众文化服务。

（三）环境提升

在大遗址所在区域实施建筑整治、场地绿化和环境塑造等工作，改善和提升区域生态环境、人居环境。

（四）产业协调

围绕大遗址利用调整所在地现有产业结构，形成适合大遗址保护利用和地方经济社会发展的产业环境。在确保文物安全和文物价值的前提下，延续大遗址既有功能（如大运河的航运功能），反映大遗址历史演变和功能变迁；或发展生态农业、文化产业、旅游业、体育业等低能耗低强度的产业，与大遗址价值展示和文物环境改善相协调。

第十六条　大遗址利用的直接责任主体应开展以下工作：

（一）履行地方人民政府赋予的各项职能，建立与相关部门、专业机构和专家的协作关系。

（二）合理设置内部机构和职责分工，不断提升管理队伍素质、优化人员配置，加强经验交流、业务培训。

（三）制定大遗址维护监测、考古研究、信息管理，以及社会服务、文物和人员安全、财务、人力资源等方面的规章制度。

（四）承担文物日常养护和管理责任，开展监测巡查、安全防范、保养维护、信息管理等日常工作，落实具体负责人和责任要求。

（五）通过多种渠道筹集资金，确保资金合理使用和良性循环。

（六）制定、组织实施大遗址利用方案，监督项目执行，并根据评估与反馈意见调整方案，不断提升利用水平和服务质量。

（七）及时了解大遗址利用所涉及的各方诉求，可通过签订合同、协议等方式确保各方合法权益，保证一定比例的经营性收益用于大遗址日常管理和文物保护工作。

第十七条　采用价值利用方式时，直接责任主体应做好以下工作：

（一）重点阐释和展示大遗址的独特价值和历史文化信息，弘扬社会主义核心价值观，坚持积极健康的文化导向，提高公众审美水平。

（二）针对不同类型的游客提供多样化的文化产品，给予优质的参观体验。积极参与地方文化建设，提供遗产教育、文化活动、专业培训等公共文化服务，拓宽信息传播与公

中国
文物年鉴
2021

众参与渠道，积极与周边社区交流合作。

（三）通过组织公众考古、成立志愿者队伍、接受社会捐赠、进行产业转化等方式，积极拓宽社会力量参与大遗址利用的途径。鼓励建立公众信息平台，利用互联网等新媒体、新技术及时公布考古科研成果、管理情况和活动信息，主动接受公众监督和建议，促进当地居民、游客、专家学者、志愿者、企事业单位等参与大遗址利用活动。

（四）鼓励采用新技术提升管理水平，动态监测文物安全、环境状况、游客量等，建立适用于大遗址的实时监测平台或综合信息管理系统，监测数据及时建档保管。

第十八条 采用相容使用方式时，直接责任主体应做好以下工作：

（一）坚持最小干预原则，建设项目应按照文物保护规划科学选址，避让文物密集分布区域，严格控制建设规模，不得影响文物本体安全、文物价值和景观环境。

（二）景观绿化和环境整治项目应突出历史氛围和地域文化特色，避免大规模人工造景。

（三）结合地方生态保护、棚户区改造、村落更新、基础设施建设、农林产业升级、文旅融合等区域发展战略。

（四）监督大遗址利用活动，及时发现不当行为和安全隐患，督促落实整改措施。

第十九条 各级文物行政部门应定期开展专项督察和效果评估，及时发现大遗址利用工作中存在的问题，督促大遗址利用的直接责任主体落实整改措施，并报告所在地人民政府。

第二十条 出现下列情况时，应立即停止大遗址利用工作：

（一）出现重大文物险情，威胁文物安全和文物价值。

（二）发生安全事故等突发事件，威胁人员安全。

（三）利用方式和内容过度娱乐化、庸俗化，严重影响文物价值，并造成恶劣社会影响。

直接责任主体应抓紧查找原因、解决问题。省级文物行政部门应指导、督促直接责任主体履行职责，并按照第六条、第七条要求，重新评估大遗址利用的基础条件。具备利用条件的，可允许开展利用工作。不具备条件的，应提出明确意见，指导地方人民政府和大遗址利用的直接责任主体采取措施保证文物安全和利用效果。

附件：一、基础条件参考要点（略）

二、前期准备工作参考要点（略）

三、前期评估要点（略）

四、利用方式选择参考要点（略）

五、工程项目管理要点（略）

六、开放管理要点（略）

七、名词解释（略）

国家文物局关于印发《"考古中国"重大项目申报管理指南（2020年—2035年）》的通知

文物保发〔2020〕26号

各省、自治区、直辖市文物局（文化和旅游厅/局）：

为贯彻落实中共中央办公厅、国务院办公厅《关于加强文物保护利用改革的若干意见》，以持续、系统的考古工作不断加深对中华文明悠久历史和价值的认识，提升考古在文物工作中的基础性地位和作用，推动考古事业发展、中国考古学学科进步和人才队伍建设，我局组织编制了《"考古中国"重大项目申报管理指南（2020年—2035年）》，现予印发。

请你局（厅）按照指南要求，结合工作实际，认真组织做好项目申报与管理工作。

国家文物局

2020年8月17日

"考古中国"重大项目申报管理指南
（2020年—2035年）

为贯彻落实中共中央办公厅、国务院办公厅《关于加强文物保护利用改革的若干意见》，以持续、系统的考古工作不断加深对中华文明悠久历史和价值的认识，提升考古在文物工作中的基础性地位和作用，推动考古事业发展、中国考古学学科进步和人才队伍建设，国家文物局启动"考古中国"重大项目。

一、项目学术目标

以系统考古调查、发掘和研究为主要手段，鼓励开展多学科、跨学科合作研究，重点实施中国境内人类起源、文明起源、中华文明形成、统一多民族国家建立和发展、中华文明在世界文明史中的重要地位等关键领域考古项目，全面、科学地揭示中华文明历史文化价值和核心特质，探讨人类社会发展规律，促进文明比较研究，以考古学实证中国5000多年文明发展历程，凝聚民族共识，坚定文化自信。

二、项目支持方向

聚焦国家考古事业发展和考古学科建设中亟待解决的关键学术问题，重点支持以下研究方向：

（一）中华文明发展时空框架构建

1. 人类起源

时限为旧石器时代，距今200万年至2万年前后。

探索中国境内古人类起源和演化进程，构建中国古人类年代框架；探索中国境内现代人起源与发展进程；研究石器工业的起源、发展、分化和传播；研究人类起源过程中的生态环境变迁；研究旧大陆两侧东西方人群、文化、技术的传播、交流与融合。近期重点支持以下项目：

1.1 中国直立人起源与演化的化石形态与石器技术研究

1.2 最早人类及文化起源研究

1.3 东北亚旧石器与古人类文化迁徙交流

1.4 北方地区旧石器与现代人迁徙北线研究

1.5 青藏高原史前文化及古人群研究

2. 早期社会

时限为新石器时代早期至晚期早段，距今2万年至5500年前后。

探索旧、新石器时代过渡期农业生产、陶器制作、家畜驯养等人类社会新兴因素的出现，以及人类生业形态的转变，研究各区域考古学文化产生、发展、演进路径及区域间交流融合的过程，探讨文明起源前夕人类社会发展的经济基础、技术基础、精神基础，梳理文明起源前夕各地区社会形态及其发展脉络。近期重点支持以下项目：

2.1 旧石器时代至新石器时代过渡的多样性研究

2.2 早期陶器在东亚的出现与传播

2.3 农业起源研究

2.4 东北地区社会复杂化进程研究

2.5 东南、华南新石器时代与南岛语族起源研究

3. 文明与早期国家起源

时限为新石器时代晚期晚段，距今5500年至4000年前后。

探索新石器时代晚期至早期王朝国家出现前，中国境内各区域文明形成与早期发展过程，总结不同区域文明起源和发展路径、模式，揭示文明发展过程中的社会组织结构与管理方式，探索早期国家起源与形成问题；探讨生业、技术、资源在文明起源中的作用，进一步梳理中华文明起源关键节点和重大事件，阐释中华民族多元一体文明进程的内部动因与外部环境。近期重点支持以下项目：

3.1 河套地区聚落与社会研究

3.2 长江下游地区文明化进程研究

3.3 长江中游地区文明化进程研究

3.4 中原地区文明化进程研究

3.5 海岱地区文明化进程研究

4. 夏商周三代青铜文明与早期王朝国家

时限为夏商周时期，距今4000年前后至公元前221年。

探索夏文化、商文化与周文化的起源，丰富和完善夏商周时期文化谱系与年代框架，全面揭示夏、商、周时期王朝国家形态，研究早期王朝国家周边区域的文化、社会发展进程，及不同区域间的交流互动，深入开展考古学文化、族属与早期王朝国家相互关系的理

论探讨。近期重点支持以下项目：

4.1 夏文化研究

4.2 商文化起源研究

4.3 商王朝形成与发展研究

4.4 周文化起源研究

4.5 西北地区华夏化研究

4.6 海岱地区夏商周考古研究

5. 统一多民族国家的形成与发展

时限为秦汉至明清，公元前221年至1911年。

探索战国以来统一多民族国家形成的过程、内在动力、统一多民族国家形态、特征等，研究边疆地区考古学文化、民族关系及其与中央政权的关系，构建完整的历史时期考古学体系，梳理不同民族政权融入多民族国家的历史进程和重要节点。近期重点支持以下项目：

5.1 秦汉大一统格局考古研究

5.2 汉唐西域军政建置考古研究

5.3 西北游牧民族文化演进研究

5.4 青藏高原多民族文化和统一进程研究

（二）考古学专题研究

1. 聚落与城市考古

重点探讨聚落结构、布局及其反映的社会组织形态，研究城市产生的要素和判断标准，开展微观视角的城市与聚落结构功能布局、规划设计理念，以及宏观视角的城市与聚落网络体系研究，构建史前社会至历史时期中华文明的地理框架、社会政治结构与管理体制、经济运行方式、区域文化形成与发展模式。近期重点支持以下项目：

1.1 早期社会聚落形态研究

1.2 龙山时代城址形态研究

1.3 秦汉城址布局研究

1.4 历代都邑布局研究

2. 古代科技和生业模式

研究影响人类社会发展进步的关键技术，以及与之相关的产业模式、社会关系等，梳理旧石器时代石器制作技术的区域差异、演变过程，与之相关的人群迁徙和技术传播；重点关注铜、铁、玉、盐、煤等矿业资源的开采与利用，理清青铜器、铁器、玉器生产和传播路径，研究盐业、陶瓷业、纺织业、造纸业等手工业生产组织与管理、技术与工艺进步、资源控制与流通等；分析中国古代天文历法、地理、水利、建筑、交通、农业技术、医药学等科学技术领域的发展状况，深刻认识中国古代科技发展水平及其对古代中国乃至世界文明发展的重要影响。近期重点支持以下项目：

2.1 古代中国交通体系研究

2.2 大运河文化考古研究

2.3 长城和中国边疆商贸体系研究

2.4 早期青铜资源开发与流通体系研究

2.5 早期玉石资源开发、玉器制作技术和礼制化进程研究

2.6 早期铁器资源开发与冶铁考古研究

2.7 盐业考古研究

2.8 中医药文化考古研究

2.9 中国瓷业技术发展和对外交流研究

3. 古代人地关系

研究环境演变与人类社会发展之间的互动关系和客观规律，重点分析黄河流域、长江流域和太行山、祁连山、秦岭、燕山、阴山等重要地理单元的人类活动变化，通过环境考古、动物考古、植物考古等交叉学科研究和多学科、跨学科合作，深入分析中国境内古代族群迁徙、融合，古代文明起源、发展与变迁的环境条件，进一步解释人类社会发展与生态保护的关系。近期重点支持以下项目：

3.1 黄河文化考古研究

3.2 中国文明起源与古环境背景研究

3.3 游牧文化和农耕文化交流研究

4. 早期精神文化与宗教考古

探讨早期精神文化、信仰、宗教思想的起源，从考古学视角研究神权与政权、族权的制约关系，以及国家祀典的意义；探索中国境内不同宗教信仰的来源、发展和本土化过程，科学认识中国古代民间信仰和宗教文化特色，重点推动石窟寺考古、著名寺院道观遗址考古、简牍文书研究等，梳理古代佛教、道教、摩尼教、祆教、伊斯兰教等分布区域、传播途径和社会影响，探讨宗教在古代社会发展、世界文化交流互鉴中的作用。近期重点支持以下项目：

4.1 史前岩画与艺术考古

4.2 外来宗教考古和本土化进程研究

4.3 石窟寺考古研究

5. 水下考古

开展南海海域、环渤海海域、内水水域水下考古调查与研究，以海上丝绸之路为主线，开展东南沿海、黄渤海海域、南海海域及东西方海洋文化交流研究；开展海岛文化遗产、港埠遗迹、甲午海战遗迹、明清海防设施、南海更路簿、部分内水湖泊库区水下文化遗产专题研究；推动水下考古区域调查与物探、南海海域深海考古、深潜器及潜水装备等技术研发，推进水下考古和水下文化遗产保护领域学科发展。近期重点支持以下项目：

5.1 南海海域水下考古

5.2 甲午沉舰水下考古与研究

5.3 海上丝绸之路港口遗迹调查

5.4 明清海防遗迹调查与研究

6. 文明比较研究

综合考古发现和文献记载，探讨东西方丝绸之路与海上丝绸之路的交通路线、贸易内容，重点开展"一带一路"考古研究，推进陆上丝绸之路、海上丝绸之路、万里茶道、边塞驿道等线性文化遗产调查，重点关注东西方文明交流互动，积极开展东北亚、中亚、南亚及东南亚地区考古学文化研究，培育在埃及、印度、中美洲等古代文明核心地区的考古，推动古代世界文明比较研究和交流互鉴。近期重点支持以下项目：

6.1　丝绸之路南亚廊道考古研究

6.2　海上丝绸之路考古研究

6.3　早期（汉以前）中西文化交流研究

6.4　世界古代文明比较研究

三、项目申请要求

（一）项目实行开放式申报，不限制申报时间。

（二）申报主体仅限文物考古科研机构、高校，不接受个人申报。多家单位共同参与的项目，应确定项目牵头单位作为项目申请单位。

（三）项目申请单位应当具备以下条件：

1. 具有考古发掘资质；

2. 具有承担国家级或省部级重大研究课题的经历；

3. 具有该领域的学术科研力量、文物保护团队和设施设备保障条件，能够保证文物安全和考古研究质量。

（四）项目申请单位应确定项目负责人。

1. 项目负责人应当具备以下条件：

——具有高级专业技术职务（职称）；

——具有承担国家级或省部级重大研究课题的经历；

——具有主持重大主动性考古发掘项目的经历。

在站博士后研究人员、正在攻读研究生学位以及无工作单位或者所在单位不参与项目的人员，不得作为项目负责人。

2. 项目负责人只能同时承担1个"考古中国"重大项目。

（五）项目申请单位应按照本指南支持的研究方向，组织填写项目申报书、考古工作计划书（附件1、2），征求相关省级文物行政部门意见后报送国家文物局审批。

项目申请单位和项目负责人对所提交申报材料的真实性、完整性和合规性负责。申报材料涉及多家合作参与单位时，应加盖相关单位公章并由法定代表人签字。

（六）项目申报采用线上方式，项目申请单位可报经省级文物行政部门登录国家文物局综合行政管理平台http://gl.ncha.gov.cn/申报项目。同时，可向国家文物局寄送项目文本纸质材料（一式3份）。

四、项目组织方式

1. 项目实行国家文物局、省级文物行政部门、项目（牵头）单位、项目负责人分级负责的工作模式。

（1）国家文物局负责：

——制定、发布项目指南，明确学术目标、支持研究方向、项目申报方式、管理和考核要求、保障措施等。

——项目审批与管理，结合年度主动性考古发掘项目审批给予重点支持。

——制定考核指标（附件3），组织开展项目抽查、整体结项验收和"考古中国"重大项目整体评估。

——发布、推介"考古中国"重大项目重要发现。

（2）省级文物行政部门负责：

——辖区内项目的日常管理、监督，及时组织开展项目进度和质量检查、阶段性验收与年度验收工作。

——明确出土文物保存、考古资料整理和报告出版的具体要求，督促项目单位及时开展考古资料整理、报告出版和出土文物移交等工作。

——配合国家文物局做好项目检查、整体结项验收和评估工作。

（3）项目（牵头）单位负责：

——项目整体管理、工作组织、内部质量和进度控制等，选派项目负责人，推动项目内部技术与人员共享。

——制订、上报项目工作规划和年度工作计划，组织做好考古发掘项目申报工作。

——建立信息数据平台，统一项目数据信息采集、记录、资料整理和档案建设标准，并提供必要的保障条件。

——组织做好项目信息交流、发布，每年举办一次年度学术交流会，并不定期地组织专题学术研讨会。

——提交项目年度考古报告、经费决算报告、项目整体结项报告。

（4）项目负责人负责：

——项目整体策划、团队组建，全面负责项目的运行管理。

——拟制项目工作规划和年度工作计划，指导项目团队开展相互关联的田野考古项目与专题研究。

——严格执行工作规划和年度工作计划，有序推进项目进度，及时处理项目实施过程中出现的问题，确保项目顺利实施。

——总体把握项目学术目标与方向，及时组织项目团队、专家开展重点难点问题攻关，认真总结项目各阶段进展，适时调整研究方向与重点任务。

——组织编制、审定项目年度考古报告、经费决算报告、项目整体结项报告。

——向国家文物局及有关省级文物部门汇报工作。

项目负责人因故变更时，应经项目（牵头）单位同意后，报国家文物局备案。

2．项目实行年度审核和阶段性评估相结合的项目评价方式。

（1）年度考古发掘项目实行中期检查、结项验收，检查和验收结果作为考核依据。延续性考古发掘项目的年度检查、验收结果将作为下一年度项目审批的依据。

（2）中长期考古工作计划实行中期评估和结项验收，中期评估和验收结果作为考核依据。

3．对存在以下问题的项目，国家文物局将暂停或中止其实施：

（1）项目实施过程中发生重大安全责任事故，造成人员伤亡或恶劣社会影响。

（2）项目未完成年度工作计划，或年度检查、验收考核不合格。

（3）项目成员单位未按照计划完成资料整理、提交年度考古报告，造成资料严重积压。

（4）项目成员单位未提交年度经费决算报告，经费使用情况不明。

（5）项目成员单位对考古成果宣传不当，造成恶劣社会影响。

五、项目咨询方式：

国家文物局文物保护与考古司考古处　张凌、胡传耸

联系电话：010-56792086、2087

通讯地址：北京市东城区北河沿大街83号

国家文物局文物保护与考古司考古处

邮　　编：100009

附件：1. "考古中国"重大项目申报书（略）
　　　2. "考古中国"重大项目考古工作计划书编制要求（略）
　　　3. "考古中国"重大项目考核指标（略）

国家文物局关于印发第一批国家级长城重要点段名单的通知

文物保发〔2020〕36号

北京市、天津市、河北省、山西省、内蒙古自治区、辽宁省、吉林省、黑龙江省、山东省、河南省、陕西省、甘肃省、青海省、宁夏回族自治区、新疆维吾尔自治区文物局（文化和旅游厅/局）：

经国务院同意，文化和旅游部、国家文物局联合印发了《长城保护总体规划》。按照《长城保护总体规划》要求，国家文物局在充分听取长城沿线15个省（自治区、直辖市）以及中央、国务院相关部门意见和建议的基础上，研究确定了第一批国家级长城重要点段名单。现将名单印发你们，并就相关工作通知如下：

一、第一批国家级长城重要点段构成情况

第一批国家级长城重要点段构成以秦汉长城、明长城主线，与抗日战争、长征等重大历史事件存在直接关联，以及具有文化景观典型特征的代表性段落、重要关堡、重要烽燧为主，共计83段/处，其中秦汉长城重要点段12段/处，明长城重要点段54段/处，其他时代长城重要点段17段/处，包括战国秦长城5段，唐代戍堡及烽燧4处，战国燕长城2段，战国齐长城、楚长城、赵长城、魏长城各1段，以及金界壕遗址等具备长城特征的边墙、边壕、界壕重要点段2段（第一批国家级长城重要点段名单详见附件）。

二、国家级长城重要点段保护管理要求

（一）全面落实保护责任。国家级长城重要点段沿线地方人民政府应深入学习贯彻落实习近平总书记的重要论述和重要指示批示精神，以及中共中央办公厅、国务院办公厅印发的《长城、大运河、长征国家文化公园建设方案》《关于加强文物保护利用改革的若干意见》等重要文件要求，严格执行《中华人民共和国文物保护法》《长城保护条例》《长城保护总体规划》相关规定，落实相关地方人民政府的主体责任、文物主管部门的监管责任和管理使用单位的直接责任，建立责任单位和责任人动态清单，明确奖惩机制和保障措施，着力推动长城保护"五纳入"，坚持"共抓大保护，不搞大开发"，以国家级长城重要点段为工作重点，着力强化管理力度、改善保护状况、提升展示水平。

（二）重点强化空间管控。国家级长城重要点段沿线地方人民政府应加强国家级长城重要点段管控，组织编制国家级长城重要点段文物保护规划，重点细化保护区划界划、保护管理规定及空间管控指标。保护范围原则上应划定为禁止建设区域，其上空作为净空管控范围。建设控制地带内仅限进行保护管理、展示阐释及参观服务相关基础设施建设，且相关设施不得破坏长城历史文化景观及周边生态环境。应严控涉及长城的建设项目，做好文物影响评估，相关方案应按照《中华人民共和国文物保护法》的规定履行审批手续，在征得文物部门同意后，报相关部门批准。推进涉及长城的土地储备考古前置改革，如遇重要发现，及时调整保护区划。

（三）加强日常监管与监测。国家级长城重要点段沿线地方人民政府应明确并强化国家级长城重要点段保护机构，鼓励长城资源集中分布的地方建立长城保护研究专业队伍。落实长城执法巡查、保护员巡视及保养维护工作制度和经费保障，加强保护、管理专业技术培训，充分发挥长城保护员作用。探索遥感技术、小型无人机等适用于长城安全防范与执法监管的现代科技手段，实现技术巡查与人工巡查有机结合，加快推动国家级长城重要点段监测试点以及监测预警体系、安全防范系统建设，建立定期监测、反应性监测和定期报告制度。强化国家级长城重要点段执法和安全监管，充分借助综合执法部门或文化市场执法部门力量，严厉打击涉及长城的违法犯罪行为，全面提升国家级长城重要点段监管水平。

（四）着力缓解消除险情。国家级长城重要点段沿线各省（自治区、直辖市）人民政府文物行政部门应在2021年6月前完成国家级长城重要点段险情隐患排查工作。对于排查中发现的重大隐患，相关省（自治区、直辖市）人民政府文物行政部门应组织、指导相关地方人民政府开展抢险加固。根据险情排查结果，组织、指导相关地方人民政府和专业机构循序渐进地开展国家级长城重要点段研究型保护项目。各省（自治区、直辖市）人民政府文物行政部门应规范长城保护项目管理，严把方案审核关和施工质控关，重点加强施工组织、工地检查和竣工验收，确保长城保护项目实施效果。国家级长城重要点段涉及全国重点文物保护单位的，相关保护工程项目应纳入各省（自治区、直辖市）近期文物保护工程项目计划并按程序报批。

（五）提升展示阐释水平。国家级长城重要点段沿线各省（自治区、直辖市）应围绕长城国家公园建设总体目标，深入挖掘国家级长城重要点段的历史文化内涵，提升现有长城相关博物馆、陈列馆展示水平。国家级长城重要点段辟为参观游览区前，应科学核定、发布长城点段的游客承载量。经过评估具备开放条件的国家级长城重要点段，应确定参观游览区管理机构，制定分级分类开放策略，设置必要的展示、服务及安全防护设施，制定参观游览区管理规定和游客管理应急预案，并依法履行申报备案程序后向公众开放。鼓励各地实施预约参观、引导参观等机制，规范、引导游客参观游览行为、提升展示效果。对于文物本体及周边环境保存现状较为脆弱的国家级长城重要点段，应采取有效措施改善其保存状况，确保文物本体、周边环境及人员安全。

（六）加大指导督促力度。国家级长城重要点段沿线各省（自治区、直辖市）人民政府应定期评估《长城保护条例》、《长城保护总体规划》、省级长城保护规划以及国家级长城重要点段保护规划实施情况，指导、督促相关地方人民政府和有关部门贯彻落实长城保护传承利用相关任务、目标。每年11月1日前，各省（自治区、直辖市）人民政府文物行政部门应将本行政区划内的长城保护管理工作进展情况、特别是国家级长城重要点段情况以书面材料形式报国家文物局。2025年底前，各省（自治区、直辖市）应全面完成国家级长城重要点段机构建设、空间管控、监测管理、保护修缮、展示阐释等各项工作，全力推进长城国家文化公园建设。国家文物局将组织专业机构、专家适时开展抽查评估，并酌情开展专项反应性监测。

　　特此通知。

国家文物局

2020年11月24日

附件

第一批国家级长城重要点段名单

　　一、秦汉长城（共12段/处）

　　（1）汉代烽燧线通化县段及古城堡

　　（2）汉代三道营古城

　　（3）秦长城坡根底段

　　（4）秦长城天盛成段

　　（5）秦汉长城广申隆段

　　（6）秦汉长城同和太—东希日朝鲁段

　　（7）汉代鸡鹿塞障城

　　（8）汉代乌兰布拉格障城

　　（9）汉长城西尼乌素段

　　（10）居延遗址及汉长城

　　（11）汉长城花海段

　　（12）汉长城玉门关及烽燧

　　二、明长城（共54段/处）

　　（1）明长城虎山段

　　（2）明长城龟山段

　　（3）明长城椴股山段

　　（4）明长城小虹螺山段

　　（5）明长城锥子山段

　　（6）明长城山海关段

　　（7）明长城九门口段

　　（8）明长城板场峪段

　　（9）明长城义院口段

　　（10）明长城界岭口段

　　（11）明长城刘家口段

　　（12）明长城青山关段

　　（13）明长城喜峰口段

　　（14）明长城黄崖关段

　　（15）明长城将军关段

（16）明长城古北口—金山岭段

（17）明长城五座楼段

（18）明长城慕田峪段

（19）明长城箭扣段

（20）明长城居庸关段

（21）明长城八达岭段

（22）明长城庙港段

（23）明长城独石口段

（24）明长城沿字号敌台黄草梁段

（25）明长城紫荆关段

（26）明长城青边口段

（27）明长城乌龙沟段

（28）明长城大境门段

（29）明长城白石口段

（30）明长城李二口段

（31）明长城茨沟营段

（32）明长城娘子关段

（33）明长城镇边堡段

（34）明长城新广武—白草口段

（35）明长城宁鲁堡—八台子段

（36）明长城凉城县、右玉县二边段

（37）明长城板申沟段

（38）明长城小元峁段

（39）明长城老牛湾段

（40）明长城镇北台段

（41）明长城盐场堡镇段

（42）明长城盐池县头道边段

（43）明长城北岔口段

（44）明长城三关口段

（45）明长城索桥堡段

（46）明长城天祝县乌鞘岭—松山段

（47）明长城凉州—古浪段

（48）明长城民勤县段

（49）明长城永昌县段

（50）明长城大通县段

（51）明长城山丹县段

（52）明长城临泽县段

（53）明长城高台县段

（54）明长城嘉峪关段

三、其他时代长城（共17段/处）

战国齐长城（1段）

（1）战国齐长城长清区定头崖西山段

战国楚长城（1段）

（1）战国楚长城叶县段

战国秦长城（5段）

（1）战国秦长城纳林塔段

（2）战国秦长城吴起县段

（3）战国秦长城原州区段

（4）战国秦长城第三铺—四罗坪段

（5）战国秦长城临洮县望儿咀—宿郑家坪段

战国燕长城（2段）

（1）战国燕长城建平县段

（2）战国燕南长城容城县段

战国赵长城（1段）

（1）战国赵北长城青山区东边墙段

战国魏长城（1段）

（1）战国魏长城龙亭镇段

唐代戍堡及烽燧（4处）

（1）唐代脱西克烽燧

（2）唐代克亚克库都克烽燧

（3）唐代克孜尔尕哈烽燧

（4）唐代麻扎塔格戍堡

金界壕遗址（2段）

（1）金界壕遗址碾子山区段

（2）金界壕遗址乌拉苏太段

国家文物局关于印发《新时代文物人才建设工程实施方案》的通知

文物人发〔2020〕40号

各省、自治区、直辖市文物局（文化和旅游厅/局），新疆生产建设兵团文物局，机关各司室、各直属单位，各有关高等院校、职业院校：

《新时代文物人才建设工程实施方案》已经2020年12月3日国家文物局第22次党组会议审议通过，现予印发，请结合实际认真贯彻落实。

特此通知。

国家文物局

2020年12月28日

新时代文物人才建设工程实施方案

为深入贯彻习近平总书记关于文物工作的重要讲话和重要指示批示精神，落实中共中央办公厅、国务院办公厅《关于加强文物保护利用改革的若干意见》"实施新时代文物人才建设工程"的要求，国家文物局结合当前文物工作实际，立足文物事业发展长远目标，研究制定新时代文物人才建设工程实施方案，目的是建设一支数量充足、结构优化、素质优良的文物人才队伍，为推进新时代文物保护利用改革，实现文物事业"十四五"规划的各项任务提供强有力的人才保障。

本方案实施时间为2021年至2025年。

一、总体要求

（一）指导思想

以习近平新时代中国特色社会主义思想为指导，全面贯彻党的十九大和十九届二中、三中、四中、五中全会精神，认真贯彻落实习近平总书记关于人才工作和文物工作重要论述，坚持党管人才原则，遵循人才成长规律，以服务文物事业改革发展为宗旨，完善文物人才发展体制机制，提高人才培养质量，切实推进文物人才队伍建设。

（二）主要目标

紧密结合新时代文物工作实际，立足我国国情和文物事业改革发展实际需要，形成以国家文物局为主导，地方各级文物行政部门协调一致，文博企事业单位、有关高等（职业）院校为主体，社会组织广泛参与的文物保护利用与传承的人才培养体系，改革制约文物人才发展的体制机制，持续推进人才培养基础建设，打造一支数量充足、结构合理、素质过硬的文物人才队伍。

二、主要任务

（一）构建多层次文物人才培养体系

工作目标：

加强文物人才工作者队伍建设，把政治建设放在首位，加强对党中央重大决策部署和习近平总书记关于文物工作重要论述的学习领会，构建结构层次合理的新时代文物人才培养体系。培育一批以领军人才和中青年骨干创新人才为重点的高层次文物人才。加强急需文物人才培养，加快建设一支门类齐全、技艺精湛的技能人才队伍，稳步造就一支具有科技研发能力和技术应用能力的科技人才队伍，持久锤炼一支熟悉专业、素质优良的管理人才队伍。

主要举措：

1. 培育文物领军人才

文物领军人才是指能够敏锐把握国家文物事业发展需求和国际文物领域发展态势，能

146

够引领原创性重大理论与实践问题的研究和关键领域攻关，有较高学术造诣和专业水平，取得有开创性、重大价值、达到国内领先或国际先进水平成果的高层次人才。

开展文物领军人才选拔和培养工作。选拔与培养文物领军人才。根据人才隶属关系，积极申报"国家'万人计划'""文化名家暨'四个一批'人才"等国家重大人才工程，培养工作依照中央组织部、中央宣传部等人才主管部门安排有序进行。积极争取设立文物领域人才工程项目。支持引进海外文物领域高层次人才。五年内文物领军人才显著增加。完善支持政策。各级文物行政部门、领军人才所在单位要研究制定文物领军人才支持措施，支持文物领军人才参加培训、出国进修、参加学术会议等。在国家及地方重点科研项目、工程项目、重大课题等管理中向领军人才倾斜，赋予领军人才更大的人、财、物支配权和技术路线决策权。

创建高层次专业团队。在重点单位、优势领域培育由本单位或本领域的学术带头人领衔的文物科研团队或专家工作室，并在资金使用、人员配备、资源配置上给予较大的自主权。实施"国家博物馆领域高水平创新团队支持计划"。赋予科研团队更大技术路线决策权，科研项目负责人可以根据项目需要，按规定自主组建科研团队，并结合项目实施进展情况进行相应调整，对科研项目要由重过程管理向重项目目标和标志性成果转变。

2. 培育中青年骨干创新人才

文物领域中青年骨干创新人才是指从事文物科研一线工作，在科学研究和科研成果转化方面取得同行公认的创新性成果，在团队中起骨干带头作用，能有效组织并领导创新团队攻克学术技术难关，具有较大的发展潜能，年龄在45周岁以下的中青年高层次人才。

开展文物领域中青年骨干创新人才选拔与培养工作。选拔与培养中青年骨干创新人才。根据人才隶属关系，积极申报"青年拔尖人才"、"宣传文化青年英才"、优秀青年科学基金等国家重大人才工程，培养工作依照人才主管部门安排有序进行。五年内文物领域中青年骨干创新人才显著增加。完善支持政策。各级文物行政部门和人才所在单位要研究制定文物领域中青年骨干创新人才支持措施，支持中青年骨干创新人才参加培训、出国进修、参加学术会议等。在省级以上重点科研项目、工程项目、重大课题等管理中向中青年骨干创新人才倾斜，支持其开展研究、学习深造、研修交流。

创建中青年创新团队。文博企事业单位通过培育中青年创新团队的方式，重点吸引和稳定一批处于干事创业活跃期的中青年人才。依托重大科研项目、课题与工程项目，在理论研究与工作实践中，培养中青年骨干创新人才的后备力量。

3. 加快建设技能人才队伍

技能人才是指掌握文物博物馆研究、文物保护、文物考古、文物利用等知识，从事考古、可移动文物修复、不可移动文物修复等技能型专业技术工作的人员。

加大技能人才队伍建设力度。优先针对考古、古墓葬及古遗址保护、古建筑修缮、馆藏文物修复、文物鉴定等急需技能方向，通过线上与线下培训，国家文物局每年至少开设5个培训班次，培训人员150余人次；地方各级文物行政部门、文博企事业单位联合中高等职业院校、社会组织等，每年至少开设50个培训班次，培训人员1500余人次。各培训项目向西藏、新疆等边疆地区、基层文博单位人员倾斜。各单位从事技能型专业技术工作的人员每年需至少参加1次技能培训。

建设技能人才培训基地。各级文物行政部门可以选择考古、古墓葬及古遗址保护、文物修复与保护、文物鉴定、革命文物保护等重点方向，依托职业院校、文博企事业单位等建设一批技能人才培训基地。相关职业院校、文博企事业单位负责基地的日常运行，基地人才培训工作经费纳入依托单位发展计划，鼓励基地依托单位与行业协会等社会组织展开合作。

举办职业技能竞赛。国家文物局依托全国文物保护职业教育教学指导委员会、行业协会等，适时举办全国性文物职业技能竞赛，推动提升人才培养质量。地方各级文物行政部门可联合职业院校、行业协会等，举办地方性职业技能竞赛，促进竞赛成果向教学成果、工作成果的转化。

探索"工程项目+人才"培养模式。以各级文物行政部门与文博企事业单位为主导，推动技能人才培养与不可移动文物保护工程、可移动文物修复项目等相结合。以工程项目为抓手，以老带新，通过项目实施培养技能人才。

推进技能大师工作室建设。文博企事业单位、文博相关职业院校，应研究制定技能大师工作室管理制度，加强对技能大师的支持力度，优化技能大师工作室设置。通过技能大师与学生的师承制度，加快技能人才培养工作。对技能大师，可优先推荐参加高技能人才奖项的评选，在个人生活、所需仪器设备、技能攻关、人才培养、技能交流等方面给予资金支持等政策倾斜。

4．稳步提升科技人才素质

科技人才是指利用文物博物馆研究、文物保护、文物考古、文物利用等专业知识、技术，从事文化遗产监测、材料分析检测、信息技术等相关科技型专业技术工作的人员。

加大科技人才培训力度。优先针对预防性保护、科技考古、文物数字化技术等急需科技方向，以及考古、石窟寺保护、简牍保护研究等专业类别，通过线上与线下培训，国家文物局每年至少开设5个培训班次，培训人员150余人次；地方各级文物行政部门、文博企事业单位联合科研院所、高等院校、社会组织等，每年至少开设30个培训班次，培训人员1000余人次。加大边疆地区、基层文博单位培训力度，向基层科技型专业技术人员倾斜。各单位从事科技型专业技术工作的人员每年需至少参加1次科技培训。

强化科研基地人才培养职责。加强国家文物局重点科研基地建设，优化管理机制，定期进行评估与考核，注重考核人才培养绩效。科研基地所在省级文物行政部门需明确属地责任，赋予科研基地更多的自主权，鼓励其积极开展科技人才培养项目。科研基地所在高校、科研机构，要加大对基地建设的投入力度，进一步明确科研基地建设发展定位，注重对科技人才的培养。地方文物行政部门和文博企事业单位通过科研项目、工程、课题等推动科技人才的能力提升和技术进步。

实施"专业技术人才知识更新工程"。加强高层次创新型专业技术人才队伍建设，国家文物局配合人力资源社会保障部，继续实施文物领域专业技术人才知识更新工程，每年通过实施一项高级研修项目，以急需紧缺高级专业技术人才为重点，以新理论、新技术、新材料、新方法为主要内容，培育和稳定一批掌握先进技术、具备专业能力的科技人才。

5．加强管理人才队伍建设

管理人才是指掌握文物博物馆研究、文物保护、文物考古、文物利用等知识，承担博物馆、考古、文物保护、安全管理等相关管理职能的人员。

加大管理人才培训力度。重点针对文物安全、博物馆管理等急需方向，通过线上与线下培训，国家文物局每年至少开设10个培训班次，培训人员800余人次；地方各级文物行政部门、文博企事业单位联合社会组织等，每年至少开设100个培训班次，培训人员5000余人次。向边疆地区、基层管理人员倾斜，优先考虑市县级文物行政部门负责人、博物馆（纪念馆）馆长、文物考古/保护管理所所长等。厅局级、县处级文物部门党政领导干部五年应累计参加各类培训3个月或者550学时，其他管理人员每年需至少参加1次管理人才培训。

（二）深化文物人才发展体制机制改革

工作目标：

深化人才发展体制机制改革，最大限度把人才的报国情怀、奋斗精神、创造活力激发出来，形成培养机制合理、使用规范、评价科学、激励有效的人才体系。实行更加积极、开放、有效的人才政策；进一步向用人主体放权、为人才松绑，破除人才培养、评价等方面的体制机制障碍；聚焦基础研究人才培养支持力度，弘扬科学精神、工匠精神，形成良好学风和科研氛围，充分激发创新创造活力。

主要举措：

1．完善人才培养机制

完善在职人员培训制度。各级文物行政部门、文博企事业单位、文博社会组织等，完善本地区、本单位在职人员培训制度。根据不同岗位的要求，编制在职人员培训计划，注重培养业务能力、专业精神。实行分级分类培训，领军人才和中青年骨干创新人才培训要注重激发优势与潜能，技能型专业技术人员培训要注重提高文物修复技能水平、考古发掘能力或文物保护水平，科技型专业技术人员培训要注重提高在文物检测分析、信息技术等方面的科技水平，管理人员培训要注重提高文物保护利用治理能力、治理水平和职业素养。

建立协同育人机制。文博企事业单位要积极与高校或职业院校建立合作机制，发挥行业在文物人才培养方面的重要作用。文博事业单位可向院校提供实习场地、师资、技术等支持，文博企业可发挥自身资金和体制机制灵活的优势，为院校人才培养提供实习场地、经费等支持。

加快制订职业教育文博相关专业教学标准。全国文物保护职业教育教学指导委员会积极推动制订《高等职业学校文物修复与保护专业教学标准》。组织文博相关职业院校、代表性企事业单位，按照与行业技术要求、工艺流程、管理制度、设备水平同步的原则，推进《职业院校专业实训教学条件建设标准》的研制工作。

2．改进人才评价机制

完善人才评价标准。分类评价：在统一评价标准基础上，对技能类人才的评价，要突出对实际操作能力和解决关键技术难题的要求；对科技类人才的评价，要围绕文物科技发展需要，突出对掌握运用理论和实践知识指导设备操作、技术应用的要求；对管理类人才的评价，应根据文物事业发展现状，突出对政策把握能力、综合管理能力的要求。品德评价：各用人单位要把品德放在人才评价的首位，通过考核测评、群众评议等方式，全面考察从业人员的职业道德和职业素养，建立诚信守诺、失信行为记录和惩戒制度。定向评价：基层文博单位在职人员可实行单独评价，评价结果限定在基层有效。

改革人才评价方式。要建立以同行评价为基础的业内评价机制，注重发挥文物行政部门、用人单位、社会组织等多元评价主体作用。采用考试、评审、考核、考评结合、面试答辩、实践操作、业绩展示等多种评价方式，提高人才评价的科学性和针对性。

完善人才评价制度。职业资格制度：国家文物局会同人力资源社会保障部，地方各级文物行政部门、文博企事业单位配合，完善文物保护工程从业资格制度。职业技能等级认定制度：国家文物局会同人力资源社会保障部，加快文博相关专业职业技能标准的制定工作，如"文物修复师""古建筑工"等。职称评审制度：持续深化文博系列职称制度改革，基本形成设置合理、评价科学、管理规范、运转协调、服务全面的职称制度。发挥用人单位在职称评审中的主导作用，下放职称评审权限，要破除唯学历、唯资历、唯论文、唯奖项的不良导向，推行代表作制度。对于基础研究类人才，注重评价新发现、新观点、新视角等标志性成果的质量、贡献和影响力。对于应用研究、技术开发类科技人才与技能型专业技术人才，不把论文作为职称评定的主要评价依据和考核指标。各地可根据本地实际情况，研究制定代表作清单，确定不同专业、不同层级职称评价的代表作类别和范围。开展博物馆专家参与讲解试点工作，职称评审时，讲解工作量可计入业绩成果。考核制度：用人单位要通过平时考核、年度考核、专项考核和任期考核等多种方式，坚持正确价值导向，突出文博专业人员的业绩水平和实际贡献。同时，对于基层一线岗位，调整考核内容相关比例，提高技术推广、解决实际问题、基层服务年限、实际工作业绩等评价指标的权重。

（三）完善基础建设

工作目标：

开展文物人才队伍建设理论研究，推进学历教育与专家师资队伍建设、教材建设，推进"互联网+文物人才"建设，打造一批特色突出、管理规范的文博人才培训基地，打造文物人才服务管理平台，为新时代文物人才建设打下良好的基础。

主要举措：

1. 加强理论研究

开展人才培养重大理论和现实问题研究。国家文物局、地方各级文物行政部门、文博企事业单位、文博相关专业院校、社会组织等应积极开展文物人才培养、教育培训重大理论和现实问题研究，如人才培养模式、人才结构、人才发展体制机制等，为文物人才培养工作提供理论基础。

召开人才培养研究学术会议。以文博企事业单位、文博相关专业院校为主体，联合地方各级文物行政部门、社会组织等，举办教育培训学术会议，推动人才培养研究的持续发展。

2. 加强专家师资队伍建设

建立文物行业专家师资库。由国家文物局牵头，地方各级文物行政部门、文博企事业单位、文博相关专业院校、社会组织等配合，从国内、国外选拔优秀教师、专家、学者、一线工作者等，建立文物行业专家师资库。

加强师资培训。地方各级文物行政部门、文博企事业单位、培训基地可通过岗前培训、在职培训、出国进修、学术交流等形式，推动高等院校、职业院校师资培训常态化。教师应按照所在学校的相关规定，完成培训要求，不断提高教学水平和科研能力。

推动"双师型"教师队伍建设。文博专业相关职业院校要通过研修培训、学术交流、项目资助等方式，稳定和培育一支"双师型"教师队伍。文博单位联合职业院校完善相关政策，支持企事业单位专业技术人员到职业院校担任专兼职教师，同时鼓励职业院校教师到文物行业企事业单位兼职，提升理论知识水平与实践技能水平。

3. 加快教育培训教材建设

保障教材编制经费。国家文物局、地方各级文物行政部门、文博事业单位可根据工作需要在年度经费中列支教材编制经费，也可与相关企业、社会组织等合作，增加经费来源。

制定教材编制计划。由全国文物博物馆专业学位研究生教育指导委员会、全国文物保护职业教育教学指导委员会分别组织开展高等院校、职业院校教材需求调研，对接教育部制定学历教育教材编制和出版计划。文博单位、相关行业组织、培训基地等可组织开展在职培训教材需求调研，制定教材编制计划，并组织有丰富教学经验的教师和业内专家，针对急需专业方向，五年内至少编制完成3本在职培训教材。

加强教材评估与研究。国家文物局组织行业和高校、职业院校专家，对新出版的文物行业教育培训教材的编写质量进行评估，遴选优秀教材进行推广。地方各级文物行政部门、文博企事业单位、高校、职业院校等要加强教材的研究工作，要及时将文物行业的新理论、新技术、新材料、新方法等纳入教材中，不断提高教材编写质量。

4. 完善文博专业学历教育

加强全国文物博物馆专业学位研究生教育指导委员会工作。加强与教育部门和高校的沟通，推进学科和人才培养体系建设，尤其是推动高校及有关科研单位重视和加强文物保护修复等学科的建设，与时俱进，补足人才队伍建设短板，打造高素质专业化文物工作者队伍。对接文博企事业单位用人要求，优化课程体系。依托文博企事业单位，拓宽高校学生实习实践渠道，促进高校人才培养与文物行业发展需求相适应。依托北京大学、浙江大学、兰州大学、吉林大学、西北大学等高校，加大高层次、科研型人才培养力度。加强敦煌学、云冈学研究与人才培养，推动敦煌研究院等文博机构与北京大学等高校联合办学，组建以研究生教育为主的教育机构。

加强全国文物保护职业教育教学指导委员会工作。深化产教融合，带动各级政府、企事业单位和职业院校建设产教融合实训基地。组建文物修复职业教育联盟。政府主要负责战略规划、制定政策、依法依规监管，企事业单位负责向职业院校提供实习场地、师资、经费等。加大文物行业对职业院校的指导力度，为职业院校提供更多教师培训、学术交流、学生实习的机会。加强高等职业教育与普通高等教育的衔接，开展本科层次职业教育专业设置可行性研究。在职业院校、应用型本科高校启动"1+X"证书（即学历证书+若干职业技能等级证书）制度试点工作。大力培养相关职业技能型人才，研究在西北、西南等石窟寺较多地区，选择2—3个办学条件较好的职业技术学院，增设相关学科专业、扩大招生规模。

实施"高层次文博行业人才提升计划"。国家文物局继续与西北大学、云南大学等高校合作，面向文物行业在职人员培养硕士研究生。适当增加合作高校数量，注重采取理论学习、项目研究和工作实践相结合的培养方式。

5. 推进"互联网+文物人才"建设

"互联网+文物人才"将充分发挥互联网在文物人才培养中的优化与集成作用，并将互联网的创新成果与文物人才培养深度融合。各级文物行政部门、文博企事业单位等要加大线上培训力度，有条件的单位可建设直播教室，开发与课程配套的虚拟仿真实训系统，采用直播或录播方式举办线上培训班。

加强全国文博网络学院建设。充分发挥全国文博网络学院平台优势，完善系统功能，丰富课件资源。逐步整合各地各单位优质教学、培训资源，打造线上精品课程。开发远程直播互动教学模式，发挥新媒体优势，建立影响，树立品牌。

6．加强国家文物局文博人才培训基地建设

突出培训基地办学特色。各培训基地应明确自身的重点发展方向和办学特色，科学规划每年的培训主题与方向，突出主体班次。积极寻求与文物资源丰富的企事业单位合作，扩大培训规模。

加强培训基地管理。国家文物局定期对全国文博人才培训基地进行评估与考核，对于办学特色不明显、人才培养效果较差、管理不善的基地予以摘牌处理。各基地应研究制定基地发展中长期规划、年度工作计划与基地管理制度，加强对基地人员、经费使用、培训项目等的管理工作。

加强基地工作研讨交流。由国家文物局组织，适时召开基地工作研讨会，就人才培养、基地建设取得的经验和存在的问题进行交流，取长补短、促进发展。

7．打造文物人才服务管理平台

根据不同业务领域，打造文物人才服务管理平台，协调开展文物人才培养工作。各平台根据业务专长，承担文物人才在职培训、学历教育、人才选拔培养、专家管理、职称评审、职业资格、职业技能鉴定、国际合作与交流以及网络培训、培训基地管理等工作职责，开展文物人才人力资源服务。

（四）加强人才培养国际合作

工作目标：

建立与国际组织、国外相关文物机构的稳定合作关系，以涉外文物工程和项目合作，推进政治素质过硬、专业水平突出，具有国际视野、国际影响力的文物人才队伍建设，服务国家"一带一路"建设。

主要举措：

1．完善中外文物人才培养交流合作机制

国家文物局会同相关部门，探索与国外文物机构建立人才培养长期合作关系。由省级文物行政部门、文博企事业单位等组织各类人才赴国外进行专题培训、进修。或由国外研究机构推荐专家、学者来华授课，加强人才培养和交流。

2．培养具有国际话语权的高层次人才

地方各级文物行政部门、文博企事业单位应积极参与文化遗产国际治理，支持人才更广泛地参加国际学术交流与项目合作，或在国外机构、国际学术技术组织中承担工作任务，培养更多在国际上具有话语权的高层次人才。

3．探索"国际项目+人才"培养模式

通过文物保护修复、中外联合考古、文物外展和国际会议、智力支持等文物国际合作项目，培养一批具有国际影响力的文物人才。构建"一带一路"文化遗产双边、多边人才交流机制和合作平台，培养"一带一路"专项人才。

三、保障体系

（一）加大经费投入

新时代文物人才建设工程实施经费由国家文物局、地方文物行政部门、文博企事业单位、有关高等院校、社会组织和个人投入等构成，各单位要保障文物人才培养的需要，保障资金的使用效益。国家文物局将新时代文物人才队伍建设经费列入部门预算，加大投入力度，发挥经费投入的支持与引导作用。各级文物行政部门、企事业单位要将人才培养经费列入年度财政预算，引导社会组织或个人共同投入，支持文物人才队伍建设工作。

（二）落实人才政策

加强新时代文物人才建设工程与各类人才政策之间的衔接。人才培养方面，落实《干部教育培训工作条例》《事业单位工作人员培训规定》等文件精神；人才使用方面，落实《关于进一步加强文博事业单位人事管理工作的指导意见》等文件精神；人才评价方面，落实《关于分类推进人才评价机制改革的指导意见》《关于深化职称制度改革的意见》《关于深化文物博物专业人员职称制度改革的指导意见》等文件精神；人才激励方面，落实《事业单位工作人员奖励规定》等文件精神。各用人单位可将员工参加教育培训情况作为员工考核、职称评审、岗位聘任的重要参考。

做好新时代文物人才建设工程与文物事业发展规划的衔接。国家文物局将新时代文物人才建设工程纳入国家文物事业发展"十四五"规划，地方各级文物行政部门、文博单位等应根据实际情况，在本地区文物事业发展规划、本单位中长期规划中设立新时代文物人才建设工程专项，合理编制本地区、本单位人才队伍建设方案。

（三）夯实人才工作基础

加强文博人才工作者队伍建设。国家文物局增强人才工作力量，每年开展新时代文物人才建设工程联络员培训、交流、研讨活动，提升组织管理水平。各省级文物行政部门应加强人才工作机构和人员力量。搭建文博相关职业院校、高等院校、文博企事业单位间的交流平台，促进沟通合作。营造文物人才队伍建设的良好环境，做好新时代文物人才建设工程宣传和解读工作。

四、组织实施

（一）组织领导

国家文物局成立新时代文物人才建设工程领导小组，领导小组负责统筹协调和宏观指导，建立科学的决策机制、协调机制和督促机制。各地文物行政部门应加强对文物人才工作的领导，负责指导落实本地区文物人才建设相关工作。

（二）实施步骤

采取统一领导、分类指导、分级组织、动态调整的方式组织实施。2021—2023年，全面开展新时代文物人才建设工程各项工作，推动制度建设和机制创新；进行中期检查评估，力争在机制创新、队伍建设上有较大突破；2025年，对新时代文物人才建设工程实施情况进行全面总结和评估。

（三）督导落实

建立新时代文物人才建设工程实施情况的督促、指导、评估机制。国家文物局发挥监督指导的作用，各地文物行政部门根据本地区实际情况制定具体落实措施，加强对本实施方案落实情况和经费使用情况的监督，将各项举措落到实处，确保取得实效。

综述篇

办公室（外事联络司）

积极做好疫情防控，推动文博行业复工复产

坚决贯彻落实党中央和局党组关于新冠肺炎疫情防控工作部署要求，积极做好疫情防控工作，建立防控工作机制，印发《局系统新型冠状病毒肺炎疫情防控要求》，尽力保障文书运转、机要交换和值班工作。同时，助推"博物馆网上展览"项目成为"全国一体化在线政务服务"国家主平台疫情防控初期10个政务应用之一，为丰富防疫期间人民群众精神文化生活作出贡献。

全面贯彻落实习近平总书记关于统筹推进新冠肺炎疫情防控和经济社会发展的重要讲话精神，组织起草并印发《国家文物局关于新冠肺炎疫情防控期间有序推进文博单位恢复开放和复工的指导意见》，指导文博单位做好复工复产疫情防控，支持博物馆、纪念馆免费开放资金优先用于有关防疫设备、人员防疫物资的购置。为保障和支持全国文物保护工作，减轻基层工作负担，积极协商财政部，落实国家文物保护专项资金（第二批）18.65亿元下达地方统筹，推进文博单位、考古发掘、文物保护等项目有序复工。

坚决贯彻落实党中央决策部署，主动推进重点工作

研究制定《中共国家文物局党组关于贯彻落实习近平总书记重要指示批示工作规定》，从及时组织传达学习、强化落实职责担当、提高落实工作实效、加强落实工作监督检查四个方面完善工作举措。组织承办国家文物局深入学习贯彻落实习近平总书记2016年以来关于文物工作重要论述和重要指示批示座谈会，深入组织开展总书记重要批示贯彻落实情况督办、学习研讨和"回头看"活动，全面兴起学习高潮，推动深悟要义到位、贯彻落实到位、举一反三到位。全年印发督办通知10期，编发督查情况10期。制定《中共国家文物局党组工作规则》《国家文物局党组会议、局务会议上会研究事项范围标准》《国家文物局政府信息公开实施办法》《国家文物局公文处理办法》《国家文物局密码电报使用和管理办法》等工作标准。

坚决贯彻落实习近平总书记关于石窟遗址保护利用的重要批示，全面推进石窟寺保护和考古工作。组织承办全国石窟寺保护与考古工作座谈会。

统筹红楼保护展示利用，为建党百年献礼

为充分还原"红色记忆"，呈现红楼原貌，从革命文物更好保护利用出发，对北大红楼现第三、四层国家文物局所属单位办公及附属功能设施中与文物保护利用无关的部分进行全部腾退。

健全经费保障机制，有效助力文物事业发展

会同财政部出台《关于进一步加强文物保护资金管理的意见》，是继专项资金管理办法修订后又一次制度设计创新。落实2020年国家文物保护专项资金60亿元和2021年提前下达54亿元。健全年度常态化自查自纠机制，开展重点绩效评价；以提质增效为目标，开展内部审计工作。积极推进《国有文物资源资产管理暂行办法》制定工作，该《办法》的出台将切实解决文物资产权属关系不清、登记制度不完善、利用政策不明晰等诸多问题。

创新形式，推进亚洲文化遗产保护行动

克服新冠肺炎疫情对实体交往的制约，以"云外交"方式开启文化遗产国际合作新局面。"亚洲文化遗产保护行动"顺利开局，亚洲11个国家积极表态参与，亚洲文化遗产保

护联盟雏形初现；《亚洲文化遗产保护行动前期国内调研报告》完成并分送相关部委，驻亚洲29国使领馆提供了32份驻在国调研报告，部门配合、内外联动的工作格局形成；早期收获成果得到国际认可，在中塔申遗合作线上会议上，哈萨克斯坦首次就"费尔干纳—锡尔河廊道"做出推动跨国申遗的积极承诺，亚洲文化遗产保护行动的推动作用彰显，得到世界遗产中心充分肯定；亚洲文化遗产保护行动的顶层设计初步形成，亚洲文化遗产保护对话会以及专项基金方案确定，项目申报管理平台开发工作有序推进。

■ 政策法规司

坚持法治为先、服务为本，文物法规制定扎实稳妥推进

文物立法工作取得显著进展。起草完成《中华人民共和国文物保护法》修订草案，征求专家、地方和中央部门建议，向社会公开征求意见。召开座谈会、论证会和局内研讨数十次，赴山西、河南等地听取基层意见，修订草案按计划提交司法部。配合司法部推进《中华人民共和国水下文物保护管理条例》修订后续工作，积极做好国务院常务会议审议准备。

文物领域法治政府建设初见成效。梳理文物领域行政许可事项清单并提出改革建议，根据"证照分离"改革要求修改有关规范性文件，清理证明事项，推进自由贸易试验区建设涉文物领域相关工作。依据《民法典》等开展法律法规和政策措施清理，对20余部法律法规和地方性法规草案提出意见建议。对《博物馆藏品征集规程》等文件进行合法性审查。开展文物系统"七五"普法总结验收。全年办理行政复议7件、行政应诉8件。圆满完成人大建议政协提案办理工作，全局完成人大建议104件、政协提案101件。

坚持顶层设计、系统谋划，文物政策研究服务改革发展

文物事业"十四五"发展蓝图初步绘制。组织编制国家文物事业发展"十四五"规划，聚焦重点领域开展2035年远景目标研究，召开规划编制专题座谈会，吸收全国文物局长会议代表意见建议，众智众力形成"十四五"规划征求意见稿。积极对接上位规划，推动《中华人民共和国国民经济和社会发展第十四个五年规划和2035年远景目标纲要》更好体现文物工作内容、《"十四五"文化发展规划》加大文物工作内容权重。

文物保护利用改革持续深化。系统总结文物领域全面深化改革取得的重大制度成果和重大实践成果，总结评估党的十八届三中全会以来文物领域深化改革落实情况。对标《关于加强文物保护利用改革的若干意见》改革任务，开展国家文物保护利用示范区创建工作，公布第一批创建名单，召开创建工作推进会，指导支持北京海淀、辽宁大连旅顺口、上海杨浦、江苏苏州、四川广汉、陕西延安6地加强文物保护利用改革创新实践，探索破解制约事业发展的深层次矛盾。

文物政策研究成果丰硕。全年起草局党组和局领导署名文章、重要讲话、调研报告、政策建议40余篇，编印《文物调研》和《2020年文物工作文件选编》，《"十四五"规划总体思路调研——文物事业改革发展"十四五"规划预研究》获评"全国文化和旅游系统2019年度二十佳调研报告"，成功举办文物赋彩全面小康主题论坛，组织开展中华文明标识体系和国家文化地标研究。《中国文物志》编纂有序推进，第一批志稿约1000万字、7000余幅图片编纂完成。

坚持围绕中心、服务大局，文物宣传传播有声势有力度

正面宣传做优做强。以政治方向引领宣传导向，聚焦习近平总书记关于文物工作重要

指示批示，聚焦国际博物馆日、国际古迹遗址日等重要时间节点，聚焦"疫情防控""云展览""全面小康"及工作重点，全年举办8场新闻发布会、完成40余次专题宣传、开展100余次日常新闻报道，指导推出"文物工作'十三五'""文物政能量"等宣传专题专栏，文物领域原发信息累计20.3万余条，转发量超2.3亿条。

重要活动出新出彩。创新线上线下融合传播，联合中央广播电视总台成功举办文化和自然遗产日主场城市活动、推出《如果国宝会说话》第三季、开播首档文博系列直播节目《文物"潮"我看》，推动全国文物系统举办6400余项文化和自然遗产日宣传传播展示活动，完成首次中华文物全媒体传播精品（新媒体）推介，组织"文物保护看基层"主题宣传报道，文物传播力影响力有效提升。

文物宣传阵地建设和舆情引导处置有力有效。加强局属媒体管理，政府网站全年发稿6230条，制作专题19个，更新数据39471条；微信推送稿件750条，关注人数94000人，阅读量266万次；微博发布信息1800余条，阅读量1.6亿次，粉丝达101万。在2020年政府网站和政务新媒体检查中，网站和政务新媒体监管评分达100—110分（最高分档），政务新媒体抽查合格率达100%。印发《国家文物局新媒体管理办法》，排查局机关、直属单位及主管社会组织报纸1份、期刊15份、网站28个、新媒体83个。修订《国家文物局重大舆情应对工作规定》，开展全国文物新闻宣传培训，印发舆情日报249期、快报82期，稳妥处置多起文物舆情。

坚持系统推进、团结协作，文物追索返还提振士气

工作体系如期构建。对标习近平总书记重要批示，组建12个部门组成的流失文物追索返还部际协调组及办公室，明确协调组工作规则、任务分工及2020年重点工作计划，建立信息通报机制，实施国际市场监测，打通文物追索返还全流程绿色通道，如期完成构建流失文物追索返还工作体系的阶段性任务。

追索返还成果颇丰。克服新冠肺炎疫情影响，全年实现百余件流失文物回归，追索流失英国68件走私文物，接收埃及返还31件文物艺术品，叫停天龙山石窟流失佛首在日拍卖并促成无偿捐赠。推进与美国、德国、挪威、阿根廷、希腊、澳大利亚政府间文物返还合作，在法《永乐大典》、在荷章公祖师像追索等取得阶段性进展，召开中德"德国藏中国文物来源研究"网络会议，推动国际博物馆协会更新《中国濒危文物红色目录》。

力量布设扎实推进。文物返还办公室顺利组建，在中国文物信息咨询中心、中国文物交流中心、北京鲁迅博物馆明确对口部门，形成力量基点。在上海大学建立国家文物局中国海外文物研究中心，在敦煌研究院组织开展协调组成员单位业务骨干专题培训。首次选派青年骨干赴联合国教科文组织核心部门任职。流失文物数据资源整理、敦煌文物数字化回归、涉港澳法律机制研究稳步开展。

回归故事鼓舞人心。将文物追索返还向公开展示和公众传播延伸，更加主动发挥对文化自信支撑作用。马首铜像归藏圆明园，专题展览广受好评；曾伯克父青铜组器在湖北博物馆展出；英国返还文物在线展览全媒体传播，新媒体网络点击量超20亿次。

■ 督察司

牵牢主体责任"牛鼻子"，全面督促文物安全责任措施落实

对尚未将文物安全工作纳入政府年度绩效考核体系的省份，向有关省级人民政府印发

督促函，2020年有5个省份将文物安全纳入省级政府年度考核评价体系，全国已有23个省份纳入。印发《文物博物馆单位文物安全直接责任人公告公示办法》，强化落实基层文物安全管理责任。保护文物也是政绩的科学理念得到巩固，文物安全属地管理主体责任、直接责任进一步强化。

开展遥感执法监测，督促违法问题整改。利用卫星遥感对吉林、福州、常德、成都、平凉5市70处国保单位开展执法监测。通过致函省政府、约谈和现场督察等方式，督办晋城、济宁、广州、遵义、银川5市遥感监测发现的问题169起。通过督办案件处理，推动地方各级党委政府落实文物保护责任，夯实部门监管责任，加大对文物违法行为处罚力度，强化责任追究，确保文物本体及周边环境安全。

持续开展专项行动，严打文物违法犯罪。主动协调、积极会同公安部，部署开展打击文物犯罪专项行动。截至2020年底，专项行动取得重要成果，全国共侦破各类文物案件760余起，打掉文物犯罪团伙150余个，抓捕犯罪嫌疑人1500余名，追缴文物1.4万余件。第5批A级通缉令通缉的10名重特大文物犯罪在逃人员全部到案，全部52名文物犯罪在逃人员已到案49名。

完善安全管理制度，切实履行部门监管职责。印发《文物安全监管平台建设指南》《文物安全防护工程实施工作指南》，发布《文物保护工程安全检查督察办法》，指导制定《文物建筑防火设计规程》《文物建筑电气火灾防控技术规程》《古村寨火灾防控导则》等技术标准，编制《文物平安工程实施规划（建议稿）》，规范指导"十四五"乃至今后一段时期文物安全管理工作。落实国务院安委办部署要求，印发《全国文物火灾隐患整治和消防能力提升三年行动实施方案》，对北京、安徽、江苏、河南和贵州等相关省份进行重点督导。2020年全国实施文物安全防护工程847项，中央财政转移支付和地方财政关于文物安全防护项目经费总投入12.8亿元。

坚持"严"字当头，督察督办重大文物违法案件和安全事故

严惩文物法人违法案件。2020年共督察督办文物违法案件236起，行政处罚76起，拆除违建125起，明确整改措施35起，行政追责88人。严肃查处湖北武当山古建筑群、山西晋阳古城遗址、山东曲阜孔庙及孔府、上海兴圣教寺塔、福建三坊七巷、河南南阳武侯祠、宁夏水洞沟遗址、贵州杨粲墓、陕西西汉帝陵之阳陵等文物周边重大文物法人违法案件。发布2020年度全国文物行政处罚"十佳案卷"，通过向相关省级人民政府致函表扬、宣传推介等方式，不断扩大文物行政处罚"十佳案卷"的影响，地方政府文物保护主体责任落实得到强化，文物保护法治意识进一步提升。

严办倒卖文物、盗窃盗掘案件。重点督办浙江临安吴越国王陵钱镠墓遭盗掘案件，督促整改落实到位，推动文物单位属地政府落实文物安全主体责任，强化安全措施。配合公安部对山东枣庄系列盗掘古文化遗址、倒卖文物案，重庆盗掘古墓葬、盗窃、倒卖文物案，甘肃瓜州系列盗掘古文化遗址、古墓葬案，江苏常州张恩杰等人盗掘古墓葬案等7起重大文物犯罪案件挂牌督办，开展大案攻坚，全面推进办案进展。

严查文物火灾事故。按照"四不放过"原则，重点督察督办浙江温州永嘉芙蓉村古建筑群司马第大屋、广西桂林长岗岭村古建筑群、四川南充蓬安锦屏潜庐等文物火灾事故，督促属地政府及相关部门认真查找火灾原因、评估火灾损失、深刻汲取教训、严肃追究责任。

严治文物火灾隐患。对部分重点文博单位开展安全抽查检查和随机突查暗访，实地抽查文物、博物馆单位75处，督促整改安全隐患和问题260余项。截至2020年底，全国省、市、县各级文物行政部门共开展火灾隐患排查检查11.51万余次，发现火灾隐患和消防安全管理问题5.95万余项，督促整改4.41万余项。国务院安委办挂牌督办的33家重大隐患文博单位全部完成整改整治工作。

坚持多方联动、凝聚合力，全方位筑牢文物安全防线

推动部际协作。主动沟通、协调各成员单位，召开全国文物安全工作部际联席会议办公室工作会议和联络员会议，规范工作职责和工作机制，开展文物安全督察检查和专项整治行动，编发简报、开展培训，较好解决跨地区、跨部门涉及文物安全的重点、难点问题。会同中央军委后勤保障部出台加强军队营区不可移动文物保护工作的指导意见。

加强考核督导。参加2020年国务院对省级政府的消防工作考核，重点考核新疆维吾尔自治区和新疆生产建设兵团安全生产和消防工作，有力强化了当地政府文物安全意识，推动安全措施落实。推动中央文明办将安徽省金寨县红色文物管理中心列为中央文明委首批15个重点工作项目基层联系点之一。参加2020年度全国文明城市测评，将发生文物盗掘损毁事故纳入全国文明村镇测评负面清单，提升文物工作在各项精神文明创建活动中的话语权。

强化部门联动。与最高人民检察院开展文物保护纳入检察公益诉讼合作，指导江苏、甘肃等地通过文物保护公益诉讼，严肃查处江苏南通国保单位大生纱厂建设控制地带内违法建设案、甘肃天水国保单位仙人崖石窟保护范围内违法建设"药王庙"等案件，督促地方政府落实主体责任，拓展部门合作渠道。开展文物保护公益诉讼典型案例征集工作，推动最高人民检察院发布10起文物和文化遗产保护公益诉讼典型案例。主动协调、积极会商，推动与公安部、最高人民检察院研究制定文物行政执法与刑事司法衔接工作办法，共同指导地方加强文物行政执法与刑事司法衔接工作，加大对文物犯罪惩治力度，切实维护文物安全。

拓展社会参与。办好举报热线，全年"12359"文物违法举报热线共接收各类举报信息1523条，受理文物违法举报问题线索222件，移交公安、信访等部门72件。举报问题线索中关于山东淄博市国保单位临淄墓群保护范围内违法建设案、内蒙古赤峰市省保单位燕长城遗址因采矿行为被破坏案、辽宁抚顺市不可移动文物抚顺发电厂被擅自拆除案等一批违法案件得到严肃查处。制定举报信息处理流程和文物违法举报工作要求，规范文物违法举报信息受理工作。开展"寻找最美文物安全守护人"活动，在文化和自然遗产日主场城市活动中表彰年度15名"最美文物安全守护人"，社会力量参与文物安全工作的机制体制愈加健全，方式方法愈发多样。

文物保护与考古司（世界文化遗产司）

探源中华文明，展示灿烂成就，考古工作迈上新台阶

围绕探索未知、揭示本源，继续推进"考古中国"重大项目，印发《"考古中国"重大项目申报管理指南（2020年—2035年）》，批复"夏文化研究"等7项"考古中国"重大项目，集中实施58个考古发掘项目，重点推进中华文明与早期国家起源、发展历程研究。召开新疆考古工作座谈会、西藏考古工作座谈会，扎实推进新疆和西藏考古工作取得

一系列重大成果，实证中央政府有效管辖和各民族交往交流交融历史，铸牢中华民族共同体意识。落实省部共建协议，推进热水基地建设和热水墓群考古、保护工作，基本完成热水墓群血渭一号墓考古发掘。开展水下考古重点项目，实施南海 I 号沉船考古发掘和出水文物保护、山东省威海定远舰遗址第二期考古调查、上海长江口二号清代沉船考古调查等项目。

加大重要考古成果宣传力度。全年召开4期"考古中国"重大项目进展发布会，及时宣介16项重要考古成果，社会反响热烈。甘肃夏河白石崖溶洞遗址考古成果发表于《科学》（Science）杂志，陕西石峁遗址入选美国考古学会评选的过去十年间世界十大考古发现，加深了世界对中华民族的认知和理解。

聚焦关键问题深化行业管理。召开2020年基本建设考古工作座谈会，明确突出问题和改革建议。积极沟通自然资源部研究"先考古、后出让"制度设计和配套政策，推动破解事业发展瓶颈问题。持续开展主动性考古发掘项目检查，提高考古工作质量。召开高校田野考古工作会议，举办田野考古实践训练班、城市考古高级研修班，逐步形成在职人员专题培训、岗前培训、非考古专业人员培训等人才培训机制。

加强顶层设计，突出重点任务，石窟寺保护工作稳步推进

贯彻落实党中央、国务院关于加强石窟寺保护利用工作重要要求，系统谋划、统筹推进各项工作。调研云冈石窟、龙门石窟、安岳石窟、大足石刻、敦煌莫高窟等石窟寺，召开专题会议，了解石窟寺保护利用主要问题。推动国办印发《关于加强石窟寺保护利用工作的指导意见》，成为石窟寺保护工作的行动指南。11月13日在洛阳召开全国石窟寺保护与考古工作座谈会。

联合文化和旅游部印发《关于加强石窟寺等文物开放管理和实行游客承载量公告制度有关工作的通知》，引导石窟寺有序开放。开展全国石窟寺专项调查，320余支调查队伍、2400余人参与调查。组织举办全国石窟寺管理人员线上培训班，首期培训870余人。集中批复58项石窟寺保护项目计划，督促各省及时开展石窟寺前期勘察、考古、本体保护、抢险加固等项目，对重要石窟寺加强现场指导。

夯实资源基础，强化空间管控，文物资源管理扎实推进

在资源管理上有实效。直面未定级不可移动文物保护管理困境，开展尚未核定公布为文物保护单位的不可移动文物保护管理检查评估，作出针对性工作部署。全力推进不可移动文物数据库建设，对标国家构建国土空间保护开发"一张图"总体要求，积极建设不可移动文物元数据库，在已掌握全国重点文物保护单位和省级文物保护单位信息的基础上，进一步完成116038处市县级文物保护单位、553645处未定级不可移动文物的基础信息梳理汇总。

在空间管控上有突破。贯彻落实习近平总书记重要讲话精神和党中央国务院重大部署，推动文物保护管理成为国土空间规划编制和实施的重要内容。文物保护单位保护规划等文物保护类规划作为空间类专项规划纳入国土空间规划体系，文物重点区和密集区作为历史文化主体功能区被纳入全国国土空间规划纲要，文物古迹用地被确认为国土空间的特殊用地类型，为全面加强文物保护管理和活化利用奠定基础。扎实推进八批全国重点文物保护单位"四有"工作，督促各省完成两线划定技术性工作，保护区划在地理信息系统中全面落图落位。

在名城保护上有进展。联合住房和城乡建设部印发《国家历史文化名城申报管理办法》，开展桐城、九江、抚州等城市申报国家历史文化名城考察，报请国务院批准辽阳国家历史文化名城。启动新一轮国家历史文化名城保护工作调研评估，开展上一轮通报批评的5个历史文化名城保护整改工作中期评估，以评估促发展、强管理。

深化进度监管，加强指导服务，文物保护工程管理水平有效提升

全面加强工程进度监管。全程指导做好武安州辽塔保护维修工作，实施考古发掘，建立周报制度，及时掌握进展。印发《全国重点文物保护单位文物保护工程进度监管暂行规定》，建立文物保护工程台账，实施动态跟踪，专项督导进度较慢工程，全面加强进度监管。

深化文物保护工程全过程管理服务。落实"放管服"要求，集中评审全国重点文物保护单位项目计划1182项，批准458项，对应县木塔、安济桥、福建土楼等文物进行重点关注支持。推动文物建筑预防性保护，支持开展专题培训。加强事中事后监管，开展内蒙古、山西、广东、北京文物保护项目检查评估，及时发现问题、督促整改。宣传推介2020年度优秀古迹遗址保护项目，引导提升文物保护工程质量。开展专门培训解决部分省份审批承接能力不足问题。发布文物保护工程从业人员资格考试全套11册复习资料，与人力资源和社会保障部考试中心联合开展资格考试，报考1.3万人、3.8万科次，提高从业人员专业水平。

服务国家部署，深化部门合作，文物保护呈现大格局

积极落实国家文化公园建设实施方案，主动参与长城、大运河、黄河三大国家文化公园建设。研究发布第一批国家级长城重要点段名单，指导中国文物保护基金会与北京市、河北省联合实施北京箭扣段、河北喜峰口段修缮示范项目，推进中英长城保护研究国际交流合作，全面提升长城保护管理水平。会同文化和旅游部、国家发展和改革委员会印发《大运河文化遗产保护传承规划》，指导大运河沿线省市和保护城市联盟开展跨区域交流合作，实施了一批考古、保护、展示和博物馆建设项目，指导天津印发大运河天津段核心监控区国土空间管控细则，扎实推进大运河文化带和大运河国家文化公园建设。联合文化和旅游部印发《黄河文化遗产系统保护工程实施方案》《黄河文化系统研究工作方案》，组织黄河沿线9省区开展黄河文物资源调查，编制黄河文物保护利用专项规划纲要，系统谋划"十四五"时期工作思路和举措，促进黄河流域高质量发展。

深入开展合作，协力推进不可移动文物保护利用。联合国家发展和改革委员会等五部门印发《推动老工业城市工业遗产保护利用实施方案》，助力老工业城市转型升级与城市高质量发展。与国家国防科技工业局签署加强军工文物保护利用合作协议，谋划军工文物普查和保护利用新举措。与农业农村部合作开展宅基地改革与传统村落文物活化利用政策研究。积极沟通国家发展改革委，将国家重点区域考古标本库房建设、石窟寺保护利用设施纳入"十四五"文化保护传承利用工程实施方案，努力争取资源，促进行业发展。

坚持服务大局，做好重大项目基本建设考古。落实中央疫情防控部署和复工复产要求，开辟审批绿色通道，重点保障安徽引江济淮工程、四川金沙江白鹤滩水电站工程等国家重大建设工程，发放基本建设考古发掘执照近1200个。做好北京城市副中心、雄安新区、北京冬奥会、西安碑林等考古与文物保护工作，推动文物保护与工程建设双赢。

做好统筹安排，提升管理水平，世界遗产申报管理有序推进

稳步推进世界文化遗产申报工作。全力推进泉州申遗，提交补充材料，赴现场指导当地政府深化考古发掘和保护展示工作。抓紧培育潜力项目，赴现场推动普洱景迈山古茶林文化景观申遗准备各项工作，完善申遗文本和管理规划报世界文化遗产中心进行格式审查；指导各地推进北京中轴线、海上丝绸之路、万里茶道等预备项目前期工作。

扎实做好世界文化遗产管理工作。深化遗产监测工作，敦促各地兑现申遗承诺。组织开展世界文化遗产第三轮定期报告，举办专题培训并开展全程指导。主动与国际组织会商西安市火车站改扩建与丹凤门南广场环境整治项目。认真落实世界遗产委员会相关决议和要求，指导编制武当山古建筑群、拉萨布达拉宫历史建筑群、杭州西湖文化景观、长城、曲阜孔庙、孔林和孔府、澳门历史城区等6处世界文化遗产地保护状况报告；核实敦煌莫高窟等世界文化遗产的地图和地理信息，组织19处遗产地更新地图和地理信息，提高地理信息的准确性和有效性。

加强宏观指导，注重示范引领，文物开放利用持续深化

从宏观层面引导开放。推动将文物保护单位开放率作为重要指标纳入《黄河流域生态保护与高质量发展规划纲要》，促进黄河流域文物开放。发布《大遗址利用导则（试行）》，积极引导各地开展大遗址保护和国家考古遗址公园建设，丰富遗址展示利用方式、展现中国文化魅力。在项目计划审批中对无开放利用计划的全国重点文物保护单位暂不同意开展常规修缮，对批准修缮的全国重点文物保护单位明确要求修缮后要积极向社会开放，发挥文物社会效益。

从活动层面促进利用。指导召开2020年中国世界文化遗产年会暨世界文化遗产城市市长论坛，与会城市积极分享世界文化遗产开放利用、服务公众的经验做法。指导开展国家考古遗址公园联盟活动，为共享国家考古遗址公园创新成果搭建平台。组织举办第二届乡村遗产酒店示范项目推介活动，公布5家示范酒店，探索乡村遗产文旅融合新路径。

博物馆与社会文物司（科技司）

推进改革引领，破解难点

系统加强顶层设计。牵头制定三个关乎发展全局、聚焦深化改革、体现部门协作的重要文件，让文物活起来、扩大中华文化国际影响力的意见和博物馆改革发展意见即将印发，"支持民间收藏和文物市场发展意见"进入拟会签部门最后会商阶段。完成"面向2035年的文物领域中长期科技发展战略研究"，将文物科技纳入国家科技创新体系。

实践探索步伐加快。在上海成功启动社会文物管理综合改革试点，部署出台10余项改革举措先行先试。推进文物科技标本库/数据库建设试点，探索文物科技基础资源共享新机制。博物馆进校园示范项目深入开展，推动馆校合作机制化、菜单化建设。

推进政策创新，打造亮点

应对疫情出实招。组织向相关地区博物馆捐款捐物，部署博物馆做好疫情防控，有序恢复开放，组织开展疫情防控物证征集。优化出境展览审批和文物临时进出境审核管理服务。协调文物装备产业联盟推出系列新技术、新装备服务防控，"文旅绿码"等产品广泛应用。规范引导网络文物拍卖，全年举办网拍909场，占比达到85%。

博物馆云服务提速。推出2000余个云展览，月访问量超过50亿人次。5G网络全程直播

国际博物馆日主会场活动，阅读量超过20亿人次。"弘扬优秀传统文化，培育社会主义核心价值观"主题展览网上推介受到行业内外广泛关注，社会影响力进一步扩大。

文物活起来展新貌。与教育部联合印发《关于利用博物馆资源开展中小学教育教学的意见》。编辑出版《互联网+中华文明行动计划成果集》。《国家宝藏》第三季热播。指导举办"授权让文博资源活起来"主题活动，推动腾讯、华为等企业与文博单位跨界合作，拓展文物利用新领域。

文物进境出新政。优化自贸区文物仓储、展示管理，提升进境文物服务便利化水平。推动财政部等出台进博会文物类展品进境销售税收优惠政策，制定配套监管和便利化措施，开创性推动5件文物成功回流。

推进治理优化，疏通堵点

博物馆治理密集发力。如期完成博物馆法人治理改革任务。与民政部联合印发《关于进一步规范非国有博物馆备案登记管理工作的意见》，首次实现民政登记管理和文物备案管理的有效衔接。印发《博物馆定级评估办法》，指导完成第四批定级评估，全国纳入定级博物馆总数达1224家。与财政部联合印发《国有博物馆藏品征集规程》。

社会文物治理协同提升。指导天津、上海等国有文物商店成功改制转型。修订《文物拍卖管理办法》，优化审批服务。加强文物市场事中事后监管，开展信息备案及评估监测，建立风险监测预警处置机制。陆续扩大文物鉴定公益咨询服务试点范围，探索建立常态机制。开展1911年后已故名家作品限制出境鉴定标准制修订项目。

文物科技创新有力拓展。出台《关于进一步加强重点科研基地建设的意见》，明确科研基地建设新目标、新定位、新任务。启动33项国家重点研发计划重点项目，汇集338个科研单位4000余名科研人员开展联合攻关。凝练历史文化遗产科技创新"十四五"科技专项，围绕"防、保、研、管、用"五大典型应用场景开展技术群布设。国家文物保护装备产业基地（重庆）土建完工，发布《文物保护装备产业发展报告》。

推进基础工作，夯实支点

部署开展博物馆领域、文物市场领域"双随机一公开"检查，探索从办事业向管事业的转变。指导完成21万件文物拍卖标的审核备案，35万件涉案文物鉴定评估，5万件文物进出境审核。立项国家标准14项、行业标准13项，发布国家标准2项、行业标准17项。进一步规范馆藏一级文物借展备案工作，修订馆藏一级文物的修复、复制、拓印和文物出境许可审批指南，编制文物保护标准编写工作手册。博物馆管理人才、文物鉴定专业人才、文物科技青年人才等人才培养项目扎实开展。

■ 革命文物司

认真落实中央巡视整改任务

加强革命文物保护项目全程监管。部署开展"十三五"时期革命文物保护项目检查评估，全面摸底"十三五"时期全国220项革命文物保护项目实施情况，强化革命文物保护项目进度监管和技术指导。组织开展全国革命文物保护利用优秀案例推介活动，积极提升革命文物保护利用水平。

协同做好革命文物展览展示内容审核，切实把好革命史实关和意识形态关。举办全国革命文物保护管理培训班。

全力实施重大举措

有序推进第一个核武器研制基地旧址保护利用工程。青海省人民政府、国家文物局共同制定基地旧址保护利用工作方案。推动青海省委、省政府和海北州委、州政府分别成立基地旧址保护利用工作领导小组，制定工作台账。指导开展基地旧址"两弹一星"实物、档案资料的梳理、走访和征集工作。二分厂、三分厂旧址修缮工程基本完工，爆轰试验场、七分厂旧址保护方案和一分厂旧址（部分）展陈方案、纪念碑环境整治方案编制基本完成，原子城纪念馆改陈布展方案编制即将完成。

着力推进潍县集中营旧址保护展示工程。完成潍县集中营旧址现状勘察和保护方案设计，启动保护规划编制和街区环境整治，征集到一批文物史料和历史照片，拓展与集中营海外幸存者及其后代联系渠道。推动增设市级革命文物科和乐道院·潍县集中营博物馆升格为副处级独立法人单位。

配合做好中国共产党历史展览馆文物调拨工作。

积极推进长征国家文化公园建设。长征国家文化公园建设推进会在贵州遵义召开。牵头编制长征文物和文化资源保护专项规划，做好长征文物保护项目申报和储备工作。

及早谋划建党百年主题活动

实施百年党史文物保护展示工程。成立北大红楼与中共早期北京革命活动旧址保护传承利用工程领导小组，统筹协调重大事项，调研保护和展陈情况。北大红楼旧址现状整修工程基本完工。北大红楼与中共早期北京革命活动综合主题展大纲及版式稿完成初审，安消防工程、展示工程即将启动。31处中共早期北京革命活动旧址保护展示工程有序推进。

印发《关于进一步加强革命文物保护项目组织实施工作的通知》，全年批复254项革命文物保护项目计划。推进上海中共"一大"、广州中共"三大"、湖北红安七里坪、山西武乡八路军总部旧址等展陈改造提升项目。结合抗战胜利75周年、抗美援朝出国作战70周年，支持实施一批抗战文物保护项目和抗美援朝文物修缮工程，指导抗美援朝纪念馆新馆对外开放。

策划建党百年主题宣传活动。在深入调研、专家咨询、部门研商的基础上，做好革命文物宣传传播工程"三个百集"摄制前期工作，确定百集革命文物故事微视频、百集革命旧址短片、百集革命文物纪录片摄制名单，编制"三个百集"摄制工作方案。中央宣传部、中央广电总台、国家文物局共同策划出品《红色记忆》；国家广播电视总局、国家文物局启动制作革命文物主题电视节目《闪光的记忆》《时间的答卷》；国家文物局联合中央广电总台制作《红色印记——百件革命文物的声音档案》。

征集建党百年主题陈列展览项目。部署庆祝中国共产党成立100周年革命文物陈列展览精品征集工作，各地申报317个项目。计划适时推介100个主题鲜明、内涵丰富的革命文物陈列展览精品项目。

多方协同革命文物传播传承

协调组织"英雄武汉英雄城　革命精神永传承"武汉革命文物线上展示月活动。单场直播实时播放量高达1200万次，整月直播实时播放量累计超过7500万次。

联合举办革命文物主题推介活动。联合中央宣传部、中央网信办、退役军人事务部、国家档案局组织开展"追寻先烈足迹"短视频网上征集展示活动，机构和网民报送作品累计1.4万多件，短视频平台总播放量突破10亿次。联合央视新闻出品"鉴往知来——跟着总书记学历史"系列新媒体短视频。国家文物局、中央广电总台、中央网信办联合启动百佳革命文物讲述人遴选和推介活动。

指导举办革命纪念馆高质量发展峰会。此次峰会由江苏省委宣传部、江苏省文化和旅游厅（文物局）主办、南京市有关单位承办。峰会期间举办"继承革命文化　喜迎百年华诞——革命文物的保护与利用"专题联展，录制《讲好红色故事　传承红色基因——雨花台论坛》电视节目，发布《革命纪念馆高质量发展倡议》。

大力夯实革命文物基础工作

推动地方革命文物机构队伍建设。上海、山西、安徽、山东、江西、河南、广东、重庆、贵州、陕西、甘肃、吉林等16个省级文物部门和西安、济南2个市级文物部门设立革命文物处，山东省潍坊市文化和旅游局设立革命文物科。

加强革命文物保护利用片区建设。中央宣传部、财政部、文化和旅游部、国家文物局四部门联合公布《第二批革命文物保护利用片区分县名单》，两批37个片区涉及268个市1433个县。起草关于推进革命文物保护利用片区工作的通知。指导制订川陕、鄂豫皖片区工作规划。

核定公布全国革命文物名录。核定全国重点文物保护单位革命文物名单。甘肃、吉林、山东、西藏、河南、黑龙江、陕西、宁夏、江西、重庆共计10个省（自治区、直辖市）公布第一批革命文物名录，其他省（自治区、直辖市）革命文物名录核审基本完成。搭建革命文物大数据库平台，启动编撰全国革命文物总目。

开展全国革命纪念馆专项调查。指导出版《中国纪念馆发展报告》。67个革命博物馆、纪念馆进入国家一二三级博物馆序列。

机关党委、人事司

党委工作

认真学习贯彻习近平新时代中国特色社会主义思想。在局党组理论学习中心组的带动下，组织局系统各级党组织理论学习中心组围绕读原著学原文悟原理，学习习近平总书记关于文物工作重要讲话和重要指示精神，不断加深对习近平新时代中国特色社会主义思想核心要义、精神实质、丰富内涵和实践要求的理解，增强贯彻落实习近平总书记关于文物工作重要指示批示的自觉性坚定性。积极推动局系统各级党组织加强理论学习，提高学习质量，组织成立23个局系统青年理论学习小组，确保理论学习全覆盖。举办两期局系统学习贯彻党的十九届五中全会精神培训班，在《中国文物报》组织四期42篇学习十九届五中全会精神学习体会等稿件，组织十九届五中全会精神宣讲报告活动。

提高政治站位，全面配合中央巡视组开展工作。一是以服务保障为基础，做好组织协调工作。在中央第十五巡视组巡视局党组期间，机关党委全面配合协调巡视组各项工作。二是以落实整改任务为抓手，巡视整改取得成效。积极协调各部门单位直面问题、深挖根源、细化措施，找准短板症结、明确任务，组织制定整改问题、责任、任务清单，细化整改措施。截至12月底，整改措施已落实近半。三是扎实做好巡视整改"后半篇文章"。协助局党组组织召开巡视整改专题民主生活会。承办局党组与驻部纪检监察组两次专题会商巡视整改工作。承办局巡视整改工作领导小组和办公室专题会议。牵头完成向中央纪委国家监委报送局党组巡视整改进展报告，向中央巡视办报送党组巡视专项整改报告。建立与驻部纪检监察组巡视整改对账工作机制。

开展强化政治机关意识教育、"灯下黑"问题专项整治和党支部标准化规范化建设工作，加强基层党组织建设。一是组织和督导局系统党委（总支、支部）书记围绕"强化政治机关意识走好第一方阵"讲授专题党课，开展"不忘初心　弘扬优良家风"主题党日，选树先进典型。中国文化遗产研究院李黎同志荣获"全国五一巾帼标兵"称号。中国文物报社徐秀丽同志荣获中央宣传部宣传文化思想战线抗击新冠肺炎疫情先进个人称号。二是制定印发《中共国家文物局党组开展"灯下黑"问题专项整治工作方案》，梳理问题，有针对性地制定改进措施，推进整改落实。三是全面推进基层党支部标准化规范化建设，确保党的组织生活有实质内容、实际效果。制定《国家文物局所属企事业单位党组织建设分类指导意见》，强化分类指导，督促局属企事业单位加强其控股企业尤其是二级、三级子公司和基层党组织建设。指导机关党支部和局管社会组织党支部完成换届改选；扎实做好年度党员统计报送工作，全面摸清局系统党组织和党员底数。做好党费收缴工作。四是将意识形态工作责任制落实情况作为党组巡视、党建督查、日常监督的重要内容，作为局机关和直属单位领导班子、领导干部考核的重要内容，作为评先评优和奖惩的重要依据。强化日常监督管理，梳理排查意识形态工作风险点。五是认真履行局扶贫工作领导小组办公室职责，有力推动定点扶贫县淮阳县各项脱贫攻坚工作。六是发挥工会、共青团作用，关怀干部职工身心健康和青年干部成长。

纪委工作

协助局党组履行全面从严治党主体责任。一是对照《党委（党组）落实全面从严治党主体责任规定》，修订局党组成员履行全面从严治党任务清单。二是协助局党组与驻部纪检监察组对落实习近平总书记关于文物工作重要指示批示落实情况等进行专题会商。做好局党组贯彻落实习近平总书记关于文物工作重要指示批示相关工作，对贯彻落实习近平总书记党的十八以来重要指示批示的实际情况进行跟踪问效，总结做法和成效，不断增强"两个维护"的政治自觉。三是协助局党组召开全面从严治党专题会议，研究局系统落实全面从严治党工作情况，并将有关情况报驻部纪检监察组。四是督促局系统各级党组织压实全面从严治党主体责任，落实《中央和国家机关部门机关党委落实全面从严治党责任清单》《中央和国家机关党支部落实全面从严治党责任清单》，对局直属单位2020年落实全面从严治党工作情况进行检查。

强化监督工作。一是强化政治监督，加强和改进作风，落实中央八项规定精神。在元旦、春节、五一、端午节、国庆、中秋等重要节点，对局系统贯彻落实中央八项规定精神、防止"四风"问题情况进行监督检查，未发现违反中央八项规定精神等问题。强化对形式主义突出问题的监督，持续为基层减负。监督局系统把习近平总书记制止餐饮浪费行为重要批示精神落到实处。广泛动员干部职工做到"四个带头"，坚决制止餐饮浪费行为，切实培养节约习惯。二是细化廉政措施，保障监督到位。修订局系统廉政风险防范手册，开展廉政风险点排查。三是加强纪检队伍建设。举办国家文物局系统纪检、人事干部培训班。抽调直属单位纪检干部参与机关纪委日常工作或相关问题线索办理。

严肃执纪问责。按照干部管理权限和纪委职责处置信访举报，研究处置问题线索，严格执纪。

人事工作

落实中央巡视选人用人专项检查整改,着力提高干部监督管理水平。积极配合中央第十五巡视组和选人用人专项检查组相关工作,扎实推进整改落实。立足长远,标本兼治,进一步完善制度建设。修订《国家文物局选拔任用领导干部考察工作实施办法》,突出政治素质考察;制定《国家文物局关于领导干部个人有关事项报告查核结果认定处理实施细则(试行)》,严格干部监督管理;印发《国家文物局关于进一步加强局直属单位干部人事管理工作的通知》,加强对直属单位选人用人工作的指导监督。

积极推进文物机构队伍建设,加强文物工作力量。认真贯彻落实习近平总书记在敦煌研究院座谈时的重要讲话和在中央政治局第二十三次集体学习时的重要讲话精神,按照局党组统一部署,全力推进文物保护管理机构队伍建设。一是积极推动加强地方文物管理机构编制。甘肃、云南、山西、河北、江西等省出台了加强市县文物管理机构编制的意见,海南省、湖北省在文旅厅加挂了文物局牌子,17个省份文物行政部门增设革命文物处、核增编制,山西省核增基层文物行政编制129名,福建省成立考古研究院核定编制60名,全国基层文物机构编制建设呈现出良好态势。二是积极争取中央编办批复同意国家文物局水下文化遗产保护中心更名组建为国家文物局考古研究中心,核增事业编制60名,明确了考古研究中心的正局级事业单位建制。进一步优化局机关内设机构设置,在办公室增设审计处、在政法司增设文物返还办公室、在机关党委人事司增设巡视工作处,明确新增处室职能。

扎实开展干部选拔任用工作,加强干部队伍建设。一是认真贯彻新时代党的组织路线,严格执行干部选拔任用工作有关规定。二是强化干部监督。根据中组部统一部署,开展局系统领导干部个人有关事项报告专项整治工作。

着力推动直属单位改革发展,激发事业发展活力。一是按照局党组要求,组织召开直属单位改革发展座谈会,坚定改革决心,明晰发展思路,明确改革措施。二是指导中国文物信息咨询中心、机关服务中心、中国文物报社、文物出版社、北京鲁迅博物馆开展中层干部选拔任用工作,帮助直属单位解决人才引进问题。三是完成了文物出版社、中国文物报社企业负责人薪酬清算和工资总额清算工作。四是印发《关于贯彻落实事业单位奖励规定有关问题的通知》,规范直属事业单位开展及时奖励工作,鼓励干部职工干事创业、担当作为。

强化服务职能,做好人事业务工作。指导中国博物馆协会、中国秦文研究会等开展换届工作,积极与民政部社会组织管理局沟通,指导中国文物保护基金会薪火相传品牌项目活动更改方案,规范了项目开展。指导中国文物学会、中国长城学会成功申请国家社科基金社科学术社团主题学术活动的资助。对国家文物局社会组织涉企收费、全国性行业协会收费、社会组织党建入章情况等进行了自查。启动国家文物局权责基础清单编制工作。完成局机关和直属单位领导班子2019年年度考核工作,直属单位2019年年度考核结果较2018年有明显提高。调整发放基本工资、津贴补贴以及2020年养老保险缴费基数和新增人员养老保险核算工作。上报2019年度公务员管理信息系统数据和领导干部信息。

人才工作

研究印发《新时代文物人才建设工程实施方案》,大力推进人才队伍建设。一是加强干部教育培训。制定并实施《国家文物局2020年度培训计划》,克服新冠肺炎疫情影响,积极推进培训项目实施，完成培训项目15个，培训人员近1000人次。印发《关于进一步加强国家文物局培训项目管理的通知》，落实意识形态工作责任制，规范培训管理工作。完成《干部教育培训工作条例》实施情况和《2018—2022年全国干部教育培训规划》中期实施情况以及领导干部和公务员科学素质行动实施工作等评估报告。开展国家文物局文博人才培训基地运行评估工作。二是全国文博网络学院实现培训实体班网络管理，提高了管理效率。2020年新增注册用户7000余人，总注册用户近2.5万人。在抗击新冠肺炎疫情期间，全国文博网络学院先后举办安徽省博物馆陈列展览联盟策展、全国博物馆展览策划与实施、北京地区文博行业鉴定培训等项目，超1万人次参加学习，做到了文博系统干部职工疫情期间不停训、不停学，取得了良好效果。三是完成山西省古建筑传统工匠和云南省文物保护传统工艺人才调查项目，基本摸清两省文物保护传统工艺人才队伍的现状，为加强传统工艺传承、人才培养打下基础，为制定传统工艺人才保护、培养、管理、支持政策提供了依据。四是完成2019年度文物博物、出版、古建工程高级职称评审工作，共38人取得高级专业技术职务任职资格。完成2020年度局系统3名享受国务院特殊津贴专家的选拔工作。完成第二批中国联合国教科文组织国际职员后备人才推荐。与中央组织部人才局沟通，积极争取文物行业人才培养项目的立项工作。

深化文物人才体制机制改革，加强制度建设。一是推进文物博物职称制度改革工作，印发《国家文物局高级职称评审管理办法》及评审标准条件，指导、督促各地落实文博系列职称改革要求，上海、山东、湖南、四川、山西、安徽等省份相继出台职称改革文件。开展国家文物局高级职称评审委员会文物博物、出版、古建工程3个系列（专业）委员增补，并报人力资源和社会保障部备案。印发《关于加强中、初级职称评审管理工作的通知》，指导直属单位开展中级职称改革和职称评审委员会调整工作。二是完成《文物保护工程从业职业资格制度暂行规定》和《文物保护工程从业职业资格考试实施办法（征求意见稿）》，积极与人力资源和社会保障部有关部门沟通，研究共同推进职业资格管理制度建设工作。三是积极推动文物修复师职业技能等级认定工作，委托中国文化遗产研究院编写完成9类文物材质的文物修复师职业技能标准，报文标委评审。

加强对文博专业教育的支持和指导。一是加强全国文物与博物馆专业学位研究生教育教学指导委员会工作，在青岛召开的年度会议上，组织高校文博专业培养单位与部分文博行业用人单位交流探讨，分析文博人才需求，提高人才培养的针对性。二是继续实施"高层次文博行业人才提升计划"，扩大培养合作院校，增加培养数量。2020年，新增云南大学为合作培养院校，全国文博行业262人报考，录取30人，均创新高。三是与北京大学签署战略合作协议，进一步深化合作办学机制，加强文博人才培养。四是加强全国文物保护职业教育教学指导委员会工作，开展文物高职专业目录修订工作，石窟寺保护技术等专业成功列入目录。完成新一届文物保护行指委换届报审、首届全国教材建设奖推荐评选等工作。开展文物修复与保护高职本科教育论证工作，文物保护与修复专业列入高职院校本科教育试点目录。五是在山东莱芜职业技术学院召开文物修复职教联盟成立大会，搭建产教融合、校行合作育人平台，促进文博行业与职业教育的协同发展，培养更多的高质量技能人才。

离退休干部工作

加强离退休干部党建工作。组织老同志居家收听收看全国"两会"直播和党的十九届五中全会直播，通过网上录播的方式带领老党员重温入党誓词。

疫情期间，每天通过微信方式向老同志推送中组部关于党建、抗疫、保健等信息，为老同志统一寄送口罩，把局党组的关怀送到每一位老同志手中。

组织局系统老同志参加网络平台老年大学课程。

分述篇

.

北京鲁迅博物馆（北京新文化运动纪念馆）

【概述】

2020年，在国家文物局党组正确领导下，馆党委认真贯彻落实党的十九大和十九届二中、三中、四中、五中全会精神，以及习近平新时代中国特色社会主义思想、习近平总书记关于文物工作重要论述和重要指示批示精神，紧紧围绕博物馆功能，开拓创新、锐意进取，较好地完成了年度工作任务，服务公众和社会水平得到较大幅度提升。

【内部建设】

认真落实意识形态责任制工作。馆党委高度重视并抓好意识形态领域工作，召开党委会专题研究部署意识形态责任制工作，及时修订意识形态工作责任制实施细则。及时传达学习上级关于意识形态工作的文件精神及情况通报，不断筑牢党员干部的理想信念，牢牢把握意识形态工作的主动权。

根据中央巡视和局党组巡视反馈意见，认真梳理分析存在的问题，梳理出6个方面7个问题，制定22项整改措施。结合局党委巡视、审计反馈意见，抓好涉及意识形态工作责任制度、干部人事、文物资料征集管理、固定资产账目和经费往来等方面问题整改工作。以抓巡视整改落实为契机，狠抓党风廉政建设，落实中央八项规定，着力营造风清气正的政治生态。

加强自身建设，建立健全相关规章制度，对硬件设施进行升级改造，加大鲁博馆区整治力度。做好对外开放中的安全保卫工作，加强安防、消防工作人员业务培训，更新安防、消防相关设备，强化值班和巡查，保证观众和文物安全。发挥政府采购小组作用，做好资料楼文物库房提升修复项目、资料楼安防设备改造项目、资料楼膜处理项目造价咨询，以及劳务派遣、讲解服务、保洁服务、变电站改造等项目的政府采购工作，推动馆区建设健康发展。

【北大红楼保护传承利用】

高度重视推进北大红楼保护传承利用及举办综合主题展览有关工作。一是积极与北京市相关部门和单位共同做好综合主题展览工作，组织召开论证会，对展览大纲进行论证、修改。二是与抗战馆共同做好综合主题展览所需文物资料图片的筛查和拣选，初步确定所需文物、藏品和艺术品总数为218件。三是完成红楼6处旧址复原、临时展厅、综合环境、公众服务和开放接待等设施的方案设计，并邀请有关专家对方案进行评审，形成总体设计方案报国家文物局审定。四是完成红楼搬迁工作，将红楼馆区的旧址陈列和展览撤除，将文物及藏品分类打包。协调配合做好局老干部活动中心、广博书画院搬迁至鲁博馆区工作。

【陈列展览】

扎实做好展览展示工作。先后引进"中国共产党的亲密朋友——雷洁琼生平事迹展""伟大的足迹——我们的法兰西岁月，留法勤工俭学运动史料图片展"等9项展览，为河南博物院、江门市博物馆、义乌市博物馆等送去"鲁迅的艺术世界——北京鲁迅博物馆藏精品展""鲁迅的读书生活展""俯首横眉——鲁迅生命的瞬间"等5项展览。

积极筹划"鲁迅生平"基本陈列改陈，编写改陈大纲，赴上海、绍兴等地调研，收集相关资料。

【宣教活动】

联合中国博物馆协会、中国移动咪咕和北京易讯，推出"云博物馆"网上直播公益活动，先后组织5组13场主题鲜明、内容丰富的网上直播，在线观看观众总计2820万人次。在微信公众号上及时更新"鲁迅生平"展、鲁迅旧居全景、"不忘初心——马克思主义在中国早期传播"陈列展、北大红楼百年纪念展、新文化运动纪念馆基本陈列及北大红楼一层、二层旧址复原等相关内容。拍摄纪录片《博物馆说——瞿秋白与鲁迅互赠的两幅诗句真迹》，积极传播鲁迅思想和鲁迅精神。

积极创新社教活动方式。与鲁迅基础教育研究会、北京师范大学扶贫支教中心等单位合作，通过图片展览入校、馆内直播授课、学校线下辅导相结合的方式，探索全新的馆校合作模式，开展"走进鲁迅""三味书屋读鲁迅"等研学活动。研学范围涉及北京、云南、江西、河北、甘肃的6家中小学和3家图书馆。与中关村教育基金会合作开展"三味书屋读鲁迅"研学活动，配合开展8场"藏书票鉴赏制作"活动。

【藏品管理】

以落实巡视审计整改为契机，对党的十八大以来入库藏品进行清查，补录入自2012年11月至2019年7月入库的文物和陈列品共计4741件/套；聘请第三方机构对1954年建馆以来所有财务账目中涉及文物、图书资料和陈列品的票据进行全面清查，所查结果作为账务、藏品和固定资产管理三个部门账实核对的有效凭据。

配合国家文物局接收并保管英国返还我国流失海外文物68件。与南京博物院点交国家文物局暂存的美国返还文物360件。移交日本返还青铜器8件至湖北省博物馆。

【学术研究】

完成《鲁迅研究月刊》全年12期的编辑出版工作。出版《北京鲁迅博物馆馆藏萧红史料》《三味书屋读鲁迅》等图书，发表学术研究文章50余篇。

举办《鲁迅研究月刊》创刊40周年和"鲁迅与江南文化"学术研讨会，参加澳门大学第六届南国人文论坛、"陈独秀、胡适与他们的时代——纪念新文化运动105周年"学术研讨会等。

充分发挥学术委员会作用，及时组织召开学术出版专家评审会和文物鉴定定级专家会，严格审核把关。

■ 【文创产品】

提供文创产品作为鲁博"云博物馆"网上直播观众奖品。联合全国鲁迅纪念馆参加中国文物报社主办的"全国文化创意产品推介活动"。参加北京市文物局与北京市文化创意产业促进中心共同主办的"歌华传媒杯·2020北京文化创意大赛"，鲁迅漫画像系列文创产品进入文博创意设计赛区总决赛。在淘宝、咪咕圈圈、"学习强国"平台等建立文创产品展卖账户，传播鲁迅及五四新文化精神。

■ 【其他】

做好新冠肺炎疫情防控工作。举办"文物系荆楚　祝福颂祖国"系列海报展，向湖北省博物馆捐赠书籍及文创产品。安排职工轮流下沉社区，确保日常工作运转和安全。

中国文物信息咨询中心

■【概述】

2020年，中国文物信息咨询中心坚持以习近平新时代中国特色社会主义思想为指导，全面贯彻党的十九大和十九届二中、三中、四中、五中全会精神，增强"四个意识"，坚定"四个自信"，做到"两个维护"，在国家文物局党组的正确领导下，紧紧围绕服务局党组重点工作大局，以文物信息化建设为主业，扎实工作，主动作为，完成了2020年度各项工作任务。

■【内部建设】

高度重视意识形态工作，抓好贯彻落实。修订并严格执行中心意识形态工作责任制实施意见，层层压实责任，加强意识形态阵地建设，确保意识形态安全。

落实2019年局党组对中心党委巡视反馈意见的整改工作，29条短期整改措施已经全部完成，10条中期整改措施已完成5条，26条长期整改措施取得了阶段性成效。坚决落实中央巡视反馈意见以及局党组整改工作要求，聚焦重点难点问题，加强对所属公司管理，形成对参股控股公司管理和子公司清理的整改思路，制定加强参股控股公司管理的整改方案，持续提高整改工作实效。

■【信息服务】

利用文博新媒体矩阵，促进信息互联互通。创新文物展览展示方式，开展"文物系荆楚　祝福颂祖国"祝福海报接力活动。活动通过国家文物局官方微博"中国文博"接力发布，得到热烈响应。国内外140家文博机构，35天接力355次，推出祝福海报400余幅，话题阅读量超过5.6亿次。13家博物馆进行8小时接力直播，深度解读海报设计背后的故事以及有趣的文物知识，直播活动共计447.42万人次观看。祝福海报通过移动传媒电视，在北京市6500辆公交车的车载电视上循环播放，"博物中国"平台同步进行展示。网上接力活动后，中心还开展了线下海报宣传展示。该活动获评"中华文物全媒体传播精品（新媒体）推介项目"。

利用"博物中国"平台开展信息服务。精选荆楚文化中最具特色的9件文物，在"博物中国"平台推出"文物祝福"专属头像微信小程序，吸引公众广泛关注和参与。"博物中国"平台在线预约、藏品管理等新功能上线并面向行业单位试运行，助力文博单位信息化发展，充分满足博物馆的预约需求，同时保障博物馆数据安全。

保障对局信息化服务。保障局系统网络及数据中心安全运行，全年机房巡检396次，互联网监测并处理各类网络安全攻击410.91万余次，承担局综合行政管理平台、OA系统运行维护。运行局官方微博"中国文博"，全年发布微博信息1600余条，阅读量1.21亿，视频播放量547万次，粉丝数量达到100万。开展文物舆情监测，监测文物信息18万余条，摘选上报新闻及网络媒体舆情2059条，制作舆情摘报194期。

服务地方信息化建设。充分发挥文物信息化"国家队"作用，为多地文博单位提供文物资源数据库、文物数字化保护及展示利用、文物管理服务等平台建设及藏品管理系统服务。与北京、山西等地文物局签署战略合作协议，在文博信息化、文物数字化保护利用、人才培养体系建设等领域开展合作。与山西省文物局合作建立"山西省文博大数据联合研究工作站"，力争探索出既符合山西省文物保护工作要求，又能面向全国文博行业推广的文物数据资源保护利用新途径。

【学术研究】

加强信息研究，提升科研能力。申报文标委《文物拍卖标的征集规范》制订项目，成果并通过专家评审。承担《文物藏品档案规范》（WW/T 0020—2008）修订项目，完成初稿，进入征求意见阶段。参与申报国家重点研发计划"基于大数据技术文物安全综合信息应用平台关键技术研究"项目"文物安全综合大数据平台及应用示范"课题，完成课题预申报和预算评审。

【业务培训】

开展线上线下培训。利用文博网络学院开展 5 次面向局系统及全国文博行业的专题培训，录取学员近7000名，累计完成课程学习近70000学时。

【其他】

充分利用社会力量开展文物数字化保护利用展示研究。为推动互联网、物联网、大数据、云计算等新型技术在文化遗产相关领域的应用，联合社会力量成立"文化遗产信息技术协同创新联合实验室"，打造"不可移动文物信息化综合服务平台"。充分利用社会力量资源优势，盘活现存文物数据资源，加强文物数据资源的汇集、整理和展示利用合作，共同推进文物信息资源的开放共享。

"全国文物地理信息平台"获"2020政府信息化管理创新奖"，并入选"2020政府信息化创新成果与优秀案例"。

文物出版社

■【概述】

2020年，文物出版社以习近平新时代中国特色社会主义思想为指导，在国家文物局党组的正确领导下，深入学习贯彻党的十九大和十九届二中、三中、四中、五中全会精神，不断增强"四个意识"，坚定"四个自信"，做到"两个维护"，注重"不忘初心，牢记使命"主题教育成果转化，认真组织开展强化党的政治机关意识教育、"灯下黑"问题专项整治教育和支部标准化、规范化等学习教育活动，扎实做好巡视整改工作，认真贯彻落实"一岗双责"和意识形态工作责任制，狠抓改革创新、业务发展和作风建设，经过全社员工的辛勤奋斗和齐心努力，有力推动了年度各项工作的顺利完成。

■【内部建设】

组织修订实施《党委意识形态工作责任制实施细则》《文物出版社有限公司新媒体管理实施办法》，加强对公司出版图书期刊、所属网站、微博、微信及举办承办的讲座、论坛、研讨会等意识形态阵地的建设和管理。

针对巡视反馈问题，按照局党组工作部署及时组织推进。认真梳理图书出版风险，组织修订《文物出版社有限公司选题策划论证委员会工作规则》，制定《文物出版社有限公司民间文物藏品集出版管理办法》。进一步强化全体员工的责任意识、阵地意识，强化图书选题论证委员会的职能。严把选题关、严格执行重大选题备案制度，落实出版物三审责任制度和"三校一读"制度，加强年轻编辑的入职教育和编辑业务培训。

根据出版业发展趋势和社、厂业务及数字化转型，结合实际，对出版社和印刷厂业务进行整合，盘活资产，启动社厂重组工作。根据工作需要，结合现有岗位情况，按照程序公开招聘3名专业技术人员。

切实做好新冠肺炎疫情防控和复工复产工作。落实"四方"责任，与中国国家博物馆共同在产权所属的北京市西城区阜成门内223号院建立疫情防控工作站。及时制定复工复产方案，在实行弹性工作制的基础上有序复工复产。

■【图书出版】

图书出版态势平稳，截至10月累计出书277种，预计全年出版图书490种。已经出版和即将出版的重点图书有《须弥山石窟》《梁带村芮国墓地——2005、2006年度田野考古报告》《铜陵师姑墩——夏商周遗址考古发掘与研究》《金色海昏——汉代海昏侯国历史与文化展》《甘肃重要考古发现》《敦煌石窟艺术社会史与风格学的研究》《敦煌艺术中的人与自然》《长安与洛阳——五至九世纪两京佛教艺术研究》《全清小说（顺治卷）》《承德普乐寺文物保护工程实录》《唐蕃古道》《乐居长安——唐都长安人的生活展》

《欧洲冯氏藏中国古代版画丛刊》《第八批全国重点文物保护单位》《山东省图书馆宋刻〈文选〉保护与修复研究报告》等。

《中国文物志》编纂工作有序推进。在局领导指导下，《中国文物志》编办坚持每月编纂例会和业务会制度，加强全面保障，注重规范管理，着力督促检查，细化任务，强化责任，狠抓落实，推进顺利。

重点围绕"一带一路"做好主题出版。所出图书主要有《尘封千年的岁月记忆：丝绸之路（青海道）沿线古代彩绘木棺板画》《丝绸之路与文明记忆——丝绸之路对中华文明演进与传播的影响学术研讨会论文集》《丝路回音：第三届曲江壁画论坛论文集》《南越国——南汉国宫署遗址与海上丝绸之路》《海上丝绸之路稀见文献丛刊》，以及亚洲文明对话题材图书《大美亚细亚——亚洲文明展》精品图录等。

由国家文物局主编的《中国文物志》入选2020年国家出版基金资助项目，《不忘初心——马克思主义在中国的早期传播》获得国家出版基金专项资助。《敦煌佛教石窟艺术图像解析》（俄罗斯语）获得2020年"丝路书香工程"资助。

【获奖情况】

在2020年度中国图书海外馆藏影响力出版100强排行榜上，文物出版社排名第18名，较2019年上升11位。

《良渚古城综合研究报告》《新疆洋海墓地》《丹霞集》《秦汉考古与秦汉文明研究》《创新与启示——赣南等原中央苏区革命文物保护利用实践》获评"2019年度全国文化遗产十佳图书"，《山西省明长城资源调查报告》《中国观察：中国文物保护利用理论与实践》获评"2019年度全国文化遗产优秀图书"。《中国文明的起源》入选中宣部评审的"亚洲经典互译计划基础书目"。

【数字化转型升级】

持续推进数字知识服务平台的数据处理、内容制作、产品设计与生产及功能优化，完成了以艺术与考古研究、石窟寺保护工程、纹饰艺术与出土文物研究、一带一路沿线文物为方向的产品设计制作工作，设计独立产品站点4个、资源库10个、专题库110个，主题分类290种。在产品门户中改版扩增了数字产品、特色产品、文博名家课程、知识关联导图展示、古代墓葬研究展示、分类索引、专题研究检索等7个产品模块。在产品矩阵系统中扩增了知识比对研究模块。

【其他】

按照国家文物局与贫困村党建结对帮扶工作安排，向河南省淮阳县白楼镇大李行政村捐赠扶贫专款，向淮阳县购买扶贫产品。组织全社和印刷厂员工参加"幸福工程——救助贫困母亲行动"献爱心捐款活动。积极响应《国家文物局直属机关党委关于组织党员自愿捐款支持新型冠状肺炎疫情防控工作的通知》精神，组织党员、干部和群众自愿捐款。积极响应中央和国家机关工委号召，组织购买湖北滞销农产品。

中国文化遗产研究院

【概述】

2020年，在坚决贯彻落实党中央、国务院以及国家文物局、北京市有关工作部署的前提下，中国文化遗产研究院在国家文物局党组的正确领导和相关司室、兄弟单位的大力支持、配合下，深入学习贯彻习近平总书记关于文物工作重要论述和重要指示批示精神，以及十九届五中全会精神，精准稳妥推进各项重点业务工作。

【内部建设】

认真开展中央巡视反馈意见整改。对照《国家文物局党组关于中央巡视反馈意见整改工作方案》，梳理查找出4个方面11个问题，印发《党委落实中央巡视反馈意见整改工作方案》《党委意识形态工作责任制实施办法》《关于成立中国文化遗产研究院事业发展"十四五"规划编制工作领导小组的通知》，部署和协调推进院巡视整改工作。严格落实周报告制度，整改工作有序推进。

贯彻落实党中央、国务院关于促进科技成果转化政策要求，进一步激发科研人员积极性和创造性，制定发布《科研项目管理办法（试行）》《科技成果转化管理办法（试行）》。

优化院工程项目管理流程。通过线上、线下审核方式，在优化规范项目管理的同时充分发挥承担部门积极作用，保障工程项目管理便捷、有序开展。

【学术研究】

国家重点研发计划"重大自然灾害监测预警与防范"重点专项"不可移动文物自然灾害风险评估与应急处置研究""石窟寺岩体稳定性预测及加固技术研究"完成项目实施方案论证、示范项目踏勘与现场交流，研发顺利开展。万人计划课题"古代岩建筑遗址保护修复材料研究"完成中国传统石灰材料的微纳化改性以及外加剂对石灰灌浆材料的影响规律及其调控机制的研究。国家社科基金特别委托项目"符合国情的文物保护利用之路研究"完成结项报告初稿，修改完善后申请结项。国家社科基金重大项目"吴哥古迹考古与古代中柬文化交流"提请结项。国家社科基金重大项目"全国明长城调查资料整理与研究"、国家社科基金特别委托项目"《大百科全书·文物卷》编纂"取得阶段性成果。联合全国政协文史和学习委员会申请国家社科基金重大（特别委托）项目，开展《大运河画传》和《长城画传》编撰工作。参与中山大学牵头申报的研究阐释党的十九届四中全会精神国家社科基金项目"文化遗产和旅游融合发展的文化自信生成机制与治理现代化研究"

获重点课题立项。承担国家文物局项目《全国重点文物保护单位申报管理办法与技术指南》编制完成。

【重点工程项目】

牵头开展国家文化遗产科技创新中心筹建工作，完成项目需求报告、项目建议书和概念设计方案初步编制，并提交国家文物局。配合国家文物局申报国家发改委"十四五"重大项目意向。申报北京市国土空间"十四五"重大项目需求。

"应县木塔研究性保护项目"完成《应县木塔变形监测实施（2018—2020）》方案设计和《应县木塔塔院地面及排水维修工程勘察设计方案》编制，按程序报批。

革命文物保护工作方面，《大别山区革命文物保护利用战略规划》完成规划初稿并提交各省，"山西省长治市武乡县王家峪村八路军总司令部及附属机关旧址文物保护和展示工程""武乡县上北漳村中共中央北方局党校旧址文物保护和展示工程"设计方案初步完成，潍县乐道院暨西方侨民集中营旧址保护规划项目启动。

河南省周口市淮阳区扶贫工作方面，编制完成《平粮台古城考古遗址公园规划》《平粮台古城南城门遗址保护展示工程方案设计》和《平粮台古城遗址环境整治（二期）工程方案设计》，委托并协助中山大学旅游学院编制完成《淮阳县全域旅游规划》和《从庄村乡村旅游发展规划》，配合国家文物局水下文化遗产保护中心筹划《时庄遗址保护规划》编制工作。

川渝地区石窟保护专项方面，"广元千佛崖莲花洞保护修复项目"完成中期评审，"大足石刻卧佛保护修缮工程"开展卧佛病害发育的跟踪监测、补充勘察，大足石刻小佛湾摩崖造像保护工程（第一阶段）、弹子石摩崖造像修缮工程（一期）顺利进行。

受国家文物局委托，完成中国海上丝绸之路体系调研，形成了包括澳门特别行政区在内的中国海上丝绸之路57处遗产点以及14处关联点的名单。参加发改委牵头的《大运河国家文化公园建设保护规划》编制项目；完成大运河国家文化公园核心展示园、集中展示带及特色展示点清单的遴选，提出建设项目库清单。西藏布达拉宫文物（古籍文献）保护利用项目分为病害调查、抢救性修复、预防性保护和数字化4个子项目有序开展工作。承德避暑山庄及周围寺庙石质文物科技保护项目持续开展，普宁寺石质文物科技保护修缮项目顺利进行。"南海Ⅰ号"保护发掘项目现场文物保护工作及时有效开展，按计划完成年度陶瓷器、铁器、铜器、竹木漆器等有机质及其他材质文物的保护。

【国际合作与交流】

援助柬埔寨吴哥古迹王宫遗址修复项目开展了王宫遗址施工临时辅助设施及展示设施方案设计、王宫遗址场地整体环境现状梳理以及西北塔门的现状残损研究及修复措施深化设计，编制完成《援柬埔寨吴哥古迹王宫遗址展示中心专项设计方案》及其他相关施工临时设施方案。援助尼泊尔加德满都杜巴广场九层神庙修复项目完成7至9层复原维修、金顶清洗安装及露明瓦顶修复等工作；努瓦科特杜巴广场王宫修复一期项目积极开展前期准备工作，编制完成专业考察工作计划、项目组织管理计划、经费支出计划等，按程序报项目管理公司核准。援助乌兹别克斯坦花剌子模州历史文化遗迹修复项目于2019年底通过内部竣工验收，2020年原计划为接受对外竣工验收、移交及开展质保工作，受新冠肺炎疫情影响调整为聘用当地人员定期观测、国内技术人员指导养护，以保障文物安全。

继续配合国家文物局落实亚洲文化遗产保护行动前期工作项目，筹办亚洲文化遗产保护行动对话会工作，深化修改亚洲文化遗产保护中心设立方案和亚洲文化遗产联盟设立方案，撰写亚洲文化遗产保护联盟配套国别方案中世界遗产工作的相关内容，起草联盟成立倡议书和外交说帖。

继续推进中意、中英重点项目。与意大利国家研究委员会开展课题合作，对接"海丝"阐释课题，统筹安排互访和调研等计划。积极推动中英"双墙"合作，与英格兰遗产委员会商议合作意向。

【业务培训】

贯彻落实国务院办公厅《关于加强石窟寺保护利用工作的指导意见》，受国家文物局委托，承办全国石窟寺管理人员培训班。紧密配合院重大专项，开展"新型技术在文化遗产防灾减灾中的应用"培训。与联合国教科文组织驻华代表处合作开展"中国世界文化遗产可持续保护与发展"线上培训。按计划开展"壁画文物保护修复技术培训"和"园林工匠培育传承计划"等。

中国文物报社

【概述】

2020年，中国文物报社在国家文物局党组的正确领导下，以习近平新时代中国特色社会主义思想为指导，全面贯彻落实党的十九大和十九届二中、三中、四中、五中全会精神，以及习近平总书记关于文物工作和媒体融合发展的重要指示批示精神，坚持以落实巡视整改为契机，以党的建设引领改革发展，推进党建工作和业务工作深度融合，严格落实意识形态工作责任制，全面推进媒体深度融合发展和全媒体平台建设，不断提升传播能力和服务水平，为推动文物保护利用作出积极贡献，圆满完成全年各项工作任务。

【内部建设】

严格落实意识形态工作责任制，守好文物宣传主阵地。教育引导党员干部增强政治敏锐性和政治鉴别力，提高新闻采编人员的政治素养，牢牢把握正确政治方向和舆论导向。修订完善采编制度，严格执行"三审三校"制度，严把编校质量关，筑牢意识形态安全"防火墙"，坚持融媒体立体化传播，提高新闻舆论传播力、引导力、影响力、公信力。

【采编宣传】

围绕国家文物局年度重点工作，各媒体平台精心组织策划，全力推进落实，圆满完成系列重大主题宣传任务和文物系统各项宣传报道任务。针对宣传贯彻习近平总书记关于文物工作重要论述和重要指示批示精神，着重抓好面向全国文物系统的深入采访报道，扎实做好专题宣传报道，营造学习贯彻热潮。抓住重要节点，以全国"两会"、国际博物馆日、文化和自然遗产日等主题进行深度报道。

扎实做好《中国文物报》《文物天地》《中国博物馆》《文物调研》《中国博物馆通讯》的编辑出版工作和"红楼橱窗"的展示工作。作为中文核心期刊的《中国博物馆》学术质量不断提升，2020年度期刊综合影响因子和复合影响因子分别达到0.411和0.823，被国家哲学社会科学文献中心（中国社会科学院图书馆）评为"2019年度最受欢迎期刊"。在《中国文物报》、国家文物局官网和国家文物局官方微信开设"深入学习贯彻落实习近平总书记关于文物工作重要论述和重要指示批示""建设中国特色中国风格中国气派的考古学""走向我们的小康生活""抗击疫情 文博加油""聚焦两会 关注文博""基层文博人"等专题、专栏，其中"深入学习贯彻落实习近平总书记关于文物工作重要论述和重要指示批示"专题推送信息374篇，作为动态宣传园地，作为践行"两个维护"的具体行动，作为巡视发现问题的重要整改措施，在全国文物系统掀起深入学习贯彻落实习近平总书记关于文物工作重要论述和重要指示批示新高潮。《中国文物报》刊登的《博物馆直播大热的冷思考》一文入选2020年江苏高考语文试卷（文科），入选段落介绍了博物馆直播大热是博物馆公共文化发展的新趋势，相关信息在新媒体平台发布后阅读量超过13万次，取得了良好的社会效应。

推进"文博在线"全媒体矩阵建设，形成跨图文、视频、微视频、央媒新媒体平台、网络视频直播、问答社区等多种类型的新媒体矩阵，基本实现全媒体渠道覆盖。整合全社宣传报道资源，充分发挥媒体矩阵传播优势，多端齐发，形成合力，以更新更快的传播速度向公众传播文物信息，全媒体平台总流量近8000万。在国际博物馆日期间，"文博在线"平台与今日头条以及16座博物馆共同发起"遇见展陈"和"博物馆头条"主题活动，进行网络视频直播10余场，总观看量超过200万次。

【评选推介】

与有关行业协会组织开展"全国十大考古新发现评选""全国博物馆十大陈列展览精品推介""全国文化遗产十佳图书推介""全国文博技术产品推介""全国革命文物保护利用优秀案例宣传推介""全国文化创意产品推介展示"等行业特色推介活动。

通过创建新浪话题、与直播平台合作、活动进校园等形式多样的宣传手段，扩大推介活动的影响力和号召力。"假期云考古——2019年度全国十大考古新发现线上终评会"以网络会议形式举行，数千万网民在线观看，超过3亿人次在微博等新媒体平台交流互动，成为"五一"期间文化活动的新亮点。

【业务拓展】

受国家文物局委托，承担国家文物事业"十四五"规划编制、革命文物保护利用"十四五"规划编制等相关研究课题，开展第七届文物行政处罚案卷评查、寻找"最美文物安全守护人"活动、"弘扬优秀传统文化、培育社会主义核心价值观"主题展览征集推介活动和庆祝中国共产党建党100周年革命文物陈列展览征集工作，完成文物保护行业标准《博物馆信息公开指引》的编制工作，做好第四批全国博物馆定级评估相关工作，进一步凝聚行业研究力量，不断提升报社组织实施能力。

与各地文博单位联合策划推出"新春生肖文物联展"，参展单位突破40家。展览深入发掘生肖文化的代表性元素符号，整合各地文博单位的优质馆藏资源，揭示生肖文物和生肖文化独特的价值魅力，为弘扬和传承中华优秀传统文化发挥积极作用，成为全国博物馆领域"春节档"重要的品牌展览。

通过整合数字化资源，创新开展"云展览""云课堂""云考古""云讲解"等活动，极大地丰富了公众的精神文化生活，推动了文物资源在互联网环境下的展示传播和活化利用。承担运营"博物馆网上展览平台"，分六批推送博物馆网上展览300个，并被国务院办公厅嵌入"全国一体化在线政务服务平台"。先后推出线上培训班12个，培训内容涉及博物馆、文物鉴赏、文旅融合、新闻宣传、陈列展览、文物安全、世界遗产等方方面面，并通过央视频、腾讯微视、快手、B站等平台进行直播，进一步扩大在线培训的影响力和传播力。与中央广播电视总台新闻新媒体中心共同发起"云讲国宝——全国文博在线讲解直播推介活动"，深入挖掘和广泛传播文物蕴含的文化精髓和时代价值，最终有16位博物馆选手、16位社会选手荣获奖项，掀起"讲好文物故事，弘扬传统文化"的热潮。联合腾讯看点、腾讯博物官共同策划推出"十二生肖文物展——生肖之力"创意文物H5，以全新互动传播方式生动呈现相关文物资源，在国家互联网信息办公室指导的第五届"五个一百"网络正能量精品评选活动中入选"百项网络正能量专题活动"。

　　与湖北省博物馆共同推出"文物不言——等待复苏后的倾听"主题明星公益活动,用短视频解读文物背后的故事及其承载的人文精神,活动期间"文物不言"微博话题阅读量超过1100万次。

中国文物交流中心

【概述】

2020年，中国文物交流中心在国家文物局党组的正确领导下，在局机关各司室及全国文博系统大力支持下，坚持以习近平新时代中国特色社会主义思想和党的十九大精神为指导，坚决贯彻习近平总书记关于文物工作重要论述和重要指示批示精神以及局党组各项决策部署，主动谋划，有序、平稳地推进各项工作，促进中心事业转型和高质量发展。

【内部建设】

落实意识形态工作责任制，加强对出版物、网络阵地管理，切实维护意识形态阵地安全。配合做好巡视工作，自觉接受巡视监督，做到立行立改。

加强人才队伍建设，全面落实"稳就业"任务。接收应届毕业生3名、派遣人员11名，安排10余名即将毕业的在校大学生锻炼实习。

落实局党组的决策部署，如期完成腾退红楼任务。为解决中心"三无"问题（即无馆舍、无品牌、无拳头项目），破除"等、靠、要"思想，主动作为，积极推进购置北京天竺综合保税区业务用房事宜。

【文物展览】

克服新冠肺炎疫情影响，创新文物点交模式，组织举办"三国志展""从地中海到中国——平山郁夫藏丝路文物展""书写与传承——全国文博系统70年书画作品展览""鼎盛中华——中国鼎文化特展"以及"启示——人类抗疫文明史"图片展等重点展览。加强革命文物展示宣传，组织策划"不忘来时路——庆祝中国共产党成立100周年革命文物巡展"。

创新工作方式，在落实线下展览的同时积极开展线上展览。配合"三国志展"举办线上展览与宣传活动，联合多家媒体平台举办多场以"三国志展"为主题的网络直播活动，配合展览发布抗击疫情公益主题音乐《英雄的未来》。受国家文物局革命文物司委托，举办"英雄武汉英雄城　革命精神永传承"武汉革命文物线上展示月活动，直播实时播放量累计超过7500万次，取得了良好的社会效益，为全媒体时代下革命文物的宣传展示提供了新思路与新方向。开发推出"书写与传承"云展览、"清高宗乾隆皇帝展"网上虚拟展示系统和"亚洲文明展"智慧导览系统，开启线上云观展新体验。

【学术研究】

开展文博领域课题研究及规划评估工作，提升科研能力。成功申报国家重大研发计划"民间文物流通安全服务关键技术研发课题"，这是中心向研究型、智库类单位转型的重要项目。受国家文物局委托，科学高效编制《"十四五"期间博物馆可移动文物管理投资需求测算和可行性报告》《我国文物国际交流与合作2035年远景目标研究》等。

完成《亚洲文明互鉴博物馆初步设计方案》《中华文化传承与创新中心（横琴）设计方案及立项报告》《厦门文物事业发展"十四五"规划》《景德镇御窑厂国家考古遗址公园（陶阳里历史街区）环境整治文物影响评估》《沈白铁路建设涉及长白山神庙文物影响评估》《承德上二道河子村文化中心建设涉及承德避暑山庄文物影响评估》《合川花滩嘉陵江大桥工程文物影响评估》《成都博物馆特展选题规划（2021—2023）方案》等方案、规划编制咨询项目。

【资源授权】

推动文博馆藏资源供给侧改革，深化"让文物活起来"的实践探索，与北京文化产权交易中心共同成立"博物馆知识产权服务中心"，与上海产权集团有限公司及青岛联合信用资产交易中心有限公司共同启动建设"博物馆知识产权（长三角区域）服务中心"，以知识产权为切入点持续为全国博物馆提供服务。落实"互联网+中华文明"行动计划，合作开发进行"率土之滨""天龙八部"等游戏的授权开发，持续推动新一代互联网技术发展成果与中华优秀传统文化传承发展相互融合。

【文旅融合】

探索文物旅游融合发展举措，与国际组织、文化遗产地、古迹遗址、文化景区、烈士陵园等相关单位合作，搭建文旅研学平台，推出研学线路，打造研学品牌。探索文旅融合新模式，与云南昆明市合作建设云南亚洲（澜湄）文明互鉴博物馆，与中国文物保护基金会联合发起成立"亚洲（澜湄）文明互鉴专项基金"，助力地方文物旅游融合发展。与上海市松江区政府合作建设中国文物交流中心长三角展览展示基地。

参与编制《文物旅游地研学连续性管理规范（征求意见稿）》等标准规范文件，加强文物旅游标准研究和平台建设。

【其他】

应北京市文物局的邀请，联合北京天竺综合保税区管理委员会、北京市文投国际控股有限公司，在2020年中国国际服务贸易交易会期间共同组织"天竺·国际文物交流平台"展区，围绕"文化遗产赋彩服务贸易"主题，重点展示文物国际展览交流与合作、文物修复技艺与传承、文物保护科技应用和装备展示、博物馆知识产权保护和授权开发等文物活化利用的工作成果，为推动扩大文化服务业对外开放的实施路径、拓展中国国际服务贸易贡献文博力量。

国家文物局水下文化遗产保护中心

■【概述】

　　2020年，国家文物局水下文化遗产保护中心紧密结合习近平总书记在敦煌研究院座谈时的讲话和在中央政治局第二十三次集体学习时的讲话等关于文物工作重要论述和重要指示批示精神，重点围绕贯彻落实《关于加强文物保护利用改革的若干意见》《关于实施革命文物保护利用工程（2018—2022）的意见》开展工作，较好完成了全年工作任务。

■【重要考古项目】

　　广东"南海Ⅰ号"保护发掘年度工作：受新冠肺炎疫情影响，年度发掘工作延迟至4月13日开工，船舱内文物已全部清理完毕，阶段性主要工作为清理船外侧土方。截至2020年11月，发掘深度280—350厘米，出土文物总计约18万件/套，提取船木139块、铁器凝结物124吨。广东"南海Ⅰ号"南宋沉船水下考古发掘项目被评为"2019年度全国十大考古新发现"。

　　山东青岛胶州湾外围海域水下考古调查项目：采取海洋物探与潜水探摸相结合的方式对预设区域进行调查，探测面积50平方千米，发现水下疑点23处，发现近代沉舰、失事铁船、人工渔礁、铁锚、岩石等遗存。在大公岛南部海域发现一处"一战"时期的沉舰遗址，采集出水百余件文物。本次调查突破了以往青岛胶州湾的物探调查成果，初步摸清了胶州湾外围海域水下遗存的类型、时代与保存状况。

　　山东威海"定远舰"第二期水下考古调查：主要工作区域为沉舰的艏、舵部，采用布设探沟解剖的方式进行清理，发掘面积总计480平方米，于泥下1.5—3米陆续发现沉舰遗存。定远舰遗址整体保存情况已调查清楚，遗址埋于3米深的泥下，保存状况较差，无完整舰体。水下考古调查发现并提取出水文物1600余件，其中安全提取了原主炮台附近的一块防护铁甲，对于确认定远铁甲舰身份以及研究一级铁甲舰的防护能力具有极其重要的意义。

　　上海"长江口二号"清代沉船调查：年度水下考古调查工作包括确认沉船遗址现状，进一步了解沉船遗物散落情况，综合评估自然环境和人为活动对沉船遗址的影响，系统收集沉船所在海域的流速、流向、流量、含沙量等数据信息。此外积极与海洋交通救捞部门接洽，初步形成整体打捞工作方案。

■【文物保护修复】

　　致远舰、经远舰出水文物保护修复：完成70件/套"致远舰"出水文物的保护修复工作，完成所有出水陶瓷文物的保护修复。完成103件/套"经远舰"沉船遗址出水文物的保护修复，剩余792件/套文物正在进行脱盐或脱水定型。

天津国家海洋博物馆馆藏金属文物保护修复（一期）：完成国家海洋博物馆馆藏6套（12件）金属文物的保护修复工作，并在修复工作前后对部分文物进行三维建模。

【学术研究】

海洋出水木质文物保护关键技术研发：国家重点研发计划项目，主要开展海洋出水木质文物保存状况评估体系、海洋出水木质文物沉积物脱除与控制技术、海洋出水木质文物脱水材料与工艺、脆弱木质文物水下固型提取技术、海洋出水木质沉船结构稳定性与保护技术等五方面的研究工作，重点解决以"南海Ⅰ号"为代表的海洋出水大型木质沉船的保护关键技术问题。

海洋出水铁质文物保护关键技术研发：国家重点研发计划项目"馆藏脆弱铁质文物劣化机理及保护关键技术研究"子课题。课题针对典型埋藏环境的海洋出水铁质文物开展劣化机理研究，揭示环境因素和环境变化对铁器本体及其固有锈蚀物的作用机制；开展铁质凝结物的分离或整体性保护技术研究、稳定性保护评价方法研究；开展现有材料和技术的适用性及优化研究，开展新材料和技术的研发，开展应用示范及应用效果评估。

舟山地区摩崖石刻类文物劣化状况调研评估：舟山地区摩崖石刻有40余处，主要分布于普陀山和嵊泗列岛。因石刻所处临海环境影响，部分摩崖石刻风化、酥化严重，亟须进行保护。根据考古调研工作所取得的成果，以舟山地区摩崖石刻为对象，拟从文物病害综合调研、病害样品检测评估和摩崖石刻文物劣化机理等方面开展课题研究。

【其他】

围绕加强水下考古能力建设和水下考古学科发展的需要，一方面水下中心担纲负责的《水下考古学概论》在山东大学（第二轮）、北京大学（第一轮）顺利开课，取得良好效果；另一方面组织精干力量编写完成《中国沉船考古与研究》（中、英文版），系统梳理中国水下考古的主要成就，具有承前启后的重要意义。

中国
文物年鉴
2021

北京市

【概述】

2020年是决胜全面建成小康社会和"十三五"的收官之年，北京市文物系统以习近平新时代中国特色社会主义思想和党的十九大及十九届二中、三中、四中、五中全会精神为指导，坚决贯彻落实党中央和北京市委、市政府关于文博工作的决策部署，保安全、抓重点、促改革，全面开启北京新时代文物事业改革新征程。

【文物安全工作】

加强文物安全，召开全市文物安全工作会议，实施文博系统火灾隐患整治和消防能力提升三年行动。

【不可移动文物的保护与管理】

中轴线申遗保护加快推进。组建北京中轴线申遗保护工作办公室，以冲击2024年申遗名额为目标，制定中轴线申遗时间表路线图，印发《北京中轴线申遗保护三年行动计划》。有序推动价值阐释和保护管理，滚动修订申遗文本，推进中轴线文化遗产保护立法工作，举办中轴线申遗保护国际学术研讨视频活动。加快文物腾退，编制先农坛、太庙、社稷坛腾退整治工作方案，协调推动五八二电台、先农坛庆成宫、贤良祠腾退，完成宏恩观展示利用方案。推进文物修缮，完成先农坛太岁殿、庆成宫和社稷坛中山堂修缮工程，完成永定门内御道保护工程。风貌整治任务进展顺利。

"一城三带"保护建设统筹推进。加快文物建筑修缮保护，开工注册项目95个，完成老舍纪念馆、箭扣长城三期、颐和园画中游建筑群等修缮工程，按期推进北海漪澜堂、京报馆等跨年项目。加强文物本体预防性保护，完成北海公园白塔、九龙壁日常监测，以及八达岭长城世界文化遗产反应性监测报告。

【革命文物保护利用】

全力推进北大红楼与中国共产党早期北京革命活动旧址保护修缮，集中开展怀柔长城沿线和房山地区革命文物保护修缮和环境整治，完成冀热察挺进军司令部旧址陈列馆提升工作。

部署庆祝中国共产党成立100周年革命文物陈列展览、抗战文物保护利用和北京地区革命纪念馆专项调查等工作。

【考古工作】

统筹基本建设和地下文物保护，制定考古复工指引并适时更新，保障重点工程考古勘探发掘。推动琉璃河遗址保护规划编制。路县故城遗址保护展示工程正式开工，考古遗址公园建设有序推进。

【博物馆工作】

推进文博领域改革。首都博物馆等3家博物馆公共文化机构法人治理结构改革试点单位，完成理事会成立相关章程和配套制度制定。

线上线下展览活动相结合，创新文物"活"起来途径。围绕"我们的节日"推出展览及文化活动485项，首都博物馆等十余家单位提供延时服务30余次。闭馆不闭展，通过北京博物馆大数据平台等媒介推出的"云展览+直播"丰富了疫情期间市民的精神文化生活。国际博物馆日、文化和自然遗产日文博活动网络直播点击量近2.8亿次。

【文旅融合】

持续完善文博文创产品开发机制，北京石刻艺术博物馆、孔庙和国子监博物馆两家试点单位工作取得阶段性进展。

【科技与信息】

加强科研工作，编制修订加强文物科研工作规定8项。对北京科技大学等两家北京市文物局重点科研基地举行挂牌仪式，建立北京市文物局"学术科研月"、"一对一"科研帮带机制和学术带头人制度。

【社会文物管理】

文物市场平稳发展。临时调整审批制度为企业纾困，疫情期间探索实施文物拍卖告知承诺审核制，激发线上拍卖热情。截至10月底，全市举办文物拍卖会832场（线下38场，线上794场），成交额90多亿元。

完成服贸会文博展区组展任务，签署合作协议30项，接待观众近15万人次，线下交易额400余万元，线上交易额约1亿元。

【机构建设】

优化机构设置，北京市文物局成立申遗处，文物保护处加挂革命文物处牌子。

与北京建筑大学签订合作协议，共建北京长城文化研究院。

【其他】

北京海淀三山五园国家文物保护利用示范区被列入第一批国家文物保护利用示范区创建名单。"三山五园"是以清代皇家园林为代表的各历史时期文化遗产的统称，是北京历史文化名城保护体系中的重要组成部分。"三山"指香山、玉泉山、万寿山，"五园"指静宜园、静明园、颐和园、圆明园、畅春园。

天津市

【概述】

2020年，天津市文物系统将贯彻落实习近平总书记关于文物工作重要论述和重要指示精神以及中央部署作为重点，围绕重要文件精神，紧密结合天津市文物工作实际，研究谋划天津市文物保护利用改革工作，积极推进重点任务落实，文物事业实现持续健康发展。

【文物安全工作】

积极推动社会力量参与文物保护工作，指导河北区建立文物保护志愿者制度，并在全市推广蓟州区长城保护员、静海区村级保护员和河北区文物志愿者三种社会力量参与文物工作的做法。

【不可移动文物的保护与管理】

天津市各类不可移动文物共2000余处。其中，世界文化遗产2处（蓟州长城、大运河），全国重点文物保护单位34处，市级文物保护单位220处，区级文物保护单位141处。2020年提请天津市政府核定公布第五批市级文物保护单位15处，不可移动文物保护等级进一步提升。

高度重视摩崖石刻保护，启动千像寺造像遗址保护修缮工程，开展全市石窟寺（摩崖石刻）资源调查。实施北洋大学堂旧址等重点不可移动文物修缮工程，全市不可移动文物保存状况得到进一步改善。高度重视不可移动文物保护相关规划编制工作，编制完成并公布《天津市明长城保护规划》，为明长城保护和长城国家文化公园建设提供支撑。

积极配合天津市发改委、规自局做好大运河天津段核心监控区管控工作，严格依法依规向国家文物局上报涉大运河相关建设项目。西青区大运河国家文化公园考古项目在国家文物局大力支持下取得重要成果。

积极推进不可移动文物保护与展示利用，与轨道交通集团联合推进地铁四号线东南角站"博物馆+地铁站"新模式。

【革命文物保护利用】

高度重视革命文物保护利用工作，开展全市馆藏可移动革命文物调查和全市革命文物名录公布工作，夯实文物基础工作。

【博物馆与可移动文物】

天津市备案开放博物馆共73家，全市文物藏品总量约178.4万件。

落实大运河保护传承利用相关部署要求，积极推动天津大运河文化博物馆筹建工作。

扎实做好平津战役纪念馆、周恩来邓颖超纪念馆改陈工作。建成天津市博物馆公共服务平台，实现天津市博物馆数字资源的互通有无，搭建起全市博物馆预约参观统一入口，更好服务社会公众。充分发挥文博场馆的宣教功能，推进馆校结合、文教结合，举办全市博物馆青少年教育示范案例推介活动。

指导推进天津市各博物馆、美术馆、纪念馆举办特色鲜明的展览、展示活动。由天津博物馆承办的"人民至上——天津市抗击新冠肺炎疫情纪实展"成功举办，开展三个月接待观众40万人次，在广大市民群众中引起热烈反响。此外，天津博物馆还推出了"安第斯文明特展——探寻印加帝国的起源""交融肇兴——辽金时期的天津"等一系列特色精品临展。平津战役纪念馆先后在平津战役胜利71周年、建党99周年、纪念抗美援朝战争70周年之际推出"留住历史的记忆——平津战役亲历者口述史料展""抗美援朝保家卫国——抗美援朝战争专题展"等展览。周恩来邓颖超纪念馆举办了"丹青妙笔颂伟人——周恩来邓颖超纪念馆馆藏书画作品展"和"周恩来题词手迹展"。

切实加大可移动文物保护，稳步推进"天津博物馆馆藏文物预防性保护项目（三期）"和"天津博物馆数字化保护项目（2019）"。

【文博宣传】

围绕"文物赋彩全面小康"主题组织实施文化和自然遗产日宣传活动，组织开展专题展览、"最喜爱的文化遗产"评选、考古网络公开课等活动。

中国
文物年鉴
2021

河北省

【概述】

2020年，河北省文物系统坚持以习近平新时代中国特色社会主义思想为指导，深入贯彻党的十九大和十九届二中、三中、四中、五中全会精神，深入贯彻落实习近平总书记关于文物工作重要论述和重要指示批示精神，特别是在中共中央政治局第二十三次集体学习时的重要讲话精神，进一步增强"四个意识"，坚定"四个自信"，做到"两个维护"，切实增强做好新时代文物工作的责任感和使命感，全面加强文物保护利用和文化遗产保护传承，推动全省文物事业高质量发展。

【文物安全工作】

开展文物消防安全专项整治三年行动，全面排查整治文物安全隐患。指导各级文物主管部门树牢文物安全底线思维，集中整治文物风险隐患。开展具有火灾风险的省级以上文物保护单位消防安全评估，增强文物建筑消防技术依据和火灾事故预防预判能力。联合消防救援机构强化文物消防安全专项检查督导。加强汛期文物安全，及时进行气象灾害预警，组织指导文物险情处置。

部署打击文物犯罪专项行动。联合省公安厅部署全省打击文物犯罪专项行动，摸排古遗址、古墓葬被盗线索，重点防范和打击石窟寺盗窃盗割等文物犯罪行为。委托第三方机构对磁县北朝墓群、献县汉墓群进行无人机常态巡查。

推进文物平安工程建设。严把文物安防消防防雷工程立项、方案审核和工程验收，为守护文物安全提供技术保障。开展文物消防工程实地检查评估，加强文物消防工程事中事后监管。督办进展缓慢的文物安防消防防雷工程，推动文物三防工程尽快发挥防护作用。推动河北省文物安全监管平台建设，协调有关单位进行平台试运行。

督办文物行政违法案件。对国家文物局转办的保定徐水区长城附近平整土地案等案件进行实地督办，对群众反映的文物行政违法线索进行核实督办。组织开展省级以上文物保护单位违法违规开设宗教场所从事宗教活动情况调查摸排，指导各级文物主管部门联合相关部门进行全面清理整顿。

【不可移动文物的保护与管理】

继续推进长城、大运河文物保护工作。协调指导大境门来远堡城墙等长城保护项目实施，张家口市桥西区大境门来远堡堡墙保护修缮工程完工。《河北省长城保护条例（草案）》已由省政府提请省人大常委会进行一审，由省人大常委会教科文卫工委进行修改完善。积极配合大运河文化带建设，做好沿线文物保护工作。《河北省大运河文化保护传承利用实施规划——文化遗产保护传承专项规划》编制完成并报省发改委。

继续做好大遗址文物保护工作。全面助推赵王陵、磁州窑、封氏墓群等大遗址文物保护规划的编制与报批核准工作，有序指导推进赵王城、中山古城考古遗址公园建设，积极推进大遗址展示利用项目实施进程。

积极推进石窟寺保护利用工作。深入贯彻落实习近平总书记关于石窟寺保护利用工作的重要批示精神，落实党中央、国务院决策部署，按照国务院办公厅《关于加强石窟寺保护利用工作的指导意见》要求，结合河北省实际编制完成《河北省加强石窟寺保护利用工作方案》，征求相关省直部门及地方人民政府意见。按照国家文物局工作安排部署，河北省文物局积极推进石窟寺专项调查工作，组建调查组并对相关地区文物部门进行部署，调查人员于11月10日赴张家口等地正式开展石窟寺现场调查工作。

太子城文物保护与利用工作进展顺利。根据国家文物局批复要求，河北省文物局积极督促、指导张家口市全力推进遗址保护利用工程，做好项目指导和监管，完成2022年冬奥会赛前阶段太子城遗址文物保护与利用工程，全力推进陈列展示项目。

文物保护维修工程加快实施。清东陵裕陵、清西陵崇陵、天宁寺凌霄塔、大名天主堂等20余项修缮工程通过省级技术验收。协调指导隆兴寺石质文物、摩尼殿保护工程、泊头清真寺保护项目实施，万全右卫城城墙保护修缮项目（二期）、昌西陵古建筑彩画保护修缮工程（一期）等获得批复或核准。

【革命文物保护利用】

按照国家文物局要求，组织开展革命文物名录核定公布工作。推进革命文物保护工程项目实施，批复同意原曲大庙、八路军一二九师东进纵队司令部旧址等保护修缮工程设计方案，组织进行八路军一二九师司令部旧址等修缮工程中期检查，完成晋冀鲁豫边区政府旧址等修缮工程省级技术验收。

【考古工作】

全力做好雄安新区考古工作。按照国家文物局批复，指导做好南阳遗址、城子遗址、古州城遗址等项目的考古工作，取得重要收获。协调相关单位做好新区容东、昝岗、雄东、启动区等先期开工区域及京雄高速公路、城际铁路的文物保护与考古工作，完成南水北调雄安调蓄库建设前期文物工作。委托中国城市规划设计研究院编制《雄安新区文物保护规划》，完成初审工作；指导新区容东片区、起步区和昝岗片区开展考古调查勘探区域评估工作，评估工作全部启动并有序进行中。

主动性考古工作成果丰硕。继续开展马圈沟遗址等泥河湾遗址群早、中更新世古人类遗址的科研考古工作，稳步推进泥河湾遗址群东方人类探源工程。冀西北坝上地区新石器时代考古工作成果突显，康保兴隆、尚义四台、崇礼邓槽沟梁等遗址考古工作为探索该区域新石器时代早中期考古学文化源流及发展演变序列，建立考古学文化时空框架体系提供了重要基础材料。联合开展中原地区文明进程研究，对冀南漳河、滏阳河流域开展先秦时期区域考古调查，持续做好中山古城、行唐故郡遗址考古工作，助推戎狄北方族群华夏化和中华文明多元一体化格局形成等课题的研究。稳步开展城市考古研究工作，邺城遗址考古工作有序推进，取得阶段性成果。

做好配合基本建设考古工作。积极配合京雄高速公路、京雄高速铁路等基本建设工程，保障工程建设顺利进行。

【博物馆工作】

2020年，河北省博物馆总数增至152家。承德博物馆"和合承德——清盛世民族团结展"荣获"第十七届（2019年度）全国博物馆十大陈列展览推介"精品奖。河北博物院、磁州窑博物馆等推出"清晖依然憺忘归——河北博物院藏山水画展""明清磁萃——磁州窑瓷器民间收藏展"等精品展览。

【科技与信息】

强化文物科技支撑，推动文物数字化、信息化工作，大力推动文物保护工作与互联网跨界融合。开展河北省博物馆数字化公共服务平台建设项目二期（2020）工作。启动"河北文博网络学堂"建设和培训工作。对"京冀晋豫陕五省市金银器展"展品开展数字化采集工作。

【文博宣传】

围绕重要文博节点积极组织开展集中宣传活动，举办国际博物馆日、文化和自然遗产日主题活动。开展"文博讲坛"主题讲座等系列活动。开通微信公众号"河北数博"，举办河北文博优秀讲解案例推介活动。

山西省

【概述】

2020年，在国家文物局的正确指导下，在山西省委、省政府的坚强领导下，山西省文物系统以习近平新时代中国特色社会主义思想为指导，认真贯彻落实习近平总书记关于文物工作重要论述和重要指示批示精神，审议通过《山西省加强文物保护利用改革工作方案》等重要文件，锐意进取，真抓实干，推动山西文博事业改革发展取得新成绩。

【文物安全工作】

着力实施文物保护第一要务，建立线上线下文物安全监管长效机制。线上推进建设覆盖国、省、市、县四级的文物安全数字化监管平台，实现远程实时精准监测监管；线下组建常态化、专业性文物安全巡检队伍，对文物本体保存状况、安消防管理运行情况、建控地带违规建设情况进行实时监控。

聚焦法人违法、盗窃盗掘、火灾事故三大风险，打好专项行动、挂牌督办、曝光约谈、项目限批、公益诉讼、年度考核、巡视督查等"组合拳"，建立排名制、通报制度，进一步压实地方政府依法保护文物的主体责任。圆满解决山西省民俗博物馆西院违规建设违规经营问题。

【不可移动文物的保护与管理】

围绕习近平总书记视察云冈作出的重要指示，就云冈石窟保护研究利用部署开展专题研究，召集专家学者为云冈学建设建言献策，审议通过《关于贯彻落实习近平总书记视察云冈石窟重要指示设立云冈学和加强云冈文物保护的实施意见》《关于云冈文物保护、考古研究与展示利用专项工作实施方案》。启动云冈数字化中心提升项目，培育云冈石窟申报国家文物局重点科研基地。云冈石窟被国家文物局列入全国区域石窟寺保护研究中心。

推进永乐宫壁画全面修复工作，数字化采集、监测系统升级、实验室建设等取得阶段性成果。认真做好应县木塔和佛光寺东大殿研究性保护修缮，启动"山西元代以前古建筑覆盖性抢救工程"和"山西彩塑壁画保护工程"立项和方案编制工作。

加强长城保护管理，完成《山西省长城保护管理办法（草案）》起草工作。

公布山西省第一批省级文物保护利用示范区创建名单，涉及18处文物保护利用示范区，其中16处为专题性文物保护利用示范区、2处为综合性文物保护利用示范区。

【革命文物保护利用】

起草《红色文化遗址认定办法》《红色文化遗址认定标准》。八路军太行纪念馆将领馆数字展陈项目正式上线。

■【博物馆工作】

由山西省文物局和浙江大学主办、浙江大学艺术与考古博物馆和云冈石窟研究院承办的"魏风堂堂——云冈石窟的百年记忆和再现"特展在浙江大学艺术与考古博物馆开幕，社会公众可以通过线上渠道"云观展"。这是云冈石窟第一次系统性的异地大展，世界上首个3D打印数字化石窟及云冈石窟研究院藏112件/套文物惊艳亮相，许多展品为首次向公众集中展出。

山西博物院首次推出文物数字展"壁画的平行世界——狄仁杰带你探北朝"，作为"壁上乾坤——山西北朝墓葬壁画艺术展"的补充和延续，让观众通过数字化互动体验的方式了解北朝壁画。

■【科技与信息】

与中国联通山西省分公司合作建设"5G智慧文博联合实验室"，借助新技术推出更多"文物+科技"的新产品、新应用、新模式。编制《省级文物保护科研基地管理办法》。

■【文博宣传】

构建音、影、图、文"四位一体"传播体系，与清华大学共同主办"穿越时间的距离——跟随梁思成林徽因探寻中国古代建筑"系列直播公开课，播放累计达900余万次。出品文博系列微广播剧《红色守望》，打造可听、可读、可看的融媒体作品。

■【文旅融合】

推出特色主题研学游线路30条。实施"晋地宝藏·山西博物馆之旅"全媒体推广活动，推介博物馆14家，新浪微博超级话题"晋地宝藏·山西博物馆之旅"阅读量达1176.5万次，讨论4000余条。

■【机构建设】

省委编办同意山西省文物局增设革命文物处、文物资源处、文物科技处，新增编制5名，并为全省11个市和部分县（市、区）核增行政编制129名。成立山西省考古研究院、山西省古建筑与彩塑壁画保护研究院。

■【其他】

深入实施"文明守望工程"，与社会力量合作设立三支专项基金。全省社会力量认养文物建筑突破100处，吸引社会资金近2亿元，募集专项公益基金500万元，创设各类非国有博物馆42家。

与有关部门联合印发《山西省文物保护专项资金管理办法》《关于在检察公益诉讼中加强协作依法做好文物保护利用工作的通知》。

启动"张颔领军人才"支持计划，两年评选一次，围绕重大考古、文物保护专题设置项目，在研究中培养人才。

内蒙古自治区

【概述】

2020年，内蒙古自治区文物系统坚持以习近平新时代中国特色社会主义思想和党的十九大精神为指导，深入贯彻落实习近平总书记关于文物工作重要论述和指示批示精神，加强文物保护利用改革，切实做到举一反三，全区文物保护安全和展示利用工作全面推进。

【文物安全工作】

加强顶层设计，推进制度建设。提请自治区党委政府将文物安全工作纳入对盟市地方政府政绩考核评价体系。自治区文旅厅印发《关于进一步加强文物安全工作的实施意见》，自治区文物局印发《全区文物火灾隐患整治和消防能力提升三年行动实施方案》。

组织开展文物安全隐患排查专项行动。制定全区文物安全隐患大排查专项行动工作方案，召开全区文物安全培训暨文物保护工作部署会议。在各盟市自查的基础上，联合自治区消防、宗教部门组成四个督导核查组对全区国保、区保单位进行大排查，建立整改台账，督办整改落实。

开展联合打击文物犯罪专项行动。自治区文物局联合区公安厅、文旅厅开展打击文物犯罪专项行动，召开全区视频会议和新闻发布会。截至2020年12月共立文物案件24起，破获19起，抓获犯罪嫌疑人56人，其中刑事拘留46人、取保候审10人，追缴文物722件。自治区文物局派出文物鉴定专家组33批99人次，出具涉案文物鉴定33份。

抓好重点文物保护单位专项督察。做好常规督察的同时，重点督察兴安盟阿尔山市日伪飞机场保护范围内未经文物部门审批建设问题，拆除全部违建；指导喀喇沁旗文物执法部门对燕长城遭破坏案涉案企业进行处罚，恢复文物原貌。

继续提升文物安全监管手段和能力建设。积极推广无人机在文物安全巡查中的应用，组织召开全区文物安全培训班和无人机配发、操作应用培训班，为全区103个旗县（市、区）统一配发文物安全巡查无人机。与自治区消防部门联合开展全区文博单位消防知识和技能大练兵、消防知识大比武竞赛活动。

继续推进文物安全信息化监管平台建设，与自治区广播电视局、广播电视网络集团有限公司建立工作推进机制，拟定建设方案。组织召开座谈会，编制项目可行性研究报告和项目建议书，积极推进文物安全信息化监管平台建设立项审批等工作。

【不可移动文物的保护与管理】

认真贯彻落实习近平总书记关于武安州辽塔重要批示精神及中央、自治区领导的指示要求，扎实推进武安州辽塔保护修缮工作，辽塔第五层及以上部分完成修缮，考古工作完成阶段性任务。

持续开展阿尔寨石窟保护工程，完成危岩体加固保护三期项目工程和安全防范智能系统改造升级工程，完成10座石窟壁画的修复保护。实施壁画本体保护和数字化保护工程。

继续加大长城保护工作力度，《内蒙古自治区长城保护规划》报国家文物局审核，《长城国家文化公园（内蒙古自治区）建设保护规划大纲》启动编制，长城公园试点建设前期工作稳步开展。

持续推进辽上京遗址、萨拉乌苏遗址、和林格尔土城子国家考古遗址公园建设，落实八省区联合申遗办"万里茶道"申遗相关工作。

加强文物保护工程监管，自治区文旅厅印发《内蒙古自治区文物保护工程安全督察、检查、巡查办法》。

【革命文物保护利用】

开展革命文物保护利用示范基地建设，19个旗县（市区）列入第二批革命文物保护利用片区分县名单。鄂尔多斯市"打响红色旅游品牌　推进红色旅游高质量发展——鄂托克前旗红色旅游发展典型案例"入选全国红色旅游发展典型案例。

【博物馆与可移动文物】

加强对全区各类博物馆的监管工作。印发《关于规范全区博物馆、纪念馆开放服务工作的通知》，要求全区各类博物馆、纪念馆进一步提高开放服务工作水平。印发《内蒙古自治区博物馆陈列展览大纲评审备案管理规定》，切实规范全区博物馆展览审核工作。配合自治区党委宣传部，对阿拉善盟、乌海市以及直属单位等25个自治区爱国主义教育基地的展览进行检查。组织各盟市完成对全区65家非国有博物馆和行业博物馆的展览检查工作。与自治区民政厅联合开展全区非国有博物馆的备案登记、藏品备案、对外开放情况检查工作。

推动精品展览策划展陈工作。开展全区博物馆陈列展览优秀案例评比活动，评选出精品展览3个、优秀展览7个。呼伦贝尔民族博物馆"筑梦：辉煌与永恒——中华体育文物暨冰雪运动特展"被列入国家文物局2020年"弘扬优秀传统文化、培育社会主义核心价值观"重点推介主题展览。鄂尔多斯博物馆举办"黄河从草原上流过——内蒙古黄河流域古代文明展"等精品展览。

推进全区特色博物馆体系建设。内蒙古革命历史博物馆主体建筑完成总进度的80%，3个展厅的招标工作完成。契丹辽博物馆主体建筑完工，展陈设计施工稳步推进。对鄂尔多斯生态博物馆和鄂尔多斯知青博物馆进行核准备案。

推进珍贵文物保护工程开展。完成各盟市博物馆11个文物保护项目的验收，指导基层博物馆编制文物保护项目方案。委托第三方专业机构对基层博物馆报送的25个保护方案进行评审，其中23个通过评审并报送国家文物局。印发《关于开展馆藏文物定级工作的通知》，部署全区博物馆未定级馆藏文物的定级工作。

【其他】

积极开展黄河文化系统保护工程。启动编制《内蒙古黄河流域文物保护专项规划》，全面开展黄河流域文物资源系统调查及后城咀、沙梁子、坝顶等黄河聚落遗址考古研究工作。

辽宁省

【概述】

2020年，辽宁省文物系统以习近平新时代中国特色社会主义思想为指引，深入贯彻党的十九大和十九届二中、三中、四中、五中全会精神，围绕党和国家工作部署，结合工作职能，加强管理，强化服务，培育精品，加强文物保护利用改革，加快推进文旅融合，较好完成了各项工作任务。

【文物安全工作】

对汛期文物安全工作进行安排部署。加强三防工程管理工作，下发关于进一步做好全省全国重点文物保护单位和省级文物保护单位安防消防防雷工程验收工作的通知。开展2020年度三防工程立项工作，启动三防和文物综合管理专家库建设。

【不可移动文物的保护与管理】

启动第八批全国重点文物保护单位保护范围和建设控制地带划定工作，推进第十批省级文物保护单位（长城类）保护范围和建设控制地带划定工作。开展并完成文物保护单位信息填报工作和文物保护单位空间管理统计工作。

推进世界文化遗产监测报告工作。

加强省级以上文物保护单位文物保护工程监管，下发《关于开展2020年度省级以上文物保护单位文物保护工程检查工作的通知》，检查、验收省级以上文物保护单位文物保护工程50余项。对各市申报、论证并向国家文物局新申报的文物项目计划书进行集中评审，批复同意其中46项纳入省文物保护工程项目储备库。加强文物保护工程资质管理，制定《辽宁省文物保护工程丙、三级资质标准（试行）》。

【革命文物保护利用】

推进革命文物类省级文物保护单位申报工作，组织各市编制并上报申报文本，召开专家会议确定最终遴选名单。会同辽宁省退役军人事务厅开展推荐第三批国家级抗战纪念设施遗址和著名抗日英烈、英雄群体工作。东北抗日义勇军纪念馆、虎石沟万人坑纪念馆、侵华日本关东军护路守备队盘山分队旧址陈列馆列入第三批国家级抗战纪念设施、遗址名录。

【考古工作】

2020年向国家文物局申报各类考古发掘项目27个，对24个项目进行了检查、验收。切实做好2021年主动性考古发掘项目申报和"十四五"期间考古发掘和研究课题规划工作，组织召开"2021年度主动性考古发掘项目申报工作"专题研讨会。

全力保障"重强抓"建设项目顺利实施。省文旅厅与省发改委联合印发《关于梳理2020年省政府"重实干、强执行、抓落实"重大项目涉及考古勘探工作的通知》，确保省内重大工程建设项目考古调查勘探工作。组织奈曼至营口高速公路福兴地（蒙辽界）至阜新段、沈阳至白河高速铁路工程辽宁段、朝阳至盘锦铁路客运专线工程等基本建设考古调查勘探项目50余个。

科学规范基本建设考古工作。印发《关于进一步科学规范基本建设考古工作的通知》，深入推进文物领域"放管服"改革，进一步推进各地区土地储备考古前置工作，推行文物勘探区域评估工作，提高建设项目行政审批效能。

【博物馆与可移动文物】

做好新冠肺炎疫情防范工作，及时通过官方微信、微博等方式公布闭馆通知，暂停对社会开放，暂停或延期举办展览、社教活动等。组织各馆充分利用已有数字化成果，推出馆藏文物资源线上展览展示。加强与各大媒体联合，拓展宣传渠道，创新传播方式，为公众提供便捷的在线服务，切实做到闭馆不闭展、暂停开放不停服务。

组织开展博物馆法人治理结构改革工作，辽宁省博物馆、沈阳故宫博物馆和旅顺博物馆成立理事会。联合省民政厅开展全省非国有博物馆登记备案检查工作，完成沈阳广电传媒文化博物馆、铁岭雷锋纪念馆、辽阳江官窑博物馆、盘锦辽河房地契博物馆设立备案工作。组织省内博物馆参加第四批全国博物馆定级申报工作。组织开展全省博物馆信息统计工作。

组织全省博物馆报送2020年度展览计划，确定2020年重点展览项目20个，其中主题展览16个、红色题材展览4个。辽宁省博物馆"又见大唐"获评"第十七届（2019年度）全国博物馆十大陈列展览精品推介"优胜奖。

加强博物馆交流合作，提升社会影响力。协调辽宁省博物馆、大连博物馆、辽阳市博物馆等提供馆藏文物参加"亚洲文明联展""三国志展"等，沈阳故宫博物馆赴韩国举办"沈阳故宫藏清代珍宝展"，辽宁省博物馆牵头在国家博物馆举办"玉出红山"展。

建立可移动文物保护专家库和可移动文物保护项目库。加强项目实施过程管理，对锦州博物馆、朝阳县博物馆、鞍钢集团博物馆2019年度项目进行中期检查，对沈阳故宫博物馆、旅顺日俄监狱旧址博物馆、建平县博物馆、北票市博物馆可移动文物保护项目进行验收。加强可移动文物修复资质单位管理，组织专家对大连博物馆、朝阳博物馆、大连艺术学院申请的可移动文物修复资质进行审核。

【科技与信息】

文物保护科技监管有序推进。启动"辽宁省文物保护工程档案管理系统"建设工作，以解决省级以上文物保护单位文物保护工程档案管理混乱、标准不统一等问题。

推进并完成2019年度文物信息网上统计直报工作。

【文博宣传】

组织开展国际博物馆日宣传活动以及文化和自然遗产日主会场（奉国寺）活动。

向公众宣传考古知识和文物保护知识。举办"考古走向公众 文明薪火相传——2020年度辽宁·沈阳公众考古活动"，依托互联网和新媒体首次将公众考古活动搬上云端进行直播。组织指导沈阳市文物局和沈阳故宫开展文物保护工程项目向公众开放活动。

【文博教育与培训】

举办全省文化市场综合执法骨干培训班。开展文化市场综合执法师资线上巡讲，为辽宁、河南、湖北三省的一线执法人员授课。

联合中国知网开展博物馆业务知识线上培训。举办全省博物馆、纪念馆馆长培训班，组织人员参加国家文物局组织的相关业务培训。

【社会文物管理】

完成全省拍卖公司文物拍卖许可证年检换证工作。完成对北京中天信达拍卖有限公司、辽宁建投拍卖有限公司两场拍卖会901件拟拍标的的审核。

【其他】

开展国家文物保护利用示范区创建申报工作，大连旅顺口军民融合国家文物保护利用示范区被列入第一批国家文物保护利用示范区创建名单。

吉林省

【概述】

2020年是全面建成小康社会的决胜之年，也是文物系统全面落实文物保护利用改革重大决策部署的关键之年，吉林省文物工作者坚持以习近平新时代中国特色社会主义思想为指导，深入贯彻落实习近平总书记关于文物工作重要论述精神和视察吉林重要讲话及重要指示精神，在国家文物局的有力指导下，守正创新，锐意进取，各项工作取得新进展、实现新突破、频现新亮点。

【文物安全工作】

创新文物安全管理方式。以省政府考核市、县政府文物安全绩效考评为抓手，推动各级政府落实文物安全责任。吉林市政府创新建立市、县（市）区、乡镇（街道）、村（社区）四级文物长组织体系，在全国文物安全责任制建设方面具有引领作用。

部署开展文物安全整治三年行动，印发《吉林省文物火灾隐患整治和消防能力提升三年行动实施方案》，成立检查组15个，出动306人次，检查文博单位280家，查摆出安全隐患42处。与省消防救援总队联合下发《关于印发〈加强冬春文博单位火灾防控和第八批全国重点文物保护单位消防安全工作方案〉的通知》，重点对第八批全国重点文物保护单位进行安全检查。继续实施文物安全评估工程，形成《吉林省文博系统消防与安全防范工作评估报告》，督办整改2019年评估隐患50处。加大巡查整治，委托第三方对省级以上文物保护单位进行安全检查，针对巡查发现的17处遗址出现破坏问题开展调查处理。

督办国家文物局交办的伪满洲帝国印刷厂遗址及长春市吉柴小区居民上访事件。与公安部门联合办理长春第一汽车制造厂早期建筑铸造厂失窃案。督办长春市长盛小学非法施工案等4起文物违法案件。

【不可移动文物的保护与管理】

着眼于文物保护能力建设，组织完成全省文物资源核查和录入，推动文物保护纳入国土空间管理，文物保护管理更加科学化、精细化和规范化。

组织开展第八批全国重点文物保护单位后续保护工作，与省自然资源厅联合开展复核工作。启动第八批省级文物保护单位遴选申报工作，完成初步遴选。贯彻落实中共吉林省委、吉林省人民政府《关于建立全省国土空间规划体系并监督实施的意见》，组织实施"吉林省重要遗址保护区划地形测绘项目"，测绘成果将提交省自然资源厅用于编制《吉林省国土空间专项规划》。经省政府同意，在国土空间规划体系下完成第一至六批25处全国重点文物保护单位保护范围和建设控制地带的划定工作。

建立文物保护工程台账，加大文物保护工程监管力度，确保工程项目有序推进。

【革命文物保护利用】

省文物局成立革命文物处，实现革命文物保护利用行政机构的从无到有。编制完成《吉林省革命文物保护利用规划纲要》和《吉林省东北抗联文物保护专项规划》，成为全省革命文物保护利用的基本遵循。

全方位构建特色革命文物保护利用体系，按照"名录—规划—项目—片区—格局"的革命文物保护利用思路，稳步推进各项工作。组织桦甸蒿子湖密营、汪清马村抗日根据地等重点项目立项，指导红石砬子抗日根据地、七道江会议旧址等项目实施。推动全省革命文物集中连片保护与展示，23个县被列入第二批革命文物保护利用片区分县名单。与省委党史研究室联合现场踏查存疑抗联旧址，商议解决有争议的抗联旧址问题。完成馆藏革命文物普查，全省共有49家收藏单位收藏有革命文物，馆藏革命文物44123件/套、抗联文物2569件/套。

以习近平总书记考察四平战役纪念馆为契机，在中国文化报、中国旅游报、中国文物报集中开展吉林革命文物保护利用专版宣传，扩大吉林革命文物影响力，推动革命文物持续升温。

【考古工作】

在严格防控新冠肺炎疫情的基础上，印发《吉林省疫情期间简化建设工程文物保护和考古许可工作的指导意见》，进一步简化配合基本建设工程考古许可的审批流程，在助推全省经济复苏和工程项目启动工作中发挥文物部门的重要作用。

加强考古规划，以课题为导向，主动性考古发掘项目累计发掘面积3200平方米。长白山老黑河遗址考古调查和发掘项目初步确认遗址包括东北抗日联军密营和日本侵略者为掠夺我国长白山林木资源所建森林铁路及附属设施两个时期遗迹，是东北地区第一次采取区域调查手段发现并确认的近现代遗迹。长白山地区旧石器考古专项调查项目新发现旧石器时代遗址50余处，极大丰富了长白山地区古人类遗址的文化内涵。"汉唐—清代吉林省境内冰雪丝绸之路遗存的考古调查与研究"项目发现大量相关文化遗存，深刻阐释了"冰雪丝绸之路"的文化价值。围子里遗址考古发掘项目发现青铜时代遗迹20处，为揭示该地区青铜时代聚落格局和文化面貌提供了重要的考古学材料。霸王朝山城外围遗址点发掘为研究高句丽时期平民居址及聚落组织结构提供了重要材料。磨盘村山城遗址重点发掘项目进一步明确了山城内平民居住址的建筑结构以及沿用、改建方式，为山城始建年代、使用年代和性质的判定提供了宝贵线索。

配合基本建设考古发掘项目6个。其中河龙二队遗址考古发掘项目发现各类遗迹160余处，出土遗物337件，极大丰富了柳庭洞文化和团结文化的内涵，为后续的分期研究提供了宝贵的材料。

【博物馆工作】

积极推动博物馆开展线上服务，实现从线下到线上再到线上线下融合的服务方式转型，保证了博物馆社会服务的可持续性。推出线上展览110多个，公开珍贵文物25000余件/套，线上浏览量高达7000余万次。线上展览"烈·火——东北抗联英雄人物专题展""黑土军魂——东北抗日联军军史陈列""镜里乾坤——吉林省博物院藏玻璃画展""闲居·雅事——书画茶香二三事"和"文物全息展示"入选国家文物局全国博物馆网上展览资源名单。吉林省博物院"H5展览系列"获评"中华文物全媒体传播精品（新媒体）入围项目"。

结合疫情防控和复工复产的总体部署和要求，全省博物馆逐步恢复开放，举办临时展览及进社区、进校园巡展等活动200余项，开展博物馆社会教育活动230余场次。

【科技与信息】

中国首家智慧博物馆联合实验室落户吉林省，故宫博物院等全国115家文博单位和科研院所的240余位专家代表参加揭牌仪式。伪满皇宫博物院创立的"无界安保智慧指挥系统"获评全国十佳文博技术产品及服务奖，为全国大型博物馆安保建设提供了借鉴。

【其他】

按照吉林省委、省政府的部署，在国家文物局的大力支持下，长白山神庙遗址的保护利用工作得到有效推进。长白山神庙遗址保护规划通过国家文物局审核并上报吉林省政府；本体保护工程立项计划获国家文物局批准，长白山管委会着手开展本体保护工程技术方案编制工作。《长白山神庙遗址国家考古遗址公园规划》通过省级评审。长白山神庙遗址国家考古公园建设项目列入吉林省发展改革委东北振兴重点项目、省政府"三抓三早"重大建设项目，并列入政府专项债扶持范围，相关文物保护工程和遗址公园立项、用地手续等前期工作已开始办理并部分完成。

黑龙江省

【概述】

2020年，黑龙江省各级文物部门认真贯彻落实新时期文物工作方针政策，紧密结合习近平总书记在中央政治局第二十三次集体学习时的讲话等关于文物工作重要论述和重要指示批示精神，狠抓文物安全工作，加强不可移动文物管理和博物馆建设，全省文博事业改革发展取得新成绩、迈上新台阶。

【文物安全工作】

按照国家文物局和黑龙江省安委会要求，在全省文博系统组织开展"文物火灾隐患整治和消防能力提升三年行动"。通过专项检查和重点工作督办形式，对全省文物建筑的消防隐患和临水文物遗址遗迹的防汛工作进行检查，对哈尔滨等地文物建筑安全问题进行整改。

文物执法向纵深发展。完成渤海国上京龙泉府遗址文物违建问题整改，通过督办，在进一步完成违法建筑拆除的基础上调整并扩编渤海国上京龙泉府遗址管理机构，解决了管理不顺、隐患频发的问题。完成金上京会宁府遗址文物违建问题整改，拆除违建围栏4572米，迁出金上京皇城遗址内的3座私家坟，恢复遗址原状。通过受理举报、信访等线索，督办当地政府开展金界壕遗址违法整改，查处友谊县凤林城址、宝清县雁窝岛城址、哈尔滨市松江遗址被破坏案等文物违法案件。

【不可移动文物的保护与管理】

持续推进金上京遗址申遗等重点工作。多次召集哈尔滨市和阿城区政府召开专题会议，切实推进落实各项工作举措。完成《哈尔滨市金上京遗址保护条例》起草工作，条例草案于2020年10月13日经哈尔滨市人民政府第74次常务会议讨论通过。阿城区召开文物保护工作会议，成立了金上京遗址申报世界文化遗产办公室。

逐渐完善文物保护单位"四有"工作。第八批全国重点文物保护单位公布后，积极安排资金开展保护标志树立和"两线"矢量图划定工作。组织对齐齐哈尔、牡丹江等地区的省级文物保护单位进行"两线"矢量图划定工作，拟由省政府统一公布。

按照国家文物局文件要求，认真梳理市（县）级文物保护单位和未定级不可移动文物基础信息，包括公布批次和时间、类别、所属年代、所在区域、"四有"情况、文物本体现状、有无改变等。截至10月31日，重新核定的1797处市（县）级文物保护单位和7539处未定级不可移动文物信息全部录入国家文物资源大数据库。

按照财务部门的统筹部署，完成2016—2019年文物项目重点绩效评价工作，统计整理68项不可移动文物保护项目进展情况，对2019年的23项不可移动文物保护项目进行绩效自评，形成自评报告和评分意见。对2020年开展的文物保护工程施工现场进行事中检查及项目验收工作。通过保护工程的实施，渤海上京和金上京两处大遗址、中东铁路建筑群等重点文物保护单位的文物安全得到改善，遗址环境得到有效治理。

【革命文物保护利用】

落实中共中央办公厅、国务院办公厅《关于实施革命文物保护利用工程（2018—2022年）的意见》精神，面向社会公布《黑龙江省革命文物名录》，包含不可移动革命文物985处，其中国保单位18处、省保单位84处、市（县）保单位369处、未定级不可移动文物514处，可移动革命文物34565件/套。对全省革命类纪念馆、博物馆、陈列馆进行摸底排查，统计汇总基本情况、展陈内容反映的阶段、展馆基本信息等资料，最终筛选40家代表性展馆上报国家文物局。

按照集中连片、突出重点、区划完整的原则，对抗联文物遗址进行全面现场调研和资料收集工作。在国家公布的第二批革命文物保护利用片区分县名单中，东北抗日联军片区包括84个县区，其中黑龙江省有47个县区。

【考古工作】

组织开展2019年度考古项目室内整理和总结评选工作。齐齐哈尔洪河遗址考古发掘项目入选中国社会科学院考古学论坛"2019年中国考古新发现"，饶河小南山遗址考古发掘项目入选"2019年度全国十大考古新发现"。

组织开展金上京遗址、饶河小南山遗址、大庆九间遗址主动性考古发掘项目，取得重要学术成果。金上京遗址2020年发掘面积1300平方米，发现夯土建筑基址3座及附属排水沟和房址等，所揭露的建筑遗存可大致分为早晚两期，为进一步了解上京城的布局、构筑时序等提供了重要资料。小南山遗址发掘区发现新石器时代房址和墓葬，墓区周围发现数条排水沟，对小南山遗址的文化内涵有了更加深入的认识，为今后考古工作站以及考古遗址公园建设提供了坚实的学术支撑，为旧石器时代向新石器时代过渡文化的研究提供了重要资料。大庆九间遗址为大规模的金代非城类遗址，在黑龙江地区辽金时期遗存中较为罕见，对认识辽金时期人类社会生活情况具有重要意义。

【博物馆工作】

"云展览+直播"成新常态。举办"云游博物馆"线上宣传启动仪式，推出《黑龙江博物馆之旅》专题片。全省博物馆以线上方式为广大公众提供数字化展览和文物鉴赏等服务。在黑龙江省博物馆举办直播活动，在线观看人数超过580万人次。

指导鹤岗、佳木斯、双鸭山、绥化、伊春、黑河、鸡西等地市级博物馆完成理事会组建工作。

【文博宣传】

国际博物馆日、文化和自然遗产日活动主要集中在线上开展。博物馆日期间，在黑河市举办线上主场活动，各级博物馆通过云展览、云展播的形式进行广泛推介。文化和自然遗产日期间，在门户网站开设"遗址探秘"和"考古公园"专栏，集中宣传黑龙江省小南山遗址和洪河遗址，详细介绍渤海和长城遗址公园。

利用"文旅龙江"微信公众服务平台，介绍黑龙江省最具代表性的文物遗址等相关知识和国家文物保护相关政策和新闻要点，发布一年来的文物执法工作成果和重大案例。完成省内5家国家一级博物馆《博物馆说》视频拍摄工作，样片报送中宣部和国家文物局。制作《云游古遗址》专题短片，借助中国文物报及省内各大传统媒体和新媒体资源，宣传推介黑龙江省文物遗址保护和利用工作。

【文旅融合】

配合在黑河市召开的全省旅游发展大会，对黑河市城区、爱辉区、北安市、五大连池市的博物馆陈列展览及景点展览、讲解工作进行业务指导和培训，为打造综合素质高、专业能力强的讲解服务团队奠定基础。

上海市

【概述】

2020年，上海市文物系统以习近平新时代中国特色社会主义思想为指导，深入贯彻党的十九大和十九届二中、三中、四中、五中全会精神，围绕习近平总书记在中央政治局第二十三次集体学习时的讲话等关于文物工作重要论述和重要指示批示精神，认真贯彻落实党中央、国务院决策部署，推动文物事业改革发展取得新成效。

【革命文物保护利用】

整合资源、强化传承，革命文物保护利用工作成效显著。

加强顶层设计，完善保护体系。上海市委专题调研红色资源保护利用情况，筹备成立红色资源保护利用领导小组，开展红色资源保护利用立法工作，进一步构建上海市包括革命文物在内的红色资源保护传承体系。

摸清资源家底，夯实工作基础。根据国家文物局公布革命文物名录的相关要求，上海市文物局会同市委宣传部、市委党史研究室，对全市不可移动红色资源进行全面复核和增补，各革命类博物馆完成馆藏革命文物梳理和名录申报工作。经初步统计，上海市共有各类红色革命旧址遗址497处，馆藏革命文物8.1万余件。

明确保护责任，推进修缮保护。完成全市革命史迹保护利用整体规划编制工作，为150处重要革命文物编制了保护利用规划。严格控制革命文物周边环境和建设行为，积极协调推动将红色文化资源保护利用情况纳入全市各区文明创建考评标准。中共一大会址、中共一大代表宿舍旧址、李白烈士故居、龙华革命烈士纪念地等7处重要革命旧址修缮或环境整治工程完成。

线上线下联动，推动传承弘扬。一是红色地图惠及文旅。上海市文物局会同市委党史研究室等部门，修订、发布了《上海红色文化地图（2020版）》。二是红色线路深受好评。结合"四史"教育，各区文物部门围绕"建党""初心""启航""国歌"等主题策划了24条"四史"教育微旅行线路，将原先散落的红色文物串联成线，通过专家导览、情景演艺等手段普及红色文化内涵。三是红色大展持续升温。上海市历史博物馆联合中共一大会址纪念馆、西柏坡纪念馆、河北博物院、首都博物馆举办"不忘初心 伟大征程——从建党到建国红色文物史料展"；中共一大会址纪念馆举办的"星火初燃——共产党早期组织与中国共产党的创建文物史料展"等，为迎接建党百年营造浓厚氛围。四是线上活动成为热点。上海市文物局充分利用在线平台优势，在"七一"前后策划推出"云体验"系列直播"博物·在看"、全市革命文物线上讲解大赛等活动，为革命文物"解锁"不同的"打开方式"，吸引公众广泛参与。

中国文物年鉴 2021

■【考古工作】

推动"长江口二号"沉船打捞工作。国家文物局和上海市委、市政府对"长江口二号"沉船打捞和保护工作高度重视。上海市文物局会同市委宣传部、市发改委、市财政局、市规划资源局等部门开展项目可行性研究论证，研究编制整体打捞和文物保护专业技术实施方案草案。

■【博物馆工作】

规划引领、提升能级，博物馆文化服务质量稳步提升。

提前谋划博物馆"十四五"规划布局。结合临港新片区、长三角一体化示范区、五大新城等区域规划，对"十四五"期间全市博物馆发展目标和重点任务做提前谋划。除规划布局博物馆设施外，推动市级博物馆资源向以上重点区域倾斜，以市区联动模式，通过文物借展、展览授权等方式，提升重点区域博物馆文化服务能级。

加快推进重点设施建设。持续推进上海博物馆东馆建设工程，展陈体系得到进一步优化。指导推进上海天文馆、世界技能大赛博物馆、新闻出版博物馆等市级重点博物馆的筹建。进一步突出博物馆"孵化库"作用，指导一批比较成熟的博物馆进入备案程序。

着力提升展览质量和影响力。上海市文物局以"博物馆展览季"为抓手，组织全市博物馆围绕重大节点举办特色鲜明的主题展，展览质量显著提升。上海博物馆"春风千里——江南文化艺术展"、钱学森图书馆"选择——钱学森的初心与信仰"等8项精品展览入选国家文物局2020年度"弘扬优秀传统文化、培育社会主义核心价值观"主题展览推介项目，数量与质量均位居全国前列。

■【文旅融合】

深挖内涵、着力创新，文物资源"活起来"亮点纷呈。

"建筑可阅读"迭代升级。全市共开放建筑1039处，设置二维码2458处，一系列"建筑可阅读"主题活动吸引市民游客走进建筑、爱上建筑。在安义夜市举办第二届"建筑可阅读"文创市集，集中展示了近千种文创产品，吸引近万人次参观。组织全市16个区推出16个夜游上海好去处及103条各具特色的建筑微旅行线路，推出了首批16位"建筑可阅读"宣传大使。开展最受市民喜爱的"建筑可阅读"百大人物评选活动，评选内容包括历史建筑、微旅游线路、文创产品、讲解员以及服务明星等，吸引近76万人次参与。

博物馆夜间开放持续深入。作为上海"六六夜生活节"重要板块之一，上海市文物局组织全市41家博物馆开展"博物馆奇妙夜"活动，深挖消费潜力，助力市场复苏。博物馆延长开放期间，观众不仅能观看特展，体验缤纷主题活动，还能享受夜场门票、文创产品、餐饮茶点等打折优惠。首个"博物馆奇妙夜"有1万余名观众预约，夜场文创收入共计6万余元，并带动了场馆周边的餐饮、购物等消费提升。

博物馆文创成为文旅市场新增长点。一是配合上海市文旅市场振兴计划，推出"百样文创买起来"活动，由上海博物馆、中国航海博物馆、上海电影博物馆等精选100种文创旅游产品，提供"游文博景点、买文创精品"一站式服务。二是"直播带货"走入博物馆文创。为助力上海"五五购物节"，各博物馆纷纷推出线上平台直播，如上海博物馆在淘宝平台进行了"云聚上博，共享江南诗意"江南文化艺术展文创产品直播，吸引逾5000人同时在线观看，点赞数11万余次，交易920单，销售额达11万元。三是在上海旅游节期间，组织博物馆跨界联合电影、美食、运动等领域，举办"卡路里马拉松"文创集市，切实提升市民游客的参与性和幸福感。

■【文博宣传】

创新国际博物馆日活动形式。倡导线下绿色畅游博物馆、线上智慧趣游博物馆，面向公众推出400余场免费线上线下活动，其中50余场直播活动浏览量超2000万次。博物馆开放采取预约、错峰参观，3天接待观众超6.8万人次。

策划举办文化和自然遗产日系列宣传活动。组织各区开展展览展示、讲座论坛、文化旅游等活动，组织全市78处文物建筑向公众免费开放，其中商船会馆、科学会堂为首次开放。6月13—14日，"文化上海云"数字平台总访问人次超过1284万。

■【社会文物管理】

规范管理、融合创新，社会文物工作改革发展深入推进。

社会文物管理综合改革试点工作正式启动。11月10日，国家文物局与上海市人民政府签署了《共同推进社会文物管理综合改革试点合作协议》。此次综合改革试点聚焦创新扶持政策和优化监管服务，推动上海在社会文物管理体制、促进机制、开放路径、政策体系、监管制度、服务模式等方面先行先试。

狠抓《上海市民间收藏文物经营管理办法》贯彻落实。《上海市民间收藏文物经营管理办法》于2020年3月1日起正式实施，是全国首部专门规范民间收藏文物经营活动、推动文物市场繁荣发展的省级政府规章。自该办法实施以来，上海市文物局坚持规范文物经营活动服务与监管并重，努力构建"加强市场管理、提升服务水平"的工作机制，进一步推进执法、监督工作体制的完善，与市场监管、商务、公安、海关等部门按照各自职责，共同做好文物经营活动的监督管理工作。

继续做好民间收藏文物公益鉴定咨询服务工作。上海市面向社会开展常态化民间收藏文物免费鉴定咨询服务试点工作的机构共5家，其中2020年新增1家，为上海市社会文物行业协会。

优化文物拍卖审核流程。涉及文物拍卖事项完成业务流程优化再造，整合为"我要举办文物拍卖会"一件事，在"一网通办"门户网站正式上线，实现"一网办、一窗办、一次办"。

■【其他】

上海杨浦生活秀带国家文物保护利用示范区被列入第一批国家文物保护利用示范区创建名单。上海市文物局启动相关创建工作，落实相关工作要求，围绕强化工作认识、工作机制、工作内容和工作节点，指导杨浦区人民政府修改完善《上海杨浦生活秀带国家文物保护利用示范区建设实施方案》，积极支持杨浦区人民政府做好示范区的创建。

深化长三角文物博物馆一体化发展。在《长三角地区推动文物博物馆一体化发展战略合作框架协议》基础上，进一步强化交流合作。一是牵头构建长三角文物市场管理协调机制，实现文物市场备案互认、信息互通和执法联动，进一步发挥进博会、上海国际艺术品交易月等重点平台的引领作用，辐射带动长三角地区文物市场活跃有序发展。二是聚焦

"江南文化"，依托长三角博物馆文物资源，策划推出具有影响力的主题展览。如上海博物馆与浙江省博物馆、南京博物院、安徽博物院合作推出"春风千里——江南文化艺术展"，上海市历史博物馆与湖州博物馆联合推出"湖州之远——丝瓷笔茶文化特展"等。

主动服务第三届进博会。按照《国家文物局关于支持2020年第三届中国国际进口博览会文物类展品监管和便利化措施的公告》相关要求，主动服务进博会"越办越好"。5件境外参展文物在上海市文物局与上海海关共同监管下完成查验并进入展馆，文物艺术品首次作为享受减免优惠政策的展品亮相进博会。

强化防控措施，推进复工复产。根据市疫情防控领导小组统一部署，编制、发布博物馆、文物保护工程工地、社会文物等行业疫情防控工作指南，并根据疫情防控实际及时调整措施要求，指导各类单位有序复工复产。上海市文物局积极落实《上海市全力防控疫情支持服务企业平稳健康发展若干政策措施的通知》，走访行业内各类企事业单位50余家，找准难点，精准施策。对非国有博物馆恢复开放、展览和教育活动、线上展示等项目提供扶持资金900万元；认真落实各项减税降费政策，协调商务楼宇、商场、园区等各类市场运营主体为实体文物经营的承租户减免租金。

依托线上资源，创新服务方式。全市博物馆主动开放数字资源，利用微信、微博、网站等渠道推送线上展示和教育活动，让市民在家"云游博物馆"；上海市文物保护工程行业协会推出"足不出户看我修文物"系列报道，让市民足不出户了解历史文化遗产背后的故事和修缮技艺；上海市文物局积极推动文物拍卖企业利用线上平台开展文物艺术品展示和拍卖活动。截至11月，全市博物馆共推出线上展览228个，在线教育活动1000余场；举办文物拍卖会495场，文物拍卖标的85425件，成交额32亿元，其中网络文物拍卖会396场。

中国
文物年鉴
2021

江苏省

■【概述】

2020年，江苏省文物系统以习近平新时代中国特色社会主义思想为指导，深入学习贯彻党的十九大和十九届二中、三中、四中、五中全会精神，深入贯彻落实习近平总书记关于文物工作重要论述和重要指示批示精神，攻坚克难、改革创新、开拓进取，巩固发展了文物事业改革发展良好态势，有力服务了全省经济社会发展大局。

■【文物安全工作】

安全管理稳步推进。制定下发《江苏省文物消防安全专项整治三年行动实施方案》，修改完善《江苏省文物安全责任制实施办法》。创新开展"文博场馆电气火灾隐患检测和整治工程"试点工作、文物"智慧消防"工程、文物消防安全专项整治行动，总结推广文物安全综合管理实验区建设成果。开展"文物消防安全大讲堂"进基层活动，编制发放"口袋书"《文物消防安全工作手册》千余册。

强化部门合作长效机制，加大文物行政执法和安全督察力度。会同省检察院推动全省文物公益诉讼工作，配合省公安厅开展全省打击文物犯罪专项行动，破获多起团伙案件。督察督办一批媒体关注、群众举报、上级交办的文物安全和违法案件，严肃惩处了违法行为。

■【不可移动文物的保护与管理】

大运河文化遗产传承工作扎实推进。完成《江苏省大运河文化遗产保护传承规划》编制工作，创新性提出了"2+5"遗产组群概念。启动省级大运河世界文化遗产监测管理平台建设，对运河沿线6个遗产城市遗产监测预警平台运行情况进行调研，编制完成平台建设工作方案和经费估算，启动招标工作。推进大运河文化带重点文物保护工程。完成7个运河文化遗产保护项目及54个运河文化带核心区文物保护项目的审批工作，省级以上文物保护经费支持运河文化带核心区保护与展示项目16个。

联合申遗工作持续推进。扎实做好江南水乡古镇、海上丝绸之路和中国明清城墙联合申遗准备工作。策划"苏州文博活动季 遗产城市嘉年华"主题活动，9座申遗古镇首次整体向公众亮相。以世界文化遗产保护管理要求为标准，出台《江南水乡古镇民居保护整治导则》，有效推动古镇申遗工作。南京市率先开展城墙监测预警平台建设，填补了世界范围内对砖石结构建筑监测的空白。

■【革命文物保护利用】

革命文物保护利用工程加快推进。实施红色遗产和名人故居抢救性保护与展示提升工程。完成宿北大战烈士陵园修缮、新四军苏北指挥部旧址维修、江淮大学旧址维修等14个红色遗产、革命文物保护利用项目方案的审批工作，省级以上文物保护经费支持红色遗产、革命文物保护利用项目13个，名人故居项目8个。

【考古工作】

截至2020年11月中旬，全省共开展各类基本建设考古调查勘探项目935个，实施考古发掘项目98个，发掘面积68000平方米，25处地下文物得到原址保护。

全面推进考古前置工作，向各设区市人民政府和文物主管部门印发《关于推进考古前置工作的建议函》和《关于推进全省考古前置工作的通知》，研究出台《关于进一步加强我省考古工作管理的意见》，修订完善《江苏省基本建设考古工作管理办法（试行）》，对考古工作进行全流程规范，基本实现了统一管理、分级负责、全面覆盖的考古工作监管体系。

组织召开江苏省考古工作座谈会，结合江苏实际，研究提出了加强考古制度建设、统筹全省考古力量攻关重点考古研究项目、持续推进考古成果的转化和传播、扎实推进考古前置工作、进一步加强考古人才队伍建设、加强考古工作场所安全管理等6项具体举措，为建设"中国特色、中国风格、中国气派的考古学"贡献江苏力量，作出江苏担当。

【博物馆工作】

大力推进博物馆定级评估，举办第四批全国博物馆定级评估咨询交流会，44家备案博物馆参加定级评估工作。组织非国有博物馆登记备案检查，非国有博物馆管理更趋规范。

由苏鲁豫皖四省十市博物馆共同发起成立"淮海经济区博物馆联盟"；由南京博物院与"中国大运河博物馆（筹）"联合发起，大运河沿线32家博物馆共同组建"大运河博物馆联盟"，凝合力谋新篇，推进博物馆高质量发展。

着力打造精品陈列展览、主题展览。苏州博物馆"画屏：传统与未来"展、南京博物院"世界巨匠——意大利文艺复兴三杰"展分别获"第十七届（2019年度）全国博物馆十大陈列展览精品推介"精品奖、国际及港澳台合作奖。南京博物院"融·合：从春秋到秦汉——中国传统文化的多元与包容"、新四军纪念馆"铁血忠魂——新四军历史陈列"入选国家文物局2020年度"弘扬优秀传统文化、培育社会主义核心价值观"重点推介项目，徐州博物馆等单位的6个展览入选推介项目。

印发《江苏省文物局关于做好博物馆文物资源线上展示工作的通知》，全省博物馆上线"实景展览""虚拟漫游""数字文物"等项目60多个。整体打包推介69个"三云三小"博物馆互联网教育项目，33个项目入选国家文物局推送的全国博物馆网上展览资源名单。公布博物馆教育示范项目25个，出版《江苏省博物馆教育示范项目集锦（2019年—2020年）》。

【文旅融合】

提升智慧管理服务水平，推动在江苏智慧文旅平台实现博物馆实时监控、流量实时统计、博物馆信息公开数据共享等需求。参与举办第二届大运河文化旅游博览会"运河文化创意展"博物馆文创展。拓展文旅融合业态，探索新路径，点亮夜经济，打造新业态，常态化推进博物馆夜间开放，延长开放时间，策划推出"流动的博物馆"专线，推动"博物馆热"持续升温，促进文旅融合高质量发展。

■【科技与信息】

加快推进文物信息化建设，提升科技人才支撑能力。完成全省文物数据库信息化平台整合工程，实现互联互通和整合利用。首次借助综合管理平台开展博物馆、纪念馆信息公开工作。

■【文博宣传】

成功举办国际博物馆日中国主会场活动以及文化和自然遗产日活动，突出战"疫"主题和"文物赋彩全面小康"主题，采用线上线下融合传播方式，为观众奉上精彩纷呈的文化盛宴。全省各地文物部门充分运用传统媒体和新媒体，加强数字化展示和网络化传播，开展了一系列精彩纷呈的宣传活动和形式多样的公众体验活动，进一步加深了人民群众对文化遗产及其价值的认知。

■【文博教育与培训】

积极配合做好国家文物局新时代人才培训工程相关工作，全年组织完成线上线下培训项目约40个。组织举办全省文博干部、文物舆情应对与处置、博物馆纪念馆馆长及文物保护工程专业技术骨干等培训班，培训400余人次。

■【社会文物管理】

实施社会文物精细化管理，继续开展文物流通领域登记交易制度试点，推动优化试点工作系统平台。全年批复文物拍卖标的审核办件7个，审核拍卖标的3159件，涉及文物拍卖标的2164件。

完成2018—2019年度《文物拍卖许可证》年审，暂停5家文物拍卖企业资质。

■【其他】

国家文物保护利用示范区创建有效推进。按照国家文物保护利用示范区创建工作部署要求，以地方人民政府为建设主体，自愿申请、自主创建。根据基本条件的符合性、阶段工作计划的科学性、预期目标实现的可及性、地方政府重视程度等四个标准对各地申报项目进行遴选并上报国家文物局。江苏苏州文物建筑国家文物保护利用示范区被列入第一批国家文物保护利用示范区。

长三角区域文物合作协同推进。牵头举办长三角文物保护工程资质单位培训班，对三省一市80名文物保护工程专业技术骨干进行培训。牵头召开长三角文物行政执法联席会议。牵头组建首批长三角区域文物专家库，逐步形成区域人才信息共享、资源结构优势互补、执法工作技能共通、区域协作交流互动的新局面。

首次开展可移动文物修复资质单位质量管理评估工作，对省内各资质单位综合评估结果进行排名，并在一定范围内予以公布。

浙江省

【概述】

2020年，浙江省文物系统以习近平新时代中国特色社会主义思想为指导，全面贯彻党的十九大和十九届二中、三中、四中、五中全会精神，深入贯彻落实习近平总书记关于文物工作重要论述和重要指示批示精神，持续深化文物保护利用改革，坚决守牢文物安全底线，扎实做好不可移动文物保护管理和考古工作，加强革命文物保护利用，大幅提升博物馆公共文化服务水平，有效拓展文物工作格局，各项工作顺利推进。

【法制建设】

《浙江省大运河世界文化遗产保护条例》于2020年9月24日经浙江省第十三届人民代表大会常务委员会第二十四次会议通过，自2021年1月1日起正式施行。

【文物安全工作】

提请浙江省委、省政府召开全省文物安全工作会议，将文物安全工作纳入地方党政领导班子和领导政绩考核评价体系；经省政府授权，由浙江省文化和旅游厅与各设区市人民政府签订《浙江省文物安全责任书》。部署启动浙江省文物安全工作全面提升三年行动计划和民居类文物建筑消防安全三年专项整治行动。

联合公安部门开展打击文物犯罪专项行动，做好文物安全事故、违法案件督导工作。督导各类安全事故、违法案件20余起，做好永嘉县全国重点文物保护单位芙蓉村古建筑群之司马第大屋火灾事故和杭州市临安区钱镠墓被盗案督察及善后工作。基本完成11处被国家安委会和省安委会挂牌督办的文物保护单位消防安全隐患整改和摘牌工作。

【不可移动文物的保护与管理】

启动《全国重点文物保护单位良渚遗址保护整体规划》修编工作，实施良渚古城外郭城遗址周边基础设施配套提升工程。推动安吉古城国家考古遗址公园环境整治及基础设施建设，完成安吉古城考古遗址博物馆土建及周边景观打造。

启动第八批全国重点文物保护单位记录档案编制以及保护范围和建设控制地带调整划定工作。批复全国重点文物保护单位保护工程立项计划21项，审查全国重点文物保护单位保护工程设计方案33个，初审上报全国重点文物保护单位保护区划建设项目11个，组织审查全国重点文物保护单位保护规划7项。

组织开展全省石窟寺文物资源调查并形成调研报告，启动新昌大佛寺数字化保护利用工程。

【革命文物保护利用】

梳理革命文物资源，有序推进浙江省革命文物名录公布工作，完成革命类博物馆、纪念馆专项调查，启动可移动革命文物资源调查登记。

启动征集"第三届不可移动文物保护利用优秀案例（革命文物专项）"，推进浙西南革命文物等保护利用重点项目，完成《浙西南革命文物保护利用专项方案》编制。

【考古工作】

全年组织实施考古调查勘探项目190个、考古发掘项目62个。发现并确认中国东南沿海地区埋藏最深、年代最早的海岸贝丘遗址——井头山遗址。

结合"考古中国"等重大课题，持续深化对良渚古城遗址及外围水利系统的考古研究。重点实施安吉古城遗址考古发掘等重点项目，安吉考古保护中心正式投入使用。

【博物馆工作】

追求量质齐升，大幅提升博物馆公共文化服务水平。博物馆展陈精品迭出，浙江自然博物院安吉馆基本陈列"浙江自然博物院"、杭州工艺美术博物馆"海市蜃楼——17至20世纪中国外销装饰艺术展"分别荣获"第十七届（2019年度）全国博物馆十大陈列展览精品推介"精品奖和优胜奖。组织开展"第十四届（2019年度）全省博物馆陈列展览精品项目推介活动"，评选出庆祝新中国成立70周年特别奖3个、国际合作精品奖2个和精品奖10个、优秀奖10个。

由国家文物局和浙江省政府共同主办的首届"丝绸之路周"主场活动在中国丝绸博物馆举办。组织开展第四届全省博物馆免费开放最佳做法推介活动，评选出18个免费开放最佳做法项目。积极探索智慧博物馆建设，与腾讯公司合作启动"博物官——浙江省博物馆聚落平台建设项目"。

【文旅融合】

推进实施诗路文化遗产的保护和修缮，实施浙东唐诗之路三年建设行动，配合省发改委完成浙东唐诗之路"36颗诗路珍珠"的遴选，完成《浙东唐诗之路沿线历史文化遗产调查报告》。

【科技与信息】

基本完成文物流通领域企业信用监管体系建设，有序推进浙江省不可移动文物地理信息系统（GIS）和浙江省可移动文物资源管理平台建设。

【交流与合作】

强化外联合作，有效拓展文物工作格局。推进国家文化遗产保护科技区域创新联盟（浙江省）成员单位的合作研究。中国丝绸博物馆、浙江省博物馆、浙江省文物考古研究所与浙江大学等机构开展广泛合作并取得显著成效。

【其他】

稳步做好新冠肺炎疫情防控工作。组织全省博物馆推出在线展览300余个，组织省内文博机构筹备举办抗疫主题展10余个。

积极助力"标准地"改革和重大项目建设。加快推进义乌经济技术开发区等14个省级以上开发区文物保护区域评估项目，累计完成任务总量的60.6%。

深入推进文物领域数字化转型和"最多跑一次"改革。推进"互联网+政务服务2.0"建设、部分行政许可事项承诺制审批改革、投资项目3.0平台建设等。

推动实施松阳县"拯救老屋行动"二期项目。完成项目遴选和国家专项资金申请，由国家文物局安排专项资金1176万元，拟维修文物建筑37幢。

安徽省

【概述】

2020年，安徽省文物系统深入学习贯彻习近平总书记关于文物工作重要论述精神，特别是在中央政治局第二十三次集体学习时的讲话精神，众志成城，攻坚克难，全面落实"六稳""六保"工作要求，文物工作呈现稳中向好的态势。

【文物安全工作】

按照国家文物局的统一部署要求，印发《全省文物火灾隐患整治和消防能力提升三年行动实施方案》，力争通过三年行动使全省文物安全形势有效好转。会同省消防救援总队联合下发《关于开展冬春文物火灾防控和第八批全国重点文物保护单位消防安全工作督察检查的通知》，开展督察检查，检查文物单位220余处、博物馆30余家，发现文物单位事故隐患和问题100余个，下达整改通知书16份。举办文物建筑及博物馆消防队伍"大比武"竞赛活动，全省共33支队伍参加，提高了文物建筑及博物馆消防队伍练兵热情和技能，奠定了消防安全工作基础。批复国保"三防"方案22个、省保"三防"方案27个，验收工程项目5个。

针对皖南山区等地暴雨灾害，及时下发《安徽省文物局关于做好汛期文物安全工作的通知》，对灾情严重地区的文物保护单位、博物馆等文物收藏单位、考古发掘工地、文物建筑维修工地等安全工作情况进行检查督察。国庆、中秋两节期间，根据省文旅厅统一安排部署组成综合督察检查组，查找文物、博物馆单位存在的问题和隐患30余处，约谈三个市文旅部门分管领导和博物馆单位主要负责人。

加强与省公安厅常态化工作协调，联合下发《关于加强和防范文物犯罪工作的通知》，开展打击文物犯罪专项行动，破获案件7起，抓获犯罪嫌疑人35人，追缴文物1297件，其中国家三级文物78件。

先后举办全省文物安全负责人及文物行政执法资格认证考试培训班、全省文物单位"三防"项目申报培训班，培训358人。

【不可移动文物的保护与管理】

推进国家考古遗址公园建设。审核批复凤阳县明皇陵环境整治等遗址公园建设项目方案7个。实施凌家滩环境整治二期、内环壕展示、标识系统和禹会村龙山文化遗存保护展示等11项工程；完成凌家滩遗址北门服务区、明中都午门须弥座石雕封护等工程。

推进大运河文化公园建设。配合编制《大运河安徽段国家文化公园建设保护规划》，组织编制《安徽大运河文化旅游融合发展规划》《安徽大运河文化遗产保护传承专项规划》。完成柳孜运河遗址病害处理、通济渠泗县段清淤等工程。

推进水毁文物修复。贯彻落实省委办公厅、省政府办公厅《关于全力抓好灾后恢复重建"四启动一建设"工作的意见》，推动各市将水毁文物修复纳入"四启动一建设"范畴和年度综合考核内容。实施包保和月调度制，推进12个市水毁文物修复。及时指导编制水毁国保单位镇海桥维修设计方案并批复实施修缮工程。

推进文物维修保护项目管理。批复25处国保单位、40处省保单位保护工程方案。完成歙县长庆寺塔等11处国保单位、潜山方家花屋等28处省保单位文物保护工程竣工验收。太平天国英王府等50余处国保单位、省保单位保护工程开工，桐城文庙维修等50多个维修保护项目完工。

【革命文物保护利用】

推进革命文物立法工作。广泛收集革命文物政策文件资料，整理汇编《安徽省革命文物保护条例》参阅资料，开展基层立法调研，架构条例体系，完成立法初稿。

加强贫困革命老区红色文化保护项目跟踪问效，省财政红色文化保护专项资金实施的255个项目已完成98个。

积极争取安徽革命文物纳入国家片区保护。两批国家革命文物保护利用片区分县名单涉及安徽省15市66县（市、区）。据国家文物局有关要求，指导各地申报42个项目。

加强大别山区革命文物保护利用。完成金寨革命文物保护片区国家重点项目36个。完成金寨李开文故居陈列布展、六安六区十四乡苏维埃政府维修布展和卫生所旧址维修工程。编写《安徽革命文物策展指南》，实施岳西王步文故居、寿县小甸集特支纪念馆等布展工作。完成岳西红二十八军游击战驻扎地（碓臼湾老屋）、红二十八军第三次组建驻扎地（皖源汪家新屋）维修和请水寨暴动旧址群布展工作。

【考古工作】

全年开展考古调查勘探、发掘项目82个。加强考古发掘研究，开展人字洞、凌家滩等7个主动性考古发掘项目，禹会村新发现龙山时期城墙遗迹，繁昌窑新发现北宋时期房址。完成肥西三官庙遗址二里头时期房址异地搬迁保护工作。推进引江济淮及公路等重点建设工程抢救性考古发掘，完成引江济淮二期工程考古调查工作。印发实施《安徽省开发区文物资源区域评估工作实施细则》。

【博物馆工作】

不断夯实基础工作。统计上报全省博物馆备案信息，经国家文物局核定各级各类博物馆、纪念馆共232家（其中国有博物馆145家、非国有博物馆87家）。完成博物馆工作绩效考评指标的框架设定及相关指标体系构建。做好全省博物馆定级评估前期准备工作，共31家博物馆申报国家等级博物馆定级评估。全年新备案非国有博物馆5家。联合省民政厅发文对全省非国有博物馆进行排查，对30家提出整改要求。指导12个市的13家博物馆完成法人治理结构改革。举办全省博物馆志愿者培训班，同步开展"十佳志愿者推介活动"。

持续提升展览质量。组织开展2021年博物馆陈列展览提升项目申报工作，对全省21个博物馆的29个展览提升项目实施情况进行督查。举办全省博物馆陈列展览联盟策展专题培训班，全省78家文博单位800余人参加培训。指导安庆市博物馆新馆、铜陵数字铜博物馆建成并对外开放。指导全省博物馆征集新冠肺炎疫情防控见证物及资料，推出一批特别展。

安徽博物院"决胜——全面小康路上的安徽""皖乐徽声——安徽音乐戏曲文物展"、蚌埠市博物馆"七千年前的微笑——双墩文化陶塑雕题纹面人头像专题展"入选国家文物局2020年度"弘扬优秀传统文化、培育社会主义核心价值观"主题展览推介名单,其中"决胜——全面小康路上的安徽"为重点推介展览。组织开展第五届安徽省博物馆陈列展览精品项目推介活动,全省14家博物馆申报了22个展览项目。积极推出丰富多彩的网上展览,其中安徽博物院"烽火江淮——安徽革命史陈列"等7个展览入选国家文物局网上博物馆展览推送名单。

积极融入长三角一体化发展等博物馆合作。滁州、马鞍山、芜湖、宣城等市的14家博物馆参加2020年国际博物馆日中国主会场活动之"又绿江南——南京都市圈八城市文物联展",选送140余件馆藏精品参展,包括国家一级文物78件。安徽博物院联合江浙沪省级博物馆推出"浙江书画展"。淮南市博物馆引进"海上风——嘉兴博物馆馆藏书画展",并推送"寿州窑瓷器精品巡展"到浙江部分博物馆巡展。淮北、宿州两市博物馆加入淮海经济区博物馆联盟。

开展馆藏文物鉴定。对寿县博物馆、宣城市博物馆、潜口民宅博物馆等7家国有博物馆的1636件/套馆藏文物进行鉴定。

【文旅融合】

在"2020中国特色旅游商品大赛"中,安徽省选送的文创产品获金奖1个、银奖1个、铜奖2个。安徽中国徽州文化博物馆推出以徽工之巧、徽玩之雅、徽茶之香、徽味之美和徽艺之韵为切入点的"五徽"非遗文创产业链服务平台。

【文博宣传】

国际博物馆日安徽省主场活动在铜陵市博物馆举办,新浪网、新浪微博、一直播等网络平台同步转播。活动中公布了"安徽省十家最美博物馆推介"评选结果,十家最美博物馆为安徽博物院、渡江战役纪念馆(安徽名人馆)、亳州市博物馆、宿州市博物馆、蚌埠市博物馆、寿县博物馆、滁州市博物馆、芜湖市博物馆、铜陵市博物馆、安徽中国徽州文化博物馆。

文化和自然遗产日安徽省主场活动在凌家滩国家考古遗址公园举办,采取线上线下相结合的方式。通过走进凌家滩国家考古遗址公园、参观考古发掘现场、表彰"最美基层文物保护员"、发布"安徽十大考古新发现"等系列活动,宣传"文物赋彩全面小康"为主题的文化遗产保护利用工作成果。

积极参加国家文物局主办的"中华文物全媒体传播精品(新媒体)推介活动",推荐上报项目5个,其中"50秒,带你看60年安徽考古大事件"获评推介项目。

【社会文物管理】

开展拍卖公司年审工作,审核批准1家拍卖公司申请文物拍卖许可证。批复6家公司13场次拍卖会,审核拍卖标的12925件/套。

举办"鉴宝江淮行·走进诗城马鞍山"活动,免费鉴定各类藏品700余件。

福建省

【概述】

2020年，福建省文物系统深入学习贯彻习近平总书记关于文物工作重要论述和指示批示精神，研究落实推进文物保护利用改革的具体举措，加强文物安全及行政执法督察工作，完善文物保护基础工作，抓好重点保护项目实施，做好宣传展示活动，各项工作取得新成绩。

【文物安全工作】

加强安全督察检查，织密扎牢文物安全网。开展冬春文物火灾隐患排查整治工作，组织省级工作组多次开展文物安全督察检查等。截至10月30日，共检查文博场所10316处，排查发现隐患问题3523个（其中重大隐患37个），已完成整改3008个（其中重大隐患9个），通报文博场所111处，约谈文博单位1处，持续跟踪重大安全隐患整改情况。

【不可移动文物的保护与管理】

积极筹备第44届世界遗产大会，全面推进"六个一批"和"一城七线"遗产展示项目的实施。全力推进"泉州：宋元中国的世界海洋商贸中心"项目申遗工作，完善16个申遗点及6个新增申遗点的保护管理和考古研究工作，新增申遗点中4处市、县级文物保护单位提请省政府增补为第九批省级文物保护单位。稳步推进三坊七巷及万里茶道文化遗产申遗工作。委托相关单位编制《福州市三坊七巷文化遗产申报策略研究》，开展世界文化遗产申报条件评估。启动编制万里茶道福建段文化遗产保护管理规划，实施下梅村大夫第保护修缮。制定全省土楼保护方案，推进土楼资源调查、分类分级管理、完善保护管理机制等工作。

加强考古遗址公园建设。指导三明做好万寿岩国家考古遗址公园遗址展示、学术研究等工作，划拨300万元用于万寿岩国家考古遗址公园建设。城村汉城遗址征地工作取得积极进展，完成遗址周边环境整治方案审批，实施漳平奇和洞遗址本体保护方案研究和保护性设施工程建设。

报请省政府核定公布第十批省级文物保护单位65处。组织开展第八批全国重点文物保护单位保护范围、建设控制地带划定工作、保护说明碑树立工作、档案记录备案工作，以及第九批省级文物保护单位建设控制地带划定工作、保护说明碑树立工作。推进不可移动文物定线落图工作，将相关信息汇入省自然资源厅数据库。

联合省住建厅起草并由省政府办公厅印发《关于加强历史文化名城名镇名村传统和文物建筑历史建筑传统风貌建筑保护利用的九条措施》，联合住建、自然资源部门印发《关于进一步加强古宅古建筑保护的通知》，印发关于进一步规范可移动文物保护工作、进一步加强城乡建设中文物保护工作的通知及《福建省严格不可移动文物撤销审查的规定》，修订《福建省文物保护工程管理六项规定》。

针对城乡建设中存在的文物保护问题，着力强化各项保护管理措施。积极回应媒体关注，推动云霄树滋楼保护，闽侯荆甘一体化项目、漳州文川里片区开发项目涉及文物和老建筑保护，漳平奇和洞遗址保护。

【革命文物保护利用】

加强革命文物保护，凸显革命文物时代价值。认真贯彻落实《福建省革命文物保护利用工程实施方案》，启动实施革命文物保护利用工程15项。推进《福建省红色文化遗存保护条例》立法工作，指导出台《宁德市红色文化遗存保护条例》。推进革命文物项目修缮工作，继续实施龙岩、三明全国重点文物保护单位保护工程，指导省级以下文物保护单位革命旧址保护维修工程的全面实施。审核编制2021年福建省革命文物保护项目年度计划。继续做好长征国家文化公园长征文物保护修缮和环境提升工程，积极争取国家文物专项资金用于长征和宁化长征出发地革命文物修缮项目。开展南平市革命旧址保护利用规划省级审核。

【博物馆工作】

进一步发挥非国有博物馆社会功能，新增备案非国有博物馆3家，组织非国有博物馆积极参与"阳光1+1牵手计划"扶贫工作。

客家族谱博物馆"祖宗的叮咛——客家祖训文化展"和厦门奥林匹克博物馆"爱我中华——海峡两岸助力冬奥会民间体育艺术展"入选国家文物局2020年度"弘扬优秀传统文化、培育社会主义核心价值观"主题展览推介名单。"交相辉映 耀世千年——福建黑、白瓷器展"在新疆昌吉州展出。

加强线上展览和宣传力度。鼓励全省博物馆推出网上数字展览，中央苏区（闽西）历史博物馆"红色闽西"，福州市博物馆"闽都华章——福州历史文化陈列"，中国闽台缘博物馆"闽台缘主题陈列"，厦门市博物馆"馆藏文物精品陈列""厦门历史陈列"，陈嘉庚纪念馆"华侨旗帜 民族光辉""陈嘉庚纪念馆数字展厅"等7个展览项目入选国家文物局推送的全国博物馆网上展览资源名单。

【科技与信息】

与上海交通大学合作，开展"遇见福建文物，发现福建故事"文物内容数据库建设。

【文博宣传】

国际博物馆日及文化和自然遗产日期间，全省博物馆开展展览、社教活动、数字化体验等各种线下、线上活动，积极搭建博物馆与公众沟通互动的平台。

参加"中华文物全媒体传播精品（新媒体）推介活动"，由福建省文物局、中共龙岩市委宣传部制作的"闽西红色文化系列微视频"获评入围项目。

【机构建设】

积极推进加强省级文物机构建设，拟将革命文物处（督察处）分设为革命文物处、督察处，分别履行相应职能。向省委编办报送《关于进一步加强福建省文物机构和队伍建设的请示》并抄送省委宣传部，积极推动成立福建省考古研究院（福建水下考古基地）。

江西省

【概述】

2020年，江西省文物系统坚持以习近平新时代中国特色社会主义思想为指导，深入贯彻党的十九大和十九届二中、三中、四中、五中全会精神，深入贯彻习近平总书记关于文物工作重要指示批示精神和视察江西重要讲话精神，特别是习近平总书记在中央政治局第二十三次集体学习时的重要讲话精神，全面贯彻落实《关于加强文物保护利用改革的若干意见》《关于实施革命文物保护利用工程（2018—2022年）的意见》《关于加强石窟寺保护利用工作的指导意见》和全国文化和旅游厅局长会议、全国文物局长会议等重要会议精神，紧密结合国家文物局工作安排，抓主抓重，攻坚克难，牢牢守住文物安全底线，统筹推进文物保护利用改革，完善和健全制度体系建设，规范管理，锐意创新，稳步推进全省文物事业改革发展。

【文物安全工作】

在全国率先启动覆盖全省的文物安全监管体系建设，编制《江西省文物安全监管体系建设方案》。该监管体系主要包括文物安防预警信息、消防预警信息、防雷预警信息、违规建设预警信息、文物巡检信息五大功能系统，通过各层级监管系统与文博单位安全监管设施设备的对接，逐步建立覆盖全省世界文化遗产地、全国重点文物保护单位、省级文物保护单位和国家等级博物馆的安全监测预警网络，极大提升全省文物安全监管智能化水平。

组织开展全省文物火灾隐患整治和消防能力提升三年行动。在汛期及元旦、春节等重要时间节点开展文物安全大检查。

加强文物行政执法工作，出台《江西省文物局文物违法案件督察办法（试行）》。

【不可移动文物的保护与管理】

申遗工作稳步推进。积极推动景德镇御窑遗址申遗工作，多次派员赴景德镇就申遗文本的修改、申遗价值的提炼等工作进行督促指导，确保申遗工作高质量推进。8月25日，在北京组织召开申遗文本专家论证会，申遗文本基本完成。9月27日，组织召开景德镇御窑厂遗址保护推进工作会，提出御窑申遗工作下一步工作目标。11月5日，召开景德镇御窑遗址申遗推进会，会上讨论了《景德镇御窑遗址申遗三年行动计划》及《景德镇御窑申遗2020—2021年度工作要点》，并提出修改完善意见。积极争取将李渡烧酒作坊遗址增补列入申遗预备名单，积极推动万里茶道（江西段）、赣南围屋申遗工作。

大遗址保护取得新进展。全力指导南昌汉代海昏侯国遗址公园建设，海昏侯国遗址公园（一期）于9月23日正式对公众开放。全力指导景德镇御窑厂遗址环境整治工作，完善园区及周边基础设施、园林绿化和游览路线，园区面貌焕然一新。吴城遗址环境整治工程（一期）、吴城遗址南城垣西段遗迹本体加固及正塘水库整治工程和筑卫城遗址环境整治工程（一期）有序推进，工程量完成90%。实施吉州窑国家考古遗址公园二期项目，完成3万平方米的景观绿化、清水平台及主干道游线铺设，启动实施吉州窑遗址茅庵岭遗址片区保护性设施工程，吉州窑遗址神岗山大道改扩建工程方案经国家文物局批准。

结合第三次全国文物普查登记工作成果，全面梳理全省石窟寺基本情况。组织编制《江西省石窟寺调查工作方案》，为做好全省石窟寺保护利用工作筑牢基础。

推动《江西省文物保护工程竣工验收暂行办法》等规范性文件的制定，组织江西省文物保护中心开展《江西省文物建筑保护工程定额》编制工作。继续实施文物保护工程进度季报制度和交叉检查工作，加强事中事后监管，完善项目实施、质量、资金等长效监管机制。

【革命文物保护利用】

夯实革命文物基础工作，创新革命文物保护模式。核对公布革命文物名录，开展革命纪念馆专项调查；配合长征国家文化公园建设，统计江西段相关长征文物点837处；对江西抗战文物资源情况和保存状况进行调查摸底。有效推广赣南等原中央苏区文物保护经验，助力老区老乡奔小康。《吉安市红色文化遗存保护条例》颁布实施。加强对苏区工程项目质量薄弱环节的管理，部署自查、整改、检查，开展苏区工程维修项目"回头看"。

推进革命文物宣传传播。配合江西省爱国主义教育基地网上数字展馆云平台建设，全省18家革命博物馆、纪念馆实现网上数字呈现。"百件革命文物说江西"系列节目推出"革命文物篇"和"革命旧址篇"，并在"学习强国"平台开辟专栏推介。积极组织革命场馆参与"国宝讲述人——全国文博在线讲解直播推介活动"，积极配合由中宣部宣教局等五部局指导的"追寻先烈足迹——江西站"线下走访活动。

红色标语保护利用工作成为新亮点。组织专家对红色标语开展分类认定，全省共核对普查登记红色标语10748条，其中重要红色标语5292条（一类1196条、二类1556条、三类2540条），一般红色标语5456条。由国家文物局主办，中国文物报社、江西省文化和旅游厅、重庆中国三峡博物馆承办，于都县博物馆、乐安县文化广电新闻出版旅游局协办的"红色记忆——红军标语图片展"在北大红楼橱窗展出，集中展示江西省红色标语保护成果。"让红军标语'活'起来——乐安县'红军标语+全社会力量'保护利用模式"在"2020全国革命文物保护利用十佳案例宣传推介活动"中获评十佳案例。

【考古工作】

完成海昏侯2号墓（M2）考古发掘工作并进行回填保护，启动实验室考古工作。持续推进樟树国字山墓葬M1考古发掘，已出土文物千余件/套。持续推进赣江新区七星堆六朝墓群考古发掘，继续开展B区考古发掘，对已完成发掘的A、C两区考古资料进行整理。经报国家文物局批复同意，安福起凤山墓葬转为主动性考古发掘，初步判断该墓为战国晚期至西汉中期高等级贵族大型木椁墓。宜黄锅底山遗址发掘发现了叠压有序的商代地层，商代地层下发现了大量新石器时期的红烧土块，初步判断为窑业遗迹。

推动《江西省重点发展区域文物保护和考古事项区域评估实施细则》制定，做好大型基本建设项目考古勘探工作。按照程序开展28个配合大型基本建设的文物资源调查评估项目。

■【博物馆工作】

博物馆结构体系不断完善，以省级博物馆为龙头，市县级博物馆为主体，非国有博物馆为补充的具有地方特色的博物馆体系加速形成。2020年新增国有博物馆4家、非国有博物馆11家。加快推进博物馆公共文化机构法人治理结构改革，指导江西省博物馆、景德镇中国陶瓷博物馆、宜春市博物馆和萍乡市博物馆等成立理事会或监事会。江西省博物馆新馆和南昌汉代海昏侯国遗址博物馆正式开馆，成为全省文化新地标、城市新客厅。

建立博物馆质量评估体系，印发《全省博物馆免费开放绩效管理办法》，开展2019年度全省博物馆免费开放绩效评估工作，评定八大山人纪念馆等20家优秀等级博物馆。公布江西省博物馆等首批20家省级博物馆融合发展示范单位，充分发挥示范引领、典型带动作用。

全省博物馆年推出陈列展览1200余个，开展社会教育活动8200余次，免费接待观众3600余万人次。景德镇中国陶瓷博物馆"瓷业高峰是此都——景德镇瓷器、瓷业与城市发展史陈列"获"第十七届（2019年度）全国博物馆十大陈列展览精品推介"精品奖。江西省博物馆"红色摇篮——江西革命史陈列"、景德镇中国陶瓷博物馆"丝路瓷行——中国陶瓷文化展（克罗地亚）"、吉安县文天祥纪念馆"文天祥生平事迹展"入选国家文物局2020年度"弘扬优秀传统文化、培育社会主义核心价值观"主题展览推介项目。

推动数字博物馆和智慧博物馆建设。鼓励各博物馆利用官网、微博、微信、抖音等平台为社会公众提供线上展览展示服务，网上直播成为展示新形态。响应"博物馆网上展览平台"倡议，江西省博物馆、瑞金中央革命根据地纪念馆、于都县博物馆、景德镇中国陶瓷博物馆、庐山博物馆等博物馆线上展览和八大山人纪念馆网上全景展厅、江西省文物局"博物江西"可移动文物普查数据资源服务平台等入选国家文物局推送的网上展览资源名单。

印发《关于疫情防控期间全省博物馆有序恢复开放的指导意见》，指导各博物馆启动"抗击新冠肺炎疫情"相关见证物的征集。江西省博物馆完成"同心·你我——江西省博物馆征集抗疫见证物特展"。南昌市博物馆、上饶市博物馆、玉山博物馆、丰城市博物馆等举办了抗疫见证物捐赠仪式。

■【文博宣传与出版】

围绕国际博物馆日、文化和自然遗产日，举办丰富多彩的文物保护利用和文化遗产传承展览以及系列线上线下活动。

组织编辑出版《江西博物馆大全》，不断扩大博物馆影响力，系统展示博物馆建设发展成就。

山东省

【概述】

2020年，山东省文物系统以习近平新时代中国特色社会主义思想为指导，在省委、省政府的正确领导下，在国家文物局的关心指导下，贯彻落实党中央、国务院关于文物保护利用工作的决策部署，加强文物保护利用改革，推动文物事业高质量发展，守正创新，开拓进取，各项工作取得新成绩。

【法制建设】

《山东省红色文化保护传承条例》经山东省第十三届人民代表大会常务委员会第二十四次会议通过，自2021年1月1日起施行。《山东省红色文化保护传承条例》共五章四十七条，旨在加强红色文化的保护和传承，充分运用红色资源，发扬红色传统，传承红色基因，弘扬革命精神，培育和践行社会主义核心价值观，激发实现中华民族伟大复兴中国梦的强大精神力量。

【文物安全工作】

文物安全纳入省政府安全生产考核指标体系。省发展改革委、住建厅、自然资源厅加大对建设工程、国土规划中的文物保护管控力度。

文物安全联合工作机制进一步强化，实施文物火灾隐患整治和消防能力提升三年行动，文物安全天网工程扎实推进。

【不可移动文物的保护与管理】

大遗址保护工作稳步推进，上报大遗址保护规划及设计方案4项，审批大遗址保护规划及设计方案13项。配合有关部门制定黄河、大运河、长城国家文化公园山东段建设规划，开展资源调查，加强核心区文物管控，策划并推进文物保护利用重点项目。

开展全省第一至八批全国重点文物保护单位保护区划勘定并报省政府公布。组织第六批省级文物保护单位申报工作，评审接近尾声。

"三孔"、"三孟"、泰山古建筑维修，国家、省级考古遗址公园建设，以及定陶汉墓保护等重点工程顺利推进。

【革命文物保护利用】

召开全省革命文物保护利用规划研讨及业务培训会，在第六批省级文物保护单位中增加革命类文物保护单位类型，开展全省不可移动革命文物普查。开展全省革命文物保护利用优秀案例评选。制定实施《全省博物馆、纪念馆十大革命文物陈列展览精品推介办法》。组织开展纪念抗战胜利75周年"不能忘却的记忆——媒体寻访抗日遗址遗迹"等纪念活动。

依托丰富的红色文化资源，加强各类艺术创作，讲好红色故事，打造革命文物保护利用示范区。山东省拥有丰富的红色文化资源，50家革命类博物馆、纪念馆向社会免费开放，18处革命旧址、纪念馆被命名为全国爱国主义教育示范基地，13处革命主题景区被列入全国红色旅游经典景区名录，93个县（市、区）入选第二批革命文物保护利用片区分县名单。民族歌剧《沂蒙山》、吕剧《大河开凌》、舞剧《乳娘》、复排经典京剧《红云岗》《奇袭白虎团》等优秀革命历史题材剧作在全国有广泛影响。

【考古工作】

"海岱地区文明化进程考古研究"入选"考古中国"重大项目。日照市苏家村遗址等5个考古项目获得2019年度山东省考古新发现奖，滕州市西孟庄龙山文化聚落等5个考古项目获得2018—2019年山东省优秀田野考古工地奖。

东安遗址考古发掘取得重要考古发现，清理出西周中期的两组车马坑和同时期墓葬，在山东省西周考古工作中尚属首次。成立定陶汉墓保护工作领导小组，立足科学保护，高标准、高质量完成定陶汉墓拆解保护工作。定远舰水下遗址考古队成功将一块重约18吨的定远舰铁甲起吊出水。青岛胶州湾外围海域水下考古调查取得重要收获，在胶州湾内、竹岔岛周边、大公岛南部海域发现水下疑点23处，潜水核查其中14处疑点，采集文物百余件。

全年开展小清河应急防汛工程、济莱高铁等基本建设工程考古发掘工作10余项，考古发掘面积近4万平方米，清理古墓葬近2000座，抢救保护了大量文物。

省文旅厅印发《关于规范开发区、工业园区区域性建设项目文物影响评估工作的通知》，落实开发区、工业园区区域性建设项目文物影响评估，土地储备入库考古前置政策，为政府决策和建设项目计划、规划选址提供科学依据，提高审批效率，减轻企业负担，加快建设项目落地。济南、菏泽、临沂等市先后出台国有建设用地考古调查勘探发掘前置工作的实施意见，在土地供应前完成考古调查勘探、发掘工作，既能及时了解地下文物遗存分布情况和有效保护地下文物，又降低了建设单位投资风险及前期运作成本，实现了文物保护和城市发展协调共赢。

【博物馆与可移动文物】

以第四次博物馆定级评估工作为抓手，采取省级分区举办专题培训班、集中专家审核、现场指导等方式，促进各地博物馆硬件软件建设上新台阶。成立山东省博物馆联盟，实现全省博物馆共商、共建、共享、共融，共同打造博物馆行业的"齐鲁文化共同体"。

助力精品展览走出去、引进来，"高山景行——孔子文化展""相由心生——山东博兴佛造像展"在中国国家博物馆展出，"美美与共 和合共生——亚洲文明精粹展"在孔子博物馆展出。组织申报国家文物局2020年度"弘扬优秀传统文化、培育社会主义核心价值观"主题展览，孔子博物馆"大哉孔子"入选重点推介项目，山东博物馆"初心——山东革命历史文物展"、青岛市博物馆"会讲故事的博物馆儿童展"等6项展览入选推介项目。

打造数字博物馆，"文物山东——山东省博物馆网上展览服务平台"省级改版上线，"山东数字化博物馆山东大学分馆"年底建成开馆。

统筹新冠肺炎疫情防控，推动博物馆有序开放，开展疫情防控代表性见证物征藏工作，共征集实物、资料4016件／套，影像资料及电子数据133933.51兆，举办相关展览32个。

组织实施可移动文物本体保护、预防性保护、数字化保护项目132个，争取中央和省级财政支持1.2亿元。

【文博宣传】

成功举办国际博物馆日主场活动暨"文物山东·岱海同天"直播联动活动开幕式。"文物山东·岱海同天"山东省博物馆直播联动活动由山东博物馆、孔子博物馆承办，联合省内10家博物馆在互联网上进行直播接力活动，每家博物馆30分钟，活动持续5个小时，为观众奉上一道文化大餐。

成功举办文化和自然遗产日主场城市活动、小清河文物保护利用媒体采风行活动等，社会影响力不断增强。

【机构建设】

山东省文化和旅游厅增设革命文物处，济南市、潍坊市、济宁市文化和旅游局增设革命文物处（科），临沂市文化和旅游局增设革命文物保护利用科。

【其他】

12月21日，山东省委召开文物保护工作、大运河（山东段）文化和旅游融合发展专题会议，贯彻落实习近平总书记关于文物工作的重要论述和重要指示批示精神，研究《关于进一步加强文物保护利用工作的若干意见（讨论稿）》《大运河（山东段）文化和旅游融合发展实施方案（讨论稿）》。

河南省

【概述】

2020年是全面建成小康社会和"十三五"规划收官之年，也是文物工作改革之年、文物安全巩固之年、文旅融合之年、文物事业提升与跨越发展之年，河南省文物系统坚持以习近平新时代中国特色社会主义思想为指导，深入学习贯彻习近平总书记在敦煌研究院座谈时的讲话和在中央政治局第二十三次集体学习时的讲话等关于文物工作重要论述和重要指示批示精神，坚持新发展理念、坚持高质量发展、坚持改革创新，以黄河文化带建设为牵引，以大运河、长城、长征三大国家公园建设为抓手，统筹推进文物保护和合理利用，逐项推进落实工作，文物事业改革发展良好态势持续巩固，服务全省经济社会发展大局能力水平再上新台阶。

【法制建设】

梳理现行有效法律法规规章清单，开展"七五"法治宣传教育自查验收。组织做好《河南省人民防空工程管理办法（修订草案）》等7个地方性法规以及《鹤壁市淇河保护条例》等8个省辖市立法项目的法制审核。申报《河南省夏文化重要遗址保护办法》列入2021年度立法调研项目。

配合国家文物局在河南调研《文物保护法》修订工作。

【文物安全工作】

严格标准推进全省文物安全巩固活动。经省政府同意，与省公安厅联合印发《2020年全省文物安全巩固活动方案》，召开全省文化和旅游（文物）系统安全生产工作会议，召开全省文物火灾隐患整治和消防能力提升三年行动暨"雪亮工程"建设攻坚提升活动动员部署视频会议，对全省文物安全工作进行全面安排部署。推进全省文物系统消防安全标准化管理工作，确定河南博物院、登封天地之中历史建筑群、许昌天宝宫为省级消防安全标准化管理试点单位。召开冬春火灾防控动员部署视频会议，对消防工作进行再动员、再部署、再推进，持续保持火灾隐患排查整治高压态势。开展"五一"和国庆中秋假期期间文物安全督导检查，由局领导带队对各省辖市、省直管县（市）和省直文博单位文物安全生产工作进行督导抽查，检查文博单位254处。

严格措施推进"三防"工程建设。组织各地编制商水邓城叶氏庄园消防、安阳灵泉寺石窟安防、巩义宋陵安防等49个国保单位"三防"工程设计方案，以及洛宁文庙消防、夏邑大圣寺石塔安防、修武荆氏宗祠消防等47个省保单位和博物馆"三防"工程方案。认真落实全省双重预防体系建设工作要求，河南博物院、安阳市殷墟管理处被省政府安委会表彰为安全生产双重预防体系建设标杆单位。

严格要求重点督办法人违法和文物安全案件。督办国家文物局交办的禹州市国保单位扒村窑遗址保护范围违法建设等3起违法案件和省委巡视组交办的郑州市药王庙与老君庙、焦作市二仙庙信访事件。与省公安厅联合召开全省打击文物犯罪专项行动电视电话会议，将盗掘古文化遗址、古墓葬和墓葬群、古瓷窑遗址及石窟寺等犯罪活动列入重点打击内容，常抓不懈、扭住不放。与省公安厅联合督办并成功侦破鹤壁市国保单位辛村遗址被盗掘案件。及时督办"罗山县黄家墩村现千亩古遗址，引起群众盗挖"网络热点事件。组织文物司法鉴定117起，涉及珍贵文物30件、一般文物384件，不可移动文物80处，为司法机关打击文物违法犯罪行为提供了有力证据。

【不可移动文物的保护与管理】

高质量推动长城、大运河、长征国家文化公园建设。编制《河南省大运河文化遗产保护传承专项实施规划》，完成征求意见稿的意见征求工作。做好长城、长征国家文化公园建设工作，对全省长城、长征文物资源进行整理分析。制定《河南省文物局配合长城国家文化公园建设文物保护利用工作计划》《河南省文物局配合红二十五军长征国家文化公园建设文物保护利用工作计划》。配合省委宣传部、省文旅厅，做好《长征国家文化公园（河南段）建设保护规划》《长城国家文化公园（河南段）建设保护规划》编制工作。加强长城"四有"基础工作，稳步推进档案、保护标志及保护员管理工作，推进赵长城、楚长城规划编制工作。

推进世界文化遗产活化管理。积极推进黎阳仓遗址、新安汉函谷关遗址、崤函古道石壕段遗址等世界文化遗产地保护管理规划的编制与修编工作。组织编制少林寺、中岳庙、含嘉仓等文物保护维修工程方案。对登封大唐嵩阳观纪圣德感应之颂碑等保护维修工程开展检查。洛阳龙门石窟和登封"天地之中"历史建筑群获评"2019年度世界文化遗产保护管理工作5星等级"，龙门石窟监测年度报告获评"2019年度中国世界文化遗产优秀监测年度报告"。

开展第八批省级文物保护单位申报工作，完成全国重点文物保护单位、省级文物保护单位保护范围和建设控制地带电子围栏数据采集工作。组织编制漯河临颍巨陵遗址等3处省保单位文物保护规划、浚县大伾山古建筑群禹王庙等12个省保文物保护工程方案。商丘归德府文庙等22个古建筑、古遗址类文物保护工程开工建设。对周口关帝庙一期彩画拜殿东西仪门维修工程等8个文物保护工程进行检查，下发检查意见，督促整改。组织专家对开封城墙等5处文物保护展示工程进行竣工验收。组织编制周口关帝庙修缮保护、安阳天宁寺塔修缮保护等文物保护工程报告。组织全省文物保护工程资质单位进行数据库填报并进行初审工作。举办文物保护工程设计施工监理管理培训班和基层管理人员培训班。启动全省石窟寺病害调查与治理工作。

贯彻落实乡村振兴战略，推进实施文物集中连片传统村落的整体保护工程。指导各地编制近现代文物维修方案，推进近现代文物保护项目落实，重点做好袁林修缮与展示项目实施。与省住建厅等部门联合制定《河南省传统村落保护发展三年行动实施方案（2020—2022年）》，推进巩义海上桥村传统民居等3处传统村落文物保护项目。督促平顶山、鹤壁、信阳等地传统民居的文物保护项目实施，确保申报资金高效利用。

与省住建厅联合制定《河南省历史文化名城名镇名村保护三年行动实施方案（2020—2022年）》，联合开展历史文化名镇名村保护情况检查和普查推荐工作，指导地方文物部

门加强历史文化名镇名村文物申报保护。

【革命文物保护利用】

组织开展河南省革命文物名录认定工作，公布第一批河南省革命文物名录。对全省革命文物保护利用片区的革命文物资源进行调查登记。在河南省文物建筑保护研究院组织召开《鄂豫皖——河南大别山区革命文物保护利用战略规划》专家论证会，与湖北省文物局、安徽省文物局在中国文化遗产研究院联合召开《鄂豫皖（大别山区）革命文物保护利用战略规划》项目咨询会。

开展革命文物保护利用情况调研，对全省革命博物馆、纪念馆基本情况进行调查。向国家文物局申报郑州二七纪念塔和纪念堂展示工程项目。推动国家一级革命文物保护修复项目立项工作。

组织开展全省革命博物馆、纪念馆庆祝建党100周年展览筹备和申报工作，向国家文物局报送10个展览项目。配合省委宣传部完成中宣部建党100周年党史展览借用河南文物相关工作。

与省委宣传部、省文旅厅联合举办"全省红色故事讲解员大赛暨第四届红色故事会"，与省文旅厅联合举办全省红色讲解员培训班。

【考古工作】

组织开展百泉书院、永定陵、永厚陵和赵普墓遗址生态文化公园主动性考古调查勘探，对北宋东京城顺天门遗址、淇河流域系统考古调查试掘资料进行整理出版。督促郑州、安阳、三门峡、济源等地文物部门切实加强考古发现重要遗址的保护工作。对南水北调受水区工程中的文物工作档案资料进行整理，通知各项目承担单位加快考古发掘资料的移交工作。开展2019年度考古勘探资质单位年审工作。

指导省文物考古学会举办"2019年河南省五大考古新发现"评选活动，灵宝城烟遗址、淮阳平粮台城址、安阳辛店商代晚期铸铜遗址、济源柴庄遗址、洛阳纱厂西路西汉墓等5个项目最终入选。淮阳平粮台遗址考古项目入选"2019年度全国十大考古新发现"。

【博物馆与可移动文物】

全方位加强博物馆管理工作。开展全省博物馆、纪念馆免费开放绩效考评工作，组织专家开展实地抽查，并对95家单位提交的资料进行集中评审，综合确定考评等级。做好全省博物馆、纪念馆的设立备案审查工作，开展非国有博物馆登记备案检查工作。推进智慧博物馆建设试点工作，将郑州博物馆、开封市博物馆、洛阳博物馆纳入试点单位。推动有条件的博物馆进行法人治理结构改革。

多渠道推进博物馆陈展提升。组织开展以"全面建成小康社会"为主题的"弘扬优秀传统文化、培育社会主义核心价值观"展览项目征集工作。开展河南省优秀陈列展览评选活动，组织专家推选出10个优秀陈列展览，推荐其中6个展览参加"第十七届（2019年度）全国博物馆十大陈列展览精品推介活动"，二里头夏都遗址博物馆的"华夏第一王都——二里头夏都遗址博物馆基本陈列"获评精品奖。

印发《河南省新冠肺炎疫情防控期间有序推进博物馆、纪念馆恢复开放的指导意见》，组织各地博物馆做好新冠肺炎疫情防控代表性见证物的征集和保存工作。组织全省博物馆、纪念馆推出78个网上展览或全景浏览项目，其中24个入选国家文物局推送的网上展览资源名单。

做好馆藏文物预防性保护，开展病害调查、研究及防治工作。对全省馆藏文物中青铜器、铁器和纸质类等文物保存状况进行调查，举办2020年全省纸质文物、青铜器类文物保护修复培训班。组织验收可移动文物保护修复项目3个，储备可移动文物保护修复项目5个。"馆藏脆弱青铜器保护关键技术研究"成功申报为国家重点研发计划项目。

■【文博宣传】

加强门户网站建设，完成网站数据迁移工作，全年编发信息600余条，及时推出网上展览资源、全省文物工作会议、博物馆工作会议、国际博物馆日等宣传专题。与洛阳市人民政府共同举办文化和自然遗产日主场活动，各地精心组织开展特色主题活动200余项。

持续推进《文博河南》电视专栏建设，拍摄12集，播放24次。持续推进《河南文物之窗》广播专栏建设，制作播出24集，推出专题节目3期，并在"学习强国"平台集中推介。在《河南日报》《中国文物报》刊发宣传专版。

■【社会文物管理】

强化文物市场监管，审核批准郑州拍卖总行等5场文物艺术品拍卖会申请。

■【其他】

1. 黄河文化文物保护传承弘扬

夯实黄河文化文物保护传承基础。印发《关于切实做好黄河文化相关重大考古项目发掘研究传播工作的通知》。与中国社科院考古所签署战略合作协议，共同推进黄河文化考古研究等工作。与上海大学签署文物研究交流合作协议，在文物考古研究、专业技术人员培养、博物馆国际化交流等领域开展深度合作。启动河南省黄河区域不可移动文物资源调查工作，完成各项基本信息数据采集工作。对沿黄河各省辖市进行文物保护传承弘扬专题调研，制定和推进落实相关实施方案。研究制定《河南省黄河文物保护利用规划》并组织有关专家对初稿进行研讨，以作为《河南省黄河文化保护传承弘扬规划》的组成部分和有益补充。

推动沿黄博物馆体系建设。郑州商都遗址博物馆主体框架完工。安阳殷墟博物馆完成选址，并已进行国际建筑设计招标。洛阳隋唐大运河文化博物馆开工建设。黄河国家博物馆正进行前期研究论证，河南博物院新馆完成功能论证。

推进沿黄考古遗址公园建设工作。重点涵盖仰韶遗址、大河村遗址、二里头遗址、隋唐洛阳城遗址、安阳殷墟遗址等。隋唐洛阳城历史文化公园建设加快推进，玄武门遗址保护展示工程前期工作正在进行，考古发掘工作成果明显，保护展示方案正在编制，保护展示工程顺利实施。推动开封宋都古城保护修缮，开展西、北城墙修复保护和环境整治，开展州桥考古发掘、顺天门保护展示工程等项目。

推进黄河文化申遗工作。对照申遗工作要求，深化学术研究，修改完善申报文本，争取二里头遗址和开封城墙成功列入《中国世界文化遗产预备名单》。与山西、湖北协同推进关圣文化史迹项目申遗部署。稳步推进潞简王墓和万里茶路申遗工作。

2. 夏文化研究、中原地区文明化进程研究

省委成立工作专班领导推进夏文化保护研究传播工作。省文物考古研究院挂牌成立夏文化研究中心，增加事业编制30名。夏文化研究和中原地区文明化进程研究工作计划获得国家文物局批复。围绕中原地区文明化进程研究、夏文化研究及宋都古城保护等重点工作，组织二里头遗址、北阳平遗址、州桥遗址等重点遗址的考古发掘、文物保护、宣传教育工作。推进与夏文化相关积压考古报告的整理出版。中国社科院考古所和洛阳市政府共同组建的"早期中国研究中心"揭牌成立。

3. 文物保护利用改革

印发《河南省文物局贯彻落实〈河南省加强文物保护利用改革实施方案〉重点任务分工方案》，进一步明确机关处室工作职责，切实履行好文物保护职能。对全省各地市落实《河南省加强文物保护利用改革实施方案》情况进行考核，推动文物保护利用改革任务的落实。

湖北省

■【概述】

2020年，湖北省文物系统以习近平新时代中国特色社会主义思想为指引，深入贯彻落实习近平总书记关于文物工作重要论述和重要指示批示精神，认真贯彻落实党中央、国务院和省委、省政府决策部署，围绕中心，服务大局，推动文物工作取得新成绩。

■【文物安全工作】

规范文物保护单位安全防护工程管理工作，下发《关于加强湖北省全国重点及省级文物保护单位安全防护工程管理工作的通知》。有序实施安全防护项目建设，批准48个项目纳入2020年湖北省文物安全防护工程项目计划，支持杨家湾老屋消防工程等18个全国重点文物保护单位和两个省级文物保护单位安全防护项目建设。

密集文物区安全巡防保护试点工作取得积极进展。

联合省应急管理厅、消防救援总队，组织指导各地开展文物火灾隐患整治和消防能力提升行动。联合省公安厅，开展文物安全工作协调会，指导推动各地开展文物安全专项整治行动。

对武胜门遗址相关问题、十堰全国重点文物保护单位两线范围内地物变化问题进行督办。完成全省文物行政执法工作情况和文物行政违法案件信息统计工作。

■【不可移动文物的保护与管理】

进一步加强世界文化遗产保护管理，武当山特区开展世界文化遗产缓冲区修订工作，钟祥明显陵、唐崖土司城址开展2020年度遗产监测巡视工作。推进万里茶道和关圣文化史迹申遗工作，完成《关圣文化史迹申遗文本》，启动当阳关陵环境整治方案、武汉市万里茶道申遗点保护规划编制工作。

持续推进荆楚大遗址传承发展工程，启动首批湖北省文化遗址公园评定工作，《湖北省文化遗址公园评定细则》即将印发实施。推进大遗址文物保护展示，编制完成《荆州大遗址国家文物保护利用示范区创建申报书》。

文物资源保护管理成效显著。省政府核准公布第八批全国重点文物保护单位"两线"。启动第八批省级文物保护单位遴选推荐工作，组织开展全省市县级文物保护单位和尚未核定公布为文物保护单位的不可移动文物信息采集填报工作，基本摸清全省一般不可移动文物底数和保护现状。部署开展全省石窟寺调查工作。

申报2021年度全国重点文物保护单位文物保护项目，唐崖土司城址14号墓葬保护修缮、屈家岭遗址北部墓葬区保护展示等12个文物保护展示工程项目获批复立项。

【革命文物保护利用】

革命文物保护利用提质加速。全省共有83个县（市、区）入选第二批革命文物保护利用片区分县名单。编制完成《鄂豫皖革命文物保护利用战略规划》《湖北省长征文化公园保护利用总体规划》。实施红安七里坪革命旧址、恩施巴东红三军旧址等革命文物集中成片保护利用工程。

【考古工作】

随州枣树林墓地入选"2019年度全国十大考古新发现"，天门石家河遗址入选"考古中国"重大项目。武汉大学田野考古实践教学基地在襄阳凤凰咀遗址正式揭牌。

明楚王墓群昭王墓田野考古工作通过验收，熊家冢陪葬墓田野考古工作基本结束，屈家岭遗址、五龙宫遗址等8处主动性考古项目田野工作进展顺利。

基本建设考古工作任务顺利完成，省级重点工程荆荆铁路涉及的20处文物点的考古发掘工作全部启动，襄常铁路（沿江高铁）荆门至宜昌段等7个重大建设项目的考古调查工作顺利开展。

【博物馆与可移动文物】

基础设施建设扎实推进。湖北省博物馆三期主体建设基本完成，陈列布展已进场施工。襄阳市博物馆、荆门市博物馆新馆建设工程及荆州博物馆改扩建工程正抓紧实施。潜江、当阳等县级博物馆主体建设顺利进行。京山、通城、黄梅、宜都、仙桃、蕲春等县级博物馆主体建设完工，正在进行陈列布展。

陈列展览精品迭出。在国家文物局的大力支持下，从日本成功追索回国的曾伯克父青铜组器移交湖北省博物馆，并亮相"华章重现——曾世家文物特展"。武汉革命博物馆"纪律建设永远在路上——中国共产党纪律建设历史陈列"、盘龙城遗址博物院"江汉泱泱 商邑煌煌——盘龙城遗址陈列"分别荣获"第十七届（2019年度）全国博物馆十大陈列展览精品推介"特别奖和精品奖。武汉革命博物馆"敢教日月换新天——武汉70年巨变"、宜昌博物馆"峡尽天开"主题展、咸安区博物馆"铁血军魂——北伐汀泗桥战役史迹展"主题展览入选国家文物局2020年度"弘扬优秀传统文化、培育社会主义核心价值观"主题展览。

社会服务广受好评。全省博物馆积极借助新媒体新科技平台，开展云参观、微课堂、微讲解，不断拓展社会服务形式，举办原创性线上主题展览37个，开展线上活动200余场次。湖北省博物馆品牌教育项目"礼乐学堂"开展线上微课堂106场次，受众逾1.2亿人次。

可移动文物保护实力彰显。荆州博物馆馆藏竹木漆器保护项目和丝织品预防性保护项目争取纳入国家文物局重点支持项目。湖北省文物考古研究所及荆门、宜昌、荆州、随州文博单位的8个可移动文物保护修复项目顺利结项并通过验收。荆州文物保护中心获批科技部科研项目1个，7个工作站运行良好。

【文博宣传】

开展"文物系荆楚 祝福颂祖国"文物传递祝福接力活动，利用文博平台宣传湖北抗疫典型事迹。

　　由国家文物局指导的"武汉革命文物线上展示月"活动于5月10日拉开序幕，主题为"英雄武汉英雄城　革命精神永传承"。

　　策划制作湖北古迹宣传片《拨云见日　极目楚天》，并在国际古迹遗址日播出。在国际博物馆日、文化和自然遗产日等多个重要时间节点开展多场革命文物主题精品线上展览和全媒体5G互动直播活动。

湖南省

【概述】

2020年，湖南省文物系统以习近平新时代中国特色社会主义思想为指导，深入贯彻落实习近平总书记在中央政治局第二十三次集体学习时的讲话等关于文物工作重要论述和重要指示批示精神，紧密结合文物工作实际，加强组织领导，文物安全形势平稳向好，各项工作稳步推进。

【文物安全工作】

实行"四个一批"（根据文物隐患及整改情况，关停一批、督办一批、处罚一批、曝光一批），推动《湖南省文物火灾隐患整治和消防能力提升三年行动工作方案》实施见效，全省未发生重大文物火灾事故。

做到"五个第一"，确保汛期文物安全形势平稳。发挥防汛抗旱指挥部统一领导机制作用，加强文物与应急、水利、自然资源等部门联系沟通，科学预判研判汛情，第一时间下发《关于加强汛期文物安全的紧急通知》，指导市县加强文物防汛工作；第一时间召开汛期文物安全工作紧急会议，指导市州启动和完善应急预案；第一时间派出防汛工作指导小组下沉汛情最严重地区文物博物馆单位指导督导防汛；第一时间开展文物受损情况评估和上报，摸清全省128处受灾受损文物情况，抢抓抢救保护工作最佳时机；第一时间筹集资金并下拨，加强受灾文物抢救保护。

【不可移动文物的保护与管理】

推进"万里茶道"申遗工作。"万里茶道"八省申遗工作推进会在安化县召开，中国古迹遗址保护协会、沿线各省相关专家、万里茶道联合申遗办公室、万里茶道《中国世界文化遗产预备名单》文本编辑团队以及益阳市、安化县相关申遗工作人员参加会议。

进一步做好历史文化名城名镇名村和传统村落保护利用管理工作。做好保护规划的编制和报批，强化保护规划实施情况的监督检查，加强历史文化街区划定和历史建筑确定及测绘建档，推进历史建筑保护利用试点示范，加强传统村落保护资金和项目管理，推进省级历史建筑数据平台建设。

【革命文物保护利用】

高频推进革命文物保护利用工作。省委宣传部等六部门印发《湖南省革命文物保护利用工程（2020—2022年）实施方案》，重点推进五项任务、五项工程，要求各地以县为单位，建立党委、政府领导，文物、文化和旅游、财政、发改、党史等部门参与的机制，制定本级《革命文物保护利用工程三年行动计划（2020—2022年）》，将各类革命文物保护所需资金纳入财政预算，严格绩效管理和监督审计，做好革命文物工作。召开贯彻落实《新时代爱国主义教育实施纲要》暨革命文物保护利用工作会议，部署全省爱国主义教育、革命文物和红色资源保护利用工作。

扎实推进重点县革命文物保护利用项目储备。完成第一批全国革命文物保护利用重点片区重点县革命文物保护利用工程三年行动计划的编报，储备不可移动革命文物保护项目2004个。

联合省人民检察院、解放军长沙军事检察院、省退役军人事务厅开展潇湘红色资源保护公益诉讼专项行动，将重要革命文物纳入公益诉讼范围，强化革命文物保护刚性约束。

【考古工作】

基本建设考古工作制度更加健全。组建工程建设区域文物影响评估业务单位17家，省级以上的产业园区文物影响一般性评估以及长沙机场改扩建工程、安慈高速公路等重点工程建设中的考古工作有序推进。

澧县鸡叫城遗址等"考古中国"所涉主动性考古发掘项目均获批复。

【博物馆工作】

博物馆陈列展览主题鲜明、精品纷呈。长沙铜官窑博物馆推出"鎏金铜蚕·黑石号——汉唐丝路文物特展"，该展由陆上丝绸之路和海上丝绸之路沿线陕西历史博物馆、湖南省博物馆、广州博物馆、扬州博物馆、洛阳博物馆、宁夏固原博物馆、合浦县博物馆及长沙铜官窑博物馆等8家博物馆联合举办。湖南省博物馆从美国纽菲尔兹印第安纳波利斯艺术博物馆引进"从文艺复兴到印象派：欧洲绘画五百年"展。湖南省博物馆、韶山毛泽东同志纪念馆、刘少奇同志纪念馆、长沙市博物馆、株洲市博物馆的5项陈列展览项目入选国家文物局2020年度"弘扬优秀传统文化、培育社会主义核心价值观"主题展览推介名单，其中湖南省博物馆的"齐家——明清以来人物画中的家族生活与信仰"、韶山毛泽东同志纪念馆"风范长存——毛主席遗物展"为重点推介项目，刘少奇同志纪念馆"中国工人运动的杰出领袖刘少奇"、长沙市博物馆"粟特人在大唐——洛阳博物馆藏唐代文物特展"、株洲市博物馆"神农遗韵——株洲历史文物展"为推介项目。

充分发挥博物馆的公共教育功能。岳阳市博物馆联合湖南省博物馆推出"汉服之美礼仪课"，郴州市博物馆举办"五一带你穿越对话千年古郡——郴州晋简研学活动"，柳宗元纪念馆举办首期志愿者"小小讲解员"培训班，郴州市博物馆开展"'知莽山历史　讲瑶族故事'文化进校园——走进莽山民族中学活动"。

【文博宣传】

创新开展国际博物日主题宣传活动，全省推出线上线下宣传活动130余个，其中湖南省博物馆联合卫健部门举办的"致敬最美逆行者·我们在行动"公益活动引起强烈反响。

聚焦全面建成小康社会和打赢脱贫攻坚战、乡村振兴，首次走进永州市江永县勾蓝瑶寨举办文化和自然遗产日湖南主会场活动。全省文物博物馆举办各类宣传展示活动240余场，特色活动被中央电视台、"学习强国"平台等关注报道，掀起宣传文物保护利用的热潮。

【文旅融合】

举办第二届湖南（金秋）文物博览会，以"博览与交流"为主题，突显"文化+宣传""文化+创意""文化+科普""文化+产业"的特色亮点。集中推出湖南省"十三五"博物馆十大陈列展览精品推介、"十三五"湖南省十大考古新发现评选、文物保护利用创新发展百佳案例推介、文物捐赠移交仪式、"湘博讲坛"学术讲座和第24届全国文物交流会、艺术品拍卖会、古玩集市、湖湘民间收藏明清玉器展览等十大主题活动，吸引30多家国有文物商店、4000余家文物艺术品参展商和6万余名收藏爱好者参加，有力带动了文化产业、酒店服务等相关产业发展，在扩大内需促进消费方面发挥了积极作用。

统筹全省10家博物馆、纪念馆特色藏品，举办2020年中国红色旅游博览会"红旗如画——湖南红色记忆"展览，助力"红色潇湘"品牌形象塑造和宣传。

【其他】

贯彻"三集中三到位"改革部署有力有效，梳理部门审批服务事项55项并全部入驻省政务服务中心，做到应进尽进。

积极推进文物保护公益诉讼，联合省检察院探索文物保护纳入公益诉讼体系建设，指导衡阳县建立文物保护公益诉讼协作机制，多部门联合开展红色资源保护公益诉讼专项行动。

制定实施《湖南省文物保护项目管理与服务指南》《湖南省传统村落文物保护利用工作指南（试行）》等制度规范，开展2017—2019年省级文物保护专项资金监督检查和2019年文物保护专项资金绩效评价，强化监督管理、优化服务，提升专项资金使用绩效。

中国
文物年鉴
2021

广东省

【概述】

2020年是全面建成小康社会和"十三五"规划收官之年，广东省文物系统以习近平新时代中国特色社会主义思想为指导，深入学习贯彻落实习近平总书记出席深圳经济特区建立40周年庆祝大会和视察广东时的重要讲话、重要指示精神，以及习近平总书记在中央政治局第二十三次集体学习时的讲话等关于文物工作重要论述和重要指示批示精神，认真贯彻落实《关于加强文物保护利用改革的若干意见》《关于实施革命文物保护利用工程（2018—2022年）的意见》《关于加强石窟寺保护利用工作的指导意见》《粤港澳大湾区发展规划纲要》等，按照中央和省委、省政府关于文化建设的决策部署，在国家文物局的指导下，与时俱进，奋进创新，坚持保护中发展、发展中保护，充分发挥文物资源传承文明、凝聚人心、促进发展的独特作用，因地制宜、因材施策，全面推进全省文物博物馆事业发展，取得显著成绩。

【文物安全工作】

认真抓好国务院办公厅《关于进一步加强文物安全工作的实施意见》的贯彻落实，做好文博单位消防隐患排查整治工作，联合省公安厅开展打击文物犯罪专项行动。加强与公安部门沟通协调，将假借文物实施诈骗列入打击文物犯罪内容，加大打击假借文物鉴定、拍卖实施诈骗的违法力度，加强震慑作用。

【不可移动文物的保护与管理】

组织开展大旗头村古建筑群、南岗古排、油岭村瑶族民居群、碧江村金楼职方第、藏书院村谭氏宗祠、南华又庐等乡村文物修缮方案以及肇庆古城墙等保护规划的编制、审批和公布工作。

【革命文物保护利用】

印发《加快推进我省革命老区和原中央苏区红色旅游发展的工作指引（2020—2022年）》。持续推进《广东省革命遗址保护条例》立法工作。抓好长征文化公园建设，配合省委宣传部开展省内长征史迹的历史研读、现场探勘、规划编制、部门征询、专家咨询等系列工作。推出系列主题展览"华南明灯——杨匏安旧居革命史迹展""红的文学——广东左翼作家点将录""潮汕七日红展览（中共秘密交通线之汕头）"等。联合广东省电视台拍摄播出《追寻红色足迹》系列纪录片，并向"学习强国"平台等推送。实施革命文物文旅融合行动，持续抓好红色旅游平台建设。遴选出100个红色革命遗址，串连成9条传承红色基因学习体验线路。探索建立"革命文物保护修缮—陈列展示—周边环境整治—红色旅游景区"的全流程建设模式。

大力推进华南教育历史研学基地建设，指导开展抗战时期华南教育历史的史料收集和研究工作，制定办学点相关文物保护措施。不断丰富节点展览与活化利用，传承爱国主义，赓续红色血脉，弘扬抗战精神和艰苦奋斗精神。

"依托爱国主义教育资源　唱响红色文化主旋律——鸦片战争博物馆红色旅游发展典型案例"和"为旅游添加红色　为信仰增加力量——中共三大会址纪念馆红色旅游发展典型案例"入选国家发改委、文化和旅游部推介的60个红色旅游发展典型案例。惠州"东湖旅店——营救中国文化名人陈列馆"入围"2020全国革命文物保护利用十佳案例宣传推介活动"终评。

【考古工作】

加强海上丝绸之路、海防遗址等海洋文化资源和南粤古驿道、华南研学等岭南文化资源调查，支持阳江市建设广东水下文化遗产保护中心。跟进"南海Ⅰ号"保护发掘项目，继续推进笔架山潮州窑、台山"海丝"史迹等国家考古遗址公园建设。广东"南海Ⅰ号"南宋沉船水下考古发掘项目入选"2019年度全国十大考古新发现"。

深化"放管服"改革，将"需进行文物考古调查、勘探与发掘的大型基本建设项目审批"委托地市文物部门办理，探索开展土地储备文物考古前置工作，将文物保护纳入国土空间规划，取消向企业收取考古费用，由省财政每年安排考古专项经费。

【博物馆工作】

博物馆数量稳步增长，设施建设不断加强。截至2020年10月，广东省备案博物馆共340家，其中国有博物馆239家、非国有博物馆101家。积极组织全省博物馆参加博物馆定级评估工作，参评博物馆达72家。继续实施全省博物馆公共文化基础设施攻坚做强工程，2020年新增县级博物馆21个。

落实公共文化领域重点改革工作任务，全省37家国有博物馆完成法人治理结构改革，超额完成任务。

完善非国有博物馆扶持政策。联合省民政厅对以非国有博物馆名义对外开放的机构进行全面摸查，加强对未登记备案非国有博物馆的清理规范。起草《广东省非国有博物馆管理办法》，形成《广东省非国有博物馆管理办法（送审稿）》报送省政府审查。

打造文物精品展览。公布首批"广东省弘扬社会主义核心价值观主题展览"18个。广东省博物馆"粤匠神工——广作家具特展"、孙中山大元帅府纪念馆"吾志所向　一往无前——孙中山早年的奋斗历程"、肇庆市博物馆（叶挺独立团团部旧址纪念馆）"铁军雄风——叶挺独立团史迹陈列"3个展览入选国家文物局2020年度"弘扬优秀传统文化、培育社会主义核心价值观"主题展览推介名单。

【文旅融合】

联合相关单位开展广东省粤港澳大湾区文化遗产游径和广东省历史文化游径建设工作，建成孙中山文化遗产游径、海上丝绸之路文化遗产游径、华侨华人文化遗产游径和古驿道文化遗产游径等5个主题27条广东省粤港澳大湾区文化遗产游径以及64条广东省历史文化游径。结合文化和自然遗产日、国际旅游博览会等活动，组织游客畅游广东省粤港澳大湾区文化遗产游径和广东省历史文化游径。广东省粤港澳大湾区文化遗产游径展示了粤港澳大湾区文化交融性和岭南文化特质，广东省历史文化游径提供了感悟岭南深厚的千年历史文化新途径，成为文化和旅游融合发展的新名片。

积极推进广东文创联盟建设，指导9家文创试点单位充分挖掘利用馆藏资源，确定开发项目。拓展销售渠道，推动文创产品从馆内走向广州白云国际机场、新华书店，从线下走到线上。在"2020中国旅游商品大赛"中，南越王博物馆"虎小将"获金奖、佛山祖庙博物馆"音乐宫灯"获铜奖。

【文博宣传】

深入挖掘文物蕴含的文化精髓和时代价值，加强文物宣传推广，精心策划推出系列博物馆宣传推广活动，讲好广东故事，让收藏在博物馆里的文物活起来。举办国际博物馆日广东省主会场活动，与"南方+"客户端、移动咪咕直播、腾讯博物官、酷狗直播等联合打造线上宣传活动，包括"一批广东省弘扬社会主义核心价值观主题展览线上推介""一系列文博名家线上讲座""一条红色主题博物馆研学线路""一场'粤文创花街'线上展销""一系列云游博物馆活动"等。

探索"云端"模式传播文物价值。与南方日报、"南方+"客户端联合出品的"宝览南粤——文物看湾区"新媒体传播项目获评"中华文物全媒体传播精品（新媒体）推介项目"。与南方日报、"南方+"客户端合作推出的"云游博物馆"系列直播节目获评广东省委网信办、广东省文明办、共青团广东省委员会主办的"南粤大爱网结同心——2020广东网络公益宣传推广活动"十佳网络公益项目。

【社会文物管理】

对全省文物拍卖企业、文物商店和社会文物市场进行深入调研，切实摸清底数，加强针对性指导管理。在省文旅厅公众服务官网公开登记在案的文物拍卖企业名录，接受社会监督。严格监管文物企业拍卖经营活动，截至10月共审批文物拍卖活动55场，均由省文物鉴定站进行实物审核，对不能上拍的标的提出撤拍意见。

开展文博惠民服务，积极引导民间合法收藏、合理收藏。通过政府购买服务等方式委托省文物鉴定站等4家单位开展民间收藏文物咨询鉴定试点工作，每月为市民提供免费鉴定服务10场次，有效遏制了假借文物鉴定之名实施诈骗活动的市场乱象。

【其他】

统筹文物保护利用与经济社会发展，创新文物保护利用机制，组织开展国家级文物保护利用示范区创建工作，开展省级文物保护利用示范区创建工作（试点），对汕头市金平区、韶关市南雄市、江门市开平市、潮州市湘桥区、云浮市郁南县等5个列为首批广东省文物保护利用示范区创建工作的试点单位进行中期评估。

指导行业协会举办"2020年度广东省文物古迹活化利用典型案例推介活动"，以诠释文物古迹活化利用的亮点和创新点，特别是社会力量参与共建共享、管理模式创新、促进公众参与、带动乡村振兴和打造区域文化品牌等。活动最终评选出广州杨匏安旧居活化利用、广州邓村石屋活化利用、云浮兰寨古建筑群活化利用等15个典型案例。

广西壮族自治区

【概述】

2020年是"十三五"规划收官之年，在国家文物局的指导和支持下，在广西壮族自治区党委、政府的正确领导下，自治区文物系统全面贯彻党的十九大和十九届二中、三中、四中、五中全会精神，深入贯彻落实习近平总书记关于文物工作重要论述和重要指示批示精神，以落实《国家文物事业发展"十三五"规划》《关于加强文物保护利用改革的若干意见》《关于实施革命文物保护利用工程（2018—2022）的意见》《关于加强石窟寺保护利用工作的指导意见》为主线，聚焦核心任务、健全政策措施、突出重点工作、完善监管体系，文物保存状况持续向好，合理利用成果更多惠及广大人民群众。

【法制建设】

完善文物法规体系，提供法律保障。协助自治区人大完成对《柳州市历史文化名城保护条例》《龙胜各族自治县民族民间传统文化保护条例》《百色市旧石器时代遗址保护条例》等地方性法规提出合法性审查意见。《防城港市京族文化保护条例》经自治区第十三届人民代表大会常务委员会第十七次会议批准实施。

【文物安全工作】

与自治区消防救援总队联合印发《贯彻落实国家文物局、应急管理部关于进一步加强文物消防工作的指导意见工作方案》，组建联合检查组，重点检查南宁、柳州等10市28家文博单位消防安全管理落实情况，排查并督促业主单位整改消防安全隐患55项。

完善警地文物执法联防联动机制。与自治区公安厅刑侦总队召开开展打击文物犯罪专题座谈会，明确开展文物犯罪联合打击的组织领导、协调机构和具体措施，进一步增强打击文物犯罪的工作合力。

出台《广西壮族自治区文物领域法人违法约谈实施办法（试行）》，明确法人首位责任，提高法人守法意识，有效防范和遏制了文物案件的发生。依法依规处理桂林市市级文物保护单位桂州窑窑址保护、全国重点文物保护单位桂林石刻保护两起国家文物局行政执法督办事项，及时将调查处理结果报告国家文物局。

【不可移动文物的保护与管理】

推进世界文化遗产保护和申报工作。将"推进兴安灵渠、海上丝绸之路·北海史迹、三江中国侗寨等保护和申遗工作"写入2020年自治区政府工作报告，同时列入自治区重大事项督办系统进行督办。完成左江花山岩画文化景观导览系统建设项目（二期）技术方案审批、《左江花山岩画文化景观2019年度保护状况报告》编制上报，国家文物局批复左江花山岩画龙州监测（展示）分中心方案设计。持续推进合浦汉墓群文昌塔区墓葬、草鞋村遗址、大浪古城遗址等文物保护展示、环境整治工程以及文物保护利用设施建设；召开大浪古城考古发掘专家论证会和合浦汉墓群望牛岭一号墓保护利用设施建设项目咨询会，进一步优化考古发掘思路和项目设计；组织编印《合浦海丝研究系列丛书（二）》。编制完成《灵渠保护规划》，实施灵渠北渠二期维修工程。指导开展《三江侗族自治县申遗侗寨保护办法》《高秀村保护管理规划》编制，开展三江侗族村寨高友村文物保护修缮项目。

稳步推进石窟寺（含摩崖造像）调查、数据采集工作。贯彻落实国务院办公厅《关于加强石窟寺保护利用工作的指导意见》，将实施意见的起草工作列入自治区人民政府重大工作（重要事项）督查督办系统进行督办。成立广西石窟寺（含摩崖造像）专项调查工作领导小组、专家小组，编制《广西壮族自治区石窟寺（含摩崖造像）专项调查工作实施方案》，赴桂林等地开展专题调研，和相关文物行政部门负责人以及专家进行座谈，了解当地石窟寺（含摩崖造像）保护状况，指导开展石窟寺（含摩崖造像）调查、数据采集工作。

完成全区10205处各级文物保护单位名录和信息基础表上报工作，其中全国重点文物保护单位81处、自治区级文物保护单位465处、市县级文物保护单位2593处、尚未核定公布为文物保护单位的不可移动文物7066处。

加强历史文化名城名镇名村、历史街区和传统村落的文物保护。与自治区住建厅联合开展国家历史文化名城柳州、桂林、北海三市评估、实地检查，形成自查评估报告上报住建部、国家文物局。联合审查合浦县廉州古城阜民路、中山路历史文化街区等一批国家历史文化名镇名村、历史街区保护规划。完成中国传统村落恭城县朗山民居、富川县马殷庙等相关文物保护修缮工程。

【革命文物保护利用】

完成全区56家革命纪念馆专项调查工作，基本掌握了全区革命纪念馆基础信息和基础数据。完成第一批359处不可移动革命文物、3562件/套（3728件）可移动革命文物名录公布工作。桂林市三将军殉职纪念塔和八百壮士墓列入第三批国家级抗战纪念设施、遗址名录。桂林、北海、钦州和玉林4市10县列入第二批革命文物保护利用片区分县名单。

成立长征国家文化公园广西段建设工作领导小组，编制《长征国家文化公园广西段建设保护规划（2020—2023年）》并上报中宣部审批。将红军长征突破湘江烈士纪念碑园扩充命名为红军长征湘江战役烈士纪念设施，将红军长征湘江战役纪念园、湘江战役新圩阻击战酒海井红军纪念园一并纳入全国爱国主义教育示范基地，同时创建国家4A级旅游景区。

指导编制《广西左右江革命文物保护利用片区文物保护总体方案》《湘江战役文物保护条例》，重点实施全州、兴安、资源等县湘江战役旧址、柳州旧机场及城防工事群旧址等革命旧址维修保护工程。组织完成2021年革命文物保护项目计划报送工作。

【考古工作】

贯彻落实"放管服"改革及"优化营商环境"的工作部署和要求，印发《广西区域考古工作站操作规程（试行）》，为有效缩短大型基本建设项目考古调查、勘探周期提供了制度保障和有利条件。完成北海综合保税区B区等14个设区市区域评估试点项目的考古调查、勘探和文物影响评估。

配合国家和自治区重大基本建设工程，完成广西滨海公路大风江大桥、南宁至玉林高速铁路、泉州至南宁高速公路（G72）广西桂林至柳州段等高速铁路、高速公路、水利枢纽等基本建设工程考古调查勘探发掘60多项，抢救保护了一批重要文物。参与大藤峡水利枢纽工程一期下闸蓄水阶段、平班水电站工程竣工广西建设征地、广西右江鱼梁航运枢纽工程竣工等移民安置项目验收工作，一批具有重大研究价值的文物古迹得到及时保护。

加强考古课题研究，完成全州县鳌鱼头遗址、合浦县大浪古城遗址、浦北县越州故城等一批主动性考古发掘研究项目，崇左市边境考古调查与研究取得重要成果。

【博物馆工作】

完成非国有博物馆登记备案检查工作，全区备案博物馆增加到112家。组织9家博物馆参加第四批全国博物馆定级评估工作。

文博场馆改造提升取得新突破。推进广西壮族自治区博物馆改扩建工程，计划搬迁新建广西自然博物馆。通过"乡村振兴产业发展基础设施公共服务能力提升三年行动计划2020年实施计划"，支持全区10家县级特色博物馆建设工作。推进建设北海市博物馆、贵港市自然博物馆、百色市博物馆、武鸣县博物馆等20多家特色博物馆。

充分发挥博物馆陈列展览宣传教育作用。完成"'八桂烽火 涅槃新生——广西革命文物展""八桂清风——广西廉政文化展"全区巡展工作。兴安红军长征突破湘江纪念馆的"血战湘江 不朽丰碑——纪念红军长征突破湘江陈列展览"、广西民族博物馆"五彩八桂——广西民族文化陈列之壮美家园"、柳州白莲洞洞穴科学博物馆"洞穴家园——柳州史前文化陈列"入选国家文物局2020年度"弘扬优秀传统文化、培育社会主义核心价值观"主题展览推介名单。

【文博宣传】

成功承办文化和自然遗产日主场城市（桂林）活动。此次活动以"文物赋彩全面小康——文物'潮'我看"为主题，创新性开创线上线下互动以及北京与桂林连线的新模式。中央广播电视台"央视频"直播开幕式盛典，举办第七届"丹青记忆守望家园——中国文化遗产美术展""桂林文化遗产公开课"等系列活动，让广大人民群众真切感受到文化遗产在全面建成小康社会伟大征程中的独特作用。

【文博培训】

举办全区博物馆、纪念馆免费开放培训班，全区博物馆和文物安全应急管理培训班暨消防工作现场会，2020年革命文物保护利用工作培训班等。

【其他】

管好用好国家文物保护专项资金，全国重点文物保护单位保护、大遗址保护、安防消防防雷等保护设施建设、免费开放、可移动文物保护，以及文物保护利用设施建设等项目获得有力保障。实施靖江王陵刘氏墓、郑氏墓等一批文物维修保护及环境整治工程，实施资源县晓锦遗址、布兵盆地洞穴遗址群等一批文物保护利用设施建设项目，完成8个"三防"项目和两个博物馆预防性保护项目的验收工作。全面排查和梳理2017—2019年度国家文物保护专项资金文物保护项目实施情况、2016—2019年国家文物局批复立项的文物保护工程进展情况，编制专题报告、项目进展"台账"上报国家文物局。配合完成财政部"国家文物保护资金"重点绩效评价工作。

完成《广西文物保护工程管理办法》修订工作，从规范工程立项、技术方案编制报批、强化施工过程管理、严格工程检查、验收管理、加强工程项目监管等6个方面强调参与各方的责任，为文物保护工程的规范化管理奠定了坚实基础。

海南省

【概述】

2020年，海南省文物工作坚持以习近平新时代中国特色社会主义思想为指导，在省委、省政府坚强领导下，在省旅文厅党组正确指导下，全面贯彻落实党的十九大精神，紧紧围绕海南自贸港建设工作大局，学习贯彻习近平总书记在中央政治局第二十三次集体学习时的讲话等关于文物工作重要论述和重要指示批示精神，重点围绕贯彻落实《关于加强文物保护利用改革的若干意见》《关于实施革命文物保护利用工程（2018—2022年）的意见》《关于加强石窟寺保护利用工作的指导意见》，攻坚克难，扎实推动文物保护利用工作。

【文物安全工作】

不断提升文物安全及执法水平。推进全省文物火灾隐患整治和消防能力提升三年行动，制定下发实施方案，指导督促市县做好文物消防安全隐患排查。有序推进文物安全防护工程项目，实施崖城学宫消防、防雷，落笔洞遗址安防等一批安消防项目。积极贯彻落实全国打击文物犯罪专项行动部署电视电话会议精神，协同省旅游和文化综合执法局对全省省级以上文物保护单位进行执法巡查。

【不可移动文物的保护与管理】

进一步完善文物保护单位"四有"工作。报请省政府核定公布第四批省级文物保护单位30处，组织开展新增全国重点文物保护单位、省级文物保护单位保护范围和建设控制地带划定工作，完成划定28处。加强尚未核定公布为文物保护单位的不可移动文物保护管理工作，对全省不可移动文物的保护管理工作开展自查，指导市县开展市县级文物保护单位和尚未核定公布为文物保护单位的不可移动文物名录及其基础信息的线上填报工作。

推动开展石窟寺保护利用工作。制定《海南省石窟寺专项调查工作实施方案》，成立专项调查领导小组和专业调查小组，有步骤分阶段地开展石窟寺专项调查工作。

报请省政府核准《落笔洞遗址保护规划》《崖城学宫保护规划》。开展五公祠、海瑞墓、秀英炮台、崖城学宫、琼海关旧址、东坡书院、蔡家宅等文物保护单位的修缮、环境整治等工程。

【革命文物保护利用】

落实《关于实施革命文物保护利用工程（2018—2022年）的意见》，编制《海南省革命文物保护利用总体方案》，组织开展革命文物名录公布工作。推动中共琼崖一大旧址、秀英炮台等革命文物保护工程。举办"纪念海南岛解放70周年"等9个革命文物展览。

【考古工作】

推动2020年度西沙海域水下考古和海南省海岸线考古项目实施，报送2021—2022年度西沙群岛水下文化遗产考古调查工作方案。组织完成牛路岭水库水资源配置工程项目等基本建设中的考古调查和勘探工作。

【博物馆工作】

印发《关于加强博物馆工作的指导意见》，全面提升海南省国有博物馆服务水平和能力。研究起草《海南省促进非国有博物馆发展意见（征求意见稿）》。按时完成海南省博物馆和海南省民族博物馆法人治理结构改革工作。

指导博物馆做好新冠肺炎疫情防控及有序开放工作，积极开展线上展览、直播等。2020年前三个季度，全省各级各类博物馆、纪念馆共举办展览92个，举办社会活动232场。"碧海丹心——解放海南岛文物史料展"等3个展览入选国家文物局2020年度"弘扬优秀传统文化、培育社会主义核心价值观"主题展览推介名单。推出"衣被海南——海南黎族纺织文化展""涨海推舟　千帆竞渡——南海水下文化遗产大展"赴北京、敦煌等地博物馆展出。

海南省博物馆、中国（海南）南海博物馆试点建设数字博物馆项目基本完成。中国（海南）南海博物馆完成5G创新应用项目初验。

【文旅融合】

联合省发改委、省自然资源和规划厅、省财政厅、省民族宗教事务委员会、省住房和城乡建设厅、省退役军人事务厅推动出台《海南省文物保护利用与旅游融合发展三年行动计划》。启动东坡书院、落笔洞遗址、崖州故城、疍家博物馆等重点文旅融合项目策划工作。围绕蔡家宅打造文化旅游区。海南省民族博物馆、定安县衙新增评定为A级景区。

【机构与人员】

加强机构队伍建设，积极争取在省旅游和文化广电体育厅加挂"海南省文物局"牌子。

落实《关于深化文物博物专业人员职称制度改革的指导意见》，与中共海南省委人才发展局联合印发《海南省文物博物系列专业技术资格评审条件（试行）》。

【其他】

加强央地合作，落实国家文物局、海南省人民政府《关于共同推进国家南海文博产业园建设发展战略合作协议》，完成前期工作，初步确定产业园区落户区域和规模。

重庆市

■【概述】

2020年，重庆市文物系统认真学习贯彻习近平总书记在中央政治局第二十三次集体学习时的讲话等关于文物工作重要论述和重要指示批示精神，深入落实中办、国办《关于加强文物保护利用改革的若干意见》《关于实施革命文物保护利用工程（2018—2022年）的意见》，真抓实干，开拓创新，较好完成了年度目标任务。

■【文物安全工作】

开展区县政府履行文物保护责任评估和国保、市保单位保存状况评估，落实不可移动文物安全直接责任人公示公告制度，各级文保单位安全责任书签订率达100%。完成杨氏民居安防消防、黄山抗战旧址群防雷、汉藏教理院旧址消防等国保单位安全防护设施项目。开展文物火灾隐患整治和消防能力提升三年行动，检查文保单位2863处，督促整改隐患474项。面对40年来最大过境洪峰，高效完成文物防汛抢险。

开展打击文物犯罪专项行动，破案14起，抓获嫌疑人26人，查获国家三级文物5件、一般文物82件。

出台提供文物违法线索奖励办法、文物安全检查督察办法。与市检察院建立文物保护公益诉讼协作机制，对13个乡镇政府提起文物保护诉前检察建议。

■【不可移动文物的保护与管理】

实施石窟寺及石刻、大遗址等重点文物保护项目167个，市级以上文物保护单位保护状况良好。钓鱼城遗址、白鹤梁题刻进入国家申遗重点培育项目，完成钓鱼城遗址悬空卧佛修缮保护工程、白鹤梁题刻文物本体和保护环境监测系统工程。渝中区老鼓楼衙署考古遗址公园建设全面推进，巫山龙骨坡遗址、云阳磐石城遗址等三峡考古遗址公园群开工建设。

加强石窟寺保护利用。制定《重庆市加强石窟寺保护利用工作方案》《大足石刻研究院创建世界知名研究院实施方案》，完成大足石刻宝顶山大佛湾数字化、合川涞滩二佛寺摩崖造像修缮保护、潼南千佛崖抢险加固等重点工程，加紧实施大足石刻宝顶山卧佛小佛湾摩崖造像修缮、宝顶山大佛湾水害治理、南岸弹子石摩崖造像修缮、江津石门大佛摩崖造像修缮等工程项目。

■【革命文物保护利用】

出台《红岩革命文物保护传承工程实施方案》，启动红岩文化公园建设，八路军重庆办事处旧址、渣滓洞等26处红岩革命旧址保护修缮工程进度过半，桂园、中共中央西南局缙云山旧址保护展示提升工程完工。推进长征国家文化公园重庆段建设，成立领导小组，出台建设方案，编制建设规划，启动红一军团司令部旧址等长征文物保护修缮。张自忠烈士陵园、特园入选第三批国家级抗战纪念设施、遗址名录。

开展"寻找红岩发声人""红色革命故事展演""小萝卜头进校园""重走红军长征路"等主题宣传活动。重庆宋庆龄旧居"'时代小先生'系列社教活动"获评"2020全国革命文物保护利用十佳案例"。《歌乐忠魂》实景演艺在重庆渣滓洞看守所旧址举行首演。

【考古工作】

全年完成各类考古项目75个，考古发掘2.15万平方米、线性考古调查438.85千米、区域考古调查52.11平方千米。国家文物局"考古中国"重大项目冬笋坝遗址考古、世界文化遗产预备名单钓鱼城遗址发掘，以及奉节白帝城遗址、万州天生城遗址等考古项目取得新成果，《走近西伯利亚》《重庆古代城址考古》《重庆三峡后续工作考古出土文物图集》等一批考古研究成果相继出版。

【博物馆工作】

推动"博物馆热"持续升温，全市105家博物馆策划推出精品展览240个，开展社会教育活动1608场次，670余万人次走进博物馆。工业博物馆"百年风华——重庆工业发展史"获"第十七届（2019年度）全国博物馆十大陈列展览精品推介"精品奖。

探索新时代博物馆发展新路径，推出数字展览及互动活动400余个，直播节目《人类历史上第一座水下博物馆》观看量超过500万次。三峡博物馆、红岩革命历史博物馆等7个博物馆的虚拟展入选国家文物局推送的网上展览资源名单。中国三峡博物馆"《重博文物会说话》系列全媒体传播"在"中华文物全媒体传播精品（新媒体）推介活动"中获评推介项目。

【文博宣传】

举办重庆市第十一届文化遗产宣传月活动，全市文博单位推出直播、展览、公益鉴定、公众教育等活动200余个，线上观众达1.3亿人次。

【交流与合作】

携手四川打造巴蜀文化旅游走廊、巴蜀世界遗产联盟、成渝古驿道、川陕苏区红军文化公园、中国石窟（南方）保护学术研究平台等，助力成渝地区"双城经济圈"建设。

【机构建设】

大足石刻研究院升格为市级直属副厅级事业单位。

四川省

【概述】

2020年，四川省文物系统以习近平新时代中国特色社会主义思想为指导，全面贯彻落实党的十九大和十九届二中、三中、四中、五中全会精神以及习近平总书记关于文物工作重要论述和重要指示批示精神，积极开展文物保护利用改革，努力探索博物馆发展建设新思路，不断开拓革命文物利用新途径，全省文物事业扎实推进。

【法制建设】

推动《四川省革命文物条例》纳入省政府2020年立法调研计划。指导推动《广元市红色革命遗址遗迹保护条例》《阿坝州文物保护条例》《绵阳市历史建筑和历史文化街区保护条例》等地方性法规立法工作。配合做好《四川省赤水河流域保护条例》《四川省传统村落保护条例》《四川省历史文化名城名镇名村保护条例》等立法相关工作。

【文物安全工作】

落实全省21个市（州）省级以上文物保护单位和国家三级以上博物馆文物安全责任清单。印发《关于进一步加强文物消防安全暨冬春火灾防控工作的意见》，启动全省文物火灾隐患整治和消防能力提升三年行动。指导推动文物较多的地区建设文物安全监管平台，全年审核安防、消防、防雷方案60余个。

印发《关于加强地方文物行政执法工作的通知》。打击文物犯罪，受司法部门委托鉴定涉案文物34次共计1378件/套，促成办案机构移交涉案文物419件/套。

【不可移动文物的保护与管理】

推动第八批全国重点文物保护单位、第九批省级文物保护单位保护范围和建设控制地带划定。竣工验收国保单位文物保护工程10个、省保单位文物保护工程12个。编制公布渠县城坝、新津宝墩、青川郝家坪战国墓群等考古遗址保护规划，有序推进城坝、罗家坝、邛窑等考古遗址公园建设。

组织开展全省石窟寺专项调查，积极推动四川石窟寺保护展示、三国蜀汉文化研究传承、丝绸之路南亚廊道保护展示等重点工作。省林业和草原局、省文化和旅游厅（省文物局）与乐山市人民政府签署《峨眉山—乐山大佛世界文化和自然遗产保护发展战略合作协议》，发布《中国南方石窟保护利用乐山共识》。

【革命文物保护利用】

基本完成省级革命文物名录公布，编制完成《长征国家文化公园四川段建设保护规划》

《川陕片区革命文物保护管理利用总体规划》，完成《四川省川陕片区红军文化公园保护利用规划（2020—2030）》初稿。联合陕西、重庆在汉中召开第二次川陕片区革命文物保护利用工作会议，共同签署《加强文物保护利用战略合作协议》，积极推进川陕革命根据地红军烈士陵园整体提升工程。10个市（州）57个县（市、区）作为长征片区重要组成部分列入第二批革命文物保护利用片区分县名单。报请省政府核定公布86处革命文物为第九批省级文物保护单位。川陕革命根据地红军烈士纪念馆、红军飞夺泸定桥纪念馆等展陈提升工作有序开展。

■ 【考古工作】

统筹推进六江流域、宋（蒙）元山城防御体系遗址、三星堆遗址群、丝绸之路南亚廊道、盐文化遗址、旧石器时代遗存等重要考古调查项目。重启三星堆遗址全面勘探，新发现祭祀坑6个，正式启动祭祀区考古发掘。完成江口沉银遗址第三期考古发掘，出土文物1万余件，新发现8公斤重的"蜀世子宝"明代金印。城坝、罗家坝、宝墩遗址年度考古工作取得阶段性成果。

积极开展配合基本建设的文物抢救保护，评审批复基本建设文物考古调查勘探项目27个，组织开展文物考古调查勘探发掘项目170个，发掘面积10万余平方米。

■ 【博物馆与可移动文物】

2020年新增备案博物馆14家，在建博物馆项目15个。启动四川博物院新馆（总馆）建设前期工作，三星堆博物馆新馆面向全球征集概念设计方案。助推凉山州开展脱贫攻坚全域实景博物馆建设。组织参加第四批全国博物馆定级评估，完成2019年度博物馆运行管理和免费开放绩效评估。联合财政部门出台乡史、村史和社区博物馆示范项目补助政策。成都金沙遗址博物馆获评"全国最具创新力博物馆"。

组织省内8家博物馆赴意大利举办"三星堆：人与神的世界——四川古蜀文明特展"，该展览荣获"第十七届（2019年度）全国十大陈列展览精品推介"国际及港澳台合作奖，并获评中宣部"2019年春节文化走出去优秀项目"。

强化线上文博服务，指导82家博物馆提供线上展览、线上活动和文物短视频500余个，服务公众1200万人次。组织四川博物院及市州博物馆开展新冠肺炎疫情防控实物征集，指导四川博物院举办"战疫——四川抗击新冠肺炎疫情专题展"。

新增可移动文物修复资质单位3家。实施江口战场遗址出水文物修复等文物修复项目8个，新增馆藏文物预防性保护项目10个。7家博物馆启动馆藏珍贵文物数字化保护项目。

■ 【机构与人员】

指导成立四川省考古学会。完成四川博物院、四川文物考古研究院班子配备，三星堆遗址管理、考古研究、博物馆相关机构建设有序推进。修订《四川省文物局专家库建设管理实施办法》，征集专家库备选人员400名。

■ 【其他】

文物保护利用改革稳步推进。四川广汉三星堆国家文物保护利用示范区被列入第一批国家文物保护利用示范区创建名单。与重庆市文物局、敦煌研究院签订文物保护利用改革战略合作协议。

贵州省

【概述】

2020年，贵州省文物系统深入学习贯彻习近平总书记关于文物工作重要论述和重要指示批示精神，贯彻落实国家文物局和省委、省政府决策部署，严守文物安全底线，增强文物系统治理能力，全面推进文物保护利用改革，巩固拓展文物事业改革发展良好态势，有力助推文旅融合高质量发展。

【文物安全工作】

强化风险意识，坚守文物安全底线。省政府分管领导召开全省文物安全专题会。省文旅厅召开文物火灾隐患整治和消防能力提升三年行动动员部署会，联合省消防救援总队开展全省文物消防安全督查，开展全省文物安全隐患专项督查整治。协同应急管理、自然资源、水利、气象等部门，着力做好汛期文物安全工作，印发《关于做好近期文物安全工作的通知》《贵州省文物安全突发事件应急指南》。推动落实文物安全包保责任制、文物安全责任人公示公告制度和厅文物管理干部联系重点文物工作制度。督办遵义杨粲墓建控地带违建、铜仁玉屏杨氏民宅被拆等案件。

【不可移动文物的保护与管理】

有序推进第七、八批全国重点文物保护单位和第六批省级文物保护单位"四有"工作。督促加快推进乌当高家大屋修缮保护等文物保护工程项目。组织开展石窟寺资源调查。

【革命文物保护利用】

全力以赴推动长征国家文化公园贵州重点建设区建设，8个标志性重点项目有序推进。参与《长征国家文化公园（贵州段）建设保护规划》《贵州省长征文化公园保护条例》编制和起草，组织召开长征国家文化公园建设和红色旅游发展专题会。组织"重走长征路、聚力奔小康"主题活动，在黎平、赤水、播州、石阡、黔西、瓮安举办以"寻找最美红军线路""寻找最美红军村落""寻找最美红色故事"等为主题的主会场活动。纳入长征国家文化公园建设范围的各县（市、区）分别组织开展活动，掀起加快建设长征国家文化公园的高潮。

印发《关于加强长征文化遗产等革命文物保护的通知》，加强长征文物的调查认定和修缮保护，加快实施长征文物的抢救、保护、修缮和展示利用工程以及红军路、红军村项目建设。与省检察院联合印发《开展长征国家文化公园贵州重点建设区文物保护专项行动方案》，以公益诉讼为抓手，推动做好长征文物的专项保护。

【博物馆工作】

2022年全省备案博物馆增加到99家。贵州省博物馆顺利晋升"国家一级博物馆"。推动成立贵州博物馆联盟，完成贵州省博物馆法人治理结构改革。

指导博物馆做好新冠肺炎疫情防控及有序开放工作，推出精品展览。线下展览如"骏驰骥骧——中国传统马文化展"和"御苑风华——颐和园文物精选展"等，线上展览如毕节市博物馆"黔西北民族风情剪纸艺术收藏展"、遵义市博物馆"瑞鼠吐宝——庚子鼠年新春生肖文物图片联展"等。贵州省博物馆"多彩贵州——民族文化陈列"获"第十七届（2019年度）全国博物馆十大陈列展览精品推介"精品奖。贵州省博物馆"骏驰骥骧——中国传统马文化展"、贵州省民族博物馆"记忆与传承——贵州世居民族历史文化展"入选国家文物局2020年度"弘扬优秀传统文化、培育社会主义核心价值观"主题展览推介名单。

【文旅融合】

发布首批10条经典红色旅游线路、10条最美红军线路、10个最美红军村落。推动成立贵州省研学旅行协会，支持贵州省研学旅行协会和阳明文化园举办2020研学旅行贵州峰会，全省420个A级景区中与文化遗产有关的达115个，以文化遗产为重点的研学旅行迈入发展新阶段。

【其他】

省委常委会审议通过《关于加强文物保护利用改革的实施意见》，明确了加强革命文物保护传承、健全文物督察机制、落实文物安全责任制、探索文物合理利用、推进博物馆建设和创新等16个方面具体任务，为全省文物保护利用改革提供了重要遵循。

协同省发改、住建部门进一步规范基本建设项目的文物行政审核工作，强化棚户区改造、城市建设中的文物保护，进一步规范市（州）文物项目审批工作，文物保护与经济社会发展协调性进一步增强。

云南省

【概述】

2020年，云南省以习近平新时代中国特色社会主义思想为指导，认真学习贯彻落实习近平总书记考察云南重要讲话精神以及关于文物工作重要论述和重要指示批示精神，大力推进文物保护利用改革，全省文物保护利用工作取得较好成绩。

【文物安全工作】

推动文物安全目标责任书层层签订。按计划开展全国消防百项工程及国保、省保平安工程。连续第三年开展省对州市年度文物安全工作考评，全省连续五年未发生重大文物安全事故。文物行政执法和安全监管得到强化，文物安全形势明显好转。

【不可移动文物的保护与管理】

进一步加强世界文化遗产管理和申报。景迈山茶林文化景观申遗准备工作取得重大阶段性成果，被国家文物局确定为核心培育项目。持续推进红河哈尼梯田和丽江古城两个世界文化遗产的实时监管、动态监测和保护管理，开展元阳哈尼梯田的专项整改和老虎嘴"6·26"泥石流灾害恢复整治，推进遗产区传统村落环境整治。开展丝绸之路南亚廊道云南段、茶马古道、滇缅公路、滇越铁路等线性文化遗产资源调查和价值评估，举办滇越铁路世界遗产价值研究成果审查和保护工作座谈会。

组织完成第一至七批全国重点文物保护单位和省级文物保护单位保护范围和建控地带划定工作，启动编制第八批全国重点文物保护单位和省级文物保护单位保护范围和建控地带划定方案。

文物维修养护工作持续加强，深入开展文物保护修缮、世界文化遗产整治申报、历史文化名城名镇名村和中国传统村落整治等文物保护工程。竣工验收国保工程22项、省保工程30项，新增审查批复国保和省保工程方案40余项。石屏县、建水县"拯救老屋"行动计划完工。

【革命文物保护利用】

配合革命文物保护利用工程实施、云南革命军事馆建设和长征国家文化公园建设，组织开展革命文物资源调查，完成云南红军长征文物和纪念设施调查统计。

推进云南省长征国家文化公园建设工作，成立省委宣传部牵头的云南省长征国家文化公园建设工作领导小组和专家咨询组，初步完成《云南省长征国家文化公园建设保护规划》文本编制。开展并完成全省红军长征文物资源调查，目前全省共有长征主题纪念设施、遗址277处，其中全国重点文物保护单位3处，省级文物保护单位8处，州（市）、县（区）级文物保护单位48处，一般不可移动文物80处；全国爱国主义教育基地1处，省级爱国主义教育基地9处。昭通市、曲靖市、昆明市、楚雄州、大理州、丽江市、迪庆州等7个州（市）的29个县（市、区）入选第二批革命文物保护利用片区分县名单，进一步丰富了长征国家文化公园和革命文物保护工作的建设内容。

【考古工作】

石寨山古墓群、太和城遗址、海门口遗址等大遗址考古不断深入，滇王城考古研究取得重要阶段性成果，丝绸之路南亚廊道云南段文化遗产价值评估及沧源岩画、金沙江岩画考古调勘工作顺利推进。

全年开展涉及建设工程的考古调勘项目40余个，乌东德水电站、白鹤滩水电站和溪洛渡库区遗址抢救性考古发掘项目顺利实施。

【博物馆工作】

2020年，全省新增备案博物馆、纪念馆11个，基本形成了以国有博物馆为主体、非国有博物馆为补充的发展格局。实施《云南博物馆群建设计划》，启动8种类型博物馆集群和6个片区博物馆群落建设，推动国有、非国有博物馆协调发展。昆明翠湖片区近现代博物馆群落基本建成，腾冲市城区侨乡文化博物馆群落和剑川县片区民族文化博物馆群落启动建设。

组织参加第四批全国博物馆定级评估，16家博物馆申报二级、三级博物馆。完成102家博物馆绩效评价工作，19家博物馆获评优秀、46家博物馆获评良好。

组织全省博物馆、纪念馆开展陈列展览内容审查，推进各州市健全完善陈展内容审查机制、意识形态工作研判机制、审查工作问责机制。实施"爱国主义教育精品工程"，西南联大旧址博物馆陈列展览"刚毅坚卓——西南联大历史展"入选国家文物局2020年度"弘扬优秀传统文化、培育社会主义核心价值观"主题展览推介名单，为重点推介展览。开展云南革命军事馆展品征集筹备工作，完成《云南革命军事展品征集工作方案》制定，开展"中共云南党史100年"展览筹备工作。

依托"一部手机游云南"建设全省可移动文物、博物馆数字开放平台，131个博物馆、纪念馆的展览和2230多件重要藏品上线展示。按中宣部要求，组织云南省博物馆、云南民族博物馆开展《博物馆说》网络短视频推广活动。

【文旅融合】

大力推进大理太和城、晋宁石寨山、江川李家山等考古遗址公园建设的前期准备工作，指导实施太和城遗址文化旅游提升工程和蒙自碧色寨滇越铁路历史建筑群保护利用工程，推出翠湖片区近现代博物馆群落参观旅游线路4条，策划提出历史文化体验旅游线路22条。

【交流与合作】

落实红河哈尼梯田与意大利朗格罗埃洛和蒙菲拉托葡萄园景观友好关系协议，与意方合作在红河哈尼梯田博物馆举办意大利葡萄园景观图片展，成功邀请意方代表团来访。

云南省文物考古研究所承接的援缅甸蒲甘他冰瑜寺修复项目管理工作顺利开展，在老挝沙湾拿吉省色棚矿区青铜时代遗址实施的考古发掘项目持续推进。

西藏自治区

【概述】

2020年，西藏自治区文物系统认真贯彻落实习近平总书记关于文物工作重要论述和重要指示批示精神，按照国家文物局和自治区党委、政府关于文物工作部署，积极贯彻全国文物局长会议精神及全区文物工作电视电话会议精神，坚持新发展理念，加强对文物工作的领导，全力推动文物安全管理、重点项目建设、文物保护利用改革、文物考古和研究等各项工作高质量发展，为自治区文物事业"十四五"繁荣发展奠定了坚实基础。

【文物安全工作】

强化文物安全工作，组织完成2019年度自治区文物安全目标责任制考评工作，自治区文物局与局直属各单位签订《2020年文物安全目标责任书》。落实全区冬春文物火灾防控工作、夏季文物和博物馆单位防汛安全工作。安排部署春节、藏历年、雪顿节、中秋国庆等节假日安全维稳工作。

组织开展文物系统安全生产专项整治三年行动，自治区文物局主要领导带队，赴山南、昌都、林芝、阿里等地对文物安全工作进行督查检查。联合应急管理、消防救援等部门组织检查22次，累计对78处文物保护单位和区直文博单位进行安全检查，及时督促整改，做到闭环管理。落实2020年自治区级以上野外文物点321处看管人员经费。西藏文物平安保护工程46个项目已完工29个，在建项目8个，启动项目9个。

积极开展涉案文物鉴定评估工作，受理公安、法院17起共计317件/套涉案文物的鉴定评估工作。

【不可移动文物的保护与管理】

认真总结全区石窟寺遗址保护利用工作，组织召开地市文物部门负责人座谈会，启动全区石窟寺（摩崖造像）专项调查。

积极推进国家、自治区安排的文物保护维修工程。继续与国家文物局、自治区发改委、自治区财政厅对接落实"十四五"文物保护项目。继续抓好2021年度国家文物保护专项补助资金和自治区文物保护专项资金的申报工作。

【革命文物保护利用】

狠抓革命文物保护利用，7地市的14个县区入选第二批革命文物保护利用片区分县名单。继续做好全区革命文物登记建档工作，调查登记革命文物点139处，完善并公布《西藏自治区革命文物保护利用总体规划》和《西藏自治区边境地区文物保护专项规划》。启动《西藏自治区片区革命文物保护利用总体规划》编制工作。继续做好馆藏革命文物的清理、定级和建档工作，不断改善革命文物的藏品保管和陈列展览条件。

【考古工作】

深化考古调查发掘和研究，完成《西藏考古工作规划（2021—2035年）》编制工作，国家文物局批复同意西藏考古工作规划纳入"考古中国"重大研究项目。继续组织开展丝绸之路南亚廊道（西藏段）考古调查及阿里地区文物考古工作，完成6个田野考古发掘项目的野外考古发掘工作。对山南市那龙山坡一处吐蕃时期墓地进行整体搬迁，是西藏境内首次实现对千年古墓葬的整体搬迁。

加强基本建设中的文物考古和保护工作，完成15个国家重点建设项目的考古调查、勘探评估工作。

【博物馆工作】

组织参加第四批博物馆定级评估，经材料申报、书面审查、数据比对和综合评定，并报请国家文物局备案，西藏牦牛博物馆被核准公布为国家二级博物馆。

西藏博物馆新馆主体结构封顶，新馆在功能区划分方面设置了多功能报告厅、文化书吧、文创体验区、儿童体验馆、4D影院等，改扩建完成后将在文物安全、保护研究、展览展示、宣传教育、服务水平、儿童体验、智慧博物馆等方面得到全面提升。

布达拉宫通过淘宝直播平台开展首次网络直播，为广大游客带来了一场"云游"。在"云游"过程中，网友们不仅近距离观赏到了精美的壁画、唐卡、造像、经书等，了解了布达拉宫的建筑特点和文物保护，还俯瞰了拉萨的城市景色。

【文旅融合】

举办第八届"地球第三极——西藏礼物"旅游文创商品大赛，设"景点博物馆旅游文创""非遗传承创新""服装服饰（含首饰）""生活旅居文创"四大组别。经过层层选拔，介观《重彩西藏》缂丝长卷、林芝文旅南迦巴瓦气象水晶球、布达拉宫文创仿真模型分获"景点博物馆旅游文创组"金、银、铜奖。

参加第十六届文博会，"云上文博会西藏馆"顺利上线。西藏馆以"阔步新时代·文创新西藏"为主题，重点突出西藏特色文旅市场业态和融合发展成果，展品包罗万象、丰富多彩，既有博物馆里的文物，也有各类特色文创产品、旅游产品、非遗产品等。

【文博宣传】

开展国际博物馆日主题宣传活动，在西藏日报微信公众号推送8件具有代表意义的文物，包括西藏博物馆收藏的昌都卡若新石器时代遗址出土的双体陶罐、萨班致蕃人书、朵儿只唱图记，布达拉宫收藏的元代青花大罐、刺绣佛传故事唐卡，罗布林卡收藏的由雪堆白制作的铜鎏金绿度母立像、珐琅彩三足香炉、大慈法王缂丝唐卡。文物专家对8件文物进行了在线解析和鉴赏知识讲解，不仅让公众直观地看到文物，还能深入了解文物背后的历史知识，进一步营造"保护文物人人有责"的社会风气。

文化和自然遗产日举办以"非遗传承，健康生活""文物赋彩，全面小康"为主题的西藏文化遗产图片展，首次以图片、视频的形式全方位、多角度展示自治区开展文化遗产保护工作取得的成就。各地市也因地制宜，开展了丰富多彩的宣传活动。

【其他】

深入贯彻落实中央第七次西藏工作座谈会精神，起草制定《自治区文物局党组关于贯彻落实新时代党的治藏方略　进一步做好西藏文物工作的实施意见》，根据自治区部署要求初步梳理"十四五"期间文物援藏工作内容，由自治区分管领导带队与国家文物局沟通对接文物援藏工作事宜。

陕西省

【概述】

2020年，陕西省文物系统以习近平新时代中国特色社会主义思想为指引，在陕西省委、省政府的正确领导下，在国家文物局的支持指导下，学习贯彻落实习近平总书记来陕考察重要讲话精神，扎实做好"六稳"工作，全面落实"六保"任务，坚持"聚焦改革任务，坚持规划引领，提升治理能力"的工作思路，切实加大文物保护力度，文物工作正在成为推动陕西经济社会发展、奋力谱写陕西追赶超越新篇章的积极力量。

【法制建设】

法规制度体系不断完善。《陕西省延安革命旧址保护条例》经陕西省十三届人大常委会第十六次会议修订通过，于2020年5月1日起施行。《延安市实施〈陕西省延安革命旧址保护条例〉办法》自2020年10月1日起施行。

配合司法厅加紧开展《秦始皇陵保护条例（修订草案征求意见稿）》修订工作。指导各地市围绕重要文化遗产开展地方文物立法。

【文物安全工作】

与省公安厅连续第9年开展打击防范文物犯罪"鹰"之系列专项行动，联合召开全省田野文物保护工作视频推进会。推动落实省政府《关于进一步加强全省田野文物保护工作的实施意见》。与省检察院联合印发《关于协作推进检察公益诉讼促进文物保护工作的意见》。制定《陕西省博物馆与文物保护单位消防安全标准化管理规则（试行）》。

【不可移动文物的保护与管理】

推进长城国家文化公园建设。完成《陕西省长城国家文化公园建设保护规划》编制工作。完成榆林卫城东城墙本体保护工程。红石峡长城国家文化公园项目（一期工程）列入2020年文化旅游提升工程第二批中央预算内投资计划。

实施黄帝陵保护展示工程。编制完成黄帝陵古建筑维修保护项目计划书，拟通过对轩辕庙山门、人文初祖大殿、棂星门等黄帝陵古建筑进行修缮，提升黄帝陵整体风貌。针对黄帝陵园区东侧滑坡区域编制黄帝陵东侧滑坡抢险加固方案。

启动石窟寺专项调查。根据国家文物局统一部署，下发《关于开展陕西省石窟寺专项调查工作的通知》，编制《陕西省石窟寺专项调查工作实施方案》。组织召开"陕西省石窟寺专项调查工作动员会暨培训班"，对参与普查的相关人员进行专业培训。全省石窟寺专项调查工作已正式展开。

■ 【革命文物保护利用】

陕西延安革命文物国家文物保护利用示范区被列入第一批国家文物保护利用示范区创建名单，是首批公布示范区中唯一的"革命文物国家文物保护利用示范区"。延安13个县区全部列入第二批革命文物保护利用片区分县名单。

深入落实《川陕片区革命文物保护利用合作协议》，与四川、重庆文物部门签署三省市"加强文物保护利用战略合作协议"。启动《陕西省革命文物保护利用总体规划》编制。与省委宣传部联合启动全省革命文物保护利用工程实施情况评估工作。组织开展延安革命旧址保护项目集中评审工作，完成47个项目立项和56个方案审批。

■ 【考古工作】

杨官寨、丰镐、刘家洼、秦东陵、秦咸阳城以及西汉帝陵、"河套地区聚落与社会研究"等大遗址和课题性主动考古项目进展顺利，成果丰硕。南郑疥疙洞旧石器时代洞穴遗址、神木石峁遗址皇城台遗址入选"2019年度全国十大考古新发现"，是自2017年以来陕西省连续第三次双项考古发现入选全国十大考古新发现。

指导支持做好西安火车站改扩建、西安地铁、幸福林带等40项配合省市级重点项目的基本建设考古工作陆续复工，为陕西省"三个经济"重点建设项目全面复工复产提供有利条件。

■ 【博物馆工作】

改扩建项目有序推进。西安碑林博物馆改扩建项目北区约2.1万平方米的土地征迁工作全部完成，东、西区文勘及地勘工作也已完成。陕西历史博物馆浐灞馆建设项目策划初步方案编制完成，建筑方案设计的招标工作已完成。秦始皇帝陵博物院提升改造项目完成铜车马博物馆建筑主体施工和陈列展示方案设计，一号坑展厅整体改造提升项目完成建筑安全检测、考古勘探和地质勘查，二、三号坑展厅中央空调及设备中心项目进展顺利。

陈列展览持续加强。陕西省文物局与陕西省纪委监委联合在陕西历史博物馆举办的"秦风颂廉——陕西廉政文物展"、与宝鸡市人民政府在国家博物馆举办的"宝鸡出土青铜器与金文精华展"，陕西历史博物馆举办的"彩陶·中华——中国五千年前的融合与统一"等，受到社会各界的广泛认可。在"第十七届（2019年度）全国博物馆十大陈列展览精品推介活动"中，秦始皇帝陵博物院"平天下——秦的统一"、延安革命纪念馆"伟大长征　辉煌史诗——纪念中国工农红军长征胜利80周年展览"、陕西历史博物馆"秦始皇——中国第一个皇帝与兵马俑"分获精品奖、优胜奖和国际及港澳台合作入围奖。

线上博物馆成为新时尚。积极利用陕西省数字博物馆、微博、微信公众号、"互联网+文物教育"、陕西融媒体等平台开展"云刷馆"、"云看展"、讲坛、讲座及社会教育等线上活动上千场次。陕西省博物馆教育联盟开展各类线上博物馆教育活动5600余次。陕西历史博物馆和台湾师范大学采用两岸实时视频连线的方式举办"盛世壁藏——唐代壁画文化特展·首部曲"开幕式。

■ 【文博宣传】

主题活动引起社会广泛关注。在铜川举办国际博物馆日主会场系列活动启动仪式暨铜川博物馆开馆仪式，组织全省各级文博开放单位在活动当天开展各类宣传活动260余场次。在汉阴凤堰古梯田移民生态博物馆成功举办文化和自然遗产日主场活动，向公众宣传陕西省文物保护工作在助力脱贫攻坚、建设全面小康中所取得的成果。

在第二届中国机构海外传播杰出案例（简称"海帆奖"）评选活动中，"秦兵马俑史密森尼数字教育"获评"最佳案例"之"最佳可视效果奖"，"中法合作'公输堂彩绘木作保护研究'国际传播"获评"优秀案例"。

【文博培训】

根据陕西文物资源特点和加强保护工作的现实要求，以"新时代文物局长的使命与担当"为主题，连续举办两届"全省市县（区）文物局长培训班"，对全省130多名市县区文物局长进行培训，为有效提升全省文物保护利用水平、适应新时代文物事业发展的新形势新要求起到了积极促进作用。

【其他】

黄河文化遗产系统保护工作。组织编制黄河文物保护利用专项规划大纲，开展刘家洼、秦东陵一号陵园、江村大墓等重点考古项目。经与国家文物局沟通，将汉长安城大遗址保护项目纳入陕西黄河文物保护利用专项规划。

成功研发博物馆公共卫生防疫平台。指导研发国内首套集物联网、大数据和人工智能等技术于一体的博物馆公共卫生防疫监测数据采集系统，并应用于局直属博物馆疫情动态变化情况的实时监测。

甘肃省

【概述】

2020年，甘肃省文物系统在国家文物局的有力指导下，坚持以习近平新时代中国特色社会主义思想为指导，认真贯彻党的十九大和十九届二中、三中、四中、五中全会精神，增强"四个意识"、坚定"四个自信"、做到"两个维护"，把习近平总书记对甘肃重要讲话和指示以及在中央政治局第二十三次集体学习、敦煌研究院座谈会时重要讲话精神转化为推动全省文物事业发展的澎湃动力和实际行动，尽锐出战、冲锋在前、毫不松懈，为开启新时代文物保护利用改革发展新征程奠定了坚实基础。

【文物安全工作】

始终把文物安全放在首位，狠抓《甘肃省文物安全管理办法》和文物安全目标责任制落实，启动全省文物安全监管平台建设，打造甘肃文物平安工程升级版。实施莫高窟安防提升工程等"三防"项目，提升安全防范预警能力，全省文物安全态势总体平稳。

开展打击文物犯罪、文物安全能力提升、汛期文物安全排查治理、法人违法案件整治等专项行动。完成国家挂牌督办的张掖西来寺和天水玉泉观重大火灾隐患整改任务，督办查处天水伯阳唐墓被毁等案件10起，调查核实涉及文物安全的举报线索6起。聚焦法人违法问题整治，与省检察院联合开展国有文物保护检察公益诉讼专项监督活动，摸排案件线索469件。加强涉案文物管理顶层设计，联合纪监、公检法等部门出台《甘肃省涉案文物管理移交暂行办法》，从鉴定评估、文物移交等7个方面对涉案文物管理移交全过程作出具体规定。

【不可移动文物的保护与管理】

推进长征国家文化公园建设。配合省委宣传部编制《长征国家文化公园（甘肃段）建设保护规划》，按照"一线、两区、七节点"的省级初步空间布局，全面加强对重要线路、重要地区和重要节点长征旧址和文物的价值梳理、基础强化和项目储备。实施静宁界石铺红军长征旧址国家文化公园建设项目，推进榜罗镇会议旧址、腊子口战役旧址等10个保护利用提升和数字化展示利用综合项目。

加快长城国家文化公园建设。编制完成《长城国家文化公园建设保护甘肃省规划（建议稿）》，规划"338"的总体布局，实施临洮望儿咀长城国家文化公园建设项目，推进明长城山丹峡口段、民勤段西滩故城等15个重点区段长城保护维修和数字化保护展示利用综合项目。在嘉峪关市试点推进"数字长城"项目，探索拓展长城保护新路径。

加强石窟寺保护利用工作。全面开展石窟寺专项调查和评估，启动编制《甘肃石窟文物保护利用五年规划》。推进甘肃中小石窟调查报告整理公布工作。提升莫高窟文物数字化水平，推进麦积山石窟、天梯山石窟等文物数字化项目。按照国家统一部署，研究起草甘肃省《关于加强石窟寺保护利用工作的实施意见》，明确目标任务、实施路径、保障措施，按程序报省政府审定后印发实施。

【革命文物保护利用】

建立省际协作机制，与陕西、宁夏文物部门加强区域合作。重点围绕全省列入第一、二批革命文物保护利用片区分县名单的11市州39县，编制完成第一批革命文物保护利用片区陕甘片区总体规划和分县区保护利用实施方案，实施河连湾陕甘宁省政府旧址、陇东中学礼堂等革命文物建筑修缮保护和革命博物馆、纪念馆展览改造提升项目；启动第二批革命文物保护利用片区规划编制工作。完善高台中国工农红军西路军纪念馆基础设施，提升展览服务水平。依托革命文物遗存和红色纪念馆，建成南梁精神干部培训学院、玉门铁人王进喜干部学院等14个甘肃省党员干部培训基地。

【考古工作】

围绕"中华文明探源"和"考古中国"重大课题项目，实施周秦文化、史前文化、丝绸之路、民族融合等重大考古研究项目，全年开展各类考古勘探发掘项目7个，完成重大基本建设工程中的文物考古调查工作43项。

敦煌旱峡玉矿遗址入选"2019年度全国十大考古新发现"，天祝唐代吐谷浑王族墓葬、夏河白石崖溶洞遗址入选"考古中国"重大项目。

【博物馆工作】

多措推动博物馆提质增效，提升公共文化服务水平。加强博物馆基础设施建设，新增两家博物馆，省列重大项目甘肃简牍博物馆即将完成主体建设。积极推进博物馆理事会建设，新成立博物馆理事会8个，总数增至25个。

全年推出新陈列展览15个，举办专题展览150余个，组织开展"四进"、研学等社教活动1200余场次，累计接待观众近3000万人次。认真落实疫情防控部署，按要求做好文博单位临时关闭和有序恢复开放工作，推出线上展览39个，开展云游博物馆、网络直播等活动上百场次，在线点击量3000多万次。大力弘扬"莫高精神"，精心策划并推出"飞天神韵·莫高精神——敦煌石窟文化艺术展"，并在省内巡展。

加快定西市、临泽县等20家博物馆的数字化保护和展示项目。指导各市县博物馆以互（联）办展览、人员交流、举办讲座等方式开展馆际交流，探索推动形成国内大循环发展新格局。

【文博宣传】

实施中华文物全媒体传播精品工程，敦煌研究院"云游敦煌"小程序和甘肃省博物馆文物表情包项目在"中华文物全媒体传播精品（新媒体）推介活动"中获评推介项目。《莫高窟与吴哥窟的对话》入选2019年第四季度优秀国产纪录片推荐目录。

【文旅融合】

推动文旅融合发展，实施莫高窟、榆林窟、悬泉置遗址等瓜敦地区文物保护利用项目，持续推进大敦煌文化旅游经济圈建设。加大文物展示弘扬和活化利用，指导支持武威市凉州区文旅综合体建设、兰州市白塔山综合提升改造、天水市西关古城综合保护利用等项目，探索放大文旅综合效应新途径。

【学术研究】

做大做强敦煌学、简牍学、长城学等人文社科研究，新出版《敦煌民族史》等专著5部，发表论文30余篇。支持省内外文博单位和高校成立专门学术机构共同开展以少数民族历史、民族政权、长城长征国家文化公园等为重点的综合研究，对国家重大战略实施形成坚实学术支撑。举办纪念藏经洞发现120周年学术研讨会和2020中国长城论坛，积极探索新时代文物保护利用新途径。

开展省部级及以上人文社科研究课题35项，申报成功国家社科基金项目7项，批准立项省级文物研究课题51项。授权文物保护技术专利3项、完成技术标准2部。

【机构与人员】

甘肃省文物局增设革命文物处，增加编制5名。敦煌研究院和甘肃简牍博物馆分别新增全额拨款事业编制163名、20名。甘肃省文物保护维修研究所并入甘肃省文物考古研究所，在甘肃省文物考古研究所挂牌成立"考古发掘现场文物保护"和"纸质文物保护"两个国家文物局重点科研基地甘肃工作站。依托敦煌研究院组建甘肃省敦煌文物保护研究中心，积极申报文化遗产领域国家研究中心（或重点实验室）。完成甘肃省文物商店转企改制工作。

【其他】

推进省部共同实施河西走廊国家遗产线路保护利用项目，编制完成《河西走廊国家遗产线路保护利用行动计划（2020—2030年）》，围绕"一廊四区、九线百点"布局先期实施一批子项目。

开展黄河文化遗产系统保护工程。全面调查全省黄河文化遗产，立足甘肃黄河文化遗产在中华文明起源、国家治理、民族融合、文化交流、红色革命、交通建设、社会生活等方面的特点和优势，依托黄河干流、六大支流和祁连山水源涵养区空间布局，编制《甘肃省黄河文化遗产保护利用规划》，启动实施以具有代表性文化命名地、史前文化等为主的数字化和综合保护利用项目35个。

着力抓好敦煌研究院世界文化遗产保护典范和敦煌学研究高地建设。省部共建敦煌研究院前期工作推进顺利。启动组建以莫高窟监测预警体系为基础的国家重要石窟遗产监测中心，初步建成院管六大石窟监测预警体系。积极推动敦煌石窟保护利用建设，筹备建设莫高窟游客服务体验中心。着手修编《敦煌莫高窟保护规划》，指引新时代敦煌文物事业长远发展。加强敦煌学研究，在敦煌学信息资源网中搭建"敦煌藏经洞出土文献目录"和"藏经洞文献研究目录"专题模块，实现敦煌学术资源全球共享。实施"流失海外敦煌藏经洞文献数字化回归"项目，部分境外敦煌文物实现数字化回归。全力支持敦煌研究院做好六大石窟保护利用工作，推动莫高窟壁画修复工程，实施麦积山石窟危岩体和渗水治理勘察研究、北石窟寺防风化勘察等工程，持续消除文物病害隐患。

青海省

【概述】

2020年，青海省文物系统在省委、省政府的坚强领导和国家文物局的有力指导下，全面学习贯彻习近平新时代中国特色社会主义思想和党的十九大及历次全会精神，进一步提高政治站位，牢固树立"四个意识"、坚定"四个自信"、做到"两个维护"，认真贯彻落实省委、省政府决策部署，全面夯实文物工作基础，加大保护传承力度，提升弘扬利用水平，提高行业治理能力和治理水平，不断推动文物事业改革发展。

【文物安全工作】

强化文物安全，不断夯实文物安全管理工作。省文物局和各市（州）文物部门、各级文物部门和文物管理使用单位层层签订安全责任书，落实文物安全责任。省政府办公厅印发《青海省文物安全管理办法》，为全省文物安全提供政策保障。

加强应急体系建设，提升应急管理能力。启动实施"青海省文物安全年"和"青海省文物系统安全生产专项整治三年行动"。在全省文博系统组织开展应急预案体系建设调查分析工作，对全省文博系统应急预案制定和演练情况进行全面梳理。

强化督察检查力度，开展冬春火灾防控和"五一""国庆"等重要时间节点的文物安全隐患排查整治工作，做好文物安全常态化管理。加强汛期文物安全监管巡查，统计上报汛期文物安全受损情况。

发挥文物安全联席会议制度作用，组织全省各市（州）、县（区）文物行政部门参加全国打击文物犯罪专项行动部署电视电话会议，与公安部门共同开展打击文物犯罪专项行动；经省委批准，配合省委统战部召开全省藏传佛教寺院消防和文物安全现场会；与消防救援部门联合开展集中整治博物馆和文物建筑消防安全问题专项行动，配合消防救援部门开展打通"生命通道"整治工作。

【不可移动文物的保护与管理】

坚持固本强基，不断夯实文物基础工作。持续加强"四有"工作，完成256处省级文物保护单位两线划定内容审核，完成1306处县级文物保护单位基础信息表及名录的初步审核。坚持文物本体保护和预防性保护相结合原则，组织开展贵德玉皇阁等文物保护维修工程40余项，为展示利用奠定了良好基础。有效应对西宁明长城等汛期受灾文物应急抢险工作，最大程度降低了灾害造成的损失。

强化工作重心，积极推动国家文化公园建设、石窟寺和大遗址保护利用工作。积极参与长城国家文化公园建设，完成青海明长城保护资源梳理、历史价值及定位等，完成长城文化公园建设中长城文物保护重点项目规划和保护思路的制定，研究提出青海省长城国家文化公园重点项目。注重加强石窟寺保护工作，组织开展石窟寺保护网上专题学习，编制《青海省石窟寺资源调查实施方案（草案）》。喇家国家考古遗址公园自5月1日开放试运营，截至10月20日接待游客193898人次。

【考古工作】

深化考古研究，文物考古工作取得新突破。青海乌兰泉沟吐蕃时期壁画墓入选"2019年度全国十大考古新发现"。青海都兰热水墓群2018血渭一号墓作为重点项目，第二次入选"考古中国"项目并发布了重要考古成果。2018血渭一号墓为热水墓群发现的结构最完整、体系最清晰、墓室最复杂的高等级墓葬，是热水墓群墓葬考古研究的重要发现。

持续推进国家文物局、中国社会科学院和青海省政府共建"热水墓群考古和文物保护研究基地"工作，组织召开两次推进工作会议，完成哇沿水库管理用房移交工作。

【博物馆工作】

讲好青海故事，博物馆展览工作成绩斐然。青海省博物馆与首都博物馆联合举办的"山宗·水源·路之冲——一带一路中的青海"、柳湾彩陶博物馆的"江河源人类史前文明"两项展览同时荣获"第十七届（2019年度）全国博物馆十大陈列展览精品推介"优胜奖，在青海文物史上尚属首次。

线上展览精彩不断。受新冠肺炎疫情影响，全省博物馆、纪念馆在闭馆期间利用文博数字资源推出网上展览，向社会公众提供安全便捷的在线服务。青海省博物馆、青海藏文化博物院等通过门户网站、微信公众号等渠道积极开展线上文物展览展示，丰富群众文化生活。青海省博物馆推出的"河湟文化5000年"系列微展览、"河湟印象"、馆藏精品等线上品牌已颇具影响力。

线下展览主动送出去。青海省博物馆"闭馆不停展"，深入西宁市中小学开展"流动博物馆进校园"活动近20场次，充分发挥博物馆的社会教育功能。青海省博物馆"多元华彩·融合创新——青海民族民间艺术展"分别在北京民族宫、镇江博物馆展出，并入选国家文物局2020年度"弘扬优秀传统文化、培育社会主义核心价值观"主题展览推介名单。

【文旅融合】

文创产品逐步成为新的文化名片，通过旅游创造经济效益，助力全省文旅事业发展。省文创产品试点博物馆依托馆藏资源，产品研发从无到有、从有到优，通过文创产品传播博物馆文化初见成效。青海省柳湾彩陶博物馆研发文创产品10余类，青海省藏医药文化博物馆开发文创产品30余类，结合主题活动等节点，线上线下同时开展营销。

【其他】

配合国家战略，实施黄河流域文物资源调查和规划编制工作。启动全省文物资源调查工作，制定《青海省黄河流域文物资源调查工作方案》，完成黄河资源调查审定、研讨和认定工作，并与各市（州）、县（区）文物部门相关负责同志研讨以资源为基础的重点工作思路、想法和项目规划。完成《青海省黄河流域文物保护利用规划思路》，作为省文旅厅编制《青海省黄河流域文化保护传承弘扬专项规划》的重要内容支撑。

　　提高政治站位，做好第一个核武器研制基地旧址保护利用工作。认真落实中央和省委领导指示批示精神，省委、省政府及时成立第一个核武器研制基地旧址保护利用工作领导小组，统筹省、州力量共同推进工作。专程赴广西桂林考察学习湘江战役革命文物保护利用工作；青海省政府与国家文物局联合向中宣部上报了有关工作方案；国家文物局专家对基地旧址保护利用情况进行调研，提出了相关保护利用项目规划建议，各项工作正在有序推进。

宁夏回族自治区

【概述】

2020年，宁夏文物系统以习近平新时代中国特色社会主义思想为指导，深入贯彻落实习近平总书记关于文物工作的重要论述和重要指示批示精神，认真落实中办、国办《关于加强文物保护利用改革的若干意见》《关于实施革命文物保护利用工程（2018—2022年）的意见》和自治区党委、政府安排部署，在国家文物局的悉心指导下，各项工作顺利推进。

【文物安全工作】

加强文博单位安全防护设施建设，建立文物安全责任公示和消防安全承诺机制，与五市签订文物安全管理责任书。联合自治区应急管理厅、消防救援总队等部门开展全区文物安全隐患排查整治，联合自治区消防救援总队印发《关于开展全区文物火灾隐患整治和消防能力提升三年行动的通知》，启动全区文物火灾隐患整治和消防能力提升三年行动。联合公安厅开展田野文物安全实地检查。组织做好汛期田野文物安全工作。组织安全相关检查督查5批次，涉及41处文物保护单位和28家博物馆，排查安全隐患97项。

组织全区文博单位积极制定新冠肺炎疫情防控措施，完善应急预案，组织开展应急演练、安全检查、设备维保等工作，各文博单位科学安排值班，加强人员配置，提高巡逻频次及密度，确保文博场所安全。

【不可移动文物的保护与管理】

按时上报国家文物局西夏陵申报世界文化遗产相关资料，继续做好展示利用和环境整治相关工作。实施明长城水洞沟段、青铜峡市北岔口段等长城重点段落修缮工程和抢险加固工程。

有序推进长城国家文化公园（宁夏段）建设。拟定《长城国家文化公园（宁夏段）建设工作方案》和《长城国家文化公园（宁夏段）建设保护规划（建议稿）》。

指导编制姚河塬遗址、大麦地岩画等全国重点文物保护单位保护规划，依法划定保护范围和建设控制地带。对接自然资源厅将文物保护单位保护范围和建设控制地带纳入国土空间规划。

【革命文物保护利用】

持续抓好《宁夏回族自治区实施革命文物保护利用工程（2019—2022年）方案》贯彻落实，完成全区革命文物保护名录编制，启动《宁夏革命文物保护利用规划》编制工作，实施盐池县唐平庄会议旧址等革命文物保护修缮项目。

【考古工作】

持续开展彭阳姚河塬遗址等4项考古发掘项目，配合西气东输等基本建设工程实施28项考古调查勘探项目，完成彭阳红河流域系统考古调查。举办"科技考古"专题培训班和姚河塬遗址考古研讨会。

【博物馆工作】

提升博物馆展陈水平，让更多馆藏文物"活"起来，全年全区博物馆累计推出展览近百个。宁夏回族自治区博物馆"朔色长天——宁夏通史展"获"第十七届（2019年度）全国博物馆十大陈列展览精品推介"优胜奖。

积极推出网上展览展示活动，做到"线下闭馆，线上开馆"。先后推出网上展览20余个、展示活动近300期，总浏览量200余万人次，公众足不出户就可以欣赏文物，领略文物背后的故事。

【文博宣传】

国际博物馆日暨宁夏长城保护宣传日以及文化和自然遗产日期间，组织全区文博单位通过"线上"与"线下"、"现场"与"云端"结合的方式，举办网上展览展示活动32个、线下活动40余个，组织研学体验活动20余场次。

【文旅融合】

大力推动文物资源活起来。注重文创产品开发，成功举办全区文物旅游创意大赛，从193件实物类和246件设计图纸文物旅游创意设计作品中选出29件优秀作品，丰富了"宁夏礼品"。

国际博物馆日和中国旅游日期间，组织"长城夜跑""长城仰望星空""长城烽火""博物馆之夜""考古开放日"等文物旅游融合项目，吸引近万人次参与。

【其他】

积极推进全区文物保护利用改革，组织国家文物保护利用示范区创建名单遴选推荐。积极开展黄河文化保护传承弘扬，组织全区文物保护利用暨黄河文化遗产调查培训，积极督导全区各地积极开展黄河文化遗产调查工作。

开展"十三五"期间文物保护项目检查。派出工作组对石嘴山市、中卫市、固原市27项已完结项目、6项拟开工项目、3项正实施项目的进展情况和9家博物馆免费开放经费使用情况、预防性保护项目实施效果进行检查工作，共发现问题7处，提出整改意见5条，现场纠正问题2处。

深入推进文物领域"放管服"改革，联合财政厅印发《宁夏回族自治区文物保护专项经费管理暂行办法》。

新疆维吾尔自治区

【概述】

2020年，在自治区党委、政府的高度重视和关怀下，在国家文物局的大力支持下，新疆文物系统深入贯彻落实党的十九届五中全会精神、第三次中央新疆工作座谈会精神，认真学习贯彻落实习近平总书记关于文物工作重要论述和重要指示批示精神，增强"四个意识"，坚定"四个自信"，做到"两个维护"，紧紧围绕社会稳定和长治久安新疆工作总目标，充分发挥文物"证史、资政、育人"作用，首次将文物保护利用工作纳入全区地州市年度绩效考核指标体系，推动文物保护、考古研究、公共文化服务等各项工作取得新进展。

【文物安全工作】

督导各地开展文物保护单位、文博单位的安防、消防、防雷等工作。对全区950名野外文物看护员全面建档设卡并发放巡查看护装备，通过核查巡视记录、微信集群管理、定点位置打卡等多种方式，规范管理的同时提升巡查看护频次和质量。

联合检察部门，用好公益诉讼平台，推动车师古道等急难险重文物保护工作。

联合公安部门，聚焦"三大风险"，查处鄯善县罗布泊区域非法采集文物等大案要案，形成震慑，坚守文物安全底线。

【不可移动文物的保护与管理】

文物保护工作有序开展。继续推进苏巴什佛寺遗址、交河故城遗址保护利用设施工程，完成坎儿井等全国重点文物保护单位文物保护利用设施建设工程设计方案和保护规划的审核上报工作，录入世界文化遗产、长城资源、大遗址、烽燧等工作台账，完成新疆世界文化遗产地监测年报的审核工作。推进全国重点文物保护单位、自治区级文物保护单位以及长城资源的保护范围及建设控制地带划定公布工作。

启动全区石窟寺保护现状专项调查工作。根据国务院加强石窟寺遗址保护利用工作专题会议精神和国家文物局安排部署，为全面掌握全区石窟寺基本情况和保护管理状况，提升石窟寺保护管理水平，组织召开新疆石窟寺保护现状专项调查工作会议，全面启动调查工作。

【革命文物保护利用】

推进革命文物调查和规划编制工作。启动全疆革命文物名录遴选公布工作。开展全区革命文物现状调查工作，编制西路军片区革命文物保护规划和新疆片区革命文物保护规划。开展全区革命纪念馆专项调查工作。组织开展庆祝中国共产党成立100周年革命文物精品陈列展览申报工作，组织参加"2020全国革命文物保护利用十佳案例宣传推介活动"。

【考古工作】

不断深化考古研究。奇台石城子遗址明确为汉代"疏勒城"，该考古项目入选"2019年度全国十大考古新发现"。西域都护府遗址群、通天洞遗址、唐朝墩古城、石头城遗址、汉诺依古城、克亚克库都克烽燧遗址等考古发掘项目硕果累累。

2020年申报实施主动性考古发掘项目13个。尼勒克吉仁台沟口遗址新发现类似"地道"遗迹，为新疆首现；轮台县奎玉克协海尔古城发掘清理房址5间，出土骨雕、陶范等文物；尉犁县克亚克库都克烽燧遗址明确了形制结构和布局，周边新发现遗址1处。

持续推进北庭故城、楼兰古城等5处考古工作站建设，初步形成了覆盖罗布泊区域、克里雅河流域、古龟兹地区、天山北麓和阿尔泰山南麓的考古研究基地。新疆维吾尔自治区文物考古研究所完成《天山北麓墓地》《吉林台水库墓地》《拜其尔墓地》《鱼儿沟墓地》等考古报告的编写工作。

【博物馆工作】

完成全区博物馆、纪念馆免费开放绩效考核评分及自评报告编写工作。编制《新疆博物馆导览手册》。新疆维吾尔自治区博物馆二期主体基本完工，和田地区、喀什地区博物馆新馆顺利开放，乌鲁木齐、伊犁州、阿勒泰、克州博物馆新馆建成，博物馆体系建设进一步完善。

新疆维吾尔自治区博物馆、吐鲁番博物馆等推出一批群众喜闻乐见的博物馆线上"云展览"和文物科普知识"云浏览"。

持续开展文物交流展览活动，在北京大学举办"千山共色——丝绸之路文明特展"，在深圳南山区博物馆举办"西出阳关——新疆文物精品展"。

【文博宣传】

开展专题文物宣传活动。在和田地区博物馆举办国际博物馆日主场活动，在吐鲁番葡萄沟景区举办文化和自然遗产日主场活动，全疆各地州市文博单位围绕主题组织开展了形式多样的"线上+线下"文物宣传展示活动。

积极推进全媒体宣传。制作完成新疆世界文化遗产专题宣传片《龟兹物语》。在人流密集的乌鲁木齐国际机场、乌鲁木齐红山商业区地段的LED大屏播放新疆世界文化遗产地宣传片。在微信公众号"新疆是个好地方"开设"文物新疆"专栏。积极配合自治区党委宣传部有关文化遗产纪录片的拍摄工作。

【文旅融合】

推进文旅产业融合发展。阿克苏地区新和县文化园建设充分吸纳历史文化和文物元素，成为当地文化地标和向外辐射的中心点，文物史证实证、潜移默化作用得以持续发挥，该文化地标建设项目经验已向全疆推介。

依托各级博物馆推进文创产品开发工作，全年推出文艺、生活和益智等3大类200余种文创产品。

【文博教育与培训】

举办2020年全区博物馆馆长线上培训班，2020年全区博物馆、纪念馆讲解员培训班等。

【机构建设】

新疆维吾尔自治区文博院（自治区人民政府直属正厅级事业单位）挂牌成立并运行。各地（州、市）级文博院正加紧组建中，阿克苏、巴州、阿勒泰、哈密等地已组建完毕。

【其他】

自治区人民政府与北京大学签署《丝绸之路考古与文化遗产工作合作备忘录》，明确加强文物保护、深化考古研究等方面合作事项。

其他 >>>

新疆生产建设兵团

【概述】

2020年，在兵团党委的指导下，在国家文物局的关心支持下，兵团文物工作围绕中心、服务大局，全面加强文物保护利用和博物馆建设，始终坚守文物安全底线，文物保护基础工作不断加强，一批重点文物得到修缮保护，博物馆、纪念馆建设取得了明显成效。充分发挥了文物工作在文化润疆中的作用。

【文物安全工作】

落实安全责任，加强文物安全管理。按照"管行业必须管安全，管业务必须管安全"的原则，积极履行行业监管职责，建立了由各师市、团场（镇）分管负责同志牵头的文物安全工作机制，将文物安全纳入年度考核评价体系。按照国家文物局《全国文物火灾隐患整治和消防能力提升三年行动实施方案》，制定印发《兵团文化体育广电旅游（文物）系统安全生产专项整治三年行动计划实施方案》《兵团文化体育广电和旅游（文物）安全生产专项整治三年行动问题隐患和制度措施清单》，健全了党政同责、一岗双责、齐抓共管、失职追责的安全生产责任制，强化了监督责任和主体责任。

深化源头治理，加强对博物馆和文物保护单位的日常巡查和节假日重点检查，完善消防安全制度和应急预案，确保其消防设施到位，制度到位，人员到位，责任到位。全年开展文物安全检查130次，检查文物单位195处，发现隐患问题116项，整改完成86项。限期整改20项。

【不可移动文物的保护与管理】

实施重点文物保护工程，文物保护得到有效加强。兵团争取国家文物保护专项资金3447万元，组织实施了一师5团玉尔滚军垦旧址抢险加固工程，六师老司令部办公楼修缮保护工程，土墩子清真寺修缮加固工程，150团青年宫旧址修缮工程，陶峙岳张仲瀚等领导办公居住旧址修缮工程，工二师领导办公、居住旧址建筑群修缮工程，石河子造纸厂礼堂旧址修缮工程，二十二兵团招待所修缮工程等8个文物保护项目，全部竣工，初验完成5项，终验1项。

【革命文物保护利用】

加强革命文物保护利用。兵团一师阿拉尔市、三团、五团、六团、七团、九团，六师五家渠市、102团、103团、108团、芳草湖农场，八师石河子市、147团，九师161团，十三师柳树泉农场等列入革命文物保护利用片区分县名录，现正在着手编制整体保护规划。

■【博物馆工作】

加强博物馆建设，服务水平进一步提高。加强对兵团精神、老兵精神、胡杨精神的阐释，发挥博物馆文化润疆的作用，传播先进文化、弘扬中华文化。在博物馆推行建立以理事会为主要形式的法人治理结构体系，完善各级博物馆、纪念馆内部管理制度，提升博物馆、纪念馆管理水平，不断优化博物馆结构布局，丰富各级博物馆、纪念馆馆内重点文物藏品，构筑具有兵团特色的博物馆、纪念馆基本框架，各级博物馆年接待观众近93万人次。

进一步打造兵团军垦博物馆、一师三五九旅纪念馆、六师五家渠市军垦博物馆、七师"戈壁母亲"纪念馆、九师孙龙珍纪念馆、十师185团抗洪守土纪念馆、十四师中国人民解放军进军和田革命历史纪念馆等重点文化标识。兵团投入9200万元对兵团军垦博物馆进行改陈，改陈布展工作已进入尾声，拟于2021年1月竣工对外开放。

■【其他】

健全行使"政"的职能。根据自治区人民政府授权清单，积极与自治区文物局对接，承接兵团辖区的文物管理职权。在2018年、2019年承接授权的基础上，进一步对文物管理职权进行梳理，梳理出管理职权40项，其中行政许可18项、行政奖励1项、行政处罚3项、行政确认6项、行政其他12项。年办理行政许可18项、其他类1项。

大连市

【概述】

2020年，大连市文物系统认真学习习近平总书记关于文物工作重要论述和重要指示批示精神，贯彻落实党中央国务院关于加强文物保护利用改革的总体部署，在国家文物局、辽宁省文物局的精心指导和大力支持下，在大连市委、市政府的正确领导下，牢固树立保护历史文化遗产责任重大的观念，全力做好考古和历史文化遗产保护工作，各项工作取得了较好成绩。

【文物安全工作】

开展文物安全隐患检查，做好节日安全检查。积极协调市应急管理局，就加强和改进文物消防安全工作联合发文，明确具体要求。结合春节、国庆节日安全检查，对市级以上文物保护单位进行督导抽查，堵塞管理漏洞。印发《大连市文物火灾隐患整治和消防能力提升三年行动实施方案》。针对汛期降雨频发，开展全市汛期文物安全检查督导工作，联合区市县文物部门对部分市级以上文物保护单位进行实地抽查。

开展日常巡查，组织市文化旅游执法中心对部分市级以上文物保护单位进行巡查，及时反馈巡查发现的问题。建立《文物安全周报制度》，要求各地文物行政部门每周上报文物安全报表，加强市区两级联动，充分发挥基层属地管辖职能，及时发现、掌握文物安全情况。

【不可移动文物的保护与管理】

配合推进工业遗产保护工作。积极支持甘井子煤码头、大连机车厂搬迁和冰山慧谷改造等工业遗产的保护利用工作，配合市工信部门推进工业遗产普查、工业遗产专项规划编制工作。对牧城塘水库旧址、三十里堡火车站水塔进行调研，根据专家论证意见，拟向市政府推荐为市级文物保护单位，提升其保护级别。旅顺船坞旧址、老铁山灯塔、大连港等历史、艺术、科学价值较高的43处工业遗存作为近现代重要史迹和代表性建筑，被公布为各级文物保护单位和不可移动文物，得到了较好保护。

推进历史文化名城申报及保护工作。对《大连市历史文化名城保护条例（草案）》进行认真研究并向市自然资源局反馈意见。积极配合市自然资源局开展历史建筑的普查和认定工作，加强对东关街、凤鸣街等历史文化街区、风貌区的保护利用。积极梳理提供大连市不可移动文物资料，配合完成历史文化名城保护规划的编制、公示和评审工作。中山广场和东关街两处历史文化街区保护规划获得辽宁省政府批复。配合市自然资源局完成历史文化名城申报材料中关于文物保护相关政策和信息的补充完善工作。

【革命文物保护利用】

认真梳理全市革命文物基础信息，推进第十一批省级文物保护单位（革命文物类）申报工作，推动李家卧龙"中华民国（庄复）军政分府"旧址等革命文物的项目储备和方案论证工作。

【考古工作】

制定"先考古，后出让"的土地储备考古前置地方政策。根据中办、国办《关于加强文物保护利用改革的若干意见》中关于"完善基本建设考古制度，地方政府在土地储备时，对于可能存在文物遗存的土地，在依法完成考古调查、勘探、发掘前不得入库"的规定，研究、起草大连市土地储备考古前置地方政策。该政策出台后将补齐大连市相关政策制度短板，确保土地出让前完成考古工作，进一步破解城市建设和文物保护之间的冲突。

开展地下文物埋藏区划定工作。为完善大连市基本建设考古工作，确保土地储备考古前置政策出台后能顺利实施，启动地下文物埋藏区划定工作。组织市考古专业机构和规划测绘单位，在充分查阅历年考古资料并结合现场考古调查勘探、勘测的基础上，全面摸清大连市地下文物埋藏集中区域分布情况，为重点文物埋藏区域的考古勘探和文物分布调查提供依据。

【博物馆工作】

根据文化和旅游部、国家文物局《关于印发各省（自治区、直辖市）公共文化领域重点改革工作落实任务清单的通知》要求，积极推进大连市文博单位法人治理结构改革，两家市级文博单位已经成立了理事会，三家正在筹备中。

研究起草《大连市非国有博物馆免费开放资金管理暂行办法》，对大连市非国有博物馆进行扶持，促进非国有博物馆健康有序发展。

充分发挥文博展览在传播知识、解读文化、弘扬精神方面的积极作用，指导全市各文博单位利用已有数字资源，因地制宜开展线上展览展示工作，向社会公众提供安全便捷的线上服务，以"云参观"让百姓足不出户看展览。各博物馆共推出网上展览10余个、网上展览信息1400余条，部分博物馆通过网站、微博、微信公众号、抖音等多种渠道推出视频讲解、互动体验等，浏览量超过475.2万次。

【文博宣传】

文化和自然遗产日宣传活动以"文物赋彩小康社会"为主题，分为"文明之光照亮复兴之路""文物珍藏记忆，见证抗疫历程"等八个主题展区和两个互动区，图文并茂展示了大连深厚的历史文脉和近年来的文物保护工作成果，展示了大连丰富的人文和自然景观。活动当天吸引1万多名市民到现场参观，营造了文物保护人人参与、人人有责的良好社会氛围。

【文旅融合】

推动文物资源和旅游开发相融合，开展"阅读城市"系列文旅融合项目。鉴于大连是我国最早建设城市自来水公用设施的城市，确定将城市供水文物内涵挖掘、策划研发项目作为首个"阅读城市"项目予以推进。深入挖掘城市历史文化内涵，针对城市供水、城市建筑等文物资源推出城市文脉系列专业读物、通俗读物和纪录片，加强宣传力度，推动文旅融合发展，让文物保护成果惠及广大人民群众。

【其他】

推进文物保护利用示范区创建工作取得阶段性成果。在国家文物局、辽宁省文物局的精心指导和大力支持下，"辽宁旅顺口军民融合国家文物保护利用示范区"被列入第一批国家文物保护利用示范区创建名单，开创了军民融合文物保护利用新局面，为大连市文物保护利用工作提供了重大机遇和新的发展契机。

积极争取文物保护专项补助资金。按照《国家重点文物保护专项资金管理办法》有关规定，争取到2021年国家重点文物保护专项资金，用于关东厅博物馆旧址地下文物库房保护工程、大连金州博物馆馆藏文物预防性保护项目等7个修缮和预防性保护项目，推进了大连市文物保护工作由抢救性保护向抢救性与预防性保护并重的转变。

青岛市

【概述】

2020年，在上级部门的领导支持下，青岛市文博系统坚持以习近平新时代中国特色社会主义思想和党的十九大精神为指导，认真学习贯彻习近平总书记在中央政治局第二十三次集体学习时的讲话等关于文物工作重要论述和重要指示批示精神，加强文物保护利用改革，《青岛市文物保护利用改革的实施意见》通过市文改会审核，全市文物保护安全和展示利用工作全面推进。

【法制建设】

完成《青岛市文物保护条例》的立法调研工作。向市人大和市司法局提报《青岛市文物保护条例》2020年度立法调研报告，并正式提出2021年度立法完成项目计划申请。

【文物安全工作】

组织开展全市文物安全巡检活动，针对全市重点的文物保护单位和文博场馆，采取市、区联动的形式，定期开展安全检查活动，对巡查中发现的安全隐患责令相关单位限时整改。全年未发生重大文物安全事件。

【不可移动文物的保护与管理】

有效推进青岛老城区申报世界文化遗产工作，不断发掘和展示青岛城市文化的主题和内涵。完成青岛老城区申遗可行性研究，并通过省文物局组织的专家评审。着手青岛老城区申报世界文化遗产预备名录和遗产地保护管理规划的编制工作。在青岛各大主流媒体上连续发布青岛老城区申遗相关报道，完善"青岛文物建筑"微信公众号，发布青岛城市文化及历史建筑相关的推送文章18篇。在青岛市博物馆举办青岛百年经典建筑及城市文化展。配合市政协，开展青岛老城区申遗的专题调研及研讨工作。组织申遗联席会议成员单位赴国内世界文化遗产地进行专题学习考察。召开青岛老城区遗产价值与申遗研讨会暨青岛申遗工作培训会议，邀请国内著名世界遗产研究学家和省、市知名文史学家等文化遗产界业内人士，共同探求符合青岛城市文化特质的申遗之路。

【革命文物保护利用】

编制《青岛市革命文物保护与利用规划》。按照全市各处革命文物保存情况、保护级别及周边城乡建设和红色旅游发展要求，确定本体修缮、景观环境改善、环境整治和展示利用四类工程的分期年度实施计划。

完成《青岛市革命文物保护利用工程实施意见》编制工作，完成相关职能部门和区、

中国
文物年鉴
2021

市政府的征求意见工作，拟按程序提报市政府行发文程序。

推进公布青岛市第一批不可移动革命文物名录工作，拟公布不可移动革命文物56处。开展青即战役旧址历史遗迹调查保护工作，深入挖掘青即战役的历史与意义，做到战斗遗址及其他遗存的真实性保护和完整性保护。

举办红色文化展览展陈活动，积极参加"全国革命文物保护利用十佳案例宣传推介活动"。中共青岛党史纪念馆"讲红色藏品故事、传承先辈革命精神"获"2020全省革命文物保护利用示范十佳典型案例"。

【考古工作】

开展琅琊台遗址年度考古发掘工作。继续揭秘琅琊台遗址的文物遗存和历史溯源，为推进东周时期琅琊邑、"八主"祭祀和秦汉时期国家大一统研究提供了重要的考古资料。

开展胶州湾外围海域水下文化遗产考古调查工作。调查工作为期50天，在胶州湾内发现水下文化遗存疑点3处，在大公岛南部海域确认一战时期沉舰遗址1处，采集文物百余件，为探秘胶州湾海域近代日德海战和中日甲午海战历史奠定了基础。

完成金口港遗址年度考古调查勘探工作。基本厘清金口港核心区码头设施、作坊区、客栈区、商铺区等功能分区概况，对金口港古商贸路线、金口港兴起繁盛衰落的历史过程及其原因进行了深入研究。

【博物馆工作】

全力推进"博物馆城"建设工作，助力青岛国际时尚城建设的城市品位提升。出台《关于进一步鼓励社会力量兴建博物馆的实施意见》，全市备案注册登记博物馆达到106家，其中国有博物馆32家、非国有博物馆74家，实现了每9.4万人拥有一家博物馆的目标。青岛"博物馆之城建设"项目获得第四届山东省文化创新奖。

不断提升博物馆展陈水平。推出"青岛博物馆城建设成果展""听见·博物馆"等优质展览。青岛市博物馆"会讲故事的博物馆儿童展"、青岛一战遗址博物馆"还我青岛"两项展览入选国家文物局2020年度"弘扬优秀传统文化、培育社会主义核心价值观"主题展览推介名单。在第五届山东省博物馆十大精品陈列展览评选活动中，青岛贝壳博物馆"小贝壳大世界"陈列展览获"精品奖"，是青岛市首获此奖的非国有博物馆；青岛市博物馆、青岛山炮台遗址展览馆报送展览获"优秀奖"。

搭建博物馆与公众沟通的云平台。青岛市博物馆、青岛德国总督楼旧址博物馆、青岛啤酒博物馆、青岛海产博物馆、青岛一战遗址博物馆等20余家博物馆利用微信、微博、抖音等线上平台，举行网上微展览、网上微课堂、数字藏品馆等线上活动260多项，点击量超过300万次。

【文旅融合】

借力"互联网+"，拓展文旅融合的广度和深度。

组织开展"丈量青岛——走近老建筑"文旅公益行活动。用网络直播的方式串联青岛市文化遗产的历史脉络，讲述青岛市城市文化的前世今生，深度展示青岛历史文化的底蕴内涵。"丈量青岛"线上活动举办5期，观看量超过117万人次。

依托博物馆打造文化旅游精品线路。编印《"时尚之旅"——青岛博物馆开放服务手册》，设计推出"触摸老城文脉""探秘时尚基因""走进海洋研学"3条精品博物馆主题旅游线路。青岛市博物馆、青岛啤酒博物馆、青岛市民俗博物馆开启"夏季博物馆之夜"活动，实行晚间开放。青岛德国总督楼旧址博物馆开发"家邸"系列家居文创产品40余种，成为游客热门伴手礼。

启动中华文明探源类文旅综合节目《新西游研学记——了不起的青岛》拍摄工作。邀请国内文史专家团队和知名演艺明星参加青岛重要历史文化遗迹研学活动，拍摄纪录片12集，暂定2021年在全国各大视频网站播出。

宁波市

■【概述】

2020年，宁波市文物工作者始终牢记初心使命，坚持以习近平新时代中国特色社会主义思想为指导，紧紧围绕习近平总书记关于文物工作重要论述精神和对浙江、宁波的重要指示精神，紧紧围绕实现全面建成小康社会宏伟目标和经济社会发展大局，统筹推进文物事业发展，不断深化文物保护利用改革，扎实推进革命文物保护利用工程，积极提升文博公共服务水平，努力培树"考古宁波"品牌。

■【文物安全工作】

强化文物安全管理，主动汲取温州永嘉司马第大屋火灾事故教训，严格落实文物保护责任，逐级签订文物安全责任书，健全完善文物安全工作"三级责任体系"和"四级巡查制度"。截至2020年10月底，共在线检查登记各级文物保护单位776处、线下发送整改意见书289份，先后出动文物安全巡查检查4批80余人次，开展文物专项执法检查6次，排查文物领域消防隐患问题5类46个，处理涉文物领域网上舆情11起，办理市委领导关于天一阁、高校博物馆等批示督办件5件，文物安全基础进一步夯实。

新冠肺炎疫情防控期间及时关闭各类开放服务场所，坚持"闭馆不断档、管理不打烊"，采取"人防、物防、技防"多种手段强化安全监管，实地检查23处位于偏远郊野区域、无专人看管和无远程监控视频的文物保护单位，抽查121处省级以上文物保护单位消防器材安全技术性能、用电线路安全，排查33处民居类文物保护单位生产用火用电、违规堆放易燃易爆物品等隐患，对25处存在脱落、倒塌等潜在危险隐患的古桥、古塔、古墓、古建筑墙体等设立警示标志，采取加固、支顶、围挡、排水等措施。

■【不可移动文物的保护与管理】

持续开展世界文化遗产日常监测与巡查。加强大运河保护区划内建设项目管理，持续推进大运河遗产影响评估和反应性监测工作，重点对接轨道交通三期建设、中山西路（长兴路—机场路）环境整治工程、"万科云谷项目"等进行现场督查、持续监测，努力实现遗产保护和城市发展双赢局面。截至2020年10月底，监测预警平台系统共上报监测报表400余份，报送移动巡查报表近100份，上传遗产监测报告45份。实现大运河（宁波段）监测预警平台与中国世界文化遗产监测预警总平台的数据实时对接互通和监测指标统一展示，成为运河沿线首个提出实施并顺利完成该项工作的城市。

大力加强遗产周边在建项目监管，对巡查中发现的慈江沿岸聚容物流中心临时仓库、马渚中河南面截污纳管工程等未批先建违章项目依法要求整改，对"万科云谷"等两个商业地产项目进行了现场督查，对江北文创港滨江水岸等3个市政建设项目提出了加强遗产保护有关要求，完成海曙高桥镇江南村安置房沿河跨大西坝河钢便桥工程等6项在建工程监测记录。

配合做好大运河文化带建设各项工作，协助中央电视台中文国际频道完成《大运河》系列纪录片拍摄，配合开展大运河文化带建设调研，推进《大运河核心区监控区国土空间管控通则》编制工作，协助完成《大运河文化遗产保护传承专项规划》等两项规划方案和《浙江省大运河世界文化遗产保护条例（草案）》等两部条例编制工作。开展"宁波市海上丝绸之路史迹保护立法研究"调研活动，进一步推进大运河文化遗产保护申报市人大常委会2021年度立法建议项目。联合广州等城市加快推动"海上丝绸之路·中国史迹"申遗各项工作。

积极推进考古遗址公园建设，指导余姚市全力推进河姆渡国家考古遗址公园申报工作，协力推进海曙区望京门考古遗址公园和长春门文化公园开工建设。

规范完善文物保护单位"两划""四有"工作，编制完成镇海口海防遗址、象山花岙兵营遗址等13处省级以上文物保护单位保护规划，修编完善余姚通济桥等两处新晋级全国重点文物保护单位和北仑瑞庐、张人亚故居等27处文物保护单位"四有"档案，完成奉化等8个区县的古井资源调查。

强化文保工程全流程监管，对江北区朱贵祠等16个文保项目和海曙区偃月街77号徐宅等7个活化利用项目提出方案优化意见，对鄞州、宁海等5个区县22个正在实施的文保项目进行抽查督导，对8个竣工项目进行现场勘察验收。

做好重大社会民生工程中的文物保护工作，前移保护关口，主动协调对接市发改、规划等部门和有关工程项目单位，对正在实施的市轨道交通第三期建设规划、机场四期规划等重大项目，既提供文物部门的大力支持，同时坚守好文物保护底线红线，有效减少了4个建设规划项目对西塘河等浙东运河河道本体和环境风貌的不良影响，避免了对宁波邮政局旧址等20余处文物保护单位的损害。

持续开展全市省级以上平台文物保护区域评估工作，完成宁波经济技术开发区等6个平台的评估任务。

【革命文物保护利用】

编制完成175处革命文物名录，完成浙东工农红军第一师筹建处等5个保护项目方案编制审核，竣工验收浙东游击纵队政治部旧址等3个修缮项目。海曙、慈溪等4区2市入选第二批革命文物保护利用片区分县名单。深化文旅融合，积极打造红色文旅精品项目，引导推出"美丽宁波、英雄城市""红色四明山、难忘横坎头"等红色文化主题线路，积极打造张人亚"党章学堂"、和丰纱厂旧址"初心讲堂"等红色文化党建示范基地。

【考古工作】

主动服务地方经济社会建设发展。截至2020年10月底，组织开展配合工程建设抢救性考古调查项目67个、勘探项目22个、发掘项目9个。

开展主动性考古研究和科技保护。合作开展余姚井头山遗址考古发掘国家科研项目，联合举办井头山、明州罗城（望京门段）遗址考古成果发布会，为进一步探索宁波地域文明起源和早期城市发展演变等问题提供了重要实物证据和学术支撑。完成"小白礁I号"年度保护、船体移交工作。持续开展上海"长江口二号"部分出水文物、福建"碗礁一号"出水木质文物保护工作。指导做好慈溪潮塘江元代沉船保护和象山定塘横湾沉船迁移保护前期工作。

大力加强学术研究。持续推进"宁波文物考古研究丛书"和"宁波考古图录（图集）"系列出版计划，《青瓷千年映钱湖》《鱼山遗址出土石器综合研究》和《渔山列岛海域文献辑录》定稿交付出版社，《第二届水下考古·宁波论坛文集》初稿完成。

大力促进文化遗产保护成果共享，联合举办"新鄞州　新发现——2016年以来鄞州区考古成果展"，让公众共享文化遗产保护成果，让文物真正"活起来"。

【博物馆工作】

推进馆舍建设。完成天一阁博物馆东扩项目建筑修缮部分、西园修缮工程和天一阁藏书楼南北区域地下管道铺设工程，全力推进天一阁新馆建设项目。基本完成塘河文化展示馆内部展陈设计、装修等开馆准备工作。

打造"数字博物馆"精品项目。聚焦群众对美好生活需求，着力提供高层次、高品质数字文博服务，宁波博物馆推出"每日一物"等在线专栏15个以及"华夏文明之光"等数字展览60余项、原创博文300余篇。保国寺推出"网上博物馆云展览"5大系列80余期活动。

做好文物征集、修复工作。征集新冠肺炎疫情防控见证物20件/套、宁波经济社会发展变迁物证10件/套、知青博物馆老物件43件/套，以及古籍25部179册、书画6套28件、方志177册、家谱16部164册。修复装裱书画文物4组6件、旧家谱4000余页，采集1700件珍贵字画、206件碑帖、318件器物及181块碑石的3D数字化扫描信息。

【文博宣传】

利用春节、国际博物馆日、文化和自然遗产日等重要节点，积极开展形式多样的公共文化服务活动。天一阁博物馆"宅家抗疫"系列活动超8万人次参与，新推出的国际对话节目观看量超过10万次，"乾隆三宝——天一阁藏御赐珍品数字特展"在央视频道、中国蓝新闻等直播平台总观看量超过100万次，"公如砥柱——天一阁创始人范钦线上特展"观看量超过800万次。

开展"云端文博"服务活动。整合11家博物馆、纪念馆和23家文物保护单位、文物旅游点的数字资源，通过宁波文化遗产保护官网搭建"云端文博"平台，实现与文博类公众号、博客、微博等网络媒体的联动，方便市民在"云端"实时知晓文博动态、阅览经典古籍、欣赏精品展览、遍游文物景区，还可在线咨询留言、参与网上调查、观看视频讲座等。

不断深化遗产价值研究及宣传，启动《海丝新梦——宁波海丝遗产保护利用宣传片》拍摄，推进《"海上丝绸之路"遗迹图录》设计制作，开展"运河·海丝文化"宣传活动，联合宁波水文化研究会等单位举办"赏诗词、走运河"云讲堂系列活动。

【文旅融合】

创新文旅营销模式，天一阁、庆安会馆、保国寺等景区类文博单位采取"网络+文旅"形式，进行线上直播推广、联合名企带货、特惠门票秒杀等活动，有效提升了文旅品牌吸引力和影响力。

【科技与信息】

推进"宁波市文化遗产信息化管理云平台"建设，基本实现全市近1800处文物保护单位（点）和1处世界文化遗产的智慧化管理。

厦门市

■【概述】

2020年，厦门市各级文物部门认真贯彻党的十九大精神以及习近平总书记关于文物工作重要论述和重要指示批示精神，按照党中央、国务院和福建省委、省政府，厦门市委、市政府部署，坚持"保护为主、抢救第一、合理利用、加强管理"的文物工作方针，紧扣重点工作，狠抓落实、扎实推进，有力推动全市文物工作再上新台阶。

■【法制建设】

先后出台《厦门经济特区闽南文化保护发展办法》《厦门市关于加强文物保护利用改革的实施方案》《厦门市关于尚未核定公布为文物保护单位的不可移动文物保护管理办法》等法规文件，进一步为全市文物保护工作提供法治遵循。

■【文物安全工作】

加强文物保护单位监控平台建设，全市纳入监控平台的市级以上文物保护单位达41处。制定下发《关于进一步加强文物日常巡查和行政执法工作的通知》，细化市、区两级文物巡查和执法职责要求，明确文物日常监管和执法巡查责任，切实改善文物管理状况。指导各区持续加强群防群治，深化思明区文物保护认领活动。加强文物建筑安全隐患排查，排查文物建筑1159处，梳理重大安全隐患文物建筑93处，指导落实抢救性保护措施并设立安全警示标志。

■【不可移动文物的保护与管理】

大力提升鼓浪屿世界文化遗产地保护水平。认真开展鼓浪屿申遗成功三年回头看工作，推动实施《厦门经济特区鼓浪屿世界文化遗产保护条例》，切实履行鼓浪屿申遗时的"四项承诺"，加大对53项核心要素保护力度，实现对遗产本体和遗产影响要素的全方位管控，16处世界文化遗产核心要素被核定公布为全国重点文物保护单位。推进《鼓浪屿文化遗产地保护管理规划》《鼓浪屿历史建筑保护与利用导则》等修编工作，开展《鼓浪屿全岛污水处理规划》《鼓浪屿全岛消防规划》等新一批规划编制。加强文物及历史风貌建筑修缮，报审各类修缮、保养、展示项目48个，推进文物修缮工程项目4个，备案文物保护单位保养项目11个，实施历史风貌建筑小修保养项目23个。做好鼓浪屿人流量控制，严格实行日均上岛最高承载量5万人次（到岛游客量不超过3.5万人次）规定，全面启动噪音、垃圾和业态整治工作。在国家文物局举办的2020年度中国世界文化遗产年会及世界文化遗产城市市长论坛上，厦门市作《永续传承世界文化遗产，让文物为高颜值城市赋能》交流发言。

完成闽南红砖建筑、胡里山炮台、南普陀寺保护规划编制，开展全市不可移动文物保护规划编制，推进全市不可移动文物数据汇交，配合开展历史文化名城创建。突出加强尚未核定公布为文物保护单位的不可移动文物（简称一般不可移动文物）保护管理，开展已公布撤销一般不可移动文物现场核查，指导督促海沧、湖里两区落实专项检查整改。组织全市一般不可移动文物保护管理情况自查整改，开展城乡建设中文物保护检查。公布省级以下文物保护单位和涉台文物古迹47处，同步推进保护标志设立。

认真落实全市历史文化遗产集中保护修缮专项工作部署，梳理确定163个抢险、抢救性维修项目，指导开展方案编制，组织专家逐项审核把关。突出抓好第44届世界遗产大会厦门市"六个一批"专项工作，涉及鼓浪屿、中山路、集美学村等参观考察线路上的文物保护利用、周边环境整治以及讲解员培训等工作顺利推进。上报鼓浪屿美国领事馆旧址、博爱医院旧址等15项修缮设计方案，推进福海卢厝、陈化成祠、台湾公会旧址等16项修缮工程，启动破狱斗争旧址、陈化成墓等4处文物保护单位的消防、安防工程，完成同安孔庙、海沧莲塘别墅等一批修缮工程的竣工验收。

■【考古工作】

完成城市轨道三号线延长线、厦门城寨遗址、同安坑子口窑考古调查。

■【博物馆工作】

认真贯彻国家和省、市有关部署，指导全市博物馆落实新冠肺炎疫情防控和有序开放政策，各博物馆充分利用门户网站、微信公众号、微博等渠道讲好文物故事，架起与社会公众沟通的桥梁，传递人文关怀。完成非国有博物馆扶持政策课题研究，拟制《厦门市非国有博物馆扶持办法》。

各博物馆举办临时展览13个、社教活动62场。"人民总理周恩来""禾山苍苍——纪念厦门抗战胜利75周年线上展"等主题展览受到观众欢迎。"爱我中华——海峡两岸助力冬奥会民间体育艺术展"入选国家文物局2020年度"弘扬优秀传统文化、培育社会主义核心价值观"主题展览推介名单。

积极参加全国博物馆网上展览资源推介活动，中央苏区（闽西）历史博物馆的"红色闽西"、福州市博物馆的"闽都华章——福州历史文化陈列"、中国闽台缘博物馆的"闽台缘主题陈列"、厦门市博物馆"馆藏文物精品陈列""厦门历史陈列"、陈嘉庚纪念馆"华侨旗帜民族光辉""陈嘉庚纪念馆数字展厅"等入选网上展览资源名单。厦门市博物馆精选的清初德化窑素三彩达摩坐像入选"中国文博"开展的"文物系荆楚 祝福颂祖国"文物传递祝福接力活动。

组织全市文物建筑摄影展，征集厦门市援鄂医疗队的请战书等疫情防控见证物纳入厦门市博物馆收藏。

■【文旅融合】

推进文物与旅游深度融合。坚持项目带动，推进胡里山炮台"夜游秀"和厦门中国海防博物馆、厦门经济特区纪念馆展陈提升等项目，推出首批10条红色旅游、党性教育、红色研学等经典线路。注重让馆藏文物活起来，举办"厦门文博IP应用大赛（2020）"，收到参赛作品247套（875件），促成企业与设计单位及个人合作。

中国
文物年鉴
2021

深圳市

■【概述】

2020年，深圳市文物系统坚持以习近平新时代中国特色社会主义思想为指导，全面贯彻党的十九大和十九届二中、三中、四中、五中全会精神，落实中央和省、市关于文物工作的决策部署，扎实工作，主动作为，文物保护与利用、博物馆建设等各项工作取得明显成效。

■【不可移动文物的保护与管理】

深圳市现存具有保存价值的各类不可移动文物1102处，从类别上看，既有古建筑、古遗址、古墓葬，又有近现代重要史迹、工业遗产和改革开放文物；从年代上看，从新石器时代持续至今。

推进国保单位大鹏所城整体保护项目二期工程，开展省保单位元勋旧址、南头古城南城墙修缮工作。推动铁仔山古墓群保护规划、大鹏所城保护规划审批工作。推动咸头岭、屋背岭等遗址公园及南头古城东晋遗址保护工程，开展项目前期研究工作，编制南头古城南城门两侧遗址保护建设方案并开展专家评审工作。

开展"将文物建筑纳入城市更新鼓励政策建议"研究工作。在市更新局的大力协助下，成功将文物建筑纳入城市更新容积率奖励政策，积极探索缓解城市发展与私人产权文物保护利用的矛盾。

■【考古工作】

加强考古调查与研究工作。持续开展配合文物保护和城市基建的考古调查，完成福田区福龙学校建设项目用地墓葬清理、南山区中山公园建设项目考古调查与勘探等工作，开展穗莞深城际轨道交通项目、深汕铁路（深圳段）项目的文物考古调查勘探工作，启动大鹏新区的文物考古调查勘探项目和发掘技术服务、西丽高铁站及附属区域和机荷高速部分沿线文物考古调查勘探服务等项目。开展南头小学复建工程出土文物、宝安区航城街道下角山遗址和光明新区陈氏家族墓群的考古资料整理工作。

加强考古合作。深莞惠文物考古工作站正式成立，为优化地区文物考古资源和人才配置提供了有利条件。深汕合作区赤石镇碗窑村考古调查工作启动。

■【博物馆工作】

深圳市登记在册的博物馆共有54家，其中非国有博物馆占70%，展现了创新活力，在文物对外交流展示方面发挥了重要作用。为进一步调动社会力量参与文化遗产保护利用的积极性，促进非国有博物馆事业发展，会同市委宣传部、财政委、规划国土委、人力资源和社会保障局、民政局等部门联合印发《深圳市非国有博物馆扶持办法》，明确了扶持重点，优先发展填补博物馆门类空白和体现区域特色、行业特性以及红色文化的各类非国有博物馆，鼓励龙头企业举办行业博物馆，鼓励建设反映各地风情的民俗博物馆，鼓励建设非国有博物馆聚集区。

市政府印发实施《深圳市加快推进重大文体设施建设规划》，大力推进国深博物馆、深圳改革开放展览馆、深圳自然博物馆、深圳海洋博物馆等"新时代十大文化设施"项目建设，博物馆建筑设计国际招标等工作已初步完成，展览大纲、展陈设计和藏品征集等工作正紧锣密鼓推进。福田华强北博物馆、安托山博物馆群、咸头岭遗址博物馆等项目前期工作顺利推进。

加快落实中共中央、国务院《关于支持深圳建设中国特色社会主义先行示范区的意见》中关于鼓励国家级博物馆在深设立分馆的要求，与陕西历史博物馆、孔子博物馆、敦煌研究院等沟通协商，洽谈来深设立分馆、开展深度合作等事宜。

推进博物馆展览、活动等数字化，深圳博物馆、南山博物馆、中英街历史博物馆等多家博物馆开设了线上展馆，将40余个精品展览搬到线上，市民在家就可以欣赏到精美的文物展览。

【文博宣传】

开展国际博物馆日系列活动，包括"新时代十大文化设施"四大博物馆项目图片展、在深圳地铁站点发布博物馆宣传广告等。举办"盛世收藏"系列免费文物鉴定活动。

【文旅融合】

积极参加粤港澳大湾区历史文化游径建设，配合省文旅厅开展相关线路遗产点的实地调研、资源普查、线路规划等。"深圳南头古城游径""深圳大鹏所城游径"及"深圳赤湾炮台游径"被列为首批粤港澳大湾区文化遗产游径，"深圳蛇口改革开放历史文化游径""深圳土洋东纵抗战史迹历史文化游径"及"深圳大鹏明清自然村落历史文化游径"等被列为首批广东省历史文化游径。

【社会文物管理】

启动文物流通改革试点工作。对国内保税仓、国外及港澳文物艺术品流通、深圳文物艺术品拍卖等有关方面的情况进行调研，初步了解了深圳市艺术品拍卖的基本情况，明确了深圳改革试点的目标定位，理清了保税仓业务有关的政策障碍与相关壁垒，如关税、保税区与境外的流通环节、文物艺术品转口问题、文物鉴定问题等。

【其他】

开展改革开放纪念地保护利用项目。对全市改革开放纪念地进行现状调查及评估，整理历史沿革资料，编制全市改革开放纪念地（储备）名单（包含建筑物、构筑物及场所空间等多类型遗产，涵盖文物及历史建筑两大类）。

印发《深圳市文物保护补助经费使用管理办法》，重点加大对文物基础工作、文物安全方面的经费保障，完善文物保护投入机制，提高专项资金使用效益。

完成"从先行先试到先行示范——庆祝深圳经济特区建立40周年展览"筹备工作。10月14日中午，在深圳经济特区建立40周年庆祝大会后，习近平总书记参观了该展览。

故宫博物院

【概述】

2020年是我国全面建成小康社会和"十三五"规划的收官之年，适逢紫禁城建成600年暨故宫博物院成立95周年，故宫博物院在文化和旅游部党组的领导下，深入学习贯彻习近平新时代中国特色社会主义思想和党的十九大以及十九届二中、三中、四中、五中全会精神，学习领会习近平总书记在中央政治局第二十三次集体学习时、在敦煌研究院座谈时和在山西视察时的重要讲话精神，学习贯彻落实习近平总书记对故宫博物院两次舆情的重要批示精神，明确办院指导思想，严格落实意识形态责任制，开展全面整改，以"平安故宫、学术故宫、数字故宫、活力故宫"建设为支撑，在安全开放、文物保护、学术研究、信息化建设、陈列展览等方面取得重要成果，圆满完成全年各项工作。

【安全开放】

扎实推进"平安故宫"建设，文物保护工作取得新成效。强化安全管理体制，落实古建筑保护"红区"的相关院规。制定并实施《故宫博物院重大活动管理办法》，规范审批流程，增强管理力度。故宫整体修缮保护工程、"平安故宫"工程稳步推进，其中北院区项目完成可行性研究报告的申报和评审、土地权属审查申报等工作；地下文物库房改造累计完成工程总量的26%；基础设施维修改造累计完成工程总量的65%；世界文化遗产监测项目持续进行，线上监测平台系统试运行；应急指挥平台建设项目完成应急指挥中心大厅及配套功能用房装修设计；文物藏品技术防范系统项目优化操作平台；院藏文物防震及院藏文物抢救性科技修复保护工作稳步进行。

通过以上管理举措、保护项目、安防项目，文物安全责任体系更加健全，文物安全防范水平逐步提高，文物安全形势明显好转。

【学术研究】

稳步开展"学术故宫"建设，故宫学术发展构建新格局。通过修订《故宫研究院管理办法》《故宫学院管理办法》等措施，基本完成故宫研究院、故宫学院整改工作。完成国家重点研发计划"不可移动文物本体劣化风险监测分析技术和装备研发""有机质可移动文物价值认知及关键技术研究""明清官式建筑营造技艺科学认知与本体保护关键技术研究与示范"等项目年度考核任务。"重大自然灾害监测预警与防范"重点专项"文物建筑火灾蔓延机理与评估预警关键技术研究"立项。承担国家社科基金冷门"绝学"和国别史研究等课题20余个，新申报或立项国家社科重大项目7个。与浙江大学签署合作协议，落实与北京大学、清华大学、敦煌研究院等高校和科研院所签署的战略合作协议。成功举办"紫禁城建成600年暨中国明清史国际学术论坛"，汇集多国明清史界专家学者，将明清历史文化的学术研究推向新的高度。

通过积极承担国家级科研项目，扩大、深化与专业机构的学术合作等举措，"学术故宫"走出去、请进来，突出了故宫学术研究的多元化价值，实现了优势互补，呈现出更为全面、开放、多元的发展新格局。

【信息化建设】

积极拓展"数字故宫"建设，信息化建设迈入新阶段。推进文物资源数字化，采集文物基础数据，拍摄文物5万余件，影像14万余张，为文物管理与研究提供保障。完成数字文物库第二期开发，对藏品总目栏目全面升级。采集养心殿、乾隆花园等区域古建修缮4K超高清视频素材1800余分钟。加强信息化管理，组织网络安全自查，保障全年网络安全。"i故宫"办公桌面优化进入内部试运行阶段，确保办公平台平稳运行。完成数字演播厅多通道4K展示系统升级改造，首次针对院藏书画开发完成虚拟现实节目《韩熙载夜宴图》。

通过大数据、人工智能等技术以及提升文物基础数据采集效率，"数字故宫"业务数据分析和服务能力得到提升，文物数字化保护和共享利用能力迈上新台阶，信息化建设达到新水平。

【宣教服务】

努力建设"活力故宫"，公共文化服务和弘扬中华文化能力获得新突破。截至11月20日，故宫博物院共接待观众300万人次。举办"丹宸永固——紫禁城建成六百年展""千古风流人物——故宫博物院藏苏轼主题书画特展"等精品展览，其中"丹宸永固——紫禁城建成六百年展"接待观众59万人次，"千古风流人物——故宫博物院藏苏轼主题书画特展"接待观众32万人次。网络直播成为常态化宣传模式，其中"穿越紫禁城600年"8小时特别直播活动总播放量逾4亿次，清明节3场直播活动总浏览量超4.3亿次，国际博物馆日、文化和自然遗产日直播总浏览量近2700万次。上线"我要去故宫"公益视频课21个，在"学习强国"平台、新华网等累计播放量约1470万次。推出"云游故宫"综合型全媒体线上服务平台，访问量超1300万次。加强文创产品管理，对合作企业进行清理整顿，坚决去除文化产业发展中的过度商业化倾向。推出紫禁城建成600年纪念币和纪念券，出版《清宫图典》等多种优质图书。《上新了·故宫》第三季播出，《国家宝藏》第三季定档，《故宫新事》第四集上线。

上下凝心聚力，守正创新，切实实现文物资源的活性转化，呈现线下展览及教育活动惠及大众、线上文化传播好评如潮的良好成效，将文化融入生活，惠及大众，对青少年的吸引力持续增强。

中国国家博物馆

【概述】

2020年，中国国家博物馆在文化和旅游部党组的正确领导下，坚持以习近平新时代中国特色社会主义思想为指导，深入贯彻落实党的十九大和十九届二中、三中、四中、五中全会精神，认真履行中央赋予职责，协调推进研究、展览、社教传播、观众服务、交流合作等各项工作不断迈上新台阶。

【安全开放】

加强安全制度建设，确保总体安全。制定标准规范，推动设施设备全生命周期管理。强化"隐患即事故"的理念，狠抓隐患闭环治理，做好应急处置准备工作。加强设备能源管理体系建设，制定《博物馆能源管理体系建设与实施指南》《博物馆设备经济运行和安全维护管理规范》，不断完善设施设备全生命周期管理方式，提升设备安全工作水平。编制《博物馆消防安全管理标准化规范》《博物馆公共安全应急管理规范》《博物馆火灾风险分级管理研究报告》，填补行业空白，荣获"第五届全国119消防先进集体"称号。制定各类应急预案，取得博物馆公共安全应急管理国家标准制定立项权。

【宣教服务】

初步构建起基本陈列、专题展览和临时展览互为支撑的立体化展览体系。实施临时展览管理办法，建立健全展览审查和学术顾问制度。表彰优秀展览及策展人。克服新冠肺炎疫情影响举办临时展览20余个，包括紧扣时代主题、展现中国在突发重大公共卫生事件面前大国担当的"众志成城——抗疫主题美术作品展"，贯彻落实中央部署的"舟楫千里——大运河文化展""天地同和——中国古代乐器展""记住乡愁——山东民艺展""河东之光——山西酒务头考古成果展"等，在社会上引起广泛关注。特别是"金瓯无缺——纪念台湾光复75周年主题展"，在海内外引起强烈反响。

创新传播方式，拓宽传播渠道。积极推进线上传播，推出云端游览服务，围绕"好展""好课""好文物"三个重点方向推出网上展览40余个，聚合精品展览专题网页60余个、虚拟展厅60余个、展览相关短视频50余个。推出"古代中国""永远的东方红"等10余场直播讲解，收看量超过2600万次。与中国空间技术研究院联合举办首个基于5G技术的无实体网上展览"永远的东方红"。成立中国国家博物馆志愿服务协会，开启志愿服务工作新格局。面向青少年推出"中外交流"等短期系列课程，实施"创造——我们的发现之旅"流动展览宣讲志愿服务项目。研发文创新品200余款。倡议并成功举办全球博物馆珍藏在线接力展示活动，来自15个国家的16位国家博物馆馆长接力讲述本馆珍藏特色，开辟国际合作新模式。

■ 【藏品管理】

征藏整理工作取得较大突破。全面启动全馆藏品定级工作，研究制定工作方案和定级标准，有序开展相关工作。

■ 【学术研究】

建立健全科研激励机制，学术研究工作进步明显。制定《中国国家博物馆科研项目经费管理办法》《中国国家博物馆国家重点研发计划项目管理办法》《中国国家博物馆国家重点研发计划项目经费管理办法》等。支持专业技术人员积极申报各级各类科研项目，省部级以上科研项目立项20项，其中国家重点研发计划2项、国家社科基金4项。举办中国古代青铜器研究论坛、中国古代服饰文化研讨会等学术活动116个。推动学术成果转化，全年累计出版展览图录26种、学术著作30种，发表学术论文308篇。主办刊物运行顺利，"智慧国博"建设扎实推进。

■ 【人才队伍】

加大人才队伍建设力度，健全激励机制。全面实施策展人制度，制定职工培训管理办法。精心组织线上社会招聘和高校应届生招聘。基于机构调整和干部梯队建设需要开展科级干部任免，加大年轻干部选拔力度，提高干部队伍年轻化、专业化水平。制定《中国国家博物馆职工培训管理办法》，遴选急需专业职工进入高校院所进行培训。举办各类线上线下培训班18个，培训干部职工3546人次。

中国
文物年鉴
2021

恭王府博物馆

【概述】

2020年，在文化和旅游部党组正确领导下，恭王府博物馆坚持以习近平新时代中国特色社会主义思想为指导，全面贯彻党的十九大和十九届二中、三中、四中、五中全会精神，不断增强"四个意识"，坚定"四个自信"，做到"两个维护"，严格落实巡视整改反馈问题，稳步推进"平安恭王府、学术恭王府、数字恭王府、公众恭王府"建设，各项工作科学开展，取得积极成果，全年未发生安全事故。

【安全开放】

多措并举推进"平安恭王府"。向北京市文物局呈报《恭王府及花园保护规划》，重点基建项目空调设备、室外管线及热力站更新改造工程顺利实施。新建观众服务中心，完成银安殿油饰保养、戏楼南门及菜园木质藤萝架抢修、导向标识系统升级，24号院消防、安防改造并接入馆监控中心。验票安检一体化改造后增加观众验票通道4个，安检设备2台，入口通道增加至8个，提高了观众入馆通检速度。组织开展全馆拉网式安全大检查，按照"横到边、竖到底、全覆盖、无盲区"的要求，逐一消除安全隐患。采取集中学习、安全答题、线下实操和模拟演练相结合的形式，组织网络安全、应急救护知识技能、消防安全培训和日常消防与疏散演练，进一步细化完善安防、消防、物业、保洁巡查制度，制定创建无烟馆区方案，推动禁烟工作。

【宣教服务】

创新活动形式，"公众恭王府"云相约。充分发挥线上优势，国际博物馆日联合央视举办首场"云讲国宝"活动，10余家平台同步直播，3小时内同时在线人数最高达1457.4万，全网触达人数超过5000万。线上直播"非遗演出季"，融昆曲古琴表演于古建园林之中，南宋名琴亮相，专家现场品读，10余家媒体全程直播，逾1100万观众"云观演"。以线上交流征稿形式开展第十届"海棠雅集"相关活动。"云游课堂"社教活动以边走边讲边画的形式将历史讲述和艺术写生联合。参加"文物系荆楚 祝福颂祖国——文博抗疫祝福接力海报展"，入驻人民日报客户端"奇妙漫游云逛展"。接受中央电视台《远方的家》栏目组采访，录制《大运河》恭王府专题片，参加《博物馆说》网络短视频推广活动，接受中国国际广播电台采访。

线下以王府历史文化、非遗研究、特色艺术为主题，举办"馆藏毓崟书法及现当代龙泉青瓷特展""恭王府馆藏扇面艺术作品展""国家级非物质文化遗产鹤庆银器锻制技艺精品展""祈福纳祥 趋吉避疫——国家级非物质文化遗产滑县木版年画保护成果展""百位学者书画名家主题诗联邀请展"等多项展览。举办"王府探秘教育活动""童画恭王府"等近十场线下社教活动,举办"童画恭王府——2020恭王府博物馆青少年美育成果展",在"残疾人公益文化日"为听障儿童举办"'听'见历史 恭王府里迎六一"活动。研学项目获教育部资金支持,"传统文化进社区进学校"获全国文化和旅游志愿服务项目线上大赛三等奖。与中国记协联合举办外国驻京记者中秋茶话会。驻山西(忻州)静乐传统工艺工作站举办多场非遗产品展。

■【学术研究】

提高藏品管理研究水平,稳步推进"学术恭王府"。完成《恭王府府邸修缮报告》,征集回流一张"恭亲王设色老照片",完成恭王府样式雷图档复制,开展全馆文物普查建立藏品总账。成立中国紫禁城学会王府历史文化专业委员会,积极筹备联络全国各地王府打造王府联盟,完成科研管理工作相关制度办法拟定,组建学术委员会,推进恭王府博物馆大遗址保护相关工作。

与广州市文化广电旅游局、山东省文化和旅游厅建立战略合作关系,与北京市文化和旅游局共同启动"北京中轴线相关非物质文化遗产项目资源"征集活动,与河北省文化和旅游厅对接启动"冀中非物质文化遗产研究"。策划举办第六届中国非物质文化遗产博览会,对鄂尔多斯非遗馆现状进行分析评测和学术指导。出版《中华传统技艺》4卷本,举办主题线上学术活动。恭王府春分祈福习俗和官式建筑营造技艺被推荐为北京市第五批市级非物质文化遗产代表性项目。

■【信息化建设】

全面推进"数字恭王府"。完成《恭王府花园园林数字化及府邸园林文化专题研究》《恭王府及花园2021—2023年度文物建筑及非文物建筑保护设计》,启动花园建筑、彩画、藏品情况摸底及数据采集,完成部分区域彩画数字化采集以及14000余件藏品数字化基础数据汇总整理。

初步完成内外网分离踏勘,对门票预售系统进行风险等级评估,升级园区网络带宽,完成新游客中心网络敷设、验票安检一体化网络改造布线等硬件设施提升改造,完善网络安全应急预案、制度及相关措施,开展网络安全应急演练。

■【经营管理】

修订完善知识产权管理、对外授权合作、文创产品开发相关规章制度,补充资料维持商标注册,对近似商标提出"异议申请",为合作企业延长授权期限。

启动VI标识全品类商标注册,完成文创产品包装设计指南,推出新品近百种,完成近十件新产品的审核授权。积极参加中国国际服务贸易交易会暨第十五届北京文博会、第十四届中国国际品牌授权展览会、首届四川省文创大会等展会以及第十九届什刹海文化旅游节文旅产品推荐直播活动等。与vivo手机开展联名合作。"溜溜福"体育产品和"一辈子福气"家居用品入围全国文化创意产品推介活动初评。

中国文物学会

【概述】

2020年，中国文物学会深入学习习近平总书记关于文化遗产保护重要指示精神，进一步夯实增强"四个意识"、坚定"四个自信"、做到"两个维护"的思想根基，在以习近平同志为核心的党中央的坚强领导下，同心抗疫、共克时艰，在危机中抓住新机，在变局中开辟新局，在困难中谱写新篇。

【组织建设】

坚持以党的基层建设带动学会组织建设，提高学会管理能力和水平。按照国家文物局巡视组反馈意见，认真落实整改工作，41项整改措施全部落实。严格落实意识形态工作责任制，严格执行研讨会、论坛报备制度，推动学会工作制度化规范化。

适应新冠肺炎疫情防控要求，在线上召开常务理事会和理事会，保证工作有序进行。2020年12月成立钟表专业委员会，学会分支机构达到30个。

【重点活动】

1月3日，古村镇专业委员会"中国优秀古村镇宣传推介活动"首次联系会议召开。

7月14日，中国文物学会和中国文物报社主办"2019年度全国文化遗产十佳图书推介活动"，展示老一辈学者严谨治学的成果和青年学者的思想火花。

10月3日，20世纪建筑遗产委员会在辽宁义县举办"守望千年奉国寺·辽代建筑遗产保护研讨暨第五批中国20世纪建筑遗产项目公布推介学术活动"，公布推介了101项"第五批中国20世纪建筑遗产"项目。

10月27日，"中国优秀古村镇宣传推介活动"启动会议在福州工程学院举办，活动聚焦古村镇传承与活化利用，传播中华优秀传统文化，助力乡村振兴战略的实施。

11月26日，文物修复专业委员会在北京举办第十八届全国文物修复技术研讨会，通过交流修复技术经验，弘扬莫高精神、工匠精神、科学精神。

12月11日，中国文物学会与中国文物报社联合开展"2020全国革命文物保护利用十佳案例宣传推介活动"，推介近年来革命文物保护利用的探索实践、创新成果和典型经验。

【专业委员会工作】

文物摄影专业委员会协办"文博·新媒体公开课"在线培训班，以线上方式开展文博业务培训。历史文化名楼保护专业委员会联手有关单位举办"璀璨中华名楼·祈福国泰民安"燃灯中华名楼祈福公益主题活动，传递中华儿女同舟共济、共同战疫的坚定信心。文物仿复制专业委员会成员单位与文博专家联手推出"中华优秀传统文化进校园在线精品课程——国宝博览"，丰富青少年文化生活。

10月29日，文化创意发展委员会在浙江杭州召开学术年会，交流各地文创产品开发经验；同日，漆器珐琅器专业委员会在浙江杭州召开学术年会，交流漆器文物材料、工艺、艺术方面的研究心得和修复经验。11月5日，玉器专业委员会在北京召开中国玉学理论构建学术研讨会，从考古学、历史学、文献学、博物馆学等方面围绕玉学理论构建主题进行研讨。11月20日，文物保护技术与修复材料专业委员会在山东济南召开土遗址保护及材料应用研讨会，讨论土遗址保护材料研发应用问题。11月27日，法律专业委员会与文博出版传媒专业委员会在北京举办《中华人民共和国著作权法》学习会，研讨著作权法最新修改内容对文博出版、传播、文创工作的意义与影响。11月28日，盐业文物专业委员会在河北黄骅市召开京津冀鲁四省（市）海盐历史文化暨文物保护学术研讨会，围绕"加强盐业文物保护，创新优秀传统文化"进行研讨。

【课题研究】

中国文物学会积极向全国哲学社会科学工作办公室申报课题和活动项目。文化名街专业委员会承担"历史文化名城及街区内文物整体保护管理情况研究"项目。工业遗产专业委员会承办中国第十一届工业遗产保护学术研讨会，通过全国社科办的审核立项。

【文化遗产传播】

中国文物学会与浙江卫视共同发起并联合制作互动纪实节目《万里走单骑——遗产里的中国》，由单霁翔会长带领观众走入中国文化遗产，传播文化遗产价值和文化遗产蕴含的文化基因及富有趣味的故事；展示文物工作者的思想追求、文化情怀和责任担当，弘扬他们身体力行的无私奉献精神；动员社会力量参与文化遗产保护，形成全社会保护文化遗产的合力。该节目于11月7日在浙江良渚遗址开机摄制，是中国文物学会致力于文化遗产大众传播的有益尝试。

中国古迹遗址保护协会（ICOMOS/China）

■【概述】

2020年，在国家文物局的指导与支持下，中国古迹遗址保护协会按照协会领导要求，依托中国文化遗产研究院平台，在加强机构及能力建设、提升会员服务与合作水平、开展行业管理咨询、推动世界文化遗产培育、加强与国际古迹遗址理事会和其他国家交流合作等方面取得了一系列工作成绩。

■【团体会员服务与合作】

1. 举办"4·18"国际古迹遗址日系列活动

2020年国际古迹遗址日的主题为"共享遗产、共享文化、共享责任"，协会在颐和园举办了以"共同守护、共享未来：中国世界文化遗产的培育与传播"为题的特别分享活动。国家文物局局长刘玉珠，协会理事长宋新潮以及副理事长吕舟、王旭东、姜波、舒小峰，颐和园园长杨华等参加了活动。活动由协会秘书长闫亚林主持，采取线上直播的形式，向公众展示了四项世界文化遗产预备名单项目（北京中轴线、普洱景迈山古茶林文化景观、江南水乡古镇、西夏陵），累计约10万人在线观看，36853人参与互动。同期，十余家会员单位在不同城市举行了形式多样的活动。

2. 协办"长三角区域文物保护工程资质单位培训班"

10月25—31日，协办"2020年长三角区域文物保护工程资质单位培训班"，该培训班由上海市、江苏省、浙江省、安徽省文物局主办，苏州市文物局承办。授课内容主要涵盖文物保护工程管理体系现状、文物保护工程资质与资格管理、中国文物古迹保护准则重要条例、文物古迹价值评估、文物保护工程勘察设计方案编制、文物保护规划编制、文物保护工程施工管理、文物保护工程监理要求等。学员主要为三省一市文物保护工程资质单位的相关从业人员。培训班通过主题演讲、专业授课、工程实地考察、分组专题讨论等形式完成了知识和理念的传授，促进了学术与经验的交流，取得了良好的效果。

3. 世界遗产清东陵、清西陵公众开放和展示利用策略研究

为世界遗产清东陵、清西陵提供公众开放和展示利用的策略研究。秘书处项目组赴清东陵调研，明确需求，按照世界遗产保护展示标准，为中国皇家陵寝类世界遗产的阐释展示和公众开放提供翔实的研究依据，并在此基础上给出利用策略建议。

4. 山海关、北京天桥历史街区等遗产地历史文化遗产价值主题研究

配合长城国家文化公园建设和北京市中轴线保护与申遗总体工作，对山海关、北京天桥历史街区的文化遗产要素开展研究分析，通过与国内外相关案例的比较研究，提出相关遗产地价值特征及保护发展总体定位与策略。

■【专业委员会工作】

1. 石窟专委会

11月23日，由协会石窟专业委员会主办，龙门石窟研究院承办的"2020中国古迹遗址保护协会石窟专业委员会年会"在河南洛阳召开。会议主题为学习贯彻习近平总书记关于文物工作的系列重要指示精神和国务院办公厅印发的《关于加强石窟寺保护利用工作的指导意见》及全国石窟寺保护与考古工作座谈会精神。协会副理事长柴晓明传达了11月13日孙春兰副总理在全国石窟寺保护与考古工作座谈会上的讲话精神。

2. 历史村镇专委会

11月1日，由协会历史村镇专业委员会主办，松阳县人民政府、清华同衡规划设计研究院、清控遗产DIBO联盟承办的中国古迹遗址保护协会历史城镇村专业委员会2020年学术会议暨历史环境保护活化松阳研讨会"历史环境与DIBO（设计投资建造运营一体化）"在浙江省丽水市松阳县文里·松阳三庙文化交流中心举办。

3. 文化线路保护研究专委会

文化线路遗产保护研究专业委员会完成更名、相关组织构架及会员注册事宜，举办和推动万里茶道自驾游赛事、南亚廊道考古调查等活动，出版《甘川文化廊道考察图录》，在推动我国线性文化遗产的科学保护与合理利用方面卓有成效。

4. 防灾减灾专委会

防灾减灾专委会启动编制《文化遗产防灾减灾概论》培训教材；参与福建省、山西省不可移动文物防灾减灾相关信息调研，积极参与文化遗产防灾减灾相关标准的编制工作；举办文化遗产保护专题学术系列讲座；为推动国家重视文化遗产防灾减灾工作积极建言献策。

5. 文化遗产管理研究专委会

文化遗产管理研究专委会通过微信公众服务号总结整理并发布"文化遗产保护管理"专题系列文章；参与世界遗产大会遗产地管理者论坛策划；为文物保护工程专业人员相关数据分析提供技术支持；配合世界遗产第三轮定期报告，系统翻译了世界遗产中心发布的定期报告培训材料。

■【宣传推介活动】

1. 优秀古迹遗址保护项目宣传推介

受国家文物局委托，协会开展了"2020年度优秀古迹遗址保护项目宣传推介活动"。活动共收到33个项目申请，经过初审、现场复核等工作，于12月18日在北京召开终审会，从15个入围项目中最终推荐山西临汾市尧都区东羊后土庙修缮项目、福建厦门市鼓浪屿日本领事馆旧址修缮项目、福建泉州市文庙大成殿修缮项目、广东河源市仙坑村四角楼修缮项目为本年度优秀古迹遗址保护项目。

2. 第二届乡村遗产酒店示范项目推介

受国家文物局委托，协会开展了"第二届乡村遗产酒店示范项目推介活动"。活动共收到28个项目申请，通过初审、现场复核等工作，于11月8日在北京举行终审会，从11个入围项目中最终推荐云南大理喜林苑·杨卓然院、浙江衢州村上酒舍、福建青普文化行馆·南靖土楼、江西婺源水岸边民宿、安徽金寨八湾堂民宿共5个示范项目。

11月20日，由协会主办，协会历史村镇专业委员会、北京清华同衡规划设计研究院、大地风景文旅集团、执惠集团承办的"第二届乡村遗产酒店示范项目发布会暨中国乡村遗产复兴发展论坛"在北京首钢园顺利召开。

【资质资格管理】

1. 单位资质线上评审及现场复核

在国家文物局统筹安排下，协会秘书处协助开展全国文保资质单位信息登录国家文物局综合行政管理平台的审核工作，滚动审核1600余次，于2020年优先完成甲、一级资质单位的审核任务。同时秘书处组织专家对符合升级条件的资质单位进行现场复核。

2. 文物保护工程专业人员资格考试

2020年文物保护工程专业人员资格考试于6月份正式启动，明确考试收费以"成本补偿"为基本原则，继续委托人社部人事考试中心开展命题与考务工作。报名工作于10月29日至11月10日进行，报考人次11842人，报考科次37966科。考试于12月26日、27日在陕西省西安市及江苏省南京市、苏州市、徐州市顺利举行，实际到考32043科次，到考率达84.4%。考试结束后，满足个人资格审核材料申报标准的人员提交审核材料。截至2020年12月，协会完成622人的资格审核，通过审核人员294人，包括责任设计师222人、责任工程师12人、责任监理师60人，其中208人已获取证书及印章，该部分资格人员信息入库工作也已完成。

为进一步加强文物保护行业队伍建设，适应文物保护行业发展需要，协会在国家文物局的指导下组织行业内机构、专家开展了文物保护工程专业人员资格考试学习材料的编写。最终成稿11册，涵盖法律法规与工程管理、勘察设计通论、施工通论、监理通论、监理实务、古建筑、石窟寺及石刻、古文化遗址古墓葬、近现代重要史迹及代表性建筑、壁画、保护规划科目，是行业内首套系统、全科目的文保工程考试和从业培训材料，共计330余万字，于11月19日正式上线，免费供专业人员和社会大众学习参考。

3. 资质资格日常管理

协会秘书处开展文物保护工程资质单位的日常管理工作，协助国家文物局为资质单位发放变更后的证书，为省文物局发放空白证书以及图纸报审章；完成30家文物保护工程甲、一级资质单位信息变更、证书制作及相关数据库数据更新与管理；更新个人资格证书的样式；完成197名资质专业人员的信息变更及数据库更新。

【世界文化遗产相关工作】

1. 支持普洱景迈山古茶林文化景观申遗，出版论文集

10月，协会联合主编的《茶文化景观研究保护与可持续发展国际研讨会论文集》正式出版。该书分为中文版和英文版两册，协会负责组稿、内容编辑、中英文译校等专业工作。这套论文集是世界文化遗产领域首部以"茶文化景观"为主题的出版物，为推动景迈申遗和茶文化景观遗产的研究保护提供了重要的学术支撑。

2. 支持北京中轴线申遗，举行线上国际研讨会

12月9—11日，协会与北京市文物局共同主办的2020年北京中轴线保护国际学术研讨会以视频会形式召开，40余位国内外专家在线参会。秘书处全程参与会议筹备，参与会议议程、研讨形式和内容的设计，推荐和邀请5位权威国际专家参会。会议为下一步中轴线申遗

的研究、申遗工作的推进和保护策略的制定提供了具有启发性、操作性和方向性的参考和指导。

3．开展冈仁波齐神山及圣湖文化景观申遗专题研究

受国家文物局委托，协会承担冈仁波齐神山及圣湖文化景观申遗专题研究。项目组梳理神山圣湖文化遗产资源情况、提炼申遗项目突出普遍价值、整理周边国家涉边境遗产申报动态、提出申报策略建议，完成报告初稿。9月22—29日，项目组赴西藏调研，收集地方材料以及专家意见，对报告进行修改，10月向国家文物局汇报并提交研究报告终稿。

4．开展二里头遗址申报世界遗产策略研究

受国家文物局委托，协会承接二里头遗址申报世界遗产策略研究项目。项目组针对二里头遗址突出普遍价值进行梳理，并针对遗产构成、符合标准、真实性、完整性等进行分析，开展比较研究，提出申遗策略。

5．支持济南泉城文化景观申遗，举行学术研讨会

9月9—11日，协会与济南市人民政府主办的"2020中国古迹遗址保护协会暨济南泉·城文化景观学术研讨会"在济南召开。秘书处指导会议筹备，制定"文化景观的国际理念与中国经验"的会议主题，并邀请行业内外专家学者十余人参加会议。

6．支持万里茶道申遗，参加工作座谈会

12月11日，协会支持的"万里茶道联合申遗城市联席会议暨万里茶道八省（区）文物局长申遗工作座谈会"在武汉召开。秘书处代表在座谈会上同与会代表商讨"万里茶道"中国段相关工作安排，协力推动中、蒙、俄"万里茶道"联合申报世界文化遗产工作。

7．提供世界遗产大会专业咨询

原定于福州召开的第44届世界遗产大会因新冠肺炎疫情原因推迟召开。协会按原计划配合国家文物局开展会议筹备工作，跟踪国际项目最新动态，并参与了亚洲文化遗产保护行动共同宣言、"中国世界遗产事业"主题展览大纲撰写等，完成了《操作指南》（2019版）的修订工作。

【国际交流与合作】

1．参加ICOMOS线上全球大会

原定于2020年10月在澳大利亚悉尼召开的第20届ICOMOS全球大会，最终于12月3日、7日和16日以线上会议的形式召开。协会副理事长姜波成功当选ICOMOS副主席。除取得了积极的参会成果和竞选成功外，协会也以本次竞选活动为契机，积极扩展了与国际总部、其他国家委员会和国际专委会的交流，为日后开拓联合国际学术活动奠定了基础。

2．推荐专家参与ICOMOS国际事务

协会积极承担ICOMOS国家委员会义务，推荐我国专家参与亚洲邻国世界文化遗产申报项目评估工作。2020年为总部提出的印度和日本申报项目推荐了4位书面评估专家和2位现场评估专家。

协会积极推荐和协助中国专家参与国际专委会活动，目前29个国际专委会中有7位中国专家担任领导职务，中国专家参与国际ICOMOS活动人数不断增多，影响力不断提升。

3．ICOMOS茶文化景观主题研究

协会于10月收到ICOMOS总部关于ICOMOS茶文化景观主题研究中国章节第二版的修改意见，及时组织作者修改完善，并为总部委托撰写综述章节的韩锋教授提供前期稿件，

确保总报告按计划出版。本项目作为茶文化景观国际基础信息的一次全面收集和整理，为茶文化景观遗产的申遗、研究和保护发展奠定了基础。

4. 筹备2021年第28届国际文化遗产记录科学委员会全球双年会

协会联合主办的ICOMOS国际文化遗产记录专委会第28届双年会将于2021年8月在北京召开。本届会议涵盖文化遗产信息化、遗产大数据管理、遗产展示与传播、创新与利用、遗产保护公众参与等多个分主题。筹备期间，秘书处全程参与会议形式策划、专家邀请、分主题设计等工作。

5. 其他

关注跟进其他ICOMOS主题研究情况。协会参与的"文化与自然融合联合实践计划"项目已基本完成，ICOMOS遗产重建主题研究最终选定泰顺廊桥项目列入全球报告。

通过官网和公众号向广大会员发布国际学术活动信息，包括第13届ICOMOS土建筑遗产大会、ICOMOS文化遗产阐释展示专委会年会、2020亚太地区文化遗产保护青年从业者培训班、法国"杰出遗产地与城市"线上培训班等。

参与国际ICOMOS青年工作组（EPWG）工作。秘书处持续参与EPWG工作例会及真实性之旅（Journey to Authenticity）学术研讨会；积极参与亚太小组活动，了解亚洲他国青年学者工作组情况，筹备组建中国青年工作组。

【会员管理】

截至2020年，协会共有个人会员1516名（含国际会员286名）、团体会员单位219家，其中2020年新批准个人会员369位（含国际会员38名）、审批团体会员单位59家。

中国博物馆协会

【概述】

2020年，中国博物馆协会继续秉承"学术为本、服务为先、依法办会、开放办会"的原则，按照《中国博物馆协会章程》，紧密围绕国家文物局重点工作，立足博物馆事业发展的新要求，求真务实，探索创新，按计划顺利推进各项工作。

【重点工作】

1．中国博物馆协会第七届会员代表大会

根据《中国博物馆协会章程》，协会应在2020年完成换届。经国家文物局批准，在秘书处的充分筹备下，中国博物馆协会第七届会员代表大会于2020年9月18日在北京召开。国家文物局局长刘玉珠、副局长关强出席会议，由各省（自治区、直辖市）博物馆及相关机构推荐的会员代表以及来自中国自然科学博物馆学会、中国古迹遗址保护协会、中国文物学会等兄弟社团的嘉宾400余人参加了会议。

大会审议通过了第六届理事会工作报告和财务报告，表决通过了《中国博物馆协会章程》修订草案、关于调整会费标准的决议、选举产生新一届领导机构和理事会成员。刘曙光被选举为新一届理事长，丁鹏勃等19人被选举为副理事长，李金光被选举为秘书长，于志勇等80人被选举为常务理事，丁方忠等245人被选举为理事。

2．第九届"博博会"筹备工作会

作为博物馆行业的重大活动，第九届中国博物馆及相关产品与技术博览会原定于2020年9月在河南省郑州市举办，受新冠肺炎疫情影响，经国家文物局批准，该活动延期至2021年9月。中国博协按照新的情况，积极修改工作方案，对接筹备工作。2020年12月，博协与郑州市人民政府、河南省文物局、郑州市文物局、博协相关专委会等相关单位，在郑州举行了第九届"博博会"筹备工作会议。会议针对第九届"博博会"的组织机构进行了调整，提出了"博博会"初步方案。

【行业服务】

1．第四批全国博物馆定级评估工作

根据国家文物局最新修订发布的《博物馆定级评估办法》《博物馆定级评估标准》《评分细则计分表》，协会组织开展了第四批全国博物馆定级评估工作。经核定，中国印刷博物馆等74家博物馆为国家一级博物馆，北京南海子麋鹿苑博物馆等221家博物馆为国家二级博物馆，中华世纪坛艺术馆等225家博物馆为国家三级博物馆。通过本次评估，国家一、二、三级博物馆总数达到1224家，占全国博物馆总数的22.1%。

2. "博物馆在移动"项目

2月，协会与咪咕文化科技有限公司合作的"博物馆在移动"项目启动"云博物馆"直播活动。该项目目前累积合作上线27家博物馆，全场景在线观看超1亿人次。

2020年国际博物馆日中国主会场活动开幕式在南京博物院举行，"博物馆在移动5·18文创节"同步开启。活动邀请了7家不同地区极具文化代表性的博物馆参与"博物馆人谈文创"直播活动，对文创产品背后的文化内涵进行了解读。

■【会员和专委会工作】

2020年，秘书处共为146家中国博协新入会团体会员及501名个人会员办理了入会手续，收缴年度会费730.16万元；为3家新入会团体会员及15名个人会员办理了国际博协入会手续，收缴年度会费17.3万元，并将会费转至国际博协。

秘书处按要求完成2019年专委会资助计划中各个项目的报销、结项等工作，督促各受资助专委会按期完成项目。发布出资支持专委会开展相关活动的通知，共计支持6个专委会申报的项目。按规定审核办理各专委会近20个研讨会及活动，如"后疫情时代博物馆新媒体新技术应用"研讨会、"海帆寻踪：文化遗产视野下的海上丝绸之路"学术研讨会、"讲故事的人——新时代博物馆展览与设计高端研讨会"暨陈列艺术专业委员会2020年年会等。

协会官方网站基本完成改版工作试运行。新版网站增加了党建工作专栏，下设党章党规、学习天地等栏目。新版网站还增加了线上缴费、浏览学术资源等版块，为会员提供更多便利。后期还将根据网站运行情况进行局部微调。

■【学术活动与出版】

在国家文物局的指导下，中国博协于12月在上海主办了高校博物馆专业人才培养工作座谈会，为"十四五"期间博物馆学学科建设及人才培养，为文化强国建设中博物馆事业新的发展与进步建言献策。此外，中国博协还与文创产品专业委员会举办了"跨界与融合：博物馆文创发展新动能"论坛，与博物馆建筑空间与新技术专业委员会举办了"后疫情时代博物馆新媒体新技术应用"研讨会等业内学术活动。

《中国博物馆》再次被中国知网选为《中国学术期刊影响因子年报》统计源期刊，影响因子大幅提升，期刊综合影响因子0.411，复合影响因子0.823，在文化与博物馆学类19种学术期刊中排名第4。为更好地适应现代社会的传播模式，按照前期调研获得的数据和参考，《中国博物馆通讯》将于近期完成改版工作。

作为中国博协2020年的重点出版项目，《博物馆藏品保护中英词汇手册》出版项目受到国家文物局的大力支持和资助。该手册详述了藏品保护领域中各个门类的中英文术语，将成为藏品保护专业人员实用的工具书。

■【国际交流与合作】

国际博协藏品保护委员会第十九届大会原定于2020年9月在北京市举办，受新冠肺炎疫情影响，经国家文物局批准，活动延期至2021年5月以线上形式举办。作为此次大会的承办单位，中国博协继续积极推进大会筹备工作，向国家文物局、大会中方组委会积极汇报会议的筹备进展；与国家文物局财务部门、北京市文物局财务部门积极沟通，确保大会的相关政府资助费用的落实；确定大会中方主旨发言人；调整会议方案，落实线上会议可行性方案等。

国际博协第35次全体会议、第87次咨询委员会会议等国际博协一年一度的年度会议，原定于2020年6月在巴黎举行。受新冠肺炎疫情影响，国际博协第一次采用视频会议形式召开年会及相关会议。会议审议并通过了国际博协的年度工作报告、财务报告等文件。

第一届世界博物馆论坛于2020年11月24日至27日在线上举行，主题为"博物馆和人工智能（AI）"。论坛由韩国国家博物馆、国际博协亚太地区联盟和国际博协韩国国家委员会共同主办，致力于为亚太地区博物馆传递多元的声音与意见。经国家文物局批准，中国博物馆协会同志陪同国家文物局副局长关强参加了此次会议。

【其他】

加强建设，充分强化党的领导。经国家文物局批准，中国博协于2020年12月成立党支部。中国博协党支部将更加紧密联结秘书处挂靠单位北京鲁迅博物馆党委，各专业委员会也将依托挂靠单位的党组织，探索行之有效的措施加强各专委会党建工作，积极务实地提升中国博协党建和意识形态工作管理的新途径、新方法。

守望相助，抗击新冠肺炎疫情。按照国家文物局的统一部署，协会及各专业委员会迅速采取行动，推动会员单位充分利用线上资源，支持会员博物馆征集抗疫见证物。协会专家学者参加国际博物馆抗击疫情对策研讨，分享中国经验，与国际社会共同分析疫情短期、中期和长期对博物馆领域的影响，探讨应对策略。

纪事篇

1月1日	国家文物局最新修订的《博物馆定级评估办法》《博物馆定级评估标准》《评分细则计分表》正式施行。
1月3—4日	2020年全国文化和旅游厅局长会议在北京召开。
1月4日	国家文物局发布第三批共14个全国文物行政执法指导性案例并对有关办案单位予以通报表扬。
1月6日	国家文物局局长刘玉珠在北京会见埃及驻华大使穆罕默德·巴德里，就进一步加强中埃文化遗产交流与合作交换意见。
1月8日	2019年度文物好新闻推介暨媒体座谈会在北京召开。国家文物局局长刘玉珠出席会议并讲话，国家文物局副局长关强宣读文物好新闻推介作品名单。
1月9日	由中国博物馆协会、中国文物报社指导，中国博协传媒专委会和中国知网联合主办的"数据·知识·智慧——博物馆的职责与使命"学术论坛暨中国知网"文物保护技术创新知识服务平台"专题研讨会在海南博鳌召开。
1月10日	中共中央、国务院在北京隆重举行2019年度国家科学技术奖励大会。国家文物局提名项目"考古现场脆弱性文物临时固型提取及其保护技术"荣获2019年度国家科学技术进步奖二等奖。 "中国社会科学院考古学论坛·2019年中国考古新发现"在北京举行。山东滕州市西孟庄龙山文化遗址、黑龙江齐齐哈尔市洪河遗址、陕西神木市石峁遗址皇城台大台基遗迹、山西绛县西吴壁遗址、湖北随州市枣树林春秋曾国贵族墓地、青海乌兰县泉沟吐蕃时期壁画墓获选2019年中国考古六大新发现。
1月11日	由中国文化遗产研究院、中国文物报社支持，湖北省博物馆协会、中国博物馆协会考古与遗址博物馆专业委员会主办的2020年遗址博物馆展示创新研讨会在湖北武汉召开。
1月15日	文化和旅游部、意大利驻华大使馆等在北京召开新闻发布会，通报有关中国意大利文化和旅游年的各项活动内容。 国家文物局副局长胡冰在北京会见濒危文化遗产保护国际基金秘书长瓦莱里·弗勒朗一行。

由国家文物局指导，中国文物报社联合30多家文博机构共同举办的"瑞鼠吐宝——庚子鼠年新春生肖文物图片联展"在北大红楼橱窗和各联展单位展出。

1月16日　国家文物局通报2019年度文物消防安全工作和春节前组织的突查暗访情况。
中国文物交流中心与中国宋庆龄青少年科技文化交流中心签署战略合作框架协议。

1月17日　中央宣传部授予甘肃省敦煌研究院文物保护利用群体"时代楷模"称号。
中国和罗马尼亚在罗马尼亚首都布加勒斯特签署《中华人民共和国政府与罗马尼亚政府关于防止盗窃、盗掘和非法进出境文化财产的协定》。

1月19日　习近平总书记考察云南腾冲和顺古镇。
国家文物局副局长宋新潮一行赴北京孔庙和国子监博物馆、雍和宫等全国重点文物保护单位检查文物安全工作。

1月20日　习近平总书记考察国立西南联合大学旧址，参观西南联大博物馆。
国家文物局印发关于开展2020年度"弘扬优秀传统文化、培育社会主义核心价值观"主题展览项目征集工作的通知。

1月21日　中国意大利文化和旅游年在意大利罗马音乐公园隆重开幕，国家主席习近平和意大利总统马塔雷拉分别致贺信祝贺，文化和旅游部部长雒树刚率团访意并出席开幕活动。

1月22日　文化和旅游部办公厅、国家文物局办公室联合印发《关于做好新型冠状病毒感染的肺炎疫情防控工作的通知》。

1月27日　国家文物局党组书记、局长刘玉珠主持召开党组扩大会议，传达学习习近平总书记在中央政治局常委会会议上的重要讲话精神，贯彻落实中央应对新型冠状病毒感染肺炎疫情工作领导小组会议精神，专题研究部署文物系统疫情防控工作。

1月28日　国际博物馆协会主席苏埃·阿克索伊就新型冠状病毒疫情致函国际博物馆协会中国国家委员会，向中国和中国博物馆同行表示诚挚慰问。
在国家文物局支持下，中国文物报社发出《关于向"博物馆网上展览平台"提供网上展览内容资源的倡议书》。

2月

2月1日	中共中央总书记、国家主席、中央军委主席习近平的重要文章《在敦煌研究院座谈时的讲话》在《求是》杂志上发表。
	国家文物局推送第一批全国博物馆网上展览资源。
	在国务院办公厅"全国一体化在线政务服务平台"项目组支持下,国家文物局将网上展览推送嵌入国家平台服务总门户。
	国家文物局一体化政务服务平台推出新型肺炎疫情防控专题。
2月3日	国家文物局推送第二批全国博物馆网上展览资源。
2月6日	国家文物局推送第三批全国博物馆网上展览资源。
2月8日	尼泊尔总统班达里视察中国援助尼泊尔加德满都杜巴广场九层神庙修复项目现场,中国驻尼泊尔大使侯艳琪等相关负责同志陪同参观。
2月11日	国家文物局官方微博"中国文博"联合全国博物馆和文物考古遗址类官方账号,组织开展"文物系荆楚 祝福颂祖国"文物传递祝福接力活动。
2月12日	中国博物馆协会、北京鲁迅博物馆(北京新文化运动纪念馆)与中国移动咪咕文化科技有限公司、北京易讯无限信息技术股份有限公司合作推出"云博物馆"5G直播公益活动。
2月16日	国家文物局推送第四批全国博物馆网上展览资源。
2月18日	国家文物局发布2020年工作要点。
2月20日	由国家文物局指导,抖音联合中国国家博物馆、敦煌研究院、南京博物院、湖南省博物馆、浙江省博物馆、辽宁省博物馆、山东博物馆、山西博物院、广东省博物馆,推出"在家云游博物馆"直播活动。
2月25日	文化和旅游部印发《旅游景区恢复开放疫情防控措施指南》。
2月26日	国家文物局推送第五批全国博物馆网上展览资源。
	中国文物交流中心联合人民日报客户端等媒体单位联合发布抗击疫

情公益主题音乐《英雄的未来》。

甘肃省人民检察院和甘肃省文物局联合印发《关于开展〈国有文物保护检察公益诉讼专项监督活动的实施方案〉的通知》。

2月27日　　国家文物局印发《关于新冠肺炎疫情防控期间有序推进文博单位恢复开放和复工的指导意见》。

3月

3月1日　　全国首部规范民间收藏文物经营管理的省级政府规章《上海市民间收藏文物经营管理办法》正式实施。

3月3日　　国家文物局推送第六批全国博物馆网上展览资源。

3月9日　　国家文物局政府网站推出"抗击疫情　文博加油"专题，分为"中央部署""行业行动""各地动态""媒体报道""网上展览"5个栏目，展现全国文物系统齐心协力战胜疫情、共克时艰的决心和工作进展情况。

3月12日　　乌兹别克斯坦总统沙夫卡特·米尔济约耶夫一行视察中国政府援助修复的希瓦古城历史文化遗迹。

3月18日　　国家文物局印发《关于新冠肺炎疫情防控代表性见证物征集和保存工作的通知》。

3月21日　　国家文物局主办，中国文物报社承办，中国文物信息咨询中心、辛亥革命博物馆和秦始皇帝陵博物院协办的"众志成城　文物战疫——全国文物系统抗击疫情在行动"展览在北大红楼橱窗展出。

3月24日　　中共一大会址纪念馆、中共代表团驻沪办事处旧址纪念馆（周公馆）联合主办的"山高水长——周恩来与中日友好文物史料展"在中共一大会址纪念馆专题展厅开展。

3月26日　　湖北省博物馆与中国文物报社共同主办，网易新闻、CAA中国、假日博物馆联合承办的"文物不言"主题明星公益活动正式推出。

3月31日　　国家文物局通报2019年度文物行政执法和安全监管工作情况。

山东省人民政府办公厅印发关于《山东省大运河文化保护传承利用实施规划》的通知。

4月1日   退役军人事务部、外交部、财政部、中央军委政治工作部联合印发的《境外烈士纪念设施保护管理办法》正式施行。

国家文物局党组书记、局长刘玉珠主持召开局党组理论学习中心组2020年第2次学习会，传达习近平总书记关于新冠肺炎疫情防控工作系列重要讲话精神，集体学习《党委（党组）落实全面从严治党主体责任规定》《中国共产党党和国家机关基层组织工作条例》。

4月2日   国家文物局印发《关于加强文物安全有序推动文博单位开放复工的通知》。

4月8日   河南省文物局印发《关于切实做好黄河文化相关重大考古项目发掘研究传播工作的通知》。

4月14日   浙江省发展改革委、浙江省自然资源厅、浙江省文化和旅游厅、浙江省委宣传部等单位联合印发《浙江省大运河文化保护传承利用实施规划》。

青海省人民政府办公厅印发《青海省文物安全管理办法》。

4月15日   受全球新冠肺炎疫情影响，由福建福州承办的第44届世界遗产委员会会议（世界遗产大会）决定推迟举办。

4月16日   国家文物局局长刘玉珠就进一步加强文物安全工作接受新华社记者专访，称要坚守文物安全红线、底线、生命线，始终把文物安全摆在首位。

4月17日   山西省人民检察院和山西省文物局联合印发《关于在检察公益诉讼中加强协作依法做好文物保护利用工作的通知》。

4月18日   2020年国际古迹遗址日主题线上直播活动"共同守护，共享未来：中国世界文化遗产的培育与传播"在北京颐和园举行。国家文物局局长刘玉珠出席活动并致辞。

4月21日   "学习强国"学习平台联合国家文物局、新华社新媒体中心、中国

中国
文物年鉴
2021

文物报社，以及中国国家博物馆、故宫博物院、敦煌研究院等数家文博机构，推出"云游博物馆"服务专区。

湖南省文物管理委员会及文物工作专题会议在湖南长沙召开，研究湖南省《关于加强文物保护利用改革的实施意见（送审稿）》及加强文物保护利用改革相关工作。

4月22日	习近平总书记考察西安交通大学，在西迁博物馆参观交大西迁的创业历程和辉煌成就展。
4月25日	湖北省委、省政府致信感谢国家文物局长期以来特别是疫情期间对湖北的支持与帮助。
4月27日	国家文物局印发关于开展2020年文化和自然遗产日活动的通知。
4月29日	重庆市文物局、四川省文物局在重庆签订《推动成渝地区双城经济圈文物保护利用战略合作协议》。

5月

5月1日	《陕西省延安革命旧址保护条例》修订版正式施行。
5月1—5日	2019年度全国十大考古新发现终评会首次以网络会议形式召开并在新媒体客户端全网直播。陕西南郑疥疙洞旧石器时代洞穴遗址、黑龙江饶河小南山遗址、陕西神木石峁遗址皇城台、河南淮阳平粮台城址、山西绛县西吴壁遗址、甘肃敦煌旱峡玉矿遗址、湖北随州枣树林春秋曾国贵族墓地、新疆奇台石城子遗址、青海乌兰泉沟吐蕃时期壁画墓、广东"南海I号"南宋沉船水下考古发掘项目获评全国十大考古新发现。
5月7日	西藏自治区拉萨市文物局启动世界文化遗产大昭寺文物古迹保护工程。
5月10日	由国家文物局指导，湖北省文化和旅游厅、中国文物交流中心主办的"英雄武汉英雄城　革命精神永传承——武汉革命文物线上展示月活动"启动。
5月11日	习近平总书记考察大同云冈石窟历史文化遗产保护工作。

5月12日	国家文物局印发《全国文物火灾隐患整治和消防能力提升三年行动实施方案》。
5月13日	国家文物局印发《文物保护工程安全检查督查办法（试行）》《关于进一步加强重点科研基地建设的意见》《全国重点文物保护单位文物保护工程进度监督暂行规定》。
5月14日	国家文物局印发《大遗址利用导则（试行）》。 中国科学院和国家文物局联合举办重大科研成果视频发布会，公布了有关中国、东亚古人群遗传特点、基因交流与人群迁徙融合的科学证据和研究结论，揭秘中国史前人群迁徙动态与族群源流。
5月15日	国家文物局在北京召开2020年党的工作暨党风廉政建设工作会议。
5月17日	南京博物院启动国际博物馆日主会场系列活动，包括"博物馆文创产品开发论坛""青年视角——多元和包容的博物馆论坛"等。
5月18日	由国家文物局和江苏省人民政府主办的2020年国际博物馆日主会场活动在南京博物院举行，主题是"致力于平等的博物馆：多元和包容"。开幕式上公布了2020年"全国最具创新力博物馆"和"第十七届（2019年度）全国博物馆十大陈列展览精品"获奖名单，并启动"博物馆在移动""百城、百台、百人、百物　为国宝代言"和"国云展"平台等项目。由南京博物院联合8家文博机构举办的"融·合：从春秋到秦汉——中华传统文化中的多元与包容"特展以及南京市相关博物馆推出的多个专题展览同期开幕。南京博物院于当日下午举办"致力于平等的博物馆：多元和包容"主旨论坛，晚上举办主题为"中华文化的性格"的博物馆奇妙夜活动。 中国文物报社、中央广播电视总台新闻新媒体中心共同启动"国宝讲述人（云讲国宝）——全国文博在线讲解直播推介活动"，主题是"阐发文物魅力，助力美好生活"。
5月22日	国家文物局印发《文物保护工程安全检查督察办法（试行）》《关于进一步加强重点科研基地建设的意见》。
5月28日	国家文物局部署开展第七届全国文物行政处罚案卷评查工作。

6月1日   由中宣部指导，中央电视台和国家文物局联合策划出品的纪录片《如果国宝会说话》推出"六一"儿童节特别节目。

南京博物院、湖北省博物馆、辽宁省博物馆、山西博物院、江西省博物馆、中国闽台缘博物馆、中国（海南）南海博物馆等国内近百家博物馆联手帮扶赣南原中央苏区特教儿童，向国家文物局对口支援的抚州市宜黄县特殊教育学校送去儿童节祝福。

6月2日   国家发展改革委、工业和信息化部、国务院国资委、国家文物局、国家开发银行联合印发《推动老工业城市工业遗产保护利用实施方案》。

6月5日   财政部印发《关于下达2020年博物馆纪念馆逐步免费开放补助资金预算的通知》。

6月9日   陕西省丝绸之路考古中心揭牌仪式在西北大学举行。

6月10日   国家文物局党组书记、局长、局党建工作领导小组组长刘玉珠主持召开局党建工作领导小组2020年第1次扩大会议，传达学习《关于加强中央和国家机关所属事业单位党的建设的意见》，部署在局系统开展强化政治机关意识教育、"灯下黑"问题专项整治和党支部标准化规范化建设工作，研究在文物系统加强党性党风党纪教育。中央第十五巡视组相关领导出席指导。

6月13日   2020年文化和自然遗产日主场城市活动在广西桂林举行，主题为"文物赋彩全面小康"。主场城市活动开幕式设桂林主会场和北京中央广播电视总台分会场，开幕式上宣布启动"文物赋彩全面小康——文物潮我看"大型直播活动，公布中华文物全媒体传播精品（新媒体）名单、"寻找最美文物安全守护人"宣传推介名单。活动期间，"文物赋彩全面小康"主题论坛、广西省立艺术馆旧址保护工程开工仪式暨社会力量参与文物保护利用捐赠仪式、中华文物全媒体传播精品（新媒体）推介线上展映、第十二届全国青少年文化遗产知识大赛、第七届"丹青记忆　守望家园——中国文化遗产美术展"、桂林文化遗产公开课、《行走的文明》第二季直播节目、"我们在战疫——文博人抗击新冠肺炎疫情图片展"等系列线上线下活动相继举办。

由中宣部指导，国家文物局、中央广播电视总台联合策划出品的纪录片《如果国宝会说话》第三季首播。

中国社会科学院考古研究所和洛阳市人民政府共同组建的"早期中国研究中心"在河南二里头夏都遗址博物馆揭牌成立。

6月19—24日 国家文物局、浙江省人民政府主办的"2020丝绸之路周"主场活动在中国丝绸博物馆举行，主题为"互学互鉴促进未来合作"。开幕式上，中国等13个"丝路"沿线国家的专家学者共同参与的"世界丝绸互动地图"正式启动。"众望同归：丝绸之路的前世今生"特展、"一花一世界：丝绸之路上的互学互鉴"特展等同时开展。

6月22日 国务院港澳办、国务院台办、中国侨联和甘肃省政府共同主办的"2020（庚子）年公祭中华人文始祖伏羲大典"在甘肃天水伏羲广场举行。

6月23日 为纪念中国共产党发起组成立100周年，中共一大会址纪念馆"星火初燃——共产党早期组织与中国共产党的创建文物史料展"正式对外开放。

6月24日 崇礼华侨冰雪博物馆在河北张家口正式开工建设。这是国内首家以冰雪和冬奥为主题的博物馆，也是2022年冬奥会重要的文化遗产之一，建成后将成为目前国内规模最大、展品最丰富的冰雪和冬奥主题博物馆。

6月25日 "失落的黄金国——安第斯文明特展"在重庆中国三峡博物馆开展。该展汇集了来自秘鲁11家著名博物馆历年考古发现的精品文物，是首次在中国西南地区大规模展出有关安第斯文明的文物。

6月26日 2020年长三角文化和旅游联盟联席会议在江苏溧阳召开，江苏、上海、浙江、安徽文物部门在会上联合公布首批长三角区域文物专家库成员名单。

6月30日 中央宣传部、财政部、文化和旅游部、国家文物局联合公布第二批革命文物保护利用片区分县名单。

7月

7月1日 国家文物局、文化和旅游部、国家发展和改革委员会联合印发《大运河文化遗产保护传承规划》。
全国文博系统通过举办主题党课、入党宣誓、沉浸式讲解、红色场馆直播等多种形式庆祝中国共产党成立99周年。北大红楼橱窗推出"红色记忆——红军标语图片展"。

7月6日	良渚古城遗址申遗成功一周年之际，由杭州市委、市政府主办的首个"杭州良渚日"暨首届杭州良渚文化周活动在浙江杭州启动。
7月7日	联合国教科文组织执行局第209次会议在法国巴黎召开，中国推荐申报的湖南湘西、甘肃张掖两处地质公园正式获批联合国教科文组织世界地质公园称号。至此，我国世界地质公园数量升至41处（全球161处），居世界首位。
7月9日	国家文物局党组书记、局长刘玉珠以"强化政治机关意识、走好第一方阵"为主题，为国家文物局系统党员干部讲授党课。
7月10日	国家文物局印发《关于加强汛期文物安全工作的紧急通知》。
7月14日	中国文物学会和中国文物报社主办的"2019年度全国文化遗产十佳图书推介活动"终评会在北京召开。终评以视频会议的方式进行，评选出十佳图书10种、优秀图书11种。
7月14—16日	国家文物局局长刘玉珠一行赴福建福州，调研闽侯古厝等文物工作情况。
7月20日	国务院办公厅印发《关于全面推进城镇老旧小区改造工作的指导意见》，指出在城镇老旧小区改造工作中要坚持保护优先，注重历史传承。 由联合国教科文组织世界遗产中心、联合国教科文组织丝绸之路项目、中国丝绸博物馆联合主办的纪念联合国教科文组织丝绸之路项目30周年研讨会暨丝绸之路项目数字档案（DAS）启动仪式在中国杭州和法国巴黎以网络连线的方式举办。
7月21—24日	国家文物局副局长顾玉才一行分赴江西、安徽调研指导汛期文物抢险救灾工作。
7月22日	习近平总书记在吉林考察期间参观四平战役纪念馆。
7月27日	国家文物局在中国文化遗产研究院召开事业单位改革发展调研座谈会。

7月28—30日	国家文物局局长刘玉珠一行赴山西调研文物工作。
7月29日	全国重点文物保护单位蔚州古城墙因暴雨发生局部垮塌灾情，国家文物局调研组赴河北张家口现场踏勘并指导修缮保护工作。
7月30日	文化和旅游部办公厅、国家文物局办公室联合印发《黄河文化遗产系统保护工程实施方案》《黄河文化系统研究工作方案》。 国家文物局在山西太原召开《文物保护法》修订座谈会。
7月30日—8月1日	国家文物局副局长顾玉才一行到青海海北藏族自治州调研第一个核武器研制基地旧址保护利用工作，并与当地党委政府召开基地旧址保护利用工作座谈会。
7月31日	住房和城乡建设部、国家文物局联合印发《关于开展国家历史文化名城保护工作调研评估的通知》。 中国文物信息咨询中心与雅昌文化集团在北京签订战略合作框架协议。

中国
文物年鉴
2021

8月

8月1日	中国国家博物馆联合中国美术家协会、中国书法家协会共同举办"众志成城——抗疫主题美术作品展"。
8月1—4日	国家文物局副局长宋新潮一行赴四川、重庆调研广元千佛崖、安岳石窟、大足宝顶山、峰山寺等14处石窟寺的保护利用情况并召开座谈会。
8月6日	山西省委办公厅、省政府办公厅印发《山西省加强文物保护利用改革工作方案》。
8月7日	由国家广播电视总局组织，中央党史和文献研究院、中央档案馆、中国社会科学院等部门联合制作的建党100周年大型主题电视节目《时间的答卷》启动仪式在中共一大会址举行。 澳门特别行政区加入世界遗产城市组织授牌仪式在澳门以视频会议形式举行。
8月8日	中国国家博物馆主办，故宫博物院、中国艺术研究院、上海博物馆、湖南省博物馆、湖北省博物馆、陕西省考古研究院、山东沂南

北寨汉画像石墓博物馆等支持的"天地同和——中国古代乐器展"在中国国家博物馆开幕。

8月10日	住房和城乡建设部、国家文物局联合印发《国家历史文化名城申报管理办法（试行）》。
8月10—15日	国家文物局主办、中国文化遗产研究院承办、中国古迹遗址保护协会协办的2020年度全国石窟寺管理人员培训班在线上举办。
8月12日	国家文物局推介百项2020年度"弘扬优秀传统文化、培育社会主义核心价值观"主题展览。
8月14日	中国国家博物馆联合陕西省文物局、宝鸡市人民政府共同举办的"宅兹中国——宝鸡出土青铜器与金文精华"展在中国国家博物馆开幕。
8月15日	敦煌研究院与海南省旅游和文化广电体育厅主办，海南省博物馆承办的"涨海推舟　千帆竞渡——南海水下文化遗产大展"在敦煌莫高窟开幕。 侵华日军南京大屠杀遇难同胞纪念馆主办的"应声立　循声进——侵华日军南京大屠杀遇难同胞纪念馆35周年回顾展"在南京开幕。
8月19日	习近平总书记在安徽合肥考察期间参观安徽创新馆和渡江战役纪念馆。 甘肃省敦煌文物保护研究中心在敦煌研究院揭牌。
8月21日	文化和旅游部、国家文物局在北京共同召开深入学习贯彻落实习近平总书记关于文物工作重要论述和重要指示批示座谈会。 由上海市历史博物馆（上海革命历史博物馆）、中共一大会址纪念馆、西柏坡纪念馆、首都博物馆、河北博物院等联合主办的"不忘初心　伟大征程——从建党到建国红色文物史料展"在上海市历史博物馆（上海革命历史博物馆）开幕。
8月23日	中央第十五巡视组向国家文物局党组反馈巡视情况。
8月25日	文化和旅游部党组书记、部长胡和平到国家文物局调研。
8月26日	文物保护与传承科技创新战略规划专家咨询会在北京召开。

8月27日	国家文物局局长刘玉珠赴天津调研大运河文化遗产保护传承利用工作。
8月28日	《中国文物志》第一批志稿终审会议在北京召开。 中国历史研究院主办、中国历史研究院近代史研究所承办的"纪念中国人民抗日战争暨世界反法西斯战争胜利75周年学术研讨会"在北京召开。
8月31日	国家文物局和公安部在北京召开电视电话会议，部署开展为期一年的全国打击文物犯罪专项行动。重点打击盗窃盗割石窟寺石刻、盗掘古文化遗址古墓葬、盗窃古塔等文物建筑犯罪，以及针对重点文物保护单位或国家珍贵文物等犯罪。

9月

9月1日	国务院公布第三批80处国家级抗战纪念设施、遗址名录。 国家文物局在河南郑州召开《文物保护法》修订座谈会。
9月1—5日	国家文物局副局长胡冰带队，国家文物局办公室联合财政部科教和文化司赴山西运城、晋城、长治等地开展国家文物保护专项资金使用情况绩效调研工作。
9月3日	纪念中国人民抗日战争暨世界反法西斯战争胜利75周年向抗战烈士敬献花篮仪式在中国人民抗日战争纪念馆举行。 全国政协重点提案督办调研组与国家文物局在山西运城召开座谈会，就完善黄河金三角区域文物保护与旅游发展机制建言献策。
9月4日	为深入推进打击文物犯罪专项行动，切实保护国家文物安全，公安部发布A级通缉令，公开通缉10名重大文物犯罪在逃人员。 国家文物局印发《关于做好庆祝中国共产党成立100周年革命文物陈列展览工作的通知》。 2020中国国际服务贸易交易会在北京开幕。
9月10日	"丹宸永固——紫禁城建成六百年"展览在故宫博物院开幕。
9月10—11日	"第六届全国十佳文博技术产品及服务推介活动"终评汇报会在湖南长沙举办。

9月10—12日	国家文物局副局长关强一行赴山东调研文物博物馆工作。
9月11日	全国政协第十七次重点关切问题情况通报会在北京召开,通报了长城、大运河、长征国家文化公园建设各项工作有序推进的情况。 湖北省文物局挂牌仪式在湖北省文化和旅游厅机关大楼举行。 山东省博物馆联盟成立大会暨第一次会员代表大会在山东博物馆举行。 中国文化遗产研究院与中国航空规划设计研究总院签署战略合作框架协议。
9月11—12日	国家文物局局长刘玉珠一行赴湖北调研文物工作。
9月12日	湖北省博物馆恢复开放后的第一个大型文物特展"华章重现——曾世家文物特展"开幕。在国家文物局的支持下,此次特展借展了2019年从日本成功追索回国的"曾伯克父"青铜组器等。
9月17日	习近平总书记考察湖南大学岳麓书院。 国家文物局局长刘玉珠在人民论坛发表《探索文物保护利用数字互联新格局》。
9月18日	中国博物馆协会第七届会员代表大会在北京召开。大会审议表决通过《中国博物馆协会章程(修订草案)》等文件。
9月19日	全国首个长城保护修复实践基地在北京怀柔建立并举行挂牌仪式。 抗美援朝纪念馆新馆开馆仪式在辽宁丹东举行。 定远舰遗址水下考古队在山东威海水域成功打捞起一块定远舰铁甲,是目前国内出水唯一一块北洋海军铁甲舰装备的护防装甲。
9月21日	国家文物局公布第一批国家文物保护利用示范区创建名单。 全国打击文物犯罪专项行动首批10名涉嫌重大文物犯罪的A级通缉在逃人员悉数落网。
9月23日	公安部在北京召开新闻发布会,通报全国打击文物犯罪专项行动的最新工作成果。 汉代海昏侯国遗址公园在江西南昌正式开园。
9月23—24日	国家文物局局长刘玉珠赴江西调研文物工作。
9月24日	国家文物局在北京召开"考古中国"重大项目重要进展工作会,通

报了河北康保兴隆遗址、浙江余姚井头山遗址、山西襄汾陶寺遗址、湖北天门石家河遗址、陕西石峁及寨山石城遗址重要考古成果。

9月25日   陕西省文物局与四川省文物局、重庆市文物局签署加强文物保护利用战略合作协议。

9月26日   由国家文物局指导、腾讯主办、11家文博单位合作支持的"互联网+中华文明"数字体验展在首都博物馆开幕。

9月27日   大运河文化保护传承利用配套规划专场新闻发布会在北京召开。国家发展和改革委员会、中宣部、文化和旅游部、水利部、生态环境部、国家文物局等相关负责人出席并介绍情况。

9月28日   中共中央政治局以我国考古最新发现及其意义为题举行第二十三次集体学习。

9月29日   国家文物局在安徽合肥召开国家文物事业发展"十四五"规划编制专题座谈会。

9月30日   国家文物局党组召开专题扩大会议，学习传达习近平总书记在中央政治局第二十三次集体学习时的重要讲话。
教育部、国家文物局联合印发《关于利用博物馆资源开展中小学教育教学的意见》。
福建省人民政府办公厅印发《关于加强历史文化名城名镇名村传统村落和文物建筑历史建筑传统风貌建筑保护利用九条措施的通知》。

10月

10月5日   经国家文物局批准，由中国文化遗产研究院、英格兰遗产委员会、英国大使馆文化教育处支持，北京市文物局、北京建筑大学联合主办的"哈德良长城与中国长城展示及阐释线上学术会议"在北京和伦敦召开。

10月7日   2020年北京长城文化节在北京八达岭举行闭幕式。

10月9日   中国历史研究院主办，中国历史研究院考古研究所和洛阳市人民政府承办的"二里头遗址考古与夏文化研究学术研讨座谈会"在二里头夏都遗址博物馆举行。

10月10日	中国国家博物馆与中国戏曲学院签署战略合作协议。
	学习贯彻习近平总书记在中央政治局第二十三次集体学习时的重要讲话精神暨第二次全国高校考古实习工作座谈会在山西运城召开。
10月12日	习近平总书记考察广东潮州广济桥、广济楼、牌坊街，察看文物修复保护、非遗文化传承、文旅资源开发等情况。
	中共中央政治局委员、国务院副总理孙春兰到故宫博物院调研文物保护利用工作。
	财政部、海关总署和税务总局联合印发《关于中国国际进口博览会展期内销售的进口展品税收优惠政策的通知》，将文物类展品纳入优惠政策支持范围。
10月13日	习近平总书记在广东考察开埠文化陈列馆、侨批文物馆。
10月17日	中国国家博物馆与中共辽宁省委宣传部共同主办的"玉出红山——红山文化考古成就展"在中国国家博物馆开幕。
10月19日	中国人民革命军事博物馆主办的"铭记伟大胜利 捍卫和平正义——纪念中国人民志愿军抗美援朝出国作战70周年主题展览"开幕。
	国家文物局、河南省人民政府主办的第三届世界古都论坛暨夏文化国际学术研讨会在河南洛阳召开。
	紫禁城建成600年暨故宫博物院成立95周年座谈会在故宫博物院召开。
	洛阳市人民政府、河南省文物局主办的"龙门石窟保护研究成果发布暨龙门石窟列入《世界遗产名录》二十周年学术交流大会"在河南洛阳召开。
10月20—23日	国家文物局主办的2020年全国文物新闻宣传培训班在辽宁大连举办，文物舆情工作培训同期举办。
10月22日	由国家文物局指导，中玩协品牌授权专委会主办的"2020授权让文博资源'活'起来"交流对接会在上海举行。
10月22—23日	国家文物局副局长关强一行调研辽宁旅顺口军民融合国家文物保护利用示范区创建工作。
10月23日	国务院办公厅印发《关于加强石窟寺保护利用工作的指导意见》。

10月24日	重庆市文化遗产研究院女子考古队被授予"2019年度全国三八红旗集体"荣誉称号。
10月26日	2020年度全国文物消防安全管理培训班在贵州贵阳开班。
10月27日	国家文物局、文化和旅游部共同印发《关于加强石窟寺等文物开放管理和实行游客承载量公告制度有关工作的通知》。 国家文物局印发《关于支持2020年第三届中国国际进口博览会文物类展品监管和便利化措施的公告》《关于在博物馆领域落实"双随机一公开"监管的指导意见》。
10月29日	中国共产党第十九届中央委员会第五次全体会议通过《中共中央关于制定国民经济和社会发展第十四个五年规划和二〇三五年远景目标的建议》,提出传承弘扬中华优秀传统文化,加强文物古籍保护、研究、利用,强化重要文化和自然遗产、非物质文化遗产系统性保护,加强各民族优秀传统手工艺保护和传承,建设长城、大运河、长征、黄河等国家文化公园。
10月30日	国家文物局在北京召开"考古中国"重大项目重要进展工作会,通报甘肃夏河白石崖溶洞遗址、青海都兰热水2018血渭一号墓两项重要考古成果。
10月31日	中国考古学前沿论坛暨四川大学考古学专业创建60周年纪念大会在四川大学举行,四川大学考古文博学院同时揭牌。
10月31日— 11月1日	由国家文物局指导,中共江苏省委宣传部、江苏省文化和旅游厅、江苏省文物局主办的"革命纪念馆高质量发展峰会·2020"在江苏南京举行。

11月

11月1日	中国长城学会、中共甘肃省委宣传部、中国长城研究院主办的"2020中国长城论坛"在甘肃敦煌开幕。
11月2日	国家文物局办公室、民政部办公厅共同印发《关于进一步规范非国有博物馆备案登记管理工作的意见》。 国家民委、国务院研究室、国家文物局共同组织的《中国少数民族文物图谱》编纂出版工作在北京启动。

11月3日	国家文物局副局长关强一行调研四川广汉三星堆国家文物保护利用示范区创建工作。

11月3日　国家文物局副局长关强一行调研四川广汉三星堆国家文物保护利用示范区创建工作。
国家文物局主办的2020年度全国非国有博物馆馆长培训班在四川成都开班。
山西开展全省历史文物保护工作专项监督检查。

11月3—4日　2020年度文物保护装备产业化及应用协同工作平台理事会暨会员大会在重庆召开。会议发布了《文物保护装备产业发展报告（2020）》《文物保护装备标准汇编（三）》《馆藏文物预防性保护及周边产品参考目录（2019）》等系列成果。

11月3—5日　国家文物局局长刘玉珠一行赴浙江杭州、宁波调研考古工作。

11月4日　文化和旅游部召开党的十九届五中全会精神辅导报告暨学习班开班动员会。
由国家文物局指导，中国文化遗产研究院、浙江省文物局、杭州市人民政府联合主办的"2020中国世界文化遗产年会暨城市市长论坛"在浙江杭州良渚古城遗址召开。以"世界文化遗产价值传承与城市可持续发展"为主题，共商中国世界文化遗产的保护与发展。

11月6日　国家文物局副局长关强在北京会见中国移动通信集团有限公司副总经理简勤一行，双方研究进一步加深战略合作。

11月7日　敦煌研究院、中国敦煌吐鲁番学会共同召开"2020敦煌论坛：纪念藏经洞发现120周年学术研讨会暨中国敦煌吐鲁番学会会员代表大会"。

11月9日　中国文物报社、中央广播电视总台新闻新媒体中心共同主办的"国宝讲述人（云讲国宝）——全国文博在线讲解直播推介活动"获奖名单揭晓。

11月9—13日　国家文物局在北京举办党的十九届五中全会精神学习班。

11月10日　国家文物局与上海市政府共同推进社会文物管理综合改革试点合作协议签署仪式在上海举行。
国家文物局官方网站公布《中华人民共和国文物保护法（修订草案）》征求意见稿及起草说明，向社会公开征求意见，为期一个月。
国家文物局副局长关强一行调研上海杨浦生活秀带国家文物保护利用示范区创建工作。

中国文化遗产研究院、深圳市文物管理办公室在北京召开"深圳改革开放纪念地认定专家论证会"。

11月12—13日　习近平总书记赴江苏南通、扬州考察期间，参观南通博物苑，并指导扬州大运河文化保护传承利用工作。

11月13日　全国石窟寺保护与考古工作座谈会在河南洛阳召开，中共中央政治局委员、国务院副总理孙春兰出席会议并讲话。

11月14日　国家文物局副局长关强一行调研江苏苏州文物建筑国家文物保护利用示范区创建工作。

11月17日　甘肃省文物局、甘肃省纪委机关、甘肃省监察委员会、甘肃省高级人民法院、甘肃省人民检察院、甘肃省公安厅、甘肃省市场监督管理局、兰州海关联合印发《甘肃省涉案文物管理移交暂行办法》。

11月18日　国家文物局召开新闻发布会，通报68件流失英国文物成功追索回国有关情况。

11月18—19日　国家文物局副局长顾玉才一行赴河南周口调研脱贫攻坚工作并出席中国文字博物馆"汉字精神励少年"文化扶贫主题研学实践教育活动开班仪式。

11月19日　中国文物保护基金会成立30周年座谈会在北京召开。
国家文物局副局长关强一行调研北京海淀三山五园国家文物保护利用示范区创建工作。

11月20日　中国古迹遗址保护协会主办，中国古迹遗址保护协会历史村镇专业委员会等承办的第二届乡村遗产酒店示范项目发布会暨中国乡村遗产复兴发展论坛在北京召开。
由国家文物局指导，中国博物馆协会主办的"全国博物馆研学旅行优秀课程及优秀线路推介活动"结果揭晓。

11月21—24日　国家文物局主办的部分省份文物保护项目管理培训班在北京建筑大学举办。

11月23日　殷墟遗址博物馆在河南安阳开工奠基。

11月25日　国家文物局在北京召开"考古中国"重大项目重要进展工作会，通报河南二里头遗址、安徽禹会村遗址、河南时庄遗址、余庄遗址、黄山遗址重要考古发现。

11月26日	国家文物局与北京大学签署战略合作协议并举办"建设中国特色、中国风格、中国气派的考古学"座谈会。 黄河文化保护传承弘扬座谈会在山西太原召开。
11月27日	全国政协副主席邵鸿带领全国政协提案委员会部分委员、提案者代表、民主党派中央代表走访国家文物局,了解全国政协十三届一次会议以来国家文物局提案办理情况,听取对政协提案工作的意见建议,并协商督办有关重点提案。
11月28日	由国家文物局指导,中国博物馆协会、复旦大学主办的高校博物馆专业人才培养工作座谈会在上海召开。
11月29日	国务院批复同意将辽宁省辽阳市列为国家历史文化名城。
11月30日	经中央编办批复同意,国家文物局考古研究中心在原国家文物局水下文化遗产保护中心基础上组建成立。

12月

12月1日	国家文物局、北京市人民政府在北京举行圆明园马首铜像划拨入藏仪式,国家文物局正式将圆明园马首铜像划拨北京市海淀区圆明园管理处收藏,这也是第一件回归圆明园的流失海外重要文物。"百年梦圆——圆明园马首铜像回归展"同期开展。
12月2日	国家文物局在北京召开《亚洲文化遗产保护行动前期国内调研报告》专家评审会。 2020年度"弘扬中华优秀传统文化、培育社会主义核心价值观"主题展览座谈会在辽宁沈阳召开。 国家文物局与中共辽宁省委宣传部共同主办的"山高水长——唐宋八大家主题文物展"在辽宁省博物馆开幕。
12月3日	国家文物局党组书记、局长刘玉珠主持召开局党组理论学习中心组专题学习扩大会议,交流学习贯彻习近平总书记2016年以来关于文物工作重要指示批示精神收获和体会。 国家文物局就山东淄博某建设工地违法发掘古墓葬案件约谈淄博市人民政府和有关部门负责人。

12月4日	由国家广播电视总局、国家文物局组织发起，湖南省委宣传部参与指导，湖南卫视承担创作的革命历史文物主题节目《闪光的记忆》启动仪式在湖南第一师范（旧址）大礼堂举行。
12月4—5日	国家文物局、新疆维吾尔自治区文化和旅游厅（文物局）指导，新疆维吾尔自治区文博院主办，新疆维吾尔自治区文物考古研究所承办的"2019—2020年度新疆文物考古成果汇报会"在新疆乌鲁木齐召开。
12月7日	国家文物局在北京召开国家文物保护利用示范区创建工作推进会。第一批国家文物保护利用示范区创建地区（北京市海淀区、辽宁省大连市旅顺口区、上海市杨浦区、江苏省苏州市、四川省广汉市、陕西省延安市）人民政府作专题汇报。 由公安部和国家文物局指导，全国文物犯罪信息中心承办的"守护文物安全　彰显文化自信——打击防范文物犯罪研讨会"在陕西西安召开。
12月7—10日	国家文物局局长刘玉珠一行赴安徽调研文物工作。
12月8日	天宝陂、龙首渠引洛古灌区、白沙溪三十六堰、桑园围成功入选2020年度世界灌溉工程遗产名录。我国世界灌溉工程遗产达到23处，成为拥有遗产工程类型最丰富、分布范围最广泛、灌溉效益最突出的国家。
12月9日	国家文物局联合多家媒体组织的"文物保护看基层"（重庆）主题宣传活动在重庆启动。
12月10日	中国国家博物馆联合全国多家红色博物馆、红色景区及文创相关领域从业机构倡议发起的"红色文创联盟"正式成立。 上海大学与国际博物馆协会合作建设的国际博物馆协会国际博物馆研究与交流中心（ICOM-IMREC）在上海成立，这是首个全球性博物馆研究与交流中心。
12月10—12日	万里茶道联合申遗城市联席会议暨万里茶道八省（区）文物局长申遗工作座谈会在湖北武汉召开，中国段沿线29个节点城市政府代表共同签署了《万里茶道保护和联合申报世界文化遗产城市联盟章程》，宣告万里茶道保护和联合申报世界文化遗产城市联盟正式成立。
12月11日	国家文物局公布2020年度全国文物行政处罚案卷评查结果。"江苏省常州市高速公路建设指挥部未经考古调查勘探擅自进行建设工程

中国
文物年鉴
2021

案"等10个案卷被确定为"十佳案卷";"北京市轨道交通建设管理有限公司未经考古调查勘探擅自在金中都城址地下文物埋藏区进行建设工程案"等20个案卷被确定为"优秀案卷"。江苏省文物局等5家单位获评"优秀组织单位"。

文物修复职业教育联盟成立大会在山东济南召开。

中国文物学会、中国文物报社主办的"2020全国革命文物保护利用十佳案例宣传推介活动"终评会在北京举行。

12月12日	中国人民抗战胜利受降纪念馆向社会公布新征集的31件侵华日军罪证文物。
12月13日	中共中央、国务院在江苏南京隆重举行2020年南京大屠杀死难者国家公祭仪式。
12月15日	国家文物局印发《文物博物馆单位文物安全直接责任人公告公示办法（试行）》。
12月16日	第三届全国文物保护标准化技术委员会第四次全体会议在北京召开。
12月17日	由国家文物局指导、国际古迹遗址理事会西安国际保护中心主办的"费尔干纳—锡尔河廊道"申遗塔吉克斯坦段遗产点保护管理规划合作会议在线上召开。
12月18日	2020年全国文物安全工作部际联席会议办公室工作会议在北京召开。
12月21日	中国博物馆协会公布第四批国家一、二、三级博物馆名单。
12月21—22日	2020年全国文物局长会议在北京召开。
12月23—24日	长征国家文化公园建设推进会在贵州遵义召开。
12月24日	国家国防科技工业局与国家文物局在北京签署《关于加强军工文物保护利用的合作框架协议》。
12月25日	公安部通报2020年全国公安机关深入推进打击文物犯罪专项行动工作成果。共打掉文物犯罪团伙150余个，抓捕犯罪嫌疑人1500余名，破获文物犯罪案件750余起，追缴文物14000余件，其中国家一级文物15件。
12月26日	第五届吉林国际冰雪产业博览会暨第二十四届长春冰雪节在吉林长

春开幕，首次引入吉林冬季文博资源博览会。吉林冬季文博资源博览会由吉林省文化和旅游厅、中国文物交流中心主办，吉林省博物院承办，是国内首次围绕"冰雪"举行的省级综合性文化产业博览交易会。

12月26—27日　　　在国家文物局指导下，中国古迹遗址保护协会和人力资源社会保障部人事考试中心联合组织开展的2020年度文物保护工程专业人员资格考试在江苏南京、苏州、徐州以及陕西西安举办。

12月28日　　　新疆维吾尔自治区人民政府办公厅印发《关于加强新疆石窟寺保护利用工作的实施方案》。

12月29日　　　国家文物局在北京召开"考古中国"重大项目重要进展工作会，通报了内蒙古后城咀石城遗址、山东滕州岗上遗址、湖南华容七星墩遗址、湖南澧县孙家岗遗址重要考古成果。

中国
文物年鉴
2021

附录

2020年全国各类文物机构数量构成情况

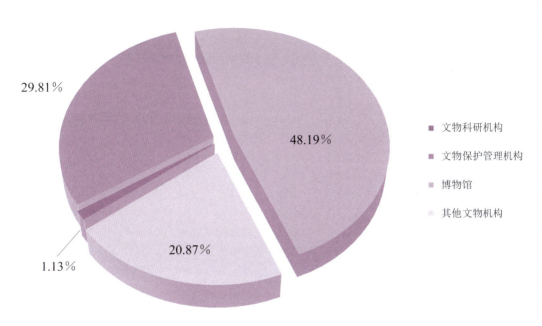

2020年全国各类文物机构从业人员数量构成情况

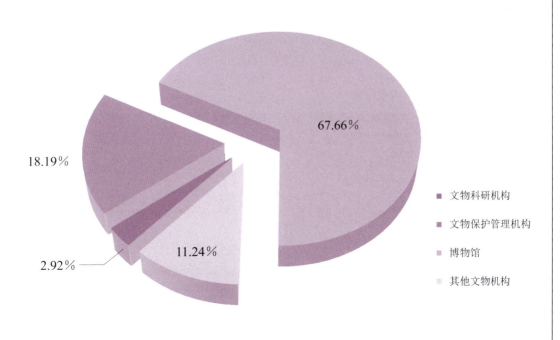

339

文物业基本情况

	机构数（个）	从业人员（人）					安全保卫人员	登记注册志愿者（人）
			专业技术人才					
			正高级职称	副高级职称	中级职称			
总　计	**11314**	**175742**	**53942**	**2857**	**8215**	**22165**	**35261**	**205630**
按单位类型分								
文物科研机构	128	5123	2852	349	669	1064	323	574
文物保护管理机构	3373	31959	9017	150	1080	3794	5559	10841
博物馆（纪念馆）	5452	118913	40005	2214	6112	16549	29280	194071
文物行政部门	2009	13924	—	—	—	—	—	—
其他文物机构	352	5823	2068	144	354	758	99	144
按隶属关系分								
中　央	13	3244	2077	252	568	864	384	489
省区市	325	21162	9369	846	2022	3697	3124	21089
地　市	1801	51918	17565	839	2846	7722	10272	69926
县市区	9175	99418	24931	920	2779	9882	21481	114126
按部门分								
文物部门	9244	146587	45849	2101	6984	19320	29111	162470
其他部门	2070	29155	8093	756	1231	2845	6150	43160

	本年修复藏品数（件/套）				基本陈列（个）	临时展览（个）
		一级品	二级品	三级品		
总　计	**99655**	**407**	**2806**	**14424**	**16259**	**12665**
按单位类型分						
文物科研机构	24073	46	969	5966	13	10
文物保护管理机构	19474	11	27	361	773	409
博物馆（纪念馆）	53257	346	1639	7309	15473	12246
文物行政部门	1950	—	106	534	—	—
其他文物机构	901	4	65	254		
按隶属关系分						
中　央	2264	18	847	147	60	79
省区市	29050	165	807	3409	475	719
地　市	27233	102	545	6172	3749	3833
县市区	41108	122	607	4696	11975	8034
按部门分						
文物部门	92836	376	2731	13876	11104	10179
其他部门	6819	31	75	548	5155	2486

综合年报（一）

文物藏品（件/套）				在藏品数中（件/套）		
	一级品	二级品	三级品		本年新增藏品	
					本年从有关部门接收文物数	本年藏品征集数
50891012	97268	627040	3284530	1479526	175623	938657
1649403	1647	4378	35310	63611	157	584
1687721	7544	24368	145531	22123	3009	9895
43190898	85515	588192	3036818	1293573	162399	839719
501576	1008	3963	54404	30302	10043	18786
3861414	1554	6139	12467	69917	15	69673
3389450	14963	282864	781619	50639	673	31565
14990229	36005	181709	1272857	129293	38699	43171
9794406	17613	79606	639509	366829	40208	182801
22716927	28687	82861	590545	932765	96043	681120
39002910	92095	615962	3234104	862114	158951	372080
11888102	5173	11078	50426	617412	16672	566577

参观人次（万人次）			门票销售总额（千元）	本年收入合计（千元）	
	未成年人参观人次	境外观众参观人次			财政拨款预算收入
61631.70	13564.08	708.76	3591270	63737792	47063141
238.84	7.48	0.06	51214	4034052	2312380
8740.52	1339.91	73.18	1603870	9408977	7539506
52652.35	12216.72	635.51	1936186	32697058	26657136
—	—	—	—	11098264	10185035
—	—	—	—	6499441	369084
614.52	60.31	10.20	182108	2336346	1612349
4143.33	774.40	52.66	746101	11600078	8901798
19858.27	3694.23	122.28	1181652	18109277	15680539
37015.58	9035.14	523.62	1481409	31692091	20868455
50862.24	11212.07	615.12	2954084	56877575	44013596
10769.47	2352.19	93.60	637186	6860217	3049545

文物业基本情况

	本年收入合计（千元）						本年支出	
	上级补助收入	事业收入	经营收入	附属单位上缴收入	其他收入		基本支出	项目支出
总　计	**1523998**	**3496521**	**1714910**	**15022**	**9941600**	**62496645**	**21450976**	**32523945**
按单位类型分								
文物科研机构	39157	1247794	147785	—	286936	3962986	942785	2807308
文物保护管理机构	678101	791669	141021	7982	250698	9656915	3887939	5240018
博物馆（纪念馆）	803265	1299461	1198176	7040	2731980	32272426	13760466	16563128
文物行政部门	—	—	—	—	930629	10917539	2509553	7677872
其他文物机构	3475	157597	227928	—	5741357	5686779	350233	235619
按隶属关系分								
中　央	—	419437	84591	—	219969	2340996	1110205	1121383
省区市	26379	1448903	267233	1915	953850	10959332	3385511	6537517
地　市	345555	671267	354042	415	1057459	18519093	6594242	11197020
县市区	1152064	956914	1009044	12692	7710322	30677224	10361018	13668025
按部门分								
文物部门	1164853	3346569	932336	13924	7423697	56004128	18964939	29891844
其他部门	359145	149952	782574	1098	2517903	6492517	2486037	2632101

	本年支出合计（千元）			
	在支出合计中			
	对个人和家庭补助支出		其他资本性支出	
		抚恤金和生活补助		各种设备、交通工具、图书购置费
总　计	**1073763**	**167577**	**7237426**	**891229**
按单位类型分				
文物科研机构	45034	6640	511203	57137
文物保护管理机构	249331	60767	881242	64503
博物馆（纪念馆）	603235	69680	4566122	695535
文物行政部门	167165	28336	1260641	70926
其他文物机构	8998	2154	18218	3128
按隶属关系分				
中　央	47230	4870	146035	91904
省区市	183540	24976	1685092	241495
地　市	495393	81365	2601731	281531
县市区	347600	56366	2804568	276299
按部门分				
文物部门	966644	114407	6501349	822223
其他部门	107119	53170	736077	69006

中国
文物年鉴
2021

综合年报（二）

合计（千元）

经营支出	在支出合计中					
	工资福利支出	商品和服务支出	差旅费	劳务费	福利费	各种税金支出
1100158	**15348293**	**20132982**	**337985**	**2409475**	**216605**	**217036**
93814	642638	2538940	79877	670455	5564	74192
196729	2977540	3012705	26809	238002	54683	24248
710776	9974707	11356550	172182	1186232	131101	83201
—	1545941	2827957	38575	182166	21508	10780
98839	207467	396830	20542	132620	3749	24615
—	772344	1217390	29636	120490	3255	19196
165340	2559512	4807507	130322	645689	31035	77847
215506	4835555	6889199	70331	842399	58822	57105
719312	7180882	7218886	107696	800897	123493	62888
703069	13748633	18312639	308320	2271066	195039	188254
397089	1599660	1820343	29665	138409	21566	28782

资产总计（千元）		实际使用房屋建筑面积（万平方米）			实际拥有产权面积（万平方米）
	固定资产原值		展览用房	文物库房	
253670415	**126113855**	**4973.70**	**1613.42**	**261.36**	**2887.68**
4992020	1091231	45.44	12.24	2.80	22.01
19654532	8149845	1613.78	110.31	16.89	370.86
194876546	110129281	3188.47	1474.37	239.33	2421.03
13666302	4149368	75.47	—	—	47.07
20481015	2594130	50.91	16.66	2.48	26.68
6855448	1795949	58.29	11.16	3.93	57.39
39434143	14547514	337.95	121.29	45.20	211.55
92922759	48102288	1219.56	437.99	74.61	650.39
114458065	61668104	3357.90	1042.98	137.62	1968.35
195691495	98275598	3832.84	1199.68	201.24	2259.90
57978920	27838257	1141.03	414.00	60.32	627.80

中国
文物年鉴
2021

全国各地区文物业

	机构数（个）	从业人员（人）					安全保卫人员	登记注册志愿者（人）
			专业技术人才					
				正高级职称	副高级职称	中级职称		
总　计	11314	175742	53942	2857	8215	22165	35261	205630
中　央	13	3244	2077	252	568	864	384	489
北　京	221	8100	1993	93	259	564	1652	11580
天　津	115	1805	831	40	130	312	245	2735
河　北	501	8532	2253	129	428	903	2043	2794
山　西	426	8948	2183	67	289	891	1705	4597
内蒙古	281	3499	1474	94	306	633	669	1803
辽　宁	142	3901	1402	71	213	740	576	3274
吉　林	169	2555	1167	92	243	422	390	1722
黑龙江	388	2999	1295	92	296	550	661	4251
上　海	168	4357	2191	91	247	851	501	8934
江　苏	513	8989	2756	176	459	1194	2081	17770
浙　江	590	11184	2970	203	516	1155	1943	22874
安　徽	323	3886	1447	71	192	580	911	5589
福　建	194	3102	1100	73	175	396	776	5525
江　西	266	5016	1544	75	184	680	1189	8047
山　东	748	12401	4566	224	678	1843	2287	24713
河　南	656	12401	3001	158	441	1247	2637	10865
湖　北	334	5760	2238	119	278	1097	1330	6902
湖　南	280	4905	1205	36	151	516	817	5275
广　东	449	7788	2469	103	271	1113	1538	13039
广　西	309	3352	1274	53	155	556	732	3309
海　南	70	956	274	7	33	84	304	403
重　庆	192	3671	1185	66	187	460	820	14298
四　川	524	9236	2353	106	250	913	2068	5995
贵　州	204	2702	736	21	92	243	596	1459
云　南	418	3084	1686	74	362	790	626	2279
西　藏	1392	2659	239	7	32	55	358	6
陕　西	644	16216	3226	161	394	1357	3125	7758
甘　肃	388	6488	1749	60	225	694	1275	5752
青　海	107	777	235	7	38	98	132	113
宁　夏	107	1170	389	15	73	163	279	564
新　疆	182	2059	434	21	50	201	611	916

综合情况（一）

藏品（件/套）	一级品	二级品	三级品	在藏品数中（件/套）本年新增藏品数	本年从有关部门接收文物数	本年藏品征集数	本年修复藏品数（件/套）	一级品	二级品	三级品
50891012	**97268**	**627040**	**3284530**	**1479526**	**175623**	**938657**	**99655**	**407**	**2806**	**14424**
3389450	14963	282864	781619	50639	673	31565	2264	18	847	147
4653639	4703	13482	88293	88563	287	57823	769	45	2	27
1105699	1054	5459	134976	14244	11407	2663	188	2	4	9
578198	1491	13728	46698	10842	5485	1930	1557	13	32	1123
1834054	4433	9523	62158	36072	26217	5237	4471	40	349	1938
1278889	3492	7281	12866	7708	3584	2591	1910	22	62	215
614612	2291	16103	158346	4516	638	2551	3328	5	123	272
685391	574	6028	31502	6574	425	4929	29	2	—	—
1022374	2709	5907	45508	6353	214	3427	2359	—	8	83
2115495	2335	39810	171086	28377	338	23422	434	19	42	107
2566899	3713	21330	286462	65060	12697	34044	2070	13	26	86
1666243	2217	11079	86048	66824	3821	50428	2251	23	69	278
963140	6975	32172	77633	6531	380	2821	1405	8	42	472
749831	1117	3722	104650	63697	51862	10084	237	14	118	83
687073	1725	6547	68567	29626	5401	12215	704	—	3	21
4875467	6096	14966	101592	80334	786	19672	10186	19	255	1163
2119935	2633	17002	273830	40012	667	9518	5439	34	153	1724
2571659	3557	9892	126619	64008	21810	34524	12009	8	65	3921
804243	1986	7957	78597	11651	2221	7791	6059	14	122	766
2658274	2254	16212	67166	67994	5500	15545	3269	6	55	121
440823	333	5471	41208	56467	2975	13692	542	—	1	—
192176	184	762	3199	25315	335	22732	120	7	4	49
672506	1238	2743	29524	41080	11047	11344	2138	39	64	273
4849733	4111	8526	104695	538693	662	525794	20541	8	34	370
218920	622	2017	7281	5283	133	4329	5413	2	29	18
1653623	1021	2225	19080	13247	1360	6875	2394	5	24	73
393805	5704	29826	70338	809	2	806	30	—	2	8
4042375	7273	15048	82474	27405	1627	6530	4470	22	193	541
773582	4503	12309	104615	11333	2964	5156	1342	2	39	442
103151	771	1602	3241	526	—	187	137	6	9	4
370692	367	3848	8758	8051	50	7082	330	—	—	57
239061	823	1599	5901	1692	55	1350	1260	11	30	33

全国各地区文物业

| | 基本陈列（个） | 临时展览（个） | 参观人次（万人次） | | 门票销售总额（千元） | | 本年收入 |
			未成年人参观人次	境外观众参观人次			财政拨款预算收入
总　计	16259	12665	61631.70	13564.08	708.76	3591270	63737792	47063141
中　央	60	79	614.52	60.31	10.20	182108	2336346	1612349
北　京	222	166	1141.12	109.13	5.64	150525	9578490	2509915
天　津	215	191	521.25	70.68	4.97	20954	583118	428564
河　北	391	371	1292.23	380.13	12.67	173925	1976361	1813574
山　西	329	153	2132.15	314.69	10.42	175967	3684124	3292535
内蒙古	509	177	825.25	182.78	7.37	1253	895737	821147
辽　宁	240	202	815.53	176.43	18.48	66329	999208	956652
吉　林	213	273	337.13	115.75	24.03	14270	553983	500625
黑龙江	447	338	2686.50	184.22	8.50	219	509527	450747
上　海	545	347	1238.21	221.14	6.28	87019	2979659	2209161
江　苏	1108	1006	5498.94	1356.47	50.34	136411	3400761	2940944
浙　江	1359	1213	4509.35	945.75	87.89	187533	5207660	4085957
安　徽	670	544	1522.34	333.59	4.74	8062	975487	780357
福　建	388	629	1326.63	373.70	15.39	8638	962508	828143
江　西	570	475	3649.76	1103.13	86.64	47114	1188753	1021639
山　东	2066	1064	4203.95	1184.97	25.78	370069	2581316	1648746
河　南	747	701	4039.67	988.75	12.45	164697	3205238	2541271
湖　北	678	423	1815.71	497.13	39.20	371425	1801400	1275753
湖　南	302	250	3854.30	945.92	57.77	22578	1592220	1410993
广　东	1199	1138	2616.29	676.47	10.12	63546	3612622	3269729
广　西	321	276	1435.60	380.68	18.59	1480	1019154	865277
海　南	103	82	308.83	71.61	21.42	5080	314017	296469
重　庆	293	350	1757.51	365.82	15.40	35943	1031576	868158
四　川	727	474	4096.44	749.01	14.73	309610	2627173	2367226
贵　州	213	138	1976.57	362.22	91.36	9433	497086	463351
云　南	604	381	1193.31	237.22	17.14	4628	980702	713849
西　藏	25	4	290.93	43.83	0.00	107127	802129	701514
陕　西	799	425	3290.69	565.64	7.53	572416	4688467	3781513
甘　肃	580	596	1882.66	403.39	6.19	264325	1908461	1613249
青　海	49	30	121.29	27.68	4.78	69	338595	230191
宁　夏	135	71	404.41	70.51	8.71	26767	264762	211663
新　疆	152	98	232.63	65.33	4.03	1750	641152	551880

综合情况（二）

合计（千元）					本年支出合计（千元）			
上级补助收入	事业收入	经营收入	附属单位上缴收入	其他收入		基本支出	项目支出	经营支出
1523998	**3496521**	**1714910**	**15022**	**9941600**	**62496645**	**21450976**	**32523945**	**1100158**
—	419437	84591	—	219969	2340996	1110205	1121383	—
175047	705026	13998	—	6174504	7382043	1509457	1752895	101994
4989	41493	17732	1915	88425	645484	330748	244914	13791
660	103454	25679	—	32994	1741752	842690	865113	20239
69036	58421	105207	101	158824	3699724	763471	2664491	89926
3670	7131	51918	—	11871	977156	330700	588721	19678
12602	21809	4179	—	3966	960350	441281	485421	621
3984	19068	70	—	30236	578076	182863	369800	8865
37032	4808	4236	—	12704	476847	222947	251587	2037
15516	224420	132810	150	397602	2814127	879830	1617870	62226
31305	140834	121823	25	165830	3420164	1541922	1633538	96728
70253	464477	53661	308	533004	5228598	1931085	3059566	18008
74162	70476	10424	61	40007	1004952	349198	587168	11990
44503	10454	16665	230	62513	909720	299675	549976	22369
84585	17704	25332	320	39173	1120637	462725	607819	22837
34556	124467	421723	3331	348493	3079863	958743	1377515	108219
65323	323602	117785	286	156971	3248651	1181913	1850233	38517
94482	113772	48196	6788	262409	1758407	569807	944792	57152
34858	49884	11837	—	84648	1505487	628349	797868	7990
48659	62431	46424	—	185379	3689728	1447145	2029915	40354
87863	6371	46105	215	13323	957207	269513	620627	35895
4879	3863	5093	—	3713	263682	64273	188275	4540
20937	65697	14527	5	62252	1167334	341214	717453	34425
119224	27682	33274	36	79731	2689685	792801	1757304	35421
17668	9973	7029	—	16465	447549	178416	231077	4520
126450	83250	7815	—	49338	1009091	436956	499474	9177
25185	53212	10053	1250	10915	1083934	514308	545750	6081
81310	110208	245989	1	469446	5410127	1713510	3045308	201506
83439	112206	8507	—	91060	1723587	764299	846271	7818
8588	23747	—	—	76069	309727	114776	172395	9348
3078	110	22028	—	27883	294656	110776	161391	7046
40155	17034	200	—	31883	557304	165380	338035	840

全国各地区文物业

			本年支出					
							在支出	
	工资福利支出		商品和服务支出				对个人和家庭补助支出	
			差旅费	劳务费	福利费	各种税金支出		抚恤金和生活补助
总　计	15348293	20132982	337985	2409475	216605	217036	1073763	167577
中　央	772344	1217390	29636	120490	3255	19196	47230	4870
北　京	986451	1368095	2150	47605	31977	26429	71987	5520
天　津	227050	202539	874	12503	2367	1785	9451	482
河　北	632219	709327	7504	94186	10686	4924	55765	3465
山　西	598391	1168044	12506	144401	7512	8806	27663	3774
内蒙古	221665	275078	7018	36219	1387	6165	8733	2997
辽　宁	286277	457791	6760	55998	859	685	18882	4158
吉　林	155841	179449	3949	27012	1324	1024	6797	779
黑龙江	178531	136938	2564	17111	1165	321	13694	555
上　海	631888	925773	4217	21141	10198	10970	10133	2390
江　苏	1059447	1459882	17715	167064	9678	5052	78646	4100
浙　江	1223524	1759963	14367	176355	44991	19225	102349	11338
安　徽	258903	393466	8148	39604	3782	1657	24848	5794
福　建	221223	307950	4774	45303	347	260	11610	1589
江　西	353053	317587	13412	44612	7953	252	20968	5726
山　东	708606	1125092	13907	108878	8281	24937	111958	48867
河　南	747530	1108153	18024	349520	7378	28649	46272	4591
湖　北	465486	575099	14666	90726	5435	3926	30118	6127
湖　南	379523	525485	17836	68830	5039	1050	41174	3495
广　东	1004104	1252316	13007	59757	8147	2758	135716	4538
广　西	244796	245776	7935	16912	1700	4814	9338	3222
海　南	55365	109251	3010	30021	2	100	551	274
重　庆	292444	415955	26143	84234	2045	603	10649	2380
四　川	703817	1043716	29029	129088	6248	6209	56896	10157
贵　州	157779	120678	5327	29538	802	704	10297	2349
云　南	263230	261563	6995	39057	3465	535	6114	1406
西　藏	497866	152363	3767	2871	35	25	2358	231
陕　西	1276810	1598360	19374	225193	25680	32288	36430	11627
甘　肃	463865	477757	16235	86953	2540	1493	51112	8057
青　海	68064	32758	2065	5667	807	119	3587	214
宁　夏	92675	80077	1655	8673	447	1094	2236	402
新　疆	119526	129311	3416	23953	1073	981	10201	2103

综合情况（三）

合计（千元）		资产总计（千元）		实际使用房屋建筑面积（万平方米）			实际拥有产权面积（万平方米）
合计中			固定资产原值		展览用房	文物库房	
其他资本性支出	各种设备购置费						
7237426	891229	253670415	126113855	4973.70	1613.42	261.36	2887.68
146035	91904	6855448	1795949	58.29	11.16	3.93	57.39
155738	44383	22609236	5521492	110.03	44.17	6.22	75.63
98565	16615	4277092	1629703	43.91	20.74	3.91	78.81
316792	32446	4642526	2574503	105.12	55.19	6.02	80.72
821073	38102	9082838	2747620	124.35	46.31	8.12	123.18
129584	15514	4601232	3511999	114.58	63.58	7.25	55.26
22327	4474	1745923	1192415	68.73	32.58	6.53	126.38
78318	8217	1247076	849959	45.11	24.53	4.11	18.33
66833	19239	2297044	1828829	69.18	44.79	5.42	37.54
636780	37154	16102975	5711074	97.63	42.88	7.76	46.57
387894	40035	69769487	44102473	301.07	134.36	14.98	200.20
612042	51719	14241909	6282872	240.65	119.68	15.90	110.42
66890	9504	3260982	2236941	109.79	50.98	10.63	72.27
108573	31813	2054003	1097193	104.64	33.69	5.90	66.84
159527	15586	2305796	1147782	101.57	50.62	6.50	204.76
209313	26735	14225945	9030264	323.23	168.64	29.86	411.53
684898	40367	8000419	2893598	161.48	77.24	14.75	91.90
220891	38487	4071819	1828485	294.20	91.40	13.29	94.09
222051	31646	5575938	1787641	87.58	36.57	7.88	73.05
267413	52546	12375465	6937302	195.21	75.45	12.89	174.42
175328	39746	2675998	1619817	74.89	34.14	5.19	42.22
44583	17452	2040008	1457758	21.32	9.47	1.98	15.98
93279	11093	2960866	818975	77.11	40.07	6.46	38.49
154702	13588	8194816	4063048	176.71	78.29	13.03	176.62
42738	7250	1622000	886455	49.81	22.22	4.06	26.74
93498	38150	3074783	1584066	84.87	34.68	6.42	54.83
298548	30	968071	155351	1354.39	4.18	4.06	23.11
531398	67562	13571308	5984497	185.85	72.35	13.97	155.68
166161	28806	5975032	2907569	108.03	46.53	8.58	108.55
59045	974	648103	530529	12.54	5.84	0.94	10.78
28516	1920	1192245	832962	31.04	17.48	2.12	19.22
138093	18172	1404032	564734	40.79	23.61	2.70	16.17

图书在版编目（CIP）数据

中国文物年鉴. 2021 / 国家文物局编. -- 北京：
文物出版社，2022.12
ISBN 978-7-5010-7436-5

Ⅰ. ①中… Ⅱ. ①国… Ⅲ. ①文物工作－中国－
2021－年鉴 Ⅳ. ①K87-54

中国版本图书馆CIP数据核字（2022）第065218号

中国文物年鉴 · 2021

编　　者：国家文物局

责任编辑：王　媛　安艳娇
特约编辑：崔　华　胡奥千
责任印制：张　丽
责任校对：耿瑗洁

出版发行：文物出版社
社　　址：北京市东城区东直门内北小街2号楼
邮　　编：100007
网　　址：http://www.wenwu.com
经　　销：新华书店
制版印刷：文物出版社印刷厂有限公司
开　　本：787mm×1092mm　1/16
印　　张：23.25
版　　次：2022年12月第1版
印　　次：2022年12月第1次印刷
书　　号：ISBN 978-7-5010-7436-5
定　　价：300.00元